Angewandtes Arbeitsrecht

Von
Professor
Dr. jur. Ulrich Goll

R. Oldenbourg Verlag München Wien

Die Deutsche Bibliothek - CIP-Einheitsaufnahme

Goll, Ulrich:
Angewandtes Arbeitsrecht / von Ulrich Goll. - München ;
Wien : Oldenbourg, 1994
ISBN 3-486-22696-7

Gesamtherstellung: R. Oldenbourg Graphische Betriebe GmbH, München

ISBN 3-486-22696-7

VORWORT

Dieses Buch ist geschrieben für Leserinnen und Leser, die sich über die wesentlichen Inhalte des geltenden Arbeitsrechts einen Überblick verschaffen wollen. Es ist speziell zugeschnitten für Studierende an Fachhochschulen und Berufsakademien, die nicht Rechtswissenschaft studieren, aber anwendungsorientierte Rechtskenntnisse in ihren jeweiligen Berufsfeldern brauchen. Das Lehrbuch mag auch Jurastudenten einen Einstieg in die Materie des Arbeitsrechts oder eine in überschaubarem Zeitraum lesbare Zusammenfassung seiner Inhalte bieten.

In der Praxis kann es ferner Betriebsräte, interessierte Arbeitnehmer und Arbeitgeber ansprechen. Gerade in Klein- und Mittelbetrieben ist arbeitsrechtliches Know-how oft nicht gerade ausgeprägt vorhanden, was häufig zu schmerzlichen Niederlagen vor dem Arbeitsgericht führt. Schuld ist dann meist das "unmögliche" oder "überzogene" Arbeitsrecht, obwohl es nur einiger, oft einfacher Informationen bedurft hätte, um Fehler zu vermeiden.

Da das Buch in erster Linie praxisrelevantes Wissen vermitteln will, im weiteren nur zur Vorbereitung auf wissenschaftliche Vertiefung dienen kann, wurde bei Streitfragen im wesentlichen die Linie der aktuellen Rechtsprechung wiedergegeben und auf einen wissenschaftlichen Apparat von Anmerkungen und Verweisungen verzichtet. Es ist im übrigen für interessierte Leserinnen und Leser nicht schwierig, den nächsten Schritt zum tieferen Einstieg zu tun und sich über - naturgemäß meist dickleibigere - Darstellungen des Arbeitsrechts auch den Weg zu einer vertieften Behandlung einzelner Themenstellungen zu suchen.

Dem kommt entgegen, daß die vorliegenden arbeitsrechtlichen Lehrbücher doch den gleichen "Kanon" arbeitsrechtlicher Probleme behandeln, wenn auch mit unterschiedlichen Akzentuierungen und Umstellungen des Lehrprogramms im einzelnen. Aus der weiterführenden Literatur sind besonders geeignet die Lehrbücher von Dütz, W. (Arbeitsrecht, München 1990) und Zöllner, W. / Loritz, K.-G. (Arbeitsrecht, 4. Aufl., München 1992).

Wer das im vorliegenden Buch erworbene Grundwissen noch durch eine fallorientierte, kompakte Darstellung des Arbeitsrechts überprüfen und besser verankern will, findet in dem kurzgefaßten Lehrbuch von Linnenkohl, K. (Arbeitsrecht, 3. Auflage, München 1992) die passende Möglichkeit.

Auch in dieses Buch ist eine Folge von Fällen eingebaut. Die Fälle sind dem jeweiligen Stoff vorangestellt, ohne ihn indessen ganz abdecken zu wollen. Aber sie können konkrete Anwendungszusammenhänge des Arbeitsrechts veranschaulichen, das Interesse am Gegenstand fördern und nicht zuletzt die Beschäftigung mit dem Buch kurzweiliger machen. Den Fallbeispielen liegen ausnahmslos tatsächlich von der Rechtsprechung entschiedene Fälle zu Grunde. (Natürlich wurden die Namen der Personen geändert).

Die Fälle zeigen nebenbei, daß die Geschichten, die das Leben schreibt, mindestens genau so spannend sind wie die, die man erfinden kann. Ausgewählt wurden möglichst neue Entscheidungen; wo ausnahmsweise auf ältere zurückgegriffen wurde, sind diese nichtsdestoweniger auch heute aktuell. Für Leserinnen und Leser, die sich näher mit den Fällen beschäftigen wollen, findet sich am Ende des Buches ein Verzeichnis, in dem die Fundstellen der jeweils zugrundeliegenden Gerichtsentscheidungen wiedergegeben sind.

Wenn die nachfolgende Darstellung des Arbeitsrechts beim Lesen nicht nur Arbeit, sondern auch ein bißchen Spaß macht, so würde mich das am meisten freuen.

Herrn Dipl. Volksw. Martin Weigert danke ich für die immer freundliche und konstruktive Zusammenarbeit mit dem Verlag, Frau Heike Fritz und Frau Brigitte Weizenhofer für die Betreuung des Manuskripts. Zur Praxisnähe des Buches trug meine Frau, Rechtsanwältin Eryka Goll, mit etlichen nützlichen Hinweisen bei.

Salem, Juli 1994

KURZE INHALTSÜBERSICHT

INHALTSVERZEICHNIS

Kapitel II: Wer ist Arbeitnehmer?

Kapitel III: Arbeitsgerichtsbarkeit

2. Abschnitt: Das Arbeitsverhältnis - Beginn, Durchführung, Ende

Kapitel I: Wie kommt ein Arbeitsverhältnis zustande?

Kapitel II: Pflichten des Arbeitnehmers

Kapitel VI: Wie geht ein Arbeitsverhältnis zu Ende?

Kapitel VII: Kündigung und Kündigungsschutz

3. Abschnitt : Gemeinsam stark - Betriebsräte, Gewerkschaften, Arbeitgeberverbände

Kapitel I: Betriebsverfassung

ABKÜRZUNGSVERZEICHNIS

a.a.O.	am angegebenen Ort
AFG	Arbeitsförderungsgesetz
AGB-DDR	Arbeitsgesetzbuch der Deutschen Demokratischen Republik
AP	Arbeitsrechtliche Praxis (Nachschlagewerk des Bundesarbeitsgerichts)
ArbG .	Arbeitsgericht
ArbGeb	Arbeitgeber
ArbGG	Arbeitsgerichtsgesetz
ArbN	Arbeitnehmer
ArbZG	Arbeitszeitgesetz
AR-Blattei	Arbeitsrecht-Blattei
ArbnErfG	Gesetz über Arbeitnehmererfindungen
ArbPlSchG	Arbeitsplatzschutzgesetz
ArbSichG	Arbeitssicherheitsgesetz
Art.	Artikel
AÜG	Arbeitnehmerüberlassungsgesetz
Aufl.	Auflage
AVG	Angestelltenversicherungsgesetz
AZO	Arbeitszeitordnung
BAG	Bundesarbeitsgericht
BAG GS	Großer Senat des Bundesarbeitsgerichts
BAT	Bundesangestelltentarifvertrag
BBiG	Berufsbildungsgesetz
BDA	Bundesvereinigung der Deutschen Arbeitgeberverbände
BDI	Bundesverband der Deutschen Industrie
BDSG	Bundesdatenschutzgesetz
BErzGG	Bundeserziehungsgeldgesetz
BeschFG	Beschäftigungsförderungsgesetz
BetrVG	Betriebsverfassungsgesetz
BGB	Bürgerliches Gesetzbuch
BGH	Bundesgerichtshof
BImSchG	Bundesimmissionsschutzgesetz
BKGG	Bundeskindergeldgesetz
BPersVG	Bundespersonalvertretungsgesetz
BRRG	Beamtenrechtsrahmengesetz
BSG	Bundessozialgericht
BSHG	Bundessozialhilfegesetz
Buchst.	Buchstabe
BUrlG	Bundesurlaubsgesetz
BVerfG	Bundesverfassungsgericht

BVerfGE	Amtliche Sammlung der Entscheidungen des Bundesverfassungsgerichts
bzw.	beziehungsweise
DAG	Deutsche Angestelltengewerkschaft
DGB	Deutscher Gewerkschaftsbund
d.h.	das heißt
EG	Europäische Gemeinschaften
ES	Entscheidungssammlung
EU	Europäische Union
EuGH	Europäischer Gerichtshof
EWG	Europäische Wirtschaftsgemeinschaft
EzA	Entscheidungssammlung zum Arbeitsrecht
f.	folgende/folgender
FeiertLohnG	Feiertagslohnzahlungsgesetz
ff.	fortfolgende
G	Gesetz
gem.	gemäß
GewO	Gewerbeordnung
GG	Grundgesetz für die Bundesrepublik Deutschland
ggf.	gegebenenfalls
GmbH	Gesellschaft mit beschränkter Haftung
GS	Großer Senat
HAG	Heimarbeitsgesetz
HO	Handwerksordnung
HGB	Handelsgesetzbuch
HRG	Hochschulrahmengesetz
IAO	Internationale Arbeitsorganisation
i.d.R.	in der Regel
IG	Industriegewerkschaft
ILO	International Labour Organization
insbes.	insbesondere
i.S.d.	im Sinne des
i.S.v.	im Sinne von
i.V.m.	in Verbindung mit
JArbSchG	Jugendarbeitsschutzgesetz
KG	Kommanditgesellschaft
KO	Konkursordnung
KSchG	Kündigungsschutzgesetz
LAG	Landesarbeitsgericht
LohnfortzG	Lohnfortzahlungsgesetz
MindArbG	Gesetz über die Festsetzung von Mindestarbeitsbedingungen
MitbestErgG	Mitbestimmungsergänzungsgesetz
MitbestG	Mitbestimmungsgesetz
Montan-MitbestG	Montan-Mitbestimmungsgesetz

MuSchG	Mutterschutzgesetz
ÖTV	Gewerkschaft Öffentliche Dienste, Transport und Verkehr
OHG	Offene Handelsgesellschaft
PersVG	Personalvertretungsgesetz
s.	siehe
SAE	Sammlung Arbeitsrechtlicher Entscheidungen
SchwbG	Schwerbehindertengesetz
SGB	Sozialgesetzbuch
sog.	sogenannte/sogenannter
SprAuG	Sprecherausschußgesetz
StGB	Strafgesetzbuch
StVollzG	Strafvollzugsgesetz
TVG	Tarifvertragsgesetz
u.	und
u.a.	unter anderem
u.ä.	und ähnliche/und ähnliches
u.U.	unter Umständen
UWG	Gesetz gegen den unlauteren Wettbewerb
vgl.	vergleiche
VO	Verordnung
VwGO	Verwaltungsgerichtsordnung
z.B.	zum Beispiel
Ziff.	Ziffer/Ziffern
ZPO	Zivilprozeßordnung

1. Abschnitt: Arbeitsrecht, Arbeitnehmer, Arbeitsgerichte

I. WELCHE RECHTLICHEN REGELN WIRKEN AUF EIN ARBEITSVERHÄLTNIS EIN ?

Fall 1: "Was gilt jetzt eigentlich ?"

Horst Honig ist bei einem Süßwarenhersteller als Packer beschäftigt. Der Arbeitsvertrag wurde nicht schriftlich geschlossen. Auf das Arbeitsverhältnis findet ein mit der Gewerkschaft Nahrungsmittel, Gaststätten, Genuß (NGG) vereinbarter Tarifvertrag Anwendung, der eine gestaffelte Arbeitszeitverkürzung von 40 über 39 auf 38 Wochenstunden vorsieht. Die Umsetzung der Verkürzungsschritte zu den festgelegten Terminen und die Verteilung der Arbeitszeit auf 5 Wochentage montags bis freitags sollen nach dem Tarifvertrag in Form von Betriebsvereinbarungen erfolgen.

Horst hat in der Packerei sieben Jahre lang schon von 7 Uhr morgens bis 16 Uhr nachmittags gearbeitet. Jetzt soll er aufgrund einer zwischen Arbeitgeber und Betriebsrat abgeschlossenen Betriebsvereinbarung in drei wechselnden Schichten arbeiten, von denen eine um 6 Uhr, eine um 7 Uhr morgens und eine um 13 Uhr nachmittags beginnt.

Horst will nicht. Er lehnt die neue Wechselschichtregelung ab und will weiter zur bisherigen Arbeitszeit beschäftigt werden. Seine Begründung: Bei seiner Einstellung sei eine Arbeitszeit von 7 Uhr bis 16 Uhr für seine Tätigkeit mit dem Arbeitgeber vereinbart worden. Die Betriebsvereinbarung, die ihn jetzt insoweit schlechter stelle, könne diese vertragliche Abrede nicht einfach verdrängen. Außerdem sei durch die lange Zeit, in der er jetzt regelmäßig von 7 Uhr bis 16 Uhr beschäftigt worden sei, eine betriebliche Übung entstanden, von der der Arbeitgeber nicht einfach nach seinem Gefallen abweichen könne.

Hat Horst Recht oder muß er jetzt in Wechselschicht arbeiten ?

A. Aufbau : Regelungsebenen des Arbeitsrechts

1. Der Arbeitsvertrag

a) Leistungsaustausch besonderer Art

Arbeitnehmer werden tätig aufgrund von Arbeitsverträgen, die sie mit ihrem Arbeitgeber abgeschlossen haben. Diese Verträge sind auch Grundlage dafür, daß im Gegenzug zur Arbeit ein Entgelt bezahlt wird. Das Arbeitsverhältnis entsteht also durch einen Vertrag, der, vom Grundsatz her, so ist wie viele andere Verträge des täglichen Lebens, die auf einen Austausch von Leistungen mit einem Partner angelegt sind. Diese privatrechtlichen Verträge begegnen uns beispielsweise beim Kauf eines Gebrauchtwagens, Mieten einer Wohnung usw. Für sie alle hält das Bürgerliche Gesetzbuch (BGB) wichtige Regeln bereit und entsprechend verhält es sich auch im Arbeitsrecht.

Nun begründet ein Arbeitsvertrag allerdings einen Leistungsaustausch besonderer Art. Es ist ein Unterschied, ob ich einen Kühlschrank kaufe oder für einen Arbeitgeber tätig bin. Zumindest dann, wenn der Kühlschrank funktioniert, kann mir der Verkäufer gleichgültig sein und ich vergesse ihn meist rasch wieder.

Bei meinem Vertragspartner im Arbeitsverhältnis, dem Arbeitgeber, ist es anders. Ihn habe ich, zumindest in Gestalt eines ihn vertretenden Vorgesetzten, als Arbeitnehmer in der Regel dauernd "vor der Nase". Außerdem ist nicht zu übersehen, daß wir vom Ergebnis der Arbeit in gewisser Weise beide abhängig sind. Kommt nichts Verwertbares heraus, so geht mein Arbeitgeber pleite und ich werde arbeitslos. Beliebt, insbesondere von Arbeitgeberseite, ist daher der Hinweis: "Wir sitzen alle in einem Boot".

Das stimmt sicher nur ein Stück weit, denn auf der anderen Seite sind Löhne auch Kosten für den Betrieb - und die Kosten will jeder Betrieb niedrig halten. Richtig ist, daß dem Arbeitsverhältnis ein Element persönlicher Gemeinschaft anhaftet, das in der rechtlichen Regelung seinen Niederschlag finden muß. Es kommt beispielsweise in (heute umstrittenen) Begriffen wie der "Treuepflicht" des Arbeitnehmers und der "Fürsorgepflicht" des Arbeitgebers zum Ausdruck.

b) Machtungleichgewicht

Verträge funktionieren normalerweise auch nur dann gut, wenn beide Seiten die gleiche Möglichkeit, deutlicher ausgedrückt: die gleiche Macht haben, den Inhalt zu beeinflussen. Hat eine Seite mehr Macht als die andere, so kommt meist, zumindest für eine Seite, ein schlechter Vertrag heraus. Das ist umso bedenklicher, wenn die eine Seite, der Arbeitnehmer, im Fall des Arbeitsvertrages gewissermaßen ein Stück von sich selbst verkauft, nämlich die eigene Arbeitskraft.

Weil also der Arbeitsvertrag durch seinen besonderen Gegenstand, durch die besondere Beziehung zwischen den Vertragspartnern und durch das häufig vorkommende Machtgefälle zwischen ihnen ein Vertrag ganz besonderer Art ist, muß es auch eine Reihe von Rechtsvorschriften geben, die Abschluß und Inhalt von Arbeitsverträgen so beeinflussen, daß keine untragbaren sozialen Zustände für die Arbeitnehmer entstehen, wie dies in früheren Zeiten nach der sogenannten industriellen Revolution war. Positiv ausgedrückt, sollen die Arbeitnehmer angemessen am wirtschaftlichen und gesellschaftlichen Fortschritt teilnehmen können.

Der Arbeitsvertrag wird aus diesen Gründen überlagert von weiteren rechtlichen Regelungskomplexen, die ihn, wenn notwendig, außer Kraft setzen oder ändern können.

2. Betriebsvereinbarung und Tarifvertrag

Dies kann zunächst durch Betriebsvereinbarungen und Tarifverträge geschehen. Beide schaffen rechtliche Regelungen, etwa die Einführung von gleitender Arbeitszeit im Betrieb, ein Rauchverbot oder eine vorgeschriebene Pause bei der Fließbandarbeit, die ähnlich wie Gesetze wirken. Diese Normen entstehen aber trotzdem durch Verträge, nur eben, um das häufige Machtgefälle zwischen dem einzelnen Arbeitgeber und Arbeitnehmer auszugleichen, durch Verträge auf höherer Ebene.

Diese Ebene ist auf der Arbeitnehmerseite im Fall der Betriebsvereinbarung die Belegschaft, die durch den Betriebsrat vertreten wird ; im Fall des Tarifvertrages ist es die Gewerkschaft, die, bezogen auf ein ganzes Tarifgebiet oder aber ein großes Unternehmen, die Arbeitsbedingungen für ihre Mitglieder aushandelt. Bezeichnenderweise kann auf der anderen Seite der Arbeitgeber allein stehen, bei der Betriebsvereinbarung ist dies immer so, beim Tarifvertrag bisher dagegen die Ausnahme, da hier auch die Arbeitgeber in der Regel vereint handeln.

Nur auf der Ebene der Tarifverträge können die Vertragsverhandlungen sogar in handfeste Auseinandersetzungen münden, die im Fall von Streik und Aussperrung sowohl in die Finanzmittel der Betriebe und die Streikkassen der Gewerkschaften, wie auch in die Geldbeutel der betroffenen Arbeitnehmer mitunter große Lücken reißen können. Auch der volkswirtschaftliche Schaden ist meist offensichtlich.

Spätestens damit ist eigentlich schon klar, daß über den Tarifverträgen und Betriebsvereinbarungen, den sogenannten Kollektivvereinbarungen, auch noch weitere, notfalls stärkere rechtliche Regeln stehen müßen, die ganz allgemein die Handlungsmöglichkeiten von Arbeitgebern, Gewerkschaften und Belegschaften auf ein allen zuträgliches Maß begrenzen.

3. Gesetzliche Regelungen

Wir sind damit auf der Stufe der das Arbeitsrecht regelnden Gesetze angelangt bzw. der durch die Arbeitsgerichte, nicht selten auch das Bundesverfassungsgericht aufgestellten Spielregeln, die im Arbeitsrecht leider allzu häufig an die Stelle von nicht vorhandenen Gesetzen treten. Dies mag damit zusammenhängen, daß es im Arbeitsrecht, soweit es von widersprüchlichen Interessen der Arbeitgeber- und Arbeitnehmerseite bestimmt ist, natürlich dem Gesetzgeber schwerfällt, eine Regelung zu finden, für die er nicht von einer Seite (oder auch von beiden) "Prügel" bezieht.

Zu den einschlägigen Gesetzen gehört das bereits genannte BGB, das z.B. schon in seinen für alle privatrechtlichen Verträge geltenden Regelungen Einschränkungen der Vertragsfreiheit enthält. So ist ein Vertrag nichtig, der gegen ein gesetzliches Verbot verstößt (§ 134 BGB). Es darf also z.B. niemand beschäftigt werden, um Einbrüche zu begehen.

Das BGB sieht ferner in den Regeln über den Dienstvertrag (§§ 611 ff. BGB) eine Menge von Vorschriften vor, die auch für Arbeitsverhältnisse gelten. Allerdings sind diese Regeln, wie auch die anderen Vertragstypen im BGB (Kauf, Miete usw.) nur zum Teil zwingend, d.h. sie können häufig durch den Arbeitsvertrag, manchmal auch nur durch einen Tarifvertrag außer Kraft gesetzt werden (sog. dispositives oder tarifdispositives Recht).

Nicht zuletzt enthält das BGB auch Spielregeln, was geschieht, wenn ein Teilnehmer am Rechtsverkehr einem anderen Schaden zufügt und Ersatz leisten muß. Diese können beispielsweise auch dann eingreifen, wenn Arbeitnehmer rechtswidrig streiken und dadurch einem Unternehmen Schäden entstehen.

4. Die Verfassung (Grundgesetz)

Um ein Gesetz besonderer Art handelt es sich bei der Verfassung. Eine Verfassung kommt nur unter besonderen Umständen, vor allem eben mit besonderen, sogenannten qualifizierten Mehrheiten zustande, kann auch nur unter erschwerten Bedingungen geändert werden und enthält einen Bestand von besonders wichtigen Normen für die Abläufe des Lebens in Gesellschaft und Wirtschaft.

Beispielsweise findet sich eine besondere Vorschrift über das Recht, Gewerkschaften und Arbeitgeberverbände zu bilden und in bzw. mit diesen tätig zu werden (Art. 9 III GG). Aber auch eine ganze Reihe anderer Vorschriften unserer Verfassung, des Grundgesetzes (GG), hat für das Arbeitsrecht Bedeutung, wie etwa der Gleichheitssatz des Art. 3 GG oder die freie Wahl von Beruf und Arbeitsplatz in Art. 12 GG.

Alle anderen, sogenannten einfachen Gesetze müßen sich an der Verfassung messen lassen. Konkret führt diesen Meßvorgang das Bundesverfassungsgericht durch, und zwar recht häufig, was arbeitsrechtliche Gesetze angeht. So hat beispielsweise das Bundesverfassungsgericht die Regeln über die Kündigungsfristen von Arbeitern zu Fall gebracht, weil mit dem Gleichheitssatz des Art. 3 I und III GG nicht zu vereinbarende Ungleichheiten im Verhältnis zur Regelung bei den Angestellten bestanden. Der Gesetzgeber mußte eine neue, "verfassungsfeste" Regelung treffen.

5. Überstaatliche Ebene

Aber auch die Verfassung ist nicht mehr das letzte Maß der Dinge. Insbesondere der Prozeß der europäischen Einigung bringt es mit sich, daß die Europäische Union - EU - (früher Europäische Gemeinschaften - EG) immer mehr, vor allen Dingen durch sogenannte Richtlinien, auf das bundesdeutsche Recht einwirkt. Beispielsweise was die Gleichstellung von Mann und Frau im Arbeitsleben anbetrifft, die im BGB ihren Niederschlag in der (allerdings wohl wenig wirksamen) Vorschrift des § 611 a BGB findet. Einen Auftrag, Frauen und Männer gleichzustellen, hatte schon früher das Bundesverfassungsgericht dem Gesetzgeber erteilt.

6. Blick auf den Gesamtaufbau

Überblickt man den soeben in Stufen nachvollzogenen Aufbau der Rechtsregeln auf verschiedenen Ebenen, die das Arbeitsrecht gestalten, so erinnert dieser an eine Pyramide. Man kann auch an einen "tortenartigen" Aufbau denken. (Abb. 1). Letzteres Bild hat den Vorteil, daß man im weiteren ein konkretes arbeitsrechtliches Problem mit einem herausgeschnittenen Tortenstück vergleichen kann: In der Regel wird das Problem "mehrschichtig" sein und z.B. sowohl arbeitsvertragliche wie auch tarifliche und gesetzliche einschließlich verfassungsrechtlicher Normen berühren bzw. zu seiner Lösung brauchen.

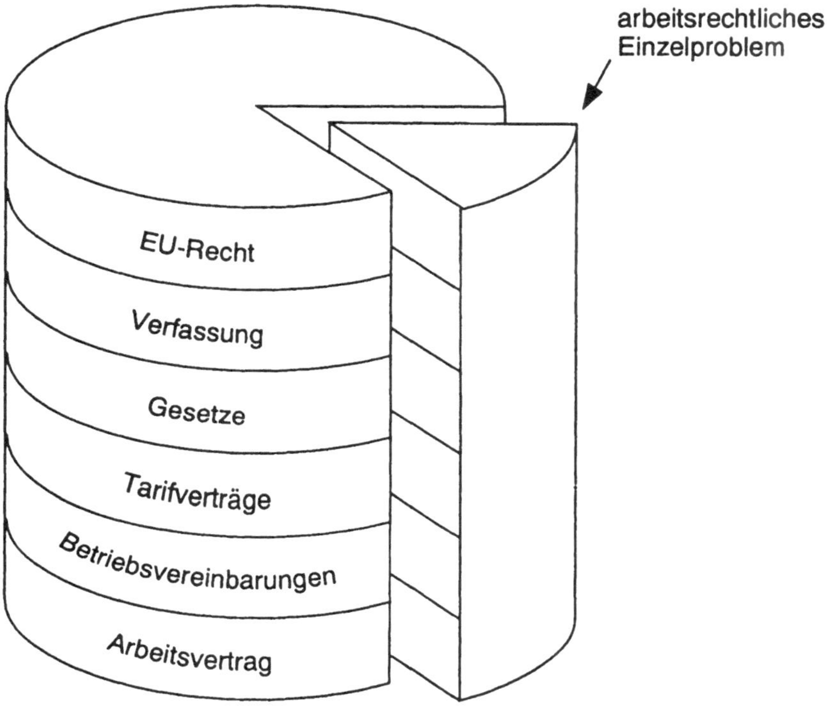

Abbildung 1: Aufbau des Arbeitsrechts

B. Verhältnis der Regelungsebenen zueinander

1. Vorrang der höherstufigen Norm

Aus dem beschriebenen Stufen- oder Schichtenaufbau des Arbeitsrechts in mehreren Regelungsebenen folgt als erstes der Grundsatz, daß Normen aus einer höheren Schicht denen der tiefer gelegenen vorgehen. Das heißt, das Gesetz ist von seiner Wirkungskraft her stärker als der Tarifvertrag, der Tarifvertrag stärker als der Arbeitsvertrag.

2. Ausnahmen, insbesondere das "Günstigkeitsprinzip"

Von diesem naheliegenden Grundsatz gibt es aber eine ganze Reihe von Ausnahmen. Einmal haben wir bereits gesehen, daß nicht alle gesetzlichen Vorschriften im Arbeitsrecht zwingenden Charakter haben. Eine ganze Reihe von ihnen kann man also einfach durch eine selbstgeschaffene Regelung im Arbeitsvertrag, in der Betriebsvereinbarung, im Tarifvertrag beiseite schieben.

Nehmen wir als Beispiel die Kündigungsfristen. Sie können durch Tarifvertrag oder Einzelarbeitsvertrag verlängert werden, und zwar auch für den kündigenden Arbeitnehmer. Die gesetzlichen Kündigungsfristen können sogar verkürzt werden; allerdings ist dies im wesentlichen nur durch Tarifvertrag möglich (§ 622 IV, V BGB).

Die weitere wichtige Ausnahme vom Grundsatz, daß die Norm aus der höherliegenden Schicht im arbeitsrechtlichen Stufenbau der tiefer angesiedelten vorangeht, ist selbst schon wieder eine Regel, nämlich das sogenannte Günstigkeitsprinzip. Es kommt vor allem im Verhältnis zwischen Einzelarbeitsvertrag und Tarifvertrag (§ 4 III TVG), aber auch Betriebsvereinbarung zum Zug und besagt, daß im Zweifel die für den Arbeitnehmer günstigere Regelung gilt.

Der Arbeitnehmer kann sich also, um im Bild (Abb. 1) zu bleiben, die süßere Schicht der Torte selbst heraussuchen. Dabei darf er sich aber nicht nur die "Rosinen" herauspicken, d.h. er darf nicht Detailregelungen des Arbeitsvertrags und des Tarifvertrags aus dem Zusammenhang reißen und zur für ihn besten Lösung "zusammenstückeln". Vielmehr muß er, in einzelnen Abschnitten der jeweiligen Verträge gedacht, sich beispielsweise für die ganze Arbeitszeitregelung, Entgeltregelung, Urlaubsregelung entscheiden.

Fall 2: "Am besten zurück an den Kochtopf?"

a) Paula Spät ist Prokuristin in einer Backwarenfabrik. In dieser Eigenschaft läßt sie es zu, daß vier Arbeiterinnen eines morgens gegen 0.35 Uhr fleißig Kuchen backen. Der Fall wird ruchbar und die Gewerbeaufsichtsbehörde schickt Paula einen Bußgeldbescheid über 500,00 DM, weil sie gegen den (damals geltenden) § 19 I Arbeitszeitordnung (AZO) verstoßen habe. Dieser lautete: "Arbeiterinnen dürfen nicht in der Nachtzeit von 20 Uhr bis 6 Uhr und an den Tagen vor Sonn- und Feiertagen nicht nach 17 Uhr beschäftigt werden." Paula ist der Auffassung, daß diese Vorschrift gegen das Gleichheitsgebot in Art. 3 GG verstößt.

Die Gewerbeaufsicht argumentiert dagegen, daß Nachtarbeit Frauen stärker als Männer in der Gesundheit beeinträchtige. Außerdem ergebe sich für Frauen eine im Vergleich zu Männern höhere Belastung, weil Frauen in der Regel zugleich in Haushalt und Familie den stärkeren Anteil von Pflichten hätten. Schließlich müsse man auch bedenken, daß

Frauen bei Nacht gefährdeter seien als Männer, wenn sie auf dem Weg zum Arbeitsplatz oder von diesem wären.

Hat die Gewerbeaufsicht Recht oder Paula ?

b) Paulas Mann Peter ist Lastwagenfahrer. Der Betrieb, für den er arbeitet, hat ursprünglich sowohl Frachtfuhraufträge vermittelt (Spedition) als auch Frachten selbst (als sogenannter Frachtführer) transportiert. Letztes Jahr haben sich die Chefs aber etwas neues einfallen lassen: In ein- und demselben Betrieb sind jetzt zwei Unternehmen tätig. Das eine, bei dem jetzt im wesentlichen die kaufmännischen Angestellten des früheren Betriebs beschäftigt sind, macht selbständig das Speditionsgeschäft; das andere, in dem die Lastwagenfahrer arbeiten, erledigt Frachtfuhraufträge.

Faktisch bleibt der Betrieb aber beinander. Er hat auch einen einheitlichen Betriebsrat. Aber an Weihnachten ärgert sich Peter gewaltig: Hatten im Jahr zuvor noch alle miteinander das gleiche Weihnachtsgeld bekommen, so wird jetzt auf einmal den Belegschaftsmitgliedern der Spedition der doppelte Betrag überwiesen. In Peters Innerem klopft das Rechtsgefühl an. Er will gleich behandelt werden.

Mit Aussicht auf Erfolg ?

C. "Schichtspezifische" Probleme im Stufenbau des Arbeitsrechts

1. Wirkungsweise der EU-Richtlinien (früher: EG-Richtlinien)

Nachdem wir die Schichten des Arbeitsrechts zunächst von unten nach oben durchwandert haben, werden wir jetzt in der umgekehrten Richtung den Rückweg nehmen, um auf einige "schichtspezifische" Fragen und Streitpunkte einen genaueren Blick zu werfen.

Vergleichsweise wenig Kopfzerbrechen macht das EU-Recht, jedenfalls vom Rechtstechnischen her. Der EU-Normgeber arbeitet meist mit Richtlinien, die nur in Ausnahmefällen für das einzelne Arbeitsverhältnis unmittelbar wirksam werden können. Prinzipiell richten sie sich an die Organe der Mitgliedstaaten, die diese Richtlinien erst noch in innerstaatliche Rechtsvorschriften und Verwaltungsregeln umsetzen müßen. Damit sind sie dann aber auch in der innerstaatlichen Rechtsordnung, also den tieferliegenden Schichten unseres arbeitsrechtlichen Stufenaufbaus aufgegangen. Seltener sind EU-Verordnungen im Arbeitsrecht, die unmittelbar, d.h. ohne Umsetzung in innerstaatliche Rechtsnormen, wirken. So gab es im Zusammenhang mit der Herstellung der Freizügigkeit in Europa eine arbeitsrechtlich wichtige Verordnung.

2. Verfassung und Arbeitswelt

a) "Recht auf Arbeit" ?

Umso mehr Fragen tauchen aber auf der nächsten Stufe auf, nämlich unserer Verfassung. Gilt sie überhaupt im Arbeitsverhältnis, also zwischen Arbeitgeber und Arbeitnehmer ? Schließlich ist man sich in der ganzen Rechtswissenschaft weitgehend einig, daß die Grundrechte der Verfassung sich von ihrer Tradition und Konstruktion her gegen die öffentliche Gewalt richten und deshalb nicht von Privatleuten untereinander geltend gemacht werden können. Der Vermieter kann seine Wohnung vermieten, an wen er will und ist rechtlich keineswegs an den Gleichheitsgrundsatz des Art. 3 GG gebunden.

Das Recht auf freie Wahl des Arbeitsplatzes in Art. 12 I GG besagt zwar, daß der Staat niemanden anweisen oder hindern darf, eine bestimmte Arbeitsstelle anzutreten. Es besagt aber nicht etwa, daß der Arbeitnehmer auf einen Arbeitgeber deuten und sagen kann: "Bei Dir will ich einen Arbeitsplatz". Heiß wird zwar diskutiert, ob man nicht zumindest ein Recht auf irgendeinen Arbeitsplatz in der Verfassung verankern sollte, eben in Gestalt eines "Rechts auf Arbeit" im Grundrechtekatalog des Grundgesetzes.

Das macht aber, jedenfalls nach unserer Konstruktion der Grundrechte, nur Sinn, wenn der Staat die Arbeitsplätze auch entweder selbst hat oder aber die privaten Arbeitgeber zwingen kann, bestimmte Arbeitnehmer einzustellen. Genau mit den sozialistischen Verfassungsmodellen, in denen dies typischerweise der Fall ist, hat man aber denkbar schlechte Erfahrungen gemacht.

b) Koalitionsfreiheit

Nun kann dies nicht heißen, daß Verfassung und Arbeitsrecht praktisch unabhängig voneinander existieren und nichts miteinander zu tun haben. Das wäre zunächst schon deshalb falsch, weil gerade im Bereich des Arbeitsrechts das Grundgesetz eine Regelung bereithält, die ausnahmsweise nicht nur gegenüber der öffentlichen Gewalt, sondern auch unmittelbar gegenüber der jeweils anderen Partei des Arbeitsvertrags wirkt.

Es ist die sogenannte Koalitionsfreiheit in Art. 9 III GG, also die Freiheit, Gewerkschaften und Arbeitgeberverbände zu bilden. Dieses Freiheitsrecht bremst beispielsweise unmittelbar den Arbeitgeber, der die Bildung einer Gewerkschaft nicht dadurch verhindern darf, daß er im Arbeitsvertrag eine Regelung verlangt, derzufolge der Arbeitnehmer bei Eintritt in die Gewerkschaft gekündigt werden kann.

c) Sozialstaatsprinzip

Außerdem ist in der juristischen Diskussion mittlerweile ausgestanden, daß die gesamte Rechtsordnung den Wertungen des Grundgesetzes nicht widersprechen darf.

Ein wichtiges Element dieser grundgesetzlichen Wertordnung ist neben den Grundrechten das Sozialstaatsprinzip. Es gibt den Trägern öffentlicher Gewalt auf, für ein menschenwürdiges Dasein und für soziale Gerechtigkeit durch den Ausgleich sozialer Gegensätze und die Herstellung von Chancengleichheit zu sorgen, außerdem ist die Hilfe der Gemeinschaft für Menschen in Notlagen zu sichern.

Hand in Hand mit diesem verfassungsrechtlichen Gebot der Sozialstaatlichkeit, welches eine nur auf Demokratie, Markt und Eigentum aufbauende Wirtschafts- und Gesellschaftsordnung wirksam ergänzt, geht der im bundesdeutschen Recht vergleichsweise stark ausgebaute soziale Schutz der Arbeitnehmer. Er verhindert beispielsweise sozial ungerechtfertigte Kündigungen durch das Kündigungsschutzgesetz (KSchG). Das Sozialstaatsprinzip markiert aber nicht nur eine Aufgabe des Gesetzgebers, es findet auch bei der Auslegung von Vorschriften durch die Gerichte Anwendung.

d) Gleichbehandlungsgrundsatz

Die Ausstrahlung der grundrechtlichen Ordnung auf verschiedenen Wegen in das Arbeitsrecht wird auch am Beispiel des allgemeinen Gleichheitssatzes in Art. 3 III GG insoweit augenfällig, als man ebenfalls einen arbeitsrechtlichen Gleichbehandlungsgrundsatz im Arbeitsverhältnis anwendet. Dabei ist der mehr theoretische Streit wenig von Belang, ob dies nun der Art. 3 III des Grundgesetzes ist oder ein eigenständiger arbeitsrechtlicher Grundsatz.

Jedenfalls darf der Arbeitgeber seine Arbeitnehmer nicht willkürlich ungleich behandeln, beispielsweise nicht dem einen eine Zulage bezahlen, die er unter ansonsten gleichen Bedingungen dem anderen Arbeitnehmer vorenthält. Das bezieht sich allerdings nur auf die vorhandene Belegschaft und reicht nicht so weit, daß der Arbeitgeber neu in den Betrieb eingetretene Mitarbeiter immer gleich behandeln muß wie die vorhandenen Mitarbeiter. (Es sei denn, er wäre tariflich gebunden).

Eine spezielle gesetzliche Vorschrift (in Ausführung des Art. 3 II GG sowie einer EU-Richtlinie) über die Gleichbehandlung von Männern und Frauen bei Begründung, Durchführung und Beendigung des Arbeitsverhältnisses findet sich in § 611 a BGB.

e) Gleichbehandlung in der Zeit: Betriebliche Übung

Zu ergänzen ist, daß das Arbeitsrecht über den beschriebenen Grundsatz der Gleichbehandlung hinaus auch einen Anspruch auf eine Art Gleichbehandlung in der Zeit kennt. Wenn der Arbeitgeber z.B. über mehrere Jahre hinweg eine Leistung gewährt, zu der er an sich nicht verpflichtet ist, und der Arbeitnehmer darauf vertrauen konnte, die Leistung werde auch im nächsten Jahr gewährt, so muß der Arbeitgeber weiter so verfahren.

Allerdings dürften die meisten Arbeitgeber intelligent genug sein, zusätzliche Leistungen entsprechend deutlich als freiwillig und widerruflich zu kennzeichnen, mit der Folge, daß erst gar kein schutzwürdiges Vertrauen des Arbeitnehmers und damit auch keine derartige "betriebliche Übung" als Anspruchsgrundlage entsteht.

f) Übergänge zwischen privatem und öffentlichem Recht

Die Grundrechte gehören zum öffentlichen Recht, das zwischen den Bürgern und öffentlichen Institutionen (Staat, Gemeinde) wirkt. Dagegen gehört das Arbeitsrecht, zumindest von seinem Kern her, dem Arbeitsvertrag, zum privaten Recht, das zwischen gleichgestellten Rechtsgenossen wirkt.

Allerdings zeigt gerade das Arbeitsrecht, daß es fließende Übergänge gibt: Pflichten des Arbeitgebers, Gesundheitsschäden der Arbeitnehmer am Arbeitsplatz zu vermeiden, lassen sich genauso auf die Fürsorgepflicht aus dem Arbeitsvertrag (§ 618 I BGB) wie auf öffentlich-rechtliche Vorschriften des Arbeitnehmerschutzes stützen. Schwer einzuordnen ist auch das Betriebsverfassungsrecht, das in privaten Betrieben Strukturen verankert, wie wir sie sonst eher aus öffentlichen Gemeinwesen kennen.

3. Gesetzliche Lage: die "alte Unübersichtlichkeit"

a) Manchmal ein Verwirrspiel

Auf der Ebene der arbeitsrechtlichen Gesetze macht der Umstand Schwierigkeiten, daß es nicht etwa ein Gesetzbuch - ähnlich wie man es für das Sozialrecht mit dem Sozialgesetzbuch (SGB) in Angriff genommen hat - für das gesamte Arbeitsrecht gibt. Vielmehr bestimmen Unübersichtlichkeit und Zersplitterung in viele verschiedene Gesetze das aktuelle Bild.

Wer sich beispielsweise einen Überblick verschaffen will, wann ein Arbeitnehmer Lohn erhält, ohne daß er zu arbeiten braucht, muß (auf der Ebene der Gesetze, also abgesehen von Tarifverträgen) an einer Vielzahl von Stellen suchen: neben dem BGB im Lohnfortzahlungsgesetz (wobei zur Lohnfortzahlung im Krankheitsfall die Regeln für Arbeiter und für Angestellte auch noch einmal in verschiedenen Gesetzen stehen), weiter im Bundesurlaubsgesetz, eventuell in landesrechtlichen Gesetzen zum Bildungsurlaub, für die Freistellung von Betriebsräten wiederum im Betriebsverfassungsgesetz. Dann weiß er immer noch nicht, was es mit dem (vom Arbeitgeber allerdings nicht bezahlten) Erziehungsurlaub auf sich hat, der wieder an einer anderen Stelle versteckt ist, nämlich im Bundeserziehungsgeldgesetz usw.

Umgekehrt darf der, der die Grundlagen des Arbeitsrechts kennenlernt, sich durchaus verwundern, daß die gleichen Dinge gelegentlich dreimal an verschiedenen Stellen geregelt sind. Dies deshalb, weil sie sich auf verschiedene Arbeitnehmergruppen beziehen, deren Verhältnisse traditionell in unterschiedlichen Gesetzen geregelt sind. Die Pflicht, den Arbeitnehmer gegen Gefahr für Leib und Gesundheit zu schützen, findet sich beispielsweise für kaufmännische Angestellte im Handelsgesetzbuch (§ 62 I), für Techniker in der Gewerbeordnung (§ 120 a I), für nicht im Handel oder im gewerblich-technischen Bereich beschäftigte Arbeitnehmer dagegen im Bürgerlichen Gesetzbuch (§ 618 I).

b) Abhilfe nicht in Sicht

Es ist natürlich nicht besonders hilfreich, wenn neben dem Aufbau des Arbeitsrechts in vergleichsweise viele Schichten, wie wir gesehen haben, auch noch innerhalb einer einzelnen Schicht solch eine komplizierte Lage gegeben ist. Wie sehr das mit der Geschichte der Vorschriften zusammenhängt, zeigt etwa auch, daß im Handelsgesetzbuch der Arbeitgeber noch "Prinzipal" und der Arbeitnehmer, ohne Rücksicht auf die Qualifikation seiner Tätigkeit, "Handlungsgehilfe" heißt.

Da gäbe es manchen alten Zopf abzuschneiden. Aber der großen Dynamik des Arbeitsrechts, die einen berühmten Arbeitsrechtler einmal zum Ausspruch veranlaßt hat, im Arbeitsrecht sei eine Woche eine lange Zeit, stehen offenbar auch große Beharrungstendenzen gegenüber. Diese sind nur zum Teil daraus zu erklären, daß rechtlich geregelte Institutionen, ähnlich wie neue Steuern oder Behörden, die keine Aufgabe mehr haben, nur schwer wieder abzuschaffen sind.

Natürlich brächte eine "Flurbereinigung" im Arbeitsrecht auch gewaltige rechtstechnische Probleme, weil manche historisch gewachsenen Vorschriften schwer unter ein Dach zu bringen sind, weil sie häufig auch ihrerseits in engen Bezügen zu anderen Bereichen der Rechtsordnung, etwa dem Sozialrecht, stehen.

Daß der Gesetzgeber nicht besonders forsch an die Aufgabe herangeht, im Arbeitsrecht eine übersichtlichere gesetzliche Lage zu schaffen, hängt aber auch damit zusammen, daß er von beiden Seiten Druck bekommt, der Arbeitgeberseite wie jener der Gewerkschaften - und wenn von beiden Seiten gleich starker Druck kommt, bewegt sich nichts mehr.

4. Geltung des Tarifvertrags im Arbeitsverhältnis

a) Vorwegnahme einer wichtigen Frage

Nicht erstaunt dagegen, daß es auf der Ebene der Tarifverträge eine gewaltige Vielzahl von Regelungen gibt. Schließlich existieren noch viel mehr einzelne Arbeitsverhältnisse und Tarifverträge regeln eben immer nur zusammenfassend die Verhältnisse einer gewissen Zahl dieser Arbeitsverträge, bezogen jeweils auf einzelne Branchen und Regionen. Das Problem beim Tarifvertrag liegt in der Frage, ob er für das konkrete Arbeitsverhältnis überhaupt gilt.

Die Behandlung dieser Frage sei schon an dieser Stelle im wesentlichen vorweggenommen, auch wenn dem Tarifvertrag natürlich weiter unten (3. Abschn. II) noch ein eigenes Kapitel gewidmet ist. Mit diesem Vorgehen soll dem Umstand ein Stück Rechnung getragen werden, daß bei der Darstellung des Arbeitsrechts individueller Arbeitsvertrag und Kollektivvereinbarungen durch Tarifverträge notgedrungen nur nacheinander behandelt werden können, obwohl sie oft gleichzeitig gelten.

Bei der Lösung einer konkreten Frage im individuellen Arbeitsverhältnis müssen wir demnach immer auch schon den Tarifvertrag im Auge behalten. Die Frage lautet: Wann gilt ein Tarifvertrag in einem konkreten Arbeitsverhältnis ?

b) Mehrere Wege

Mehrere Wege führen zur Anwendung des Tarifvertrags. Zunächst verhält es sich so, daß die Regeln des Tarifvertrags, zumindest die, die den Arbeitnehmer in der Regel am meisten interessieren (Lohn, Arbeitszeit) nur dann gelten, wenn beide Parteien des Arbeitsvertrags auch Mitglieder in dem jeweiligen Verband sind, der den fraglichen Tarifvertrag abgeschlossen hat. Konkret: der Arbeitnehmer muß beispielsweise Mitglied der IG-Metall sein, der Arbeitgeber seinerseits dem für ihn zuständigen Arbeitgeberverband der Metallindustrie angehören.

Dann gelten wesentliche Normen des Tarifvertrags allerdings auch "unmittelbar und zwingend" (§ 4 I TVG). Das bedeutet, sie setzen zum einen möglicherweise anders lautende Festsetzungen des einzelnen, individuell ausgehandelten Arbeitsvertrags ohne weiteres außer Kraft. (Abgesehen vom bereits weiter oben unter B. 2 erwähnten "Günstigkeitsprinzip", wonach die dem Arbeitnehmer günstigere Regelung u.U. im einzelnen Arbeitsvertrag Vorrang hat.)

Zum anderen, und das ist noch wichtiger, können tariflich vereinbarte Normen nicht zu Lasten des Arbeitnehmers verändert werden, solange der Tarifvertrag läuft. Nicht einmal durch den Austritt aus dem Arbeitgeberverband vermag der Arbeitgeber diese Bindung zu beseitigen (s. dazu auch Fall 23), die damit dem Arbeitnehmer einen durch keine Einzelvereinbarung angreifbaren Bestandschutz bietet.

Nun zeigt ein Blick auf die Praxis, daß in den Betrieben zwar nur ein unterschiedlicher, oft nicht einmal besonders hoher Prozentsatz der Beschäftigten gewerkschaftlich organisiert ist, daß aber trotzdem alle die gleichen Leistungen, und zwar mindestens die tariflichen erhalten. Die Gründe liegen auf der Hand. Einmal streben schon technische Aspekte der Durchführung der Arbeitsverhältnisse von Arbeitgeberseite zu einer gewissen Einheitlichkeit: Lohnbestimmungssysteme, insbesondere in großen Betrieben, sind heute schon kompliziert genug, als das man sie auch noch im Hinblick auf gewerkschaftlich Organisierte und Nichtorganisierte auseinanderschalten wollte.

Zum anderen neigen die Arbeitgeber natürlich auch nicht dazu, eine Art Aufforderung zum Gewerkschaftsbeitritt auszusprechen, welche zwangsläufig in einer Schlechterbehandlung der Nichtorganisierten liegen würde. Sie ziehen einen anderen Weg vor:

In einer Vielzahl von Arbeitsverträgen wird heute in einem besonderen Passus auf die jeweils geltenden Tarifverträge Bezug genommen, dergestalt, daß die dort ausgehandelten Arbeitsbedingungen auch im einzelnen Arbeitsvertrag als vereinbart gelten. Das hat zunächst zwar eine ähnliche Wirkung wie die unmittelbare Tarifbindung (§ 4 I TVG), was die Leistungen angeht, die der betroffene Arbeitnehmer erhält.

c) Geltung ist nicht gleich Geltung

Der kleine, aber wesentliche Unterschied zwischen den beiden Geltungsformen zeigt sich allerdings dann, wenn es "zum Schwur" kommt und der Arbeitgeber beispielsweise in einer Rezession bestrebt ist, das in guten Zeiten angeschwollene Lohnvolumen zu reduzieren. In diesem Fall bleibt der "harte Kern" der durch unmittelbare Tarifbindung gesicherten Leistungen unantastbar. Auf die anderen Arbeitnehmer, deren Verhältnisse nicht der unmittelbaren und zwingenden Bindung unterliegen, kann dagegen ein starker Druck entstehen, einer Weiterbeschäftigung nur unter geänderten, d.h. schlechteren Bedingungen zuzustimmen.

Eine weitere Variante wäre die, daß im Arbeitsvertrag keine das tarifliche Niveau erreichenden Leistungen vereinbart sind - natürlich nur wirksam bei fehlender Tarifbindung - und der Arbeitgeber darüber hinaus freiwillige Leistungen gewährt, die im Ergebnis zu einer Behandlung nach Tarifbedingungen führen. Hier hat es der Arbeitgeber am leichtesten, in wirtschaftlich schlechteren Zeiten die zusätzlichen Leistungen wieder abzubauen, ähnlich, wie es gelegentlich auch von tariflich gebundenen Arbeitgebern im Hinblick auf übertarifliche, freiwillige Leistungen gehandhabt wird. Auf diesem Weg ist die Kürzung nämlich oft auch ohne Zustimmung des Arbeitnehmers möglich, allerdings müssen u.U. Mitwirkungsrechte des Betriebsrats beachtet werden.

5. Zum Gang der Behandlung weiterer Fragen

Weitere, für einzelne Rechtsquellen des Arbeitsverhältnisses typische Probleme bleiben den folgenden, in Abschnitten zusammengefaßten Kapiteln vorbehalten. Deren Aufbau orientiert sich weitgehend an dem "klassischen" Gliederungsmuster, wonach zunächst das sogenannte Individualarbeitsrecht, also insbesondere das Arbeitsvertrags- und Arbeitsschutzrecht, sodann das Kollektivarbeitsrecht behandelt wird. Letzteres umfaßt das (im Aufbau dieses Buches an die erste Stelle gezogene) Recht der Betriebsverfassung und Mitbestimmung, der Koalitionen und Tarifverträge sowie des Arbeitskampfs.

Noch dem ersten Abschnitt zugeordnet findet sich die grundlegende Frage, für wen das soeben in seinem Aufbau betrachtete Arbeitsrecht überhaupt gilt. Der alten Erkenntnis: "Recht haben und Recht bekommen ist zweierlei" trägt ferner ein kurzes Kapitel über Arbeitsgerichte, Verfahrensarten und wichtige Spielregeln Rechnung.

Die im Arbeitsförderungsgesetz (AFG) geregelten Leistungen an Arbeitnehmer gehören systematisch nicht zum Arbeitsrecht, sondern zum Sozialversicherungsrecht. Faktisch haben sie natürlich trotzdem einen engen Bezug zu den arbeitsrechtlich bestimmten Verhältnissen des Arbeitnehmers. Dies gilt insbesondere dort, wo die Leistungen Lohnersatzfunktion haben, wie etwa Arbeitslosengeld bzw. Arbeitslosenhilfe oder Kurzarbeitergeld. Diese Leistungen werden deshalb, wo sich ihre Einfügung in die arbeitsrechtliche Darstellung anbietet, kurz angesprochen.

Lösungshinweise zu den Fällen 1 und 2 :

Fall 1 ("Was gilt jetzt eigentlich ?") :

Horst Honig muß zu den neuen, durch Betriebsvereinbarung festgelegten Zeiten in Wechselschicht arbeiten.

Eine einzelvertragliche Vereinbarung einer auch für die Zukunft festliegenden Arbeitszeit, die möglicherweise der Betriebsvereinbarung rechtlich vorgehen könnte, liegt erst gar nicht vor. Die (nicht schriftliche) Vertragsvereinbarung ist so auszulegen, daß zu den betriebsübli-

chen Arbeitszeiten gearbeitet werden sollte, damals eben von 7 Uhr bis 16 Uhr.

Wenn ein Arbeitnehmer oder eine Arbeitnehmerin aus persönlichen Gründen ein Interesse an einer individuell festgelegten, auch künftig sich nicht mit den betriebsüblichen Arbeitszeiten verändernden Arbeitszeitregelung hat, dann muß das im Arbeitsvertrag eindeutig vereinbart werden. Nur die Hereinnahme der gerade geltenden Arbeitszeiten in die arbeitsvertragliche Vereinbarung, sei sie schriftlich oder mündlich, genügt also nicht. (Der Arbeitgeber wird sich allerdings auf solche ausdrücklichen Sonderregelungen nur ungern einlassen, weil ihm eine derartige, individuelle Regelung bei künftigen organisatorischen Maßnahmen schnell zum "Pfahl im Fleisch" werden kann.)

Auch den Umstand, daß sieben Jahre zu unveränderten Zeiten gearbeitet wurde, kann Horst rechtlich nicht für seinen Wunsch nutzen, zu den gleichen Zeiten weiterarbeiten zu dürfen. Insbesondere ist keine "betriebliche Übung" gegeben, weil dazu nicht nur eine längere Praxis gehört, sondern auch die Tatsache, daß die Arbeitnehmer auf diese Praxis auch in Zukunft vertrauen konnten. Das ist aber bei betriebsüblichen Arbeitszeiten nicht der Fall, weil diese erfahrungsgemäß durchaus auch einmal geändert werden müssen und diese Möglichkeit wohl jedem Arbeitnehmer klar ist.

Es gilt also die neue Betriebsvereinbarung, die im übrigen auch nicht gegen den (höherrangigen) Tarifvertrag verstößt, weil dessen Vorgaben Wechselschichten nicht ausschließen.

Fall 2 ("Am besten zurück an den Kochtopf ?") :

a) Paula Spät hat Recht. Die fragliche Vorschrift - § 19 I AZO - wurde vom Bundesverfassungsgericht für verfassungswidrig und unwirksam erklärt, nachdem allerdings bereits zuvor eine EU-Richtlinie dafür gesorgt hatte, daß sie nicht mehr angewandt werden durfte. Mittlerweile hat der Bundesgesetzgeber die AZO durch das neue Arbeitszeitgesetz (ArbZG) ersetzt.

Rechtlich betrachtet, darf oder muß es sogar durchaus Vorschriften des Arbeitnehmerschutzes geben, die sich auf Nachtarbeit beziehen. Dabei können auch für einzelne Arbeitnehmergruppen, etwa Familien mit kleinen Kindern, besondere Regelungen getroffen werden, wie es auch in § 6 IV Buchst. b ArbZG geschehen ist.

Aber eines dürfen all diese Regelungen, schon aufgrund des Art. 3 III GG nicht: Sie dürfen, wenn sie Unterschiede zwischen Arbeitnehmern bzw. Arbeitnehmerinnen machen, nicht nur an das Geschlecht anknüpfen. Insofern gilt rechtlich: Wenn Nachtarbeit schädlich ist, dann ist sie für alle gleich schädlich.

Sachliche Gründe, nach denen im Ausnahmefall in einem Gesetz oder bei dessen Anwendung zwischen Männern und Frauen unterschieden werden dürfte - etwa bei der Einstellung einer Betreuerin für eine Gruppe weiblicher Behinderter - liegen nicht vor. Die Argumente der Gewerbeaufsicht stehen auf schwachen Füßen. Ein überzeugender, medizinischer Nachweis der besonderen Schädlichkeit von Nachtarbeit für Frauen fehlt. Man kann auch nicht einfach mit rollentypischen Belastungen argumentieren. Die Rollenverteilung zwischen Mann und Frau in der Familie ist schließlich nicht zwingend, darf es rechtlich aufgrund des Gleichbehandlungsgebots gar nicht sein. Und was die Gefährdung auf dem Weg zum Arbeitsplatz angeht, so gibt es vielleicht einen Firmenbus oder einen gut beleuchteten Parkplatz.

b) Schlecht sieht es dagegen rechtlich für Paulas Mann Peter aus: Er möchte sich bei der Aufstockung seines Weihnachtsgelds auf den arbeitsrechtlichen Gleichbehandlungsgrundsatz berufen.

Dieser, dem Art. 3 III GG zumindest "nachempfundene" Grundsatz im Arbeitsrecht besagt, daß der Arbeitgeber die Arbeitnehmer nicht ohne sachliche Gründe ungleich behandeln darf. Deshalb dürfte ein Arbeitgeber auch nicht einfach seine Belegschaft in zwei Hälften aufteilen, auch nicht in Arbeiter und Angestellte, und ihnen unterschiedliche Weihnachtsgelder ausbezahlen, ohne daß er einen sachlichen Grund (vielleicht sind die einen länger im Betrieb als die anderen) für dieses unterschiedliche Vorgehen hat.

Der Haken im gegebenen Fall liegt jedoch bereits darin, daß zwei Unternehmer, also zwei Arbeitgeber in ein- und demselben Betrieb vorhanden sind. Deshalb scheitert die Anwendung des Gleichbehandlungsgrundsatzes, weil verschiedene Arbeitgeber ihre Arbeitnehmer auch verschieden behandeln dürfen - selbst wenn es im gleichen Betrieb ist. Das Ergebnis klingt logisch, auch wenn es in der Sache nicht vollständig überzeugt.

Schließlich ist die Gefahr von "Umgehungskonstruktionen" nicht von der Hand zu weisen: Eine Schlechterbehandlung eventuell mißliebiger Arbeitnehmergruppen könnte der Arbeitgeber also durch eine Aufspaltung der Unternehmerstellung erreichen, obwohl in einem einheitlichen Betrieb weitergearbeitet wird.

II. WER IST ARBEITNEHMER ?

Fall 3: "Ein unscharfes Bild"

Klaus Linse nimmt als Bildberichterstatter für die große Tageszeitung "Stadt-Kurier" Verkehrsunfälle, Ehrungen und andere wichtige Ereignisse auf. Er erhält pauschal im Monat 2.100,00 DM und muß dafür 55 Fotos beibringen. Für jedes weitere Foto bekommt er 34,00 DM. Die Versteuerung der Einkünfte, die er vom "Stadt-Kurier" bekommt, bleibt ihm selbst überlassen. Er darf, abgesehen vom ersten Abzug für die Redaktion der Zeitung, die Fotos für andere Zwecke verwerten und auch für andere Auftraggeber arbeiten.

Allerdings erhält er, auch wenn er in Urlaub gehen will, für 18 Tage die Pauschale fortbezahlt, obwohl er anteilig weniger Bilder liefert. Er bekommt darüber hinaus ein Weihnachtsgeld von der Zeitung in Höhe von 1.000,00 DM. Für Ausrüstung, Labor und Entwicklung der Filme ist Klaus zwar selbst verantwortlich, konnte sich aber in der Redaktion ein Labor einrichten.

Bei der bevorstehenden Betriebsratswahl im Betrieb des "Stadt-Kurier" möchte Klaus, der auch sehr engagiertes Mitglied der "IG Medien" ist, mitwählen. Sein Arbeitgeber ist demgegenüber der Meinung, Klaus Linse dürfe schon deshalb nicht mitwählen, weil er kein Arbeitnehmer sei. Schließlich stehe, was zutrifft, in seinem schriftlichen Arbeitsvertrag, ein Anstellungsverhältnis werde nicht begründet.

Ist Klaus Linse nun Arbeitnehmer oder ist er es nicht ?

Fall 4: "Sport ist gesund"

Kalle Rädle ist Lizenzfußballspieler bei einem Bundesligaverein. Sein Vertrag sieht neben einem festen Grundgehalt auch eine leistungsabhängige Jahresprämie (im Vertrag Tantieme genannt) vor. Deren Gesamt- oder Höchstbetrag ist mit 100.000,00 DM festgelegt, die aber nicht in jedem Fall ausbezahlt werden.

Vielmehr sieht eine gestaffelte Regelung vor, daß bei bis zu 10 absolvierten Pflichtspielen 30 %, bis zu 15 Spielen 40 %, bis zu 20 Spielen 50 %, bis zu 30 Spielen 75 % und ab 31 absolvierten Pflichtspielen dann 100 % der "Tantieme" ausbezahlt werden. Als Pflichtspiele sind Meisterschafts- und Pokalspiele, die vom DFB angesetzt werden, sowie offizielle Wettbewerbsspiele der UEFA im Vertrag festgehalten.

Kalle erleidet während der Saison im Training einen Muskelfaserriß, der ihn bis zum Ende der Spielzeit am Kicken hindert. Für 13 noch verbleibende Pflichtspiele ist er deshalb nicht spielfähig. Der Vertrag sieht für solche Fälle in seinem § 6 die folgende Regelung vor: "Verletzt sich der Spieler oder erkrankt er anderweitig, so hat er Anspruch auf Fortzahlung der Vergütung nach den gesetzlichen Bestimmungen."

Nach dem Muskelfaserriß bezahlt der Verein Kalle 6 Wochen sein Grundgehalt weiter. Am Ende der Spielzeit bekommt er auch 75 % der Jahresprämie, weil er bis zu seiner Verletzung 27 Pflichtspiele absolviert hat, und zwar alle unmittelbar nacheinander.

Kalle fordert jedoch 100 % . Seine Argumentation: Er wäre als Leistungsträger in der Mannschaft auch in den kommenden Wochen nach der Verletzung eingesetzt worden und müßte für den Zeitraum der Lohnfortzahlung so gestellt werden, wie wenn er auch weiter gespielt hätte. Der Verein dagegen stellt sich auf den Standpunkt, Kalles Einsatz sei durchaus zweifelhaft gewesen. Einen Spitzenplatz in der Tabelle habe man ohnehin nicht mehr erreichen können, deswegen sei vom Trainer beabsichtigt gewesen, auch einmal jüngere und weniger erfahrene Spieler in die Mannschaft einzubauen.

Kann Kalle 100 % verlangen ?

A. Dienste in abhängiger Stellung

1. Komponenten des Arbeitnehmerbegriffs

a) Dienstvertragsrecht

Das Arbeitsrecht regelt die Rechtsbeziehungen zwischen Arbeitgeber und Arbeitnehmer. Während die Bestimmung der Arbeitgeberrolle wenig Probleme bereitet, ist nicht selten strittig, was zu einem Arbeitnehmer gehört. Klar ist, daß er einen Vertrag geschlossen hat, aufgrund dessen er dem Arbeitgeber Dienste schuldet (Dienstvertrag, §§ 611 ff. BGB). Viel schwerer läßt sich dagegen bestimmen, daß er Dienste in einer abhängigen Stellung leistet. Dieses Kriterium ist aber die Grundlage des gesamten Arbeitsrechts.

Sonst hätte man es einfach beim Dienstvertragsrecht des BGB belassen können, das im übrigen für die freiberufliche Tätigkeit der Rechtsanwälte, Steuerberater oder Architekten eine ausreichende Regelung bildet, sich jedoch nur teilweise mit dem Arbeitsrecht überschneidet. Dieses ist geschaffen worden, um der Tatsache angemessen gerecht zu werden, daß die ganz überwiegende Mehrzahl der Beschäftigten in abhängiger Stellung arbeitet. Abhängigkeit bringt aber immer die Gefahr mit sich, daß der, von dem man abhängig ist, diese Abhängigkeit ausnutzt.

b) Abhängigkeit: Definitionsprobleme

Wer aber ist abhängig ? Manchmal stehen die sozialen und wirtschaftlichen Fakten, oder besser die rechtliche Wertung, ein bißchen auf dem Kopf, wenn beispielsweise der hochbezahlte Chefarzt am Krankenhaus abhängig beschäftiger Arbeitnehmer ist, der kleine Tankstellenpächter, der jede Mark zweimal umdreht, aber nicht dazu gehört. An Versuchen, die Trennlinie richtig zu ziehen, hat es im Arbeitsrecht nicht gemangelt.

So wurde vor allem angenommen, die Abhängigkeit sei eine "persönliche". Das erscheint heute aber sehr aus der Richtung des Arbeitsvertrags als eines persönlichen Gemeinschaftsverhältnisses formuliert. Man denkt bei diesem Begriff eher an eine Großfamilie oder an ein Lehrverhältnis von Anno dazumal als an ein modernes Arbeitsverhältnis.

Man kann die Abhängigkeit auch als eine wirtschaftliche auffassen. Aber damit kommt man ebenfalls nicht sehr weit, weil viele hochbezahlte Spezialisten im Angestelltenverhältnis nur sehr gezwungen als wirtschaftlich abhängig bezeichnet werden können, während ein kleiner, selbständiger Zulieferer in der Kraftfahrzeugindustrie sich in einer zweifellos großen Abhängigkeit befinden mag.

c) "Sachliche Abhängigkeit"

Treffend ist es, von einer "sachlichen Abhängigkeit" des Arbeitnehmers zu sprechen: Unsere Wirtschaft, zumindest große Teile der industriellen Produktion, aber auch der Dienstleistungen sind so aufgebaut, daß faktisch weitgehend "vorgeformte" Arbeitsplätze an Menschen vergeben werden, die man für diese Arbeitsplätze sucht. In weiten Teilen unserer Wirtschaft verhält es sich demnach nicht so, daß jeder einzelne sich eine Tätigkeit nach seinem Geschmack selbst aufbauen kann, sondern daß er einen Arbeitsplatz in und mit einer bestimmten Struktur vorfindet, in die er sich einordnen muß.

Mehr noch, er muß empfänglich dafür sein, daß ihm, wenn auch unterschiedlich in Häufigkeit und Umfang, gesagt wird, was er zu tun oder auch zu lassen hat. Aus diesem Angewiesensein auf einen Arbeitsplatz, den er weitgehend nicht selbst gestalten kann, und dem damit eng verbundenen Umstand, daß er Weisungsempfänger ist, ergibt sich die abhängige Position des Arbeitnehmers.

Auch wenn man das gerne weicher ausdrückt, wird von ihm erwartet, daß er an der Stelle, in der Umgebung, in die man ihn setzt, "funktioniert". Das birgt natürlich auch die Gefahr in sich, daß er fallengelassen wird wie ein nichtfunktionierendes Teil, wenn er die Erwartungen nicht erfüllt. Damit ist auch der für das Arbeitsrecht prägende Zusammenhang angesprochen zwischen der Abhängigkeit und der Schutzbedürftigkeit des Arbeitnehmers.

d) Abhängigkeit und Schutzbedürftigkeit

Beide Seiten dieses Zusammenhangs haben sich zwar mit der Zeit inhaltlich gewandelt. Der Dr.-Ing. im Versuchslabor des Technologieunternehmens oder die beim Landkreis beschäftigte Erziehungsberaterin, die in den Außenstellen Sprechstunden durchführt, aber auch der Facharbeiter, der ein numerisch gesteuertes Bearbeitungszentrum bedient - sie alle arbeiten nicht (mehr) so abhängig wie der klassische Fließbandarbeiter. Sie sind auch nicht mehr, jedenfalls nicht in gleichem Maß und auf gleiche Weise, sozial schutzbedürftig, wie die von Hunger und Entkräftung ständig bedrohten, ausgebeuteten Arbeitnehmer vor hundert Jahren.

Aber die "sachliche Abhängigkeit" von ihrem Arbeitsplatz läßt es trotzdem bis heute als nicht gesichert erscheinen, daß die Arbeitnehmer immer neu und angemessen am insgesamt erwirtschafteten Wohlstand beteiligt werden, um auf einem heute üblichen Standard leben und neuen sozialen Risiken begegnen zu können. Die gibt es beispielsweise mit der Wegrationalisierung des Arbeitsplatzes, oder (wegen des gestiegenen Lebensalters) mit der erhöhten Wahrscheinlichkeit, pflegebedürftig zu werden.

So lange Arbeitnehmer abhängig sind, so lange sind sie auch schutzbedürftig, wenngleich sich die Inhalte beider Begriffe wandeln. Auch die beiden grundsätzlichen Formen, dieser Schutzbedürftigkeit Rechnung zu tragen, sind (natürlich bei ebenfalls wechselnden Aufgabenstellungen, Zielen und Strategien) doch die gleichen geblieben. Zum einen ist es die "kollektive Selbsthilfe" der Arbeitnehmer durch Gewerkschaften und Betriebsräte, zum anderen das vom Staat gesetzte Arbeitsrecht.

e) Sinn der Frage nach der Arbeitnehmereigenschaft

Gerade aber, weil das Arbeitsrecht, seiner Aufgabe gemäß, geschützte Rechtspositionen vermittelt, ist die Beantwortung der Frage wichtig, wer Arbeitnehmer ist. Man will die schützen, die Schutz brauchen und nicht die, die ihn nicht nötig haben. (Das funktioniert allerdings nicht immer, wie das genannte Beispiel des Chefarztes am Krankenhaus, möglichst noch mit Privatliquidationsrecht, zeigt, der schutzbedürftiger Arbeitnehmer sein soll.)

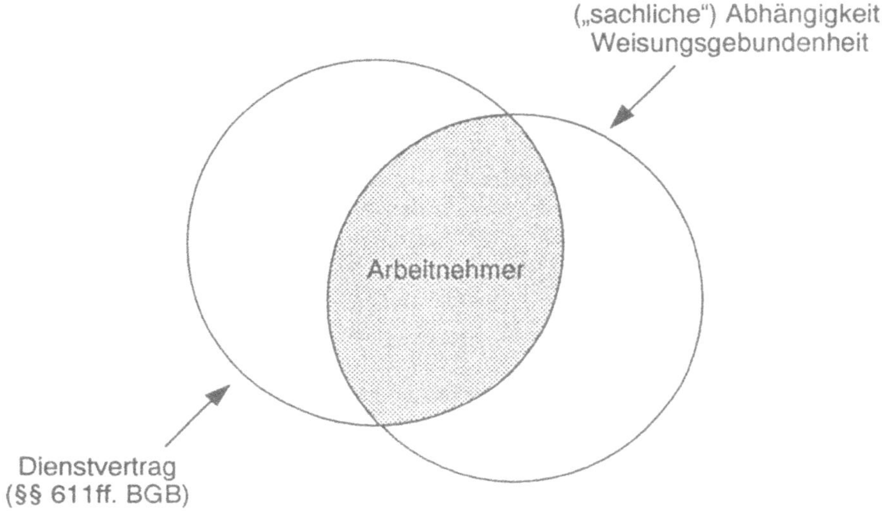

Abbildung 2: Bestandteile des Arbeitnehmerbegriffs

2. Das Weisungsrecht

a) Testfrage für Abhängigkeit

In den meisten Fällen hilft ein einfacher, grober Test zur Einordnung einer Person als Arbeitnehmer, nämlich die Frage nach einer bestehenden Weisungsgebundenheit. Dabei muß man sich aber bewußt bleiben, daß dies nur eine Art anerkannter, eben weitgehend praxistauglicher Eselsbrücke ist, um eine für die Arbeitnehmereigenschaft notwendige Abhängigkeit zu bestimmen. Es gibt Arbeitnehmer, die durch die Art ihrer Tätigkeit nur vergleichsweise schwach weisungsgebunden sind, wie manche Ingenieure oder Sozialarbeiter. Allerdings wird man auch bei ihnen häufig feststellen, daß sie von den Rahmenbedingungen ihrer Tätigkeit her, der Frage, ob ein Projekt angegangen, ein Auftrag angenommen wird, eben doch weisungsgebunden sind.

Das für alle Arbeitsverhältnisse geltende Weisungsrecht des Arbeitgebers ist an einer Stelle gesetzlich ausdrücklich verankert, allerdings nur für die Teilgruppe der gewerblichen Arbeitnehmer in § 121 GewO: "Gesellen und Gehilfen sind verpflichtet, den Anordnungen der Arbeitgeber in Beziehung auf die ihnen übertragenen Arbeiten und auf die häuslichen Einrichtungen Folge zu leisten ..." Damit sind auch gleich die Bereiche grob umrissen, auf die sich das Weisungsrecht des Arbeitgebers beziehen kann.

b) Grenzen in Bezug auf (geänderte) Beschäftigung

Die dem Arbeitnehmer übertragenen Aufgaben ergeben sich aus dem Arbeitsvertrag, aber natürlich auch aus Normen der übergeordneten Schichten im arbeitsrechtlichen Aufbau, nämlich aus Betriebsvereinbarungen, Tarifverträgen, Gesetzen, Verfassung (s. dazu auch Fall 17). Was der Arbeitgeber anweisen darf, ist also durch einige Siebe gegangen und häufig noch an die Zustimmung des Betriebsrates gebunden.

Strittig kann bei der Ausübung des Weisungsrechts werden, ob bestimmte Tätigkeiten von dem durch Abmachungen und Vorschriften geprägten Bild der konkreten Arbeitnehmertätigkeit noch gedeckt sind, ferner auch der Fall, daß eine andere Tätigkeit als bisher zugewiesen wird. Bei der ersteren Frage helfen häufig vorhandene, detaillierte Arbeitsplatzbeschreibungen. Notfalls müssen die bestehenden Vereinbarungen so ausgelegt werden, "wie Treu und Glauben mit Rücksicht auf die Verkehrssitte es erfordern" (§ 157 BGB). Danach wird die Chefsekretärin beispielsweise auch für Kaffee sorgen müssen, wenn der Chef dem Gesprächspartner einen solchen anbieten will, aber sie braucht ihm nicht das Jackett zu bügeln, wenn er es nicht in einwandfreiem Zustand mitbringt.

Welche Arten geänderter Beschäftigung aufgrund des Weisungsrechts möglich sind, ist ebenfalls aus dem Arbeitsvertrag bzw. den überlagernden Vorschriften - zum Beispiel §§ 3 ff. MuSchG - zu entnehmen. Danach wird ein "Springer" natürlich wesentlich mehr auf sich nehmen müssen, als ein Arbeitnehmer, dessen Einsatzbereich im Arbeitsvertrag haarscharf unter Ausschluß aller anderer Verwendungen beschrieben ist.

c) Versetzung im betriebsverfassungsrechtlichen Sinn

Quer zu diesen Überlegungen, welche Grenzen einem angewiesenen Beschäftigungswechsel gesetzt sind, läuft noch die betriebsverfassungsrechtliche Frage, ob eine "Versetzung" vorliegt. Ist dies der Fall, so muß der Betriebsrat, sofern vorhanden, dem Beschäftigungswechsel erst noch zustimmen (§ 99 I BetrVG).

Im betriebsverfassungsrechtlichen Sinn ist die Versetzung definiert als "die Zuweisung eines anderen Arbeitsbereichs, die voraussichtlich die Dauer von einem Monat überschreitet, oder die mit einer erheblichen Änderung der Umstände verbunden ist, unter denen die Arbeit zu leisten ist" (§ 95 III BetrVG). Diese Definition hilft allerdings nicht sehr viel weiter, weshalb das Bestimmungsrecht im Einzelfall doch schnell strittig werden kann.

Die Frage des "anderen Arbeitsbereichs" wird festgestellt mit Hilfe der Meßlatten "Inhalt der Arbeit, Ort der Arbeit, Stellung des Arbeitnehmers in der betrieblichen Organisation". Wie weit die Veränderungen auf einer oder auf mehreren Meßlatten reichen müssen, damit eine Versetzung vorliegt, kann nur im Einzelfall entschieden werden. Veränderungen, die ein vernünftiger Betrachter als unerheblich einstuft, bleiben jedenfalls außer Betracht, wie der Umzug in ein anderes, prinzipiell gleichwertiges Zimmer.

Mitbestimmungspflichtig sind weiterhin viele der Weisungen, die sich im Sinne des oben zitierten § 121 GewO auf die "häuslichen Einrichtungen" also auf Organisation und Ordnung im Betrieb beziehen (§ 87 I Nr. 1 BetrVG). Dazu gehört die Regelung des Kantinenbetriebs ebenso wie das Rauchverbot.

d) Weisungsrecht und Änderungskündigung

Wo das Weisungsrecht aufhört, fängt für den Arbeitnehmer das Recht an, trotzdem erteilte Weisungen - rechtlich folgenlos - nicht zu beachten. Für den Arbeitgeber seinerseits beginnt der Bereich, in dem er nur noch mit einer sogenannten Änderungskündigung arbeiten kann, also der Kündigung des Arbeitsvertrags, verbunden mit dem Angebot eines neuen Abschlusses zu geänderten Bedingungen. Dieses Vorgehen ist aber wiederum an andere, für die Kündigung geltende Spielregeln gebunden (s. dazu im 2. Abschn. VII. C).

3. Arbeitnehmerähnliche Personen

a) Begriff

Gerade weil die Grenze, wer zu den abhängigen Arbeitnehmern gehört, manchmal nicht leicht zu ziehen ist, verwundert es nicht, daß sich ein Begriff durch verschiedene arbeitsrechtliche Bestimmungen zieht, der nicht gerade von besonderer Konsequenz zeugt. Es handelt sich um den Begriff der arbeitnehmerähnlichen Person, der Person also, die kein Arbeitnehmer ist und doch wie einer behandelt wird. Nicht nur interessiert, wer dazu zählt, sondern auch die Begriffe, mit denen die jeweiligen Gesetze diese Personen abzugrenzen versuchen. Die Begriffe können noch einmal zum Nachdenken anregen, wer Arbeitnehmer ist bzw. warum jemand rechtlich so eingestuft wird.

b) Beispiele aus Gesetzen

Am detailliertesten beschreibt § 12 a TVG die arbeitnehmerähnlichen Personen als "wirtschaftlich abhängig und vergleichbar einem Arbeitnehmer sozial schutzbedürftig", weil sie persönlich, im wesentlichen ohne andere Mitarbeiter überwiegend für eine Person arbeiten und von ihr mehr als die Hälfte ihrer Einkünfte beziehen. Für diese Personen können Tarifverträge abgeschlossen werden.

Die Vorschrift zielt auf Personengruppen wie etwa die Heimarbeiter. Ihnen gilt im übrigen ein eigenes Gesetz, das "Heimarbeiter" und "Hausgewerbetreibende" genau beschreibt, weitere Personen ihnen gleichstellt, "wenn dies wegen ihrer Schutzbedürftigkeit gerechtfertigt erscheint" (§ 1 II HAG). Danach sind bei der Feststellung der Schutzbedürftigkeit wiederum "insbesondere die Zahl der fremden Hilfskräfte, die Abhängigkeit von einem oder mehreren Auftraggebern, die Möglichkeiten des unmittelbaren Zugangs zum Absatzmarkt, die Höhe und die Art der Eigeninvestitionen sowie der Umsatz zu berücksichtigen". Heimarbeiter unterliegen einem eigenen, gesetzlichen Schutz im Hinblick auf Entgelt, Arbeitszeit, Kündigung, Gesundheit.

Das Bundesurlaubsgesetz schreibt für Personen, "die wegen ihrer wirtschaftlichen Unselbständigkeit als arbeitnehmerähnliche Personen anzusehen sind" (§ 2 BUrlG), einen Mindesturlaub wie bei einem Arbeitnehmer vor. Das BGB gesteht zumindest eine Kündigungsfrist von zwei Wochen zu "bei einem die Erwerbstätigkeit des Verpflichteten vollständig oder hauptsächlich in Anspruch nehmenden Dienstverhältnis", auch wenn es kein Arbeitsverhältnis ist (§ 621 Ziff. 5 BGB).

c) Zuständigkeit des Arbeitsgerichts

Von Bedeutung für die Rechte eines Arbeitnehmers kann auch sein, vor welchem Gericht er sie beanspruchen darf: ob es das für Streitigkeiten aus Arbeitsverhältnissen zuständige Arbeitsgericht oder aber die für andere privatrechtliche Streitigkeiten zuständige Zivilgerichtsbarkeit ist. Dabei kommt § 5 I ArbGG Personen entgegen, die nicht Arbeitnehmer, aber "wegen ihrer wirtschaftlichen Unselbständigkeit als arbeitnehmerähnliche Personen anzusehen sind". Auch Handelsvertreter, die nur für einen Unternehmer tätig sind, dürfen vor das Arbeitsgericht ziehen (§ 5 III ArbGG); für sie baut auch § 92 a HGB zumindest einen beschränkten Zugang zum arbeitsrechtlichen Schutz auf.

d) Letztlich ausschlaggebend: Schutzbedürftigkeit

Die Aufzählung der Sondervorschriften für arbeitnehmerähnliche Personen läßt deutlich werden, daß es immer um Personen geht, bei denen die Einordnung als Arbeitnehmer nach dem "Weisungsrecht-Test" oder dem Kriterium des Sicheinfügens in einen vorgefundenen, eigener Gestaltung allenfalls begrenzt zugänglichen Arbeitsplatz letztlich nicht möglich ist. Daß man diese Personen wegen ihrer Schutzbedürftigkeit trotzdem den arbeitsrechtlichen Regeln zumindest teilweise unterstellt, macht aber noch einmal klar, daß dieses soziale Schutzbedürfnis den Hintergrund bildet für alle Auslegungsfragen, wer Arbeitnehmer ist.

B. Wer gehört nicht dazu ?

1. Bereich selbständiger Dienste, freie Berufe

a) Freiberufliche Tätigkeiten

Nicht zu den Arbeitnehmern gehören zunächst all diejenigen, die zwar aufgrund eines Dienstvertrages nach §§ 611 ff. BGB Dienste erbringen, bei denen es aber an dem Merkmal der Abhängigkeit fehlt. Das klassische, ebenso wie das Arbeitnehmerbild durch Traditionen bestimmte Gegenstück zu den abhängigen Diensten bilden die "freien Berufe".

Auch die Abgrenzung dieser Berufsgruppe hat aber trotz aller Traditionen und wiederum ähnlich, wie es beim Arbeitnehmerbegriff der Fall war, manche Tükken. Die gängige Definition spricht von der Ausübung freier wissenschaftlicher, künstlerischer und schriftstellerischer Tätigkeiten höherer Art sowie persönlichen Dienstleistungen höherer Art, die als Voraussetzung auch eine höhere Bildung erfordern. Man kann sich unschwer vorstellen, wer gemeint ist: Rechtsanwälte, Steuerberater, Ärzte, Architekten und vergleichbare Berufe.

Man betrachtet sie als unabhängige Partner ihrer Auftraggeber und insofern auch nicht als schutzbedürftig. Dieses Gleichgewicht traut man ihnen zu aufgrund ihrer Kompetenz, auf die umgekehrt der Auftraggeber in der Regel angewiesen sein wird. Hinzu tritt der Umstand, daß sie in der Regel für eine Vielzahl von Auftraggebern arbeiten und auch, jedenfalls rein rechtlich betrachtet, nach eigenen Vorstellungen entscheiden können, welchen Auftrag sie annehmen wollen und welchen nicht.

Zwar gibt es auch gegenüber Freiberuflern durchaus eine Art von Weisung, beispielsweise im Prozeß die Weisung einer Partei an ihre Rechtsanwältin, in die Berufung zu gehen oder aber es bleiben zu lassen. Typisch für diese Art von Weisung ist jedoch, daß der Auftraggeber sich öfter vom Auftragnehmer eines besseren belehren lassen muß, weil es seiner Weisung an Sachkunde fehlt. Von der Weisung, wie sie für das Arbeitsrecht typisch ist, bleibt nur die mehr oder weniger selbstverständliche Tatsache zurück, daß auch Freiberufler auf die Vorstellungen ihrer Vertragspartner eingehen, um den Dienstvertrag zu erfüllen.

b) Selbständig Gewerbetreibende

Über die freien Berufe hinaus gibt es auch eine Vielzahl von Tätigkeiten, denen zwar die ausbildungsmäßig und auch traditionell bestimmten Merkmale der freien Berufe fehlen, in denen aber ebenfalls aufgrund eines Dienstvertrages nach § 611 BGB selbständig und unabhängig gearbeitet wird. Es sind dies die gewerblichen Unternehmer im Dienstleistungssektor unserer Wirtschaft. Das kann die

Betreiberin eines Gymnastikstudios ebenso sein wie ein Tennistrainer, ein Softwareentwickler oder eine hauptamtliche Behindertenbetreuerin. Insbesondere bei den letzten beiden Beispielen, zwei unter vielen im Laufe der jüngeren Zeit neu entstandenen Berufen, kann sich im Einzelfall die Frage stellen, ob sie den freien Berufen oder dem übrigen Dienstleistungsgewerbe zuzuordnen sind. Dies gilt insbesondere dann, wenn die Berufe eine Hochschulausbildung voraussetzen.

Allen aufgeführten Tätigkeiten ist jedoch gemeinsam, daß selbständig Dienste erbracht werden. Damit scheiden die so Beschäftigten aus dem Kreis der Arbeitnehmerschaft aus.

2. Werkunternehmer

a) Werk statt Dienst

Auf einer anderen logischen Ebene liegt die Abgrenzung all derer, die aufgrund von Werkverträgen (§ 631 ff. BGB) tätig werden und die (schon deshalb) ebenfalls nicht der Arbeitnehmerschaft zuzurechnen sind. Im weiteren scheiden sie aus dem Grund aus, weil der Werkunternehmer, wie schon seine Bezeichnung andeutet, als selbständig und nicht als abhängig angesehen wird. Er hat aber auch einen Vertrag anderen Typs abgeschlossen, eben keinen Dienstvertrag, den es auf jeden Fall für ein Arbeitsverhältnis braucht. Gelegentlich ergeben sich auch bei dieser Abgrenzung Schwierigkeiten.

Beim Werkvertrag werden nicht Dienste geschuldet, sondern der Erfolg. Während etwa der Arzt, Rechtsanwalt oder Tennislehrer ihre Dienste grundsätzlich ohne Rücksicht auf den Erfolg abrechnen, bekommt der Bauunternehmer sein Geld nur, wenn er den gewünschten Bau mit Erfolg und jedenfalls im großen und ganzen vertragsgemäß erstellt hat. Der Bau einer Geige oder die Anfertigung eines orthopädischen Schuhs sind weitere Beispiele. In den Grenzbereich gehören Teile der Architektentätigkeit, was deutlich macht, daß auch im Bereich freier Berufe werkvertragliche Elemente vorkommen können. Für die Erstellung des Bauplans passen werkvertragliche Regeln am besten, wogegen die Bauleitung und Beratung des Bauherrn sicher eine Dienstleistung ist.

b) Abgrenzungsschwierigkeiten

Im allgemeinen läßt sich zwar recht leicht erkennen, ob die Herstellung eines bestimmten Werks, etwa das Verputzen eines Hauses durch einen Malerbetrieb, vertraglich vereinbart ist oder aber ob dauernde, weisungsgebundene Dienste verlangt werden, wie es der Inhaber des Malerbetriebs von seinem Gesellen tut. Dieser schuldet "dauerndes ordentliches Anstreichen" überall dort, wo er eingesetzt wird.

Wie aber ist es, wenn ein Großbetrieb eine Malerfirma über Jahre hinweg auf dem eigenen Gelände in den eigenen Hallen und Verwaltungsgebäuden beschäftigt, die durchaus weitläufig genug wären auch für die Unterhaltung eines firmeneigenen Maltrupps ? Dann verwischen sich die Grenzen wieder. Der von außen geholte Malermeister wird aber trotzdem nicht zum Arbeitnehmer, jedoch finden u.U. die Regeln über "arbeitnehmerähnliche Personen" (vgl. etwa § 12 a TVG) auf ihn Anwendung.

3. Beamte

a) Starke Tradition

Einen besonders in der Bundesrepublik Deutschland gepflegten und sogar mit Verfassungsrang (Art. 33 IV, V GG) bedachten Sonderstatus nehmen die Beamten ein. Man sollte eigentlich nicht meinen, daß in vielen öffentlichen Dienststellen der Gemeinden, des Bundes und der Länder Beamte und Angestellte einträchtig nebeneinander arbeiten, ohne daß ein Außenstehender wesentliche Unterschiede in ihrer Behandlung durch den Dienstherrn oder in ihren Verhaltenspflichten erkennen könnte.

Rechtlich betrachtet ist nämlich die zugrundeliegende Konstruktion im Beamtenverhältnis eine völlig andere als die bei den Arbeitnehmern, welche im öffentlichen Dienst, ebenso wie in anderen Bereichen, aufgrund von Arbeitsverträgen tätig werden. Der Beamte dagegen hat keinen Arbeitsvertrag, er steht in einem so bezeichneten öffentlich-rechtlichen Dienst- und Treueverhältnis, erhält auch nicht Lohn oder Gehalt als Entgelt für seine Tätigkeit, sondern wird "alimentiert". Das kann man sich, etwas zugespitzt formuliert, so vorstellen, daß der öffentliche Dienstherr den Beamten ernährt, damit er seiner Pflicht nachkommen kann.

Historische Grundlage dafür ist, daß in zurückliegenden Jahrhunderten die für die Verwaltung ihrer Gebiete zuständigen Herrscher Leute, die sie für ihre "hoheitlichen" Aufgaben brauchten, etwa die Forstaufseher oder Steuereintreiber, so stellten, daß sie leben konnten und gegen Bestechungen gefeit waren.

b) EU gegen Verkrustung

Das Bild des Beamten, der als "verlängerter Arm" des Staates für diese Funktion ausreichend materiell sichergestellt wird, paßt aber heute in der Bundesrepublik in vielen Bereichen, in denen nach wie vor trotzdem Beamte tätig sind, nicht mehr gut. Es paßt bei Staatsanwälten oder Polizeibeamten. Denen gegenüber stehen aber viele Berufe, bei denen eine Verbeamtung sich eigentlich nicht aufdrängt, weil sie gerade so gut (und in anderen Ländern sogar typischerweise) von Arbeitnehmern aufgrund von Arbeitsverträgen ausgeübt werden: Lehrer,

Professoren, Techniker, Ingenieure und Sozialarbeiter in verschiedenen Bereichen des öffentlichen Dienstes.

Die Europäische Union hat das deutsche Berufsbeamtentum, abgesehen von einigen Kernbereichen staatlicher Tätigkeit, längst aufs Korn genommen, weil es sich auf die Freizügigkeit in manchen Berufen natürlich nicht förderlich auswirkt. Daß diese Angriffe auf EU-Ebene durchaus möglich sind trotz der verfassungsrechtlichen Verankerung des Berufsbeamtentums, macht im übrigen deutlich, daß im weiter oben vorgestellten Stufenbau oder "Schichtkuchen" des Arbeitsrechts (Abb. 1), wie auch in anderen Rechtsgebieten, die Verfassung nicht mehr das letzte Maß der Dinge ist, seit die europäische Einigung voranschreitet. Es darf jedoch auch (weiterhin) zähe Gegenwehr von Seiten des Berufsbeamtentums gegen diese EU-Vorstöße angenommen werden.

c) Anderer Rechtsweg

Wir halten fest, daß Beamte keine Arbeitnehmer sind und aus der Anwendung des Arbeitsrechts damit ausscheiden. Ihre dienstrechtlichen Streitigkeiten tragen sie auch nicht vor den Arbeitsgerichten aus, sondern vor den Verwaltungsgerichten.

4. Nicht aufgrund von Verträgen Beschäftigte

a) Besondere Rechtsverhältnisse

Nicht immer werden Arbeitsleistungen, auch wenn sie nach außen aussehen wie solche von Arbeitnehmern, aufgrund von privatrechtlichen Arbeitsverträgen erbracht. Vielmehr gibt es einige besondere Rechtsverhältnisse, die eine Zuordnung der auf solcher Grundlage Tätigen zu den Arbeitnehmern ausschließen.

b) Strafgefangene

Nur im Ausnahmefall, wenn sie ein in § 39 I StVollzG geregeltes freies Beschäftigungsverhältnis außerhalb der Anstalt eingegangen sind, haben Strafgefangene die Stellung von Arbeitnehmern. Alle übrigen arbeiten zu ihrer Resozialisierung, also im Rahmen ihrer Stellung als Strafgefangene und nicht als Arbeitnehmer mit einem Vertrag in der Tasche. Das ist allerdings deswegen mißlich, weil ein Arbeitsvertrag mit entsprechenden Folgen für Entlohnung und Sozialversicherung ihrer Wiedereingliederung wesentlich dienlicher wäre als der gegebene Zustand. Gerade diese Folgen einer Arbeitnehmereigenschaft sind aber teilweise kostenträchtig, werfen auch ganz neue Probleme auf, was Organisation und Vermarktung der Arbeit von Strafgefangenen angeht. Deshalb haben sie bis heute eine Fortentwicklung des Rechtszustands von Strafgefangenen hin zu Arbeitnehmern wirksam gebremst.

c) In Werkstätten für Behinderte Beschäftigte

Auch die Behinderten, die zu ihrer Eingliederung in das Arbeitsleben in den nach §§ 54, 57 SchwbG geschaffenen und anerkannten Werkstätten arbeiten, werden nach überwiegender Auffassung nicht als Arbeitnehmer angesehen, weil sie nicht aufgrund eines entsprechenden Vertrages tätig sind. Soweit vertragliche Vereinbarungen zugrunde liegen, werden sie z.B. als "Werkstattverträge" eigener Art behandelt, jedenfalls nicht als Arbeitsverträge.

Es stellt sich aber die Frage nach der Glaubwürdigkeit der überwiegenden Betrachtungsweise. Der Verdacht, daß auf einfachste Art den Problemen ausgewichen werden soll, die sich stellen, wenn man auch die Behinderten in Werkstätten als Arbeitnehmer betrachtet, ist nicht von der Hand zu weisen. Probleme bestehen natürlich in Bezug auf die Geschäftsfähigkeit der Betroffenen, wobei jedoch mit der Geltung des neuen Betreuungsrechts - als erleichternder Umstand - zu beachten ist, daß diese Geschäftsfähigkeit künftig möglichst unangetastet bleiben soll.

Zum anderen gibt es ein Problem in Bezug auf die Bezahlung, die bei Behinderten aufgrund von häufig niedrigerer Leistungsfähigkeit im Interesse des Absatzes der Produkte in der Regel niedriger ausfallen muß. Bedenkt man jedoch, daß die gegebenen Arbeitnehmerschutzbestimmungen bis hin zu Urlaub oder Bezahlung an Feiertagen nach herschender Auffassung auch auf Behinderte in Werkstätten angewandt werden, daß diese auch durch besonderes Gesetz, wenn auch zu schlechteren Bedingungen in die Sozialversicherung einbezogen sind, dann erscheint es sachgerechter, Behinderte in Werkstätten als Arbeitnehmer zu betrachten und die Lösung offener Probleme auf diese Grundlage anzugehen.

d) Gemeinnützige und zusätzliche Arbeit

Um zu verhindern, daß Sozialhilfeempfänger den Kontakt zur Arbeitswelt ganz verlieren, können ihnen nach § 19 II, III BSHG gemeinnützige und zusätzliche Arbeiten übertragen werden, also solche, die im öffentlichen Interesse liegen und andernfalls nicht erledigt würden. Grundsätzlich wäre dabei der Abschluß normaler Arbeitsverträge möglich, dieser Weg wird jedoch in der Praxis nur äußerst selten beschritten. Meist wählen die Sozialhilfeträger die sogenannte öffentlich-rechtliche Lösung, bei der der Betreffende weiterhin Sozialhilfe erhält, aber ein geringer Satz von 1,00 DM bis 3,00 DM pro Stunde hinzubezahlt wird. Die auf dieser öffentlich-rechtlichen Grundlage arbeitenden Hilfeempfänger sind mangels eines Vertrages auch keine Arbeitnehmer.

C. Beschäftigung zur Ausbildung

1. Auszubildende

Wie im Ergebnis auch § 3 BBiG bestätigt, gilt unumstritten, daß ein nach dieser Vorschrift geschlossener Ausbildungsvertrag ein Arbeitsvertrag ist. Arbeitnehmer sind damit auch die Auszubildenden, die man - zumindest von der Sprache in den Vorschriften her - nur noch im Handwerk Lehrlinge nennt. Für ihr Arbeitsverhältnis gelten aber etliche besondere Bestimmungen, weil die Lehre nicht aus Bierholen und Werkstattfegen bestehen soll, sondern den Zweck hat, im "dualen System", also dem Zusammenwirken der Ausbildungsbetriebe mit den beruflichen Schulen, eine gute Ausbildung zu vermitteln. Da allerdings auch im Lehrverhältnis unzweifelhaft für den Arbeitgeber verwertbare Arbeitsleistungen erbracht werden, ist es auch richtig, das Verhältnis der Auszubildenden als Arbeitsverhältnis und sie als Arbeitnehmer zu betrachten.

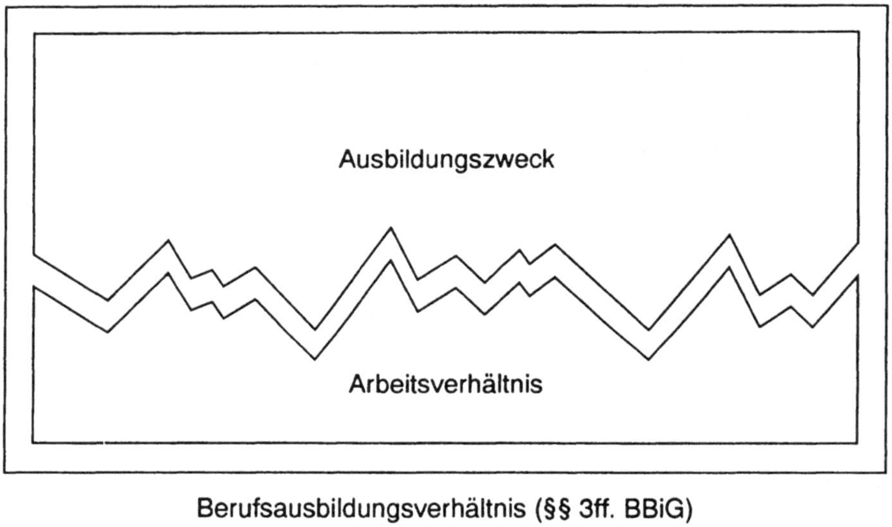

Abbildung 3: Ausbildungsverhältnis - Arbeitsverhältnis mit Ausbildungszweck

2. Praktikanten, Volontäre

Liegt kein Ausbildungsvertrag nach § 3 BBiG vor, aber ein insoweit ähnliches Rechtsverhältnis, als zum Zweck der Ausbildung Arbeitsleistungen erbracht werden, hält § 19 BBiG eine spezielle Vorschrift bereit. Sie ist allerdings etwas mißverständlich formuliert, weil man den Eindruck gewinnen könnte, die entsprechenden Vereinbarungen seien keine Arbeitsverträge, obwohl § 19 BBiG nach richtiger Auslegung mit dem Hinweis auf das Ausbildungsverhältnis nach §§ 3 ff. BBiG umgekehrt gerade eine Einstufung der betreffenden Personen als Arbeitnehmer vornimmt. Gemeint sind die als Praktikanten bzw. Praktikantinnen, seltener auch als sogenannte Volontäre Arbeitenden. Bei letzteren darf eine überholte Definition, die in § 82 a HGB auftaucht und heute sicher nicht mehr verallgemeinerungsfähig ist, nicht irreführen.

Arbeitet jemand zum Zweck der beruflichen Ausbildung, ohne Auszubildender im engeren Sinne zu sein, wird § 19 BBiG in der Regel anwendbar sein mit der Konsequenz, daß die Arbeitnehmereigenschaft gegeben ist. Anderes kann nur gelten, wenn der ausschließlich im Vordergrund stehende Ausbildungszweck oder auch eine Zuordnung zu einer anderen Stellung, etwa der als Studierender, die Arbeitnehmereigenschaft ausschließen.

3. Praktische Studiensemester an Fachhochschulen

Ein Fall, in dem die Zuordnung zu einem besonderen Rechtsverhältnis die Arbeitnehmereigenschaft während des Praktikums nach dem Willen des Gesetz- und Verordnungsgebers ausschließen kann, findet sich beim Studium an Fachhochschulen. Dies gilt jedenfalls dort, wo, wie etwa bei den baden-württembergischen Fachhochschulen, ein auf acht Hochschulsemester angelegtes Studium mit zwei integrierten, also in das Studium eingebauten, nicht am Anfang oder am Ende geleisteten Praxissemestern angeboten wird.

Dabei darf allerdings der folgende Aspekt nicht vernachlässigt werden: Es besteht Einigkeit darüber, daß der einzelne Arbeitgeber keine willkürliche Definitionsmacht hat, was das Rechtsverhältnis einer bei ihm beschäftigten Person betrifft. Erfüllt deren Tätigkeit die entsprechenden Merkmale, so ist ohne weiteres die Arbeitnehmereigenschaft gegeben, auch wenn im Einzelfall der Arbeitgeber ein "falsches Etikett" aufkleben will. Wie ist es nun, wenn der Gesetz- bzw. Verordnungsgeber einem Praktikum, in diesem Fall dem praktischen Studiensemester an einer Fachhochschule, ein von ihm gewünschtes Etikett aufklebt ?

Er wird sich dabei nicht nur darauf berufen können, daß ihm natürlich eine größere Definitionsmacht als Gesetzgeber zusteht als dem einzelnen Arbeitgeber. Vielmehr wird er auch in der Sache dafür sorgen müssen, daß die Zuordnung der entsprechenden berufspraktischen Abschnitte zum Studium eindeutig genug ist, um den Ausschluß der (gleichzeitigen) Arbeitnehmereigenschaft zu rechtfertigen. Das kann in Form entsprechender Betreuung und Kontakte der Studierenden im Praxissemester durch die Hochschule, durch besondere Studienveranstaltungen usw. geschehen. Mit leichter Hand läßt sich jedoch das Arbeitsrecht nicht beiseite schieben.

4. Studierende an Berufsakademien in Baden-Württemberg und Sachsen

Eine Sonderstellung wiederum im Bereich der zumindest hochschulähnlichen Angebote stellen die Berufsakademien in Baden-Württemberg und Sachsen dar, die, aufbauend auf die Hochschulreife, ein dem Ausbildungsverhältnis vergleichbares duales System etabliert haben. Die Studierenden werden dabei abwechselnd jeweils drei Monate theoretisch und praktisch ausgebildet. Die praktische Ausbildung findet in Betrieben statt, mit denen zuvor ein Vertrag über die gesamte Ausbildungsdauer geschlossen wurde.

Die Arbeitnehmereigenschaft der an Berufsakademien in Baden-Württemberg und Sachsen Studierenden ist bei dieser starken Einbindung in einen Ausbildungsbetrieb unzweifelhaft gegeben.

D. Unterscheidungen innerhalb der Arbeitnehmerschaft

1. Arbeiter und Angestellte

a) Schwierigkeit der Unterscheidung

Die Unterscheidung zwischen Arbeitern und Angestellten war einmal, historisch und soziologisch betrachtet, wesentlich einleuchtender als heute. Man konnte in früheren Zeiten deutlicher zwischen der Handarbeit in der Produktion und der Kopfarbeit in der Verwaltung unterscheiden, unübersehbar war auch, daß sich die Angestellten als solche einen besonderen sozialen Status zuschrieben. Heute sind die inhaltlichen Unterscheidungskriterien zwischen Angestellten und Arbeitern praktisch wenig brauchbar.

Es gibt geistig wesentlich anspruchsvollere Facharbeitertätigkeiten als viele einfache Tätigkeiten in der Verwaltung; die "Hack- und Beißordnung" im Betrieb folgt auch längst nicht mehr der einfachen Trennlinie zwischen Angestellten und Arbeitern, vielmehr haben sich qualifizierte Spezialisten aus dem Arbeiterbereich längst von den unteren Rängen der Hierarchie gelöst. Dort sind aber durchaus einfache Angestelltentätigkeiten, etwa manche Arbeiten im Büro, zu finden. Zur weiteren Verwischung des Unterschieds kommt hinzu, daß Arbeitern in verantwortlicher Stellung, etwa Meistern, über alle Zuordnungskriterien hinweg häufig ohnehin arbeitsvertraglich der Status von Angestellten gegeben wird.

b) Verbliebene Rechtsfolgen

Obwohl die Unterscheidung also weitgehend ohne tatsächlichen Inhalt ist, bleibt sie trotzdem rechtlich relevant. Das liegt vor allem daran, daß die Institutionen, die in Folge dieser Zweiteilung geschaffen wurden, heute praktisch nicht mehr aus der Welt zu schaffen sind. Das ist so ähnlich, wie wenn man ein Gerüst um ein Haus baut, anschließend das Haus zerfällt und nur noch das Gerüst übrig bleibt, dies allerdings aus unzerstörbarem Material.

So sind Arbeiter und Angestellte, was die Altersversorgung angeht, bei verschiedenen Sozialversicherungsträgern pflichtversichert, nämlich die Arbeiter bei den Landesversicherungsanstalten, die Angestellten bei der Bundesversicherungsanstalt für Angestellte. Da dies die heute noch hervorstechendste Folge der Unterscheidung ist, liegt es nahe, für die heute oft schwierige Grenzziehung zwischen Arbeitern und Angestellten einfach die Zuständigkeitsregel des § 133 II SGB VI zu Hilfe zu nehmen. Dort findet sich eine Aufzählung der Tätigkeiten, denen typischerweise Angestelltencharakter zugeordnet wird.

Wichtige Spuren, was die gesetzlichen Regelungen angeht, hat die Unterscheidung zwischen Angestellten und Arbeitern auch im Betriebsverfassungsrecht hinterlassen. Arbeiter und Angestellte ziehen, falls keine gemeinsame Wahl geschlossen wird, als Angehörige verschiedener Gruppen in den Betriebsrat ein, wobei - als Ausdruck des Minderheitenschutzes - der jeweiligen Minderheitsgruppe eine zahlenmäßig garantierte Beteiligung im Betriebsrat zusteht (§§ 10, 14 BetrVG).

c) Tendenz zur vollständigen Gleichbehandlung

Von diesen gesetzlichen Differenzierungen abgesehen, ist eine Tendenz zur vollständigen Gleichbehandlung der Angestellten und Arbeiter erkennbar, insbesondere, was die richterliche Rechtsfortbildung angeht. Am deutlichsten ist diese Tendenz in der jüngeren Zeit in Erscheinung getreten mit der Rechtsprechung des Bundesverfassungsgerichts zu den unterschiedlichen Kündigungsfristen für Arbeiter und Angestellte. Sie sind mittlerweile auf Druck des Gerichts vom Gesetzgeber (in § 622 BGB) vollständig angeglichen worden.

Nach dieser Entwicklung ist keiner der in Gesetzen noch vorhandenen, ohnehin wenig gravierenden Unterschiede noch vor dem Zugriff der Rechtsprechung sicher. Soweit unterschiedliche Behandlungen von Angestellten und Arbeitern in Tarifverträgen verankert sind, wird die Prüfung an Schärfe zunehmen, ob innerhalb des insbesondere vom Bundesverfassungsgericht gezogenen Rahmens die vorgenommenen Differenzierungen sachlich begründet sind.

2. Die leitenden Angestellten

a) Notwendigkeit der Unterscheidung

Sicher notwendig ist es dagegen, die leitenden Angestellten ein Stück weit von der übrigen Arbeitnehmerschaft abzugrenzen. Dies hängt einfach damit zusammen, daß in den modernen Organisationsformen unserer Wirtschaftsbetriebe die laufenden Entscheidungen in diesen Betrieben immer seltener von einem Eigner, der gleichzeitig Arbeitgeberfunktion wahrnimmt, ausgehen. Vielmehr werden die Arbeitgeberfunktionen weitgehend vom angestellten Management übernommen, also von Arbeitnehmern. Man sieht, daß der Übergang zwischen Arbeitnehmern und Arbeitgebern in diesen Positionen fließend ist.

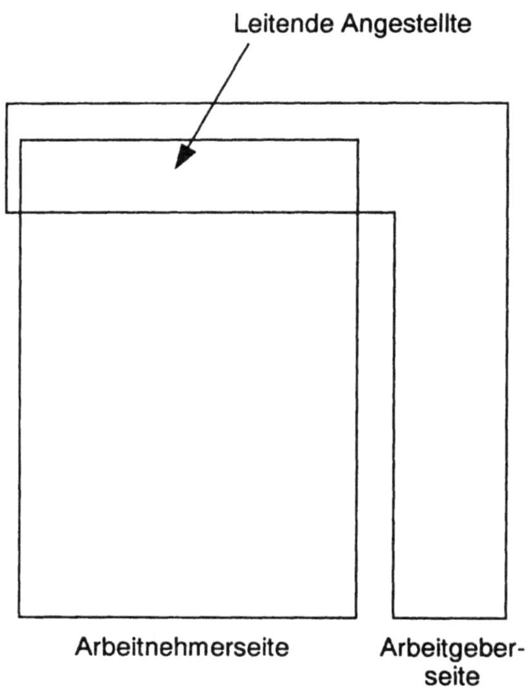

Abbildung 4: Die leitenden Angestellten - "Wanderer zwischen den Welten ?"

b) Eigene Vertretung, weniger Schutz

Die leitenden Angestellten, gewissermaßen als Wanderer zwischen zwei Welten, haben, verglichen mit der Organisation der übrigen Arbeitnehmer, erst in jüngerer Zeit sich einerseits selbst entsprechend organisiert, andererseits die angemessenen rechtlichen Regelungen für die Wahrnehmung ihrer Interessen im

Betrieb bekommen. Wichtig ist vor allem, daß sie im Bereich der Betriebsverfassung und Unternehmensmitbestimmung eigene Vertretungen haben. Der Betriebsrat ist mit seinen Mitwirkungsrechten also nicht zuständig für die leitenden Angestellten, an seine Stelle tritt nach dem SprAuG der Sprecherausschuß mit seinen, allerdings längst nicht so differenzierten und ausgebauten, inhaltlich der Funktion der leitenden Angestellten angepaßten Mitwirkungsmöglichkeiten.

In diesem Zusammenhang liefert § 5 III BetrVG, der die leitenden Angestellten von der Anwendung des Gesetzes ausklammert, auch eine Definition dieser Gruppe. Sie ist allerdings aufgrund der nicht leicht objektiv zu fassenden Kriterien und der beteiligten betriebspolitischen Interessen im Einzelfall häufig strittig.

Daneben gelten, was nicht erstaunt, einige Formen des arbeitsrechtlichen Schutzes für leitende Angestellte nicht oder nur eingeschränkt, etwa der Schutz des Arbeitszeitgesetzes (§ 18 I Ziff. 1 ArbZG) oder des Kündigungsschutzgesetzes (§ 14 KSchG).

3. Angehörige verschiedener Berufszweige

Zwar sind die arbeitsrechtlichen Regelungen für die Angehörigen verschiedener Berufszweige nicht gleich, weil unterschiedliche Tätigkeiten manchmal auch einen unterschiedlichen Regelungsbedarf mit sich bringen. Auf der gesetzlichen Ebene gelten aber die für Arbeitnehmer gemachten Vorschriften auch weitgehend für alle Berufsgruppen.

Da stiftet es eigentlich mehr Verwirrung, daß diese Vorschriften, wie weiter oben (I. C. 3) bereits angesprochen, teilweise in unterschiedlichen Gesetzen für verschiedene Berufsgruppen festgehalten sind - bei praktisch identischem Regelungsgehalt. Trotzdem dürfen wir nicht vergessen, daß für die Beantwortung arbeitsrechtlicher Fragen der kaufmännischen Angestellten ins Handelsgesetzbuch (HGB) und für die der gewerblich-technischen Arbeitnehmer in die Gewerbeordnung (GewO) geschaut werden muß.

Sinnvollerweise differenziert geht es zwar auf der Ebene der Tarifverträge zu. Dabei ist aber zu beachten, daß Tarifverträge nach dem Industrieverbandsprinzip geschlossen werden, also nicht an die Zugehörigkeit zu einer bestimmten Berufsgruppe, sondern an die Beschäftigung in einem bestimmten Bereich der Produktion oder des Dienstleistungsgewerbes anknüpfen. Für einen kaufmännischen Angestellen oder einen Hausmeister bei einer Bank können deshalb ganz andere Regelungen getroffen sein als für einen kaufmännischen Angestellten oder einen Hausmeister im Hotelgewerbe.

Auch Betriebsvereinbarungen haben, eben mit dem Betrieb und seinen Beschäftigten, einen anderen Anknüpfungspunkt als spezifische Berufsgruppen. Aus all diesen Gründen spielen Unterscheidungen der Arbeitnehmer nach Berufsgruppen, im Gegensatz zu anderen Ländern, bei uns arbeitsrechtlich keine besondere Rolle.

Lösungshinweise zu den Fällen 3 und 4 :

Fall 3 ("Ein unscharfes Bild") :

Mit dem Wahlrecht bei der Betriebsratswahl sieht es für Klaus Linse düster aus, weil die konkreten Merkmale seiner Tätigkeit überwiegend darauf hindeuten, daß er kein Arbeitnehmer ist.

Für die Beurteilung der Arbeitnehmereigenschaft ist zunächst grundsätzlich festzuhalten, daß es egal ist, welche Bezeichnung - als Angestellter oder freier Mitarbeiter - im Vertrag steht. Es kommt vielmehr auf die tatsächlichen, das Rechtsverhältnis prägenden, charakteristischen Merkmale der ausgeführten Tätigkeit an. Wichtiges Kriterium für die Arbeitnehmereigenschaft ist, ob jemand bei der Ausübung seiner Tätigkeit weisungsabhängig ist, oder ob er umgekehrt im wesentlichen frei seine Tätigkeit gestalten und seine Arbeitszeit bestimmen kann.

Läßt sich nun feststellen, daß Klaus Linse weisungsgebunden ist und seine Tätigkeit nicht frei gestalten kann, weil er bestimmte Fototermine wahrnehmen muß ? Wahrscheinlich nicht, denn auch ein freier, nicht bei einer Zeitung angestellter Fotograf ist genau so auf diese vorgegebenen, von ihm nicht bestimmbaren Anlässe angewiesen, um seine Fotos zu schießen. Die zeitliche Abhängigkeit oder Unfreiheit in diesem Fall ergibt sich also nicht daraus, daß der Arbeitgeber das Geschehen diktiert; vielmehr sind es die interessanten oder weniger interessanten Anlässe selbst, die den Zeitplan des Fotografen diktieren.

Auf der anderen Seite kann Klaus Linse auch für andere Auftraggeber tätig werden, selbst von den Fotos für den Stadt-Kurier will dieser nur den ersten Abzug und nicht etwa die ganzen Rechte. Klaus Linse ist auch für seine Ausrüstung und für das Entwickeln der Bilder selbst verantwortlich, wogegen es wiederum eher eine zweitrangige, örtliche Frage sein dürfte, daß er sein Labor in den Räumen der Zeitung einrichten kann.

Auch die Fortzahlung der Vergütung im Urlaubsfall läßt letztlich keinen eindeutigen Schluß auf die Arbeitnehmereigenschaft zu, da das Ge-

setz auch im Bereich freier Dienstleistungen Fälle kennt, in denen die Vergütung fortbezahlt wird, obwohl die Dienstleistung nicht erbracht wird (§ 616 I BGB gilt nicht nur für Arbeitsverhältnisse !).

In der Gesamtwürdigung aller Merkmale seiner Tätigkeit ist Klaus Linse deshalb als selbständig arbeitender Fotograf und nicht als Arbeitnehmer anzusehen.

Fall 4 ("Sport ist gesund") :

Im Fall von Profi-Fußballern sind sich Gerichte und arbeitsrechtliche Literatur mittlerweile einig, daß diese Arbeitnehmer sind und zwar - im Fall der Lohnfortzahlung bei Krankheit - nach § 616 II BGB zu behandelnde Angestellte. Das sind also die für Kalle Rädle geltenden "gesetzlichen Bestimmungen", auf die auch § 6 seines Arbeitsvertrags verweist.

Fraglicher als die Arbeitnehmereigenschaft ist in der weiteren Prüfung des Falles, wie seine Vergütung für die 6 Wochen nach dem Muskelfaserriß, in denen sein Verein ihn nach § 616 II BGB weiterbezahlen muß, aussieht bzw. ausgesehen hätte. Die Streitfrage wurde so entschieden, daß Kalle keine weiteren (theoretischen) Pflichtspiele über die hinaus angerechnet bekommt, die er tatsächlich absolviert hat.

Für Kalle Rädle negativ ist dabei die Tatsache, daß sich eine eindeutige rechnerische Beziehung zwischen einem bestimmten Zeitraum der Saison und einem bestimmten Teil der Prämie nicht herstellen läßt. (Schließlich ist es auch möglich, die volle Jahresprämie in nur einem Teil der Saison zu "erspielen".) Vor allem ist aber eben doch reichlich unsicher, ob und an wievielen Spielen Kalle Rädle in den 6 Wochen nach seiner Verletzung tatsächlich teilgenommen hätte. Es könnte ihm doch tatsächlich ein junges Talent einmal vorgezogen worden sein, er hätte sich mit dem Trainer überwerfen oder ein Foul begehen und für ein paar Spiele gesperrt werden können. Kurz gesagt: Es bleibt bei 75 % für Kalle Rädle.

Im übrigen gehört die Lohnfortzahlung, die ein Arbeitnehmer aufgrund seiner Arbeitnehmereigenschaft verlangen kann, zum Arbeitnehmerschutz und wird weiter unten (2. Abschn. IV. A. 2) noch behandelt.

III. ARBEITSGERICHTSBARKEIT

A. Warum besondere Arbeitsgerichte ?

1. Sonderrechtsgebiet, besondere Rechtsregeln

Von seinem Kern und Anknüpfungspunkt her, nämlich dem durch einen privatrechtlichen Vertrag geregelten Arbeitsverhältnis, gehört das Arbeitsrecht zum Bürgerlichen Recht oder Privatrecht. Für dieses Rechtsgebiet gibt es die Zivilgerichte (Amtsgericht, Landgericht, Oberlandesgericht, Bundesgerichtshof), die man von daher auch über arbeitsrechtliche Streitigkeiten entscheiden lassen könnte.

Jedoch hat das Arbeitsgericht als Sonderrechtsgebiet zum Zivilrecht auch eine besondere, eigenständige Entwicklung erlebt, die nicht zuletzt aus seiner engen Verknüpfung mit dem öffentlichen Recht, etwa beim Arbeitsschutz, herrührt. Auch beim Tarifvertrag, der wie ein Gesetz wirkt, oder bei der Betriebsverfassung wird diese "zivilrechtsfremde" Verwandtschaft zum öffentlichen Recht deutlich.

Aber nicht nur die inhaltliche Konzeption weist einige Besonderheiten auf, auch das gerichtliche Verfahren in Arbeitsrechtsstreitigkeiten läßt spezielle Regeln als angemessen erscheinen. So besteht an der gütlichen Beilegung, weil oft der Arbeitsplatz als existenznotwendiges Gut in Frage steht, ein größeres Interesse als beispielsweise beim Gebrauchtwagenkauf. Die Beteiligten an betriebsverfassungsrechtlichen Streitigkeiten sind ferner nach dem Willen des Gesetzgebers nicht wie streitende Parteien vor dem Zivilgericht anzusehen, sondern als Teile desselben Betriebs.

2. Beteiligung der Arbeitnehmer- und Arbeitgeberseite

Eine besondere Arbeitsgerichtsbarkeit erlaubt es ferner auch, Vertreter der beiden Lager Arbeitnehmer und Arbeitgeber stärker an der Entscheidungsfindung zu beteiligen, was sowohl die Sachkunde der Entscheidung, wie auch die Überzeugungskraft für die Betroffenen fördern kann. In der Konsequenz dessen ist die Bedeutung der ehrenamtlichen Richter wesentlich höher als in der Zivilgerichtsbarkeit, die eine solche Beteiligung nur ausnahmsweise kennt. Bei den Strafgerichten, Verwaltungsgerichten und Sozialgerichten haben die ehrenamtlichen Richter wiederum größere Bedeutung, was erneut die Sonderstellung der Arbeitsgerichte gegenüber den Zivilgerichten verdeutlicht.

Insgesamt sind es also sowohl inhaltlich-rechtliche wie verfahrensrechtliche Besonderheiten, als auch die Besetzung der Spruchkörper, die dazu geführt haben und es als sinnvoll erscheinen lassen, besondere Gerichte für arbeitsrechtliche Streitigkeiten zu haben.

Fall 5: "Entscheidung ohne Akten ?"

Paul Peinlich ist ehrenamtlicher Richter am Arbeitsgericht. Er ist im allgemeinen gewohnt, alle Arbeiten gründlich zu erledigen. Deshalb sucht er auch jeweils einige Tage vor dem nächsten Verhandlungstermin das Gericht schon einmal auf, um sich die Prozeßakten der anstehenden Fälle geben zu lassen und sie sorgfältig zu studieren.

Für die anfallenden Fahrtkosten und für den notwendigen Zeitaufwand zum Aktenstudium will Paul jetzt die gleiche Entschädigung bekommen, die ihm in seiner Funktion als ehrenamtlicher Richter für die Sitzungstage selbst zusteht. Von Seiten der Justizverwaltung wird ihm diese zusätzliche Entschädigung allerdings verweigert. Zur Begründung heißt es, es reiche aus, wenn der Kammervorsitzende, der schließlich Berufsrichter sei, den Akteninhalt kenne und Paul über den wesentlichen Inhalt jeweils in der Sitzung aufkläre. Damit ist Paul Peinlich aber nicht zufrieden.

Wie sind seine Aussichten, auch an die Aufwandsentschädigung für die Fahrten und den Zeitaufwand zum Aktenstudium zu kommen ?

B. Aufbau und Zuständigkeit

1. Instanzenzug und Zusammensetzung der Spruchkörper

a) Arbeitsgericht (ArbG)

Der Rechtsweg im Arbeitsgerichtsverfahren kennt drei Ebenen. Zunächst gibt es die Arbeitsgerichte als erste und in der alltäglichen Praxis arbeitsrechtlicher Streitigkeiten auch wichtigste Instanz. Die Arbeitsgerichte sind zwar, räumlich betrachtet, nicht so dicht gesät wie Amts- oder Landgerichte, tragen aber der Bürgernähe dadurch Rechnung, daß sie Außenstellen bilden. Ihre Tätigkeit wird - wie die der ganzen Arbeitsgerichtsbarkeit - durch das Arbeitsgerichtsgesetz (ArbGG) geregelt. (Neben dem ArbGG muß allerdings häufig die Zivilprozeßordnung - ZPO - angewendet werden, also das Verfahrensgesetz der Zivilgerichtsbarkeit. Daran wird die zivilrechtliche Wurzel des Arbeitsrechts deutlich).

§ 16 II ArbGG sieht vor, daß die Kammern, die zu einem Arbeitsgericht gehören, in der Besetzung mit einem Vorsitzenden und je einem ehrenamtlichen Richter aus den Kreisen der Arbeitnehmer und Arbeitgeber entscheiden. Der Vorsitzende ist Berufsrichter und damit ausgebildeter Jurist, während die ehrenamtlichen Richter - die also den "Profi" zahlenmäßig durchaus überstimmen können - jeweils auf vier Jahre aus Vorschlagslisten berufen werden, für deren Erstellung die Arbeitgeber- und Arbeitnehmerorganisationen zuständig sind.

Arbeitsrechtliche Auseinandersetzungen gleich welcher Art fangen auf der Ebene des Arbeitsgerichts und seiner Kammern an, die als erste zu entscheiden haben. Sehr oft ist hier der Streit auch schon zu Ende, etwa wenn er endgültig durch einen Vergleich beigelegt oder aber gegen den Spruch des Arbeitsgerichts kein Rechtsmittel eingelegt wird.

b) Landesarbeitsgericht (LAG)

Auf der nächsthöheren Ebene finden wir die Landesarbeitsgerichte. Sie entscheiden hauptsächlich über Berufungen gegen Urteile der Arbeitsgerichte bzw. Beschwerden gegen deren Beschlüsse im Beschlußverfahren. Die Organisation der Landesarbeitsgerichte ist in den §§ 33 ff. ArbGG festgeschrieben. Wiederum werden die Kammern des Landesarbeitsgerichts mit einem Vorsitzenden, der Berufsrichter ist und je einem ehrenamtlichen Richter von Arbeitgeber- und Arbeitnehmerseite tätig.

c) Bundesarbeitsgericht (BAG)

Dieses Zahlenverhältnis, nicht aber die Beteiligung ehrenamtlicher Richter ändert sich erst auf der höchsten Ebene der arbeitsgerichtlichen Rechtsprechung, nämlich beim Bundesarbeitsgericht (§§ 40 ff. ArbGG). Die Senate des Gerichts, das in Kassel residiert, entscheiden in der Besetzung von drei Berufsrichtern (einem Vorsitzenden und zwei Beisitzern) sowie wiederum je einem ehrenamtlichen Richter aus Kreisen der Arbeitgeber und Arbeitnehmer.

Interessant ist, am Rande bemerkt, die Annahme, von der das Arbeitsgerichtsgesetz offenbar ausgeht, daß die Menschen mit zunehmenden Alter klüger werden. Diese schöne Erkenntnis, von der schon die alten Griechen einiges hielten, kommt darin zum Ausdruck, daß die ehrenamtlichen Richter am Arbeitsgericht 25 Jahre, beim Landesarbeitsgericht 30 Jahre und beim Bundesarbeitsgericht 35 Jahre alt sein müssen.

Das Bundesarbeitsgericht entscheidet vor allem im Revisionsverfahren gegen Urteile der Landesarbeitsgerichte bzw. über Nichtzulassungsbeschwerden, außerdem über Rechtsbeschwerden und Nichtzulassungsbeschwerden gegen Entscheidungen der Landesarbeitsgerichte, wenn diese im Beschlußverfahren ergangen sind.

d) Großer Senat (GS) des BAG

Für den Fall, daß innerhalb der Spruchkörper des Bundesarbeitsgericht selbst Uneinigkeit in einer Rechtsfrage herrscht, kennt das Gericht die Einrichtung des Großen Senats, der sich seinerseits aus Mitgliedern der Senate des Bundesarbeitsgerichts (eingeschlossen wiederum ehrenamtliche Richter) zusammensetzt. Der Große Senat entscheidet nur über die strittige Rechtsfrage, woraufhin der zuständige erkennende Senat im konkret zu beurteilenden Fall an diese Rechtsauffassung gebunden ist.

Eine solche grundsätzliche Entscheidung des Großen Senats in einer Rechtsfrage kann auch von einem Senat herbeigeführt werden, wenn mangels gesetzlicher Vorschriften richterliche Rechtsfortbildung notwendig ist und eine einheitliche Rechtsprechung erreicht werden soll. Dieser Fall ist auch in Gebieten, in denen sich der Gesetzgeber zurückgehalten hat, vor allem im Arbeitskampfrecht, nicht selten eingetreten.

Abbildung 5: Aufbau der Arbeitsgerichtsbarkeit

2. Sachliche und örtliche Zuständigkeit

a) Arbeitsrechtliche Streitigkeiten

Die Arbeitsgerichte entscheiden über so gut wie alle Streitigkeiten, die auf arbeitsrechtlichem Gebiet zwischen den Parteien des Arbeitsvertrags, ihren Organisationen, den Gewerkschaften und Arbeitgeberverbänden, sowie auch zwischen den betriebsverfassungsrechtlichen Organen entstehen können. Die umfangreiche Aufzählung der sachlichen Zuständigkeit der Arbeitsgerichte in den §§ 2, 2 a ArbGG dient daher im Ergebnis mehr der Illustration ihrer umfassenden Zuständigkeit in arbeitsrechtlichen Streitigkeiten. Praktisch häufige Beispiele für die sachliche Zuständigkeit des Arbeitsgerichts sind (natürlich) Kündigungsschutzklagen, verbunden damit Klagen auf vorenthaltenen Lohn. Vielleicht hat auch der Arbeitgeber die Zustimmung des Betriebsrats zur Einstellung einer neuen Mitarbeiterin nicht erhalten und beantragt jetzt, diese durch das Arbeitsgericht zu ersetzen (§ 99 IV BetrVG). Für diese beiden Beispielsfälle gelten unterschiedliche Verfahrensarten, die weiter unten (C.) noch kurz erörtert werden.

b) Örtliche Zuständigkeit und Gerichtsstandsvereinbarung

Die örtliche Zuständigkeit der Arbeitsgerichte ist insoweit etwas versteckt geregelt, als § 48 II ArbGG nur einen Sonderfall erfaßt, im übrigen die für alle (sonstigen) zivilrechtlichen Streitverfahren einschlägige Zivilprozeßordnung gilt. Nach den §§ 12, 13 ZPO muß eine Leistung am Wohnsitz dessen eingeklagt werden, der sie schuldet.

Betreibt jemand ein Geschäft, was natürlich insbesondere auf Seiten des Arbeitgebers zutrifft, kann es auch der Ort der betroffenen Niederlassung sein (§ 21 ZPO). Geht es, wie häufig, um die Erfüllung arbeitsvertragsrechtlicher Pflichten, so legt § 29 ZPO den Ort als Gerichtsstand fest, an dem diese Verpflichtung, etwa die Arbeitspflicht, zu erfüllen ist. In Anbetracht der relativ großen Gerichtsbezirke der Arbeitsgerichte werden allerdings Wohnsitz des Arbeitnehmers und Arbeitsort häufig keine unterschiedliche Gerichtszuständigkeit mit sich bringen.

Von den gesetzlichen Regeln über die örtliche Zuständigkeit darf nur in sehr engen Grenzen durch vertragliche Vereinbarungen abgewichen werden. Dies deshalb, weil derartige Gerichtsstandsvereinbarungen in der Regeln den schwächeren Vertragsteil, im Fall des Arbeitsvertrags den Arbeitnehmer, benachteiligen. Ein Ausnahmefall findet sich allerdings in § 48 II ArbGG. Er erlaubt es, durch Tarifvertrag eine andere örtliche Zuständigkeit festzulegen als die gesetzlich vorgesehene, wenn das Arbeitsverhältnis entweder unmittelbar vom Tarifvertrag erfaßt oder dessen Anwendung vereinbart worden ist.

C. Verfahren

1. Urteilsverfahren

a) Parteien

Im Urteilsverfahren, dem ersten der beiden wichtigsten Entscheidungsfindungsverfahren vor dem Arbeitsgericht, streiten im wesentlichen die Parteien des Arbeitsvertrags oder die des Tarifvertrags (bzw. tariffähige Vereinigungen in arbeitskampfrechtlichen Fragen) gegeneinander. Das Verfahren entspricht insoweit dem Zivilprozeß, als die streitenden Parteien dem Gericht den Streitstoff unterbreiten und es darüber entscheiden lassen.

Sie bestimmen also zwar (natürlich) nicht die Entscheidung selbst, aber immerhin den Gegenstand des Verfahrens. In Angelegenheiten, in denen sich die Parteien einig sind, forscht das Gericht auch nicht weiter nach, wie die Dinge wirklich liegen. Beweise werden nur erhoben, wo die Parteien unterschiedliche Tatsachen behaupten, an die sich unterschiedliche Rechtsfolgen knüpfen.

Sind dabei schon nach dem allgemeinen Zivilprozeßrecht natürliche und juristische Personen - also auch z.B. eine GmbH oder eine AG - parteifähig, so ergibt es sich für das Arbeitsgerichtsverfahren als sinnvoll, daß § 10 ArbGG des weiteren Gewerkschaften und Arbeitgebervereinigungen ohne Rücksicht auf ihre Rechtsform für parteifähig erklärt.

b) Gesetzliche Vertretung

Parteifähig sein, heißt aber nicht, daß man im Prozeß auch tatsächlich selbst handeln kann. Vielmehr ergibt sich u.U. schon aus gesetzlichen Gründen die Notwendigkeit einer Vertretung. Insbesondere bei Minderjährigen ist zu berücksichtigen, daß die Prozeßfähigkeit der Geschäftsfähigkeit folgt, also ein Minderjähriger zwar Partei im Arbeitsprozeß sein, aber nicht selbst handeln kann.

Vielmehr müssen seine gesetzlichen Vertreter, in der Regel die Eltern, dies tun. Ein Stück weit hilft insoweit § 113 BGB, der als generelle Ermächtigung der Eltern in Bezug auf ein Arbeitsverhältnis des Minderjährigen (über die Geschäftsfähigkeit) auch die Prozeßfähigkeit herstellt. Er erfaßt aber meist gerade nicht die praktisch wichtigen Fälle, in denen es um die Eingehung oder Beendigung eines Arbeitsverhältnisses geht.

Eine gesetzliche Vertretung braucht nicht nur der Minderjährige in vielen Fällen. Vielmehr müssen auch juristische Personen, als die ja viele Arbeitgeber in Erscheinung treten, erst durch Organe, sprich konkrete Menschen handlungsfähig gemacht werden. Insofern können nur die vertretungsbefugten Organe einer GmbH oder einer AG den Prozeß führen. Im weiteren ergibt es sich als sachgerecht, daß die durch das Gesetz für parteifähig erklärten Gewerkschaften und Arbeitgeberverbände durch ihre satzungsmäßig bestimmten Vertreter handeln (§ 11 I ArbGG).

c) Vertretung durch Prozeßbevollmächtigte, insbesondere: Anwaltschaft, Gewerkschaftssekretäre

Ferner müssen, wenn man einmal oben anfängt, die Parteien sich, auch wenn ihre rechtsgeschäftliche Handlungsfähigkeit gegeben ist, vor dem Bundesarbeitsgericht durch einen Rechtsanwalt bzw. eine Rechtsanwältin vertreten lassen. Vor dem Bundesarbeitsgericht herrscht also Anwaltszwang auf beiden Seiten.

Dies hängt damit zusammen, daß der Streit auf der Ebene des Bundesarbeitsgerichts typischerweise nur noch um Rechtsfragen geführt werden darf, nicht etwa um behauptete Tatsachen. Der zweiseitige Anwaltszwang lockert sich auf der Ebene der Landesarbeitsgerichte ein Stück weit insofern, als außer Rechtsanwälten dort auch Vertreter von Gewerkschaften und Arbeitgeberverbänden für sich selbst oder für ihre Mitglieder als Vertretung handeln dürfen.

Im Gegensatz dazu können (prozeßfähige) Parteien das Verfahren vor den Arbeitsgerichten selbst führen. Natürlich können sie, wenn sie es wollen, sich aber auch durch Rechtsanwälte oder andere prozeßfähige Personen vertreten lassen.

Von erheblicher praktischer Bedeutung ist die Möglichkeit, daß Gewerkschaftsmitglieder (und solche von Arbeitgeberverbänden) sich durch einen dazu befugten Vertreter der Gewerkschaft (oder des Arbeitgeberverbandes) vertreten lassen. Insbesondere auf Arbeitnehmerseite ist die Vertretung durch einen Rechtssekretär der Gewerkschaft ohne Zweifel eine gute Chance, den Prozeß sachkundig zu führen und trotzdem Kosten zu sparen.

Hat eine Partei keine Vertretung, wohingegen die Gegenpartei anwaltlich vertreten ist, so stellt § 11 a ArbGG eine Art Waffengleichheit insoweit her, als diese Partei dann die Beiordnung eines Rechtsanwalts durch das Gericht beantragen kann (und zwar zu den Regeln der Prozeßkostenhilfe, von denen unter e) bei den Kosten noch kurz die Rede sein wird).

d) Zum Gang des Verfahrens

Wie überhaupt die arbeitsgerichtlichen Streiterledigungen, wird das Urteilsverfahren nach §§ 9, 61 a ArbGG vergleichsweise schneller durchgezogen als der übliche Zivilprozeß. Das ist besonders wichtig bei Kündigungsschutzklagen, in denen es schon wegen der Frage der Weiterbeschäftigung um schnelle Entscheidung geht. Kennzeichen ist weiter das zunächst notwendige Güteverfahren nach

§ 54 ArbGG, also ein Termin , in dem der Kammervorsitzende mit den Parteien zusammen versucht, die Streitigkeit beizulegen.

Im Kündigungsschutzverfahren sind ferner neben den Vorschriften des Arbeitsgerichtsgesetzes auch die (weiter unten im 2. Abschn. VII. A. 7 behandelten) besonderen Anforderungen des Kündigungsschutzgesetzes zu beachten, etwa die Drei-Wochen-Frist für die Klage oder die Möglichkeit eines Auflösungsantrages trotz einer als unwirksam festgestellten Kündigung.

Von seinem möglichen Ende her, dem Urteil, hat das Urteilsverfahren seinen Namen. Häufig enden die Streitverfahren aber auch durch einen vor dem Gericht oder auch außerhalb des Gerichtsverfahrens geschlossenen Vergleich. Ein Vergleich ist eine vertragliche Übereinkunft, in der die Parteien den Streit durch einen Kompromiß "beerdigen".

e) Kosten

Das Risiko, womöglich in einem Prozeß nichts als hohe Kosten zu ernten, bildet eine Hemmschwelle für jeden Prozeß, den jemand führen will. Im Arbeitsrechtsprozeß wird natürlich vor allem der wirtschaftlich schwächere Teil, also in der Regel der Arbeitnehmer, von solchen Sorgen geplagt sein und deshalb vielleicht auf ein gerichtliches Vorgehen ganz verzichten.

Folgerichtig ist das Arbeitsgerichtsgesetz von der Tendenz geprägt, die Kosten des Gerichts niedrig zu halten und auch die sogenannten außergerichtlichen Auslagen, also vor allen Dingen die Kosten für die Rechtsvertretung, zu begrenzen (§ 12 ArbGG). So wird etwa der Streitwert für eine Kündigungsschutzklage, der auch für eventuelle Anwaltsgebühren maßgeblich ist, auf den Betrag von drei Monatslöhnen begrenzt (§ 12 VII ArbGG). Im übrigen gibt es eine wichtige Besonderheit nach § 12 a ArbGG, die der übrige Zivilprozeß nicht kennt: Im erstinstanzlichen Verfahren vor dem Arbeitsgericht muß die unterliegende Partei der Gegenseite die Kosten für deren anwaltliche Vertretung nicht (ganz oder teilweise) erstatten, wie dies ansonsten im Zivilprozeß die Regel ist.

Gerade an dieser Regel wird die Intention des Gesetzgebers deutlich, daß nicht durch drohende, hohe Kosten vor allem der Arbeitnehmer vom Führen eines Rechtsstreits abgehalten werden soll, den er ja auch verlieren kann. Die Regelung hat umgekehrt natürlich den Nachteil, daß der betroffene Arbeitnehmer, egal, ob er gewinnt oder verliert, seinen eigenen Anwalt selbst bezahlen muß. Dieses Risiko allerdings wird wiederum gemildert durch die Möglichkeit, sich bei Zugehörigkeit zu einer Gewerkschaft durch einen Rechtssekretär vertreten zu lassen.

Wie in den Verfahren vor den Zivilgerichten gelten im übrigen die Spielregeln der Prozeßkostenhilfe (§ 11 a III ArbGG, §§ 114 ff. ZPO), die mittellosen oder weniger vermögenden Parteien, je nach Höhe der diesen zur Verfügung stehenden Mittel, die Kostenlast zumindest teilweise abnehmen und in eine Ratenzahlungsverpflichtung umwandeln. Die maximal 48 Monatsraten richten sich nach einer Tabelle, die diese Raten, vom Einkommen und von der Zahl der Unterhaltsberechtigten abhängig, zwischen 0 und 520,00 DM staffelt.

f) Rechtsmittel

Gegen ein Urteil eines Arbeitsgerichts kann man sich (abgesehen von der Ausnahme der Sprungrevision, § 76 ArbGG) durch die Berufung wehren, über die das Landesarbeitsgericht entscheidet (§ 64 ArbGG). Die Möglichkeit der Berufung unterliegt aber wensentlichen Einschränkungen dann, wenn um einen geldwerten Vorteil von nicht mehr als 800,00 DM gestritten wird. In diesen Fällen bedarf die Berufung einer Zulassung, die an besondere Gründe anknüpft, etwa eine grundsätzliche Bedeutung des Rechtsstreits oder die Herbeiführung einer möglichst einheitlichen Rechtsprechung (§ 64 III ArbGG).

Das mögliche Rechtsmittel wiederum gegen ein Berufungsurteil des Landesarbeitsgerichts ist die Revision, über die vom Bundesarbeitsgericht entschieden wird (§ 72 ArbGG). Für sie braucht es immer eine besondere Zulassung, die entweder schon im Urteil des Landesarbeitsgerichts ausgesprochen werden oder aber von der betroffenen Partei durch die Nichtzulassungsbeschwerde des § 72 a ArbGG vor dem Bundesarbeitsgericht erstritten werden muß. Die Revision wird wiederum nur zugelassen, wenn eine Rechtssache grundsätzliche Bedeutung hat oder das fragliche Urteil von höchstrichterlicher Rechtsprechung, unter Umständen auch von der Rechtsprechung desselben oder eines anderen Landesarbeitsgerichts abweicht. Im Revisionsverfahren werden nur noch maßgebliche Verletzungen von Rechtsnormen, also nicht etwa Tatsachenfeststellungen der vorausgegangenen Instanzen geprüft (§ 73 ArbGG).

2. Beschlußverfahren

a) Verfahren (vor allem) für Streit zwischen Arbeitgeber und Betriebsrat

Das arbeitsgerichtliche Beschlußverfahren ist nach § 2 a ArbGG für Streitigkeiten aus der Betriebsverfassung da, im weiteren auch für solche nach dem Sprecherausschußgesetz, den verschiedenen Gesetzen zur Unternehmensmitbestimmung sowie für die Entscheidung über die Tariffähigkeit oder Tarifzuständigkeit einer Vereinigung. In der alltäglichen Praxis der Arbeitsgerichte stehen die Fälle im Vordergrund, in denen Arbeitgeber und Betriebsrat über die rechtlichen Voraussetzungen und Grenzen der dem Betriebsrat zustehenden Mitwirkungsmöglichkeiten und -befugnisse bzw. entgegenstehende Rechte des Arbeitgebers streiten.

In diesem Verfahren wird bewußt nicht von Parteien, sondern von Beteiligten gesprochen. Die Terminologie folgt der Richtung des Betriebsverfassungsgesetzes, das Arbeitgeber und Betriebsrat nicht als grundsätzliche Widersacher, sondern als Elemente einer einheitlichen Betriebsverfassung ansieht.

Die Betriebsverfassung, auch wenn sie in privaten Betrieben stattfindet, hat doch eine gewisse Verwandtschaft zum öffentlichen Recht. Deshalb läuft das Beschlußverfahren auch etwas anders als der normale Zivilprozeß. Das Gericht kann beispielsweise auf eigene Faust der Wahrheit nachgehen, ohne durch übereinstimmende Tatsachenbehauptungen der Beteiligten festgelegt zu sein (§ 83 ArbGG). Die Beteiligten, die auch nicht Kläger und Beklagter, sondern Antragsteller und Antragsgegner heißen, müssen an der Aufklärung des Sachverhalts mitwirken.

b) Beteiligte, Kosten, Rechtsmittel

Beteiligte in Rechtsstreitigkeiten aus der Betriebsverfassung können nach § 10 ArbGG über den Arbeitgeber und den Betriebsrat hinaus - je nach Gegenstand der Auseinandersetzung - auch einzelne Mitglieder des Betriebsrats, die Einigungsstelle oder Gewerkschaften und Arbeitgeberverbände sein.

Gerichtskosten werden in diesem Verfahren nicht erhoben (§ 12 V ArbGG). Stellt sich eine anwaltliche Vertretung auf Seiten des Betriebsrats als angemessen dar, so fällt der finanzielle Aufwand hierfür unter die Kosten des Betriebsrats nach § 40 I BetrVG und ist mithin vom Arbeitgeber zu tragen. Das hört sich vielleicht befremdlich an, folgt aber daraus, daß schon mangels anderer Mittel die Betriebsratstätigkeit insgesamt aus dem "Topf" des Betriebes finanziert werden muß, den der Arbeitgeber als Unternehmer verwaltet. Von dieser Ausnahme abgesehen, gibt es keine Erstattung außergerichtlicher Auslagen durch die Beteiligten.

Gegen den Beschluß, mit dem das Verfahren endet, sind, ähnlich wie beim Urteilsverfahren, Rechtsmittel möglich, die den Streit vor das Landesarbeitsgericht und vor das Bundesarbeitsgericht bringen können. Die Rechtsmittel heißen in diesem Fall Beschwerde (Landesarbeitsgericht, § 87 ArbGG) und Rechtsbeschwerde (Bundesarbeitsgericht, § 92 ArbGG). Auf diese Rechtsmittelverfahren werden die Regeln über das Berufungs- und Revisionsverfahren weitgehend entsprechend angewendet.

Lösungshinweise zu Fall 5 :

Fall 5 ("Entscheidung ohne Akten ?") :

Paul Peinlich hat in diesem Fall leider schlechte Karten: Wenn sich ein ehrenamtlicher Richter am Arbeitsgericht vor der jeweiligen Kam-

mersitzung zum Arbeitsgericht begibt, weil er dort die Prozeßakten durchgehen will, kann er für den dadurch bedingten Fahrtkosten- und Zeitaufwand keine Entschädigung beanspruchen.

Begründet wird dieses (zumindest auf den ersten Blick) erstaunliche Ergebnis vor allem mit dem Charakter des Ehrenamts. Es soll sich eben von der Tätigkeit eines Berufsrichters unterschieden. Dies zwar gerade nicht, was die Urteilsfällung durch den ehrenamtlichen Richter selbst angeht: Zumindest in der Arbeitsgerichtsbarkeit soll er genau so umfassend über den Fall Recht sprechen wie ein Berufsrichter und nicht etwa nur "gesunden Menschenverstand" einbringen oder eine Art "Tester" für die Überzeugungskraft des Urteils sein.

Trotzdem will man vom ehrenamtlichen Richter keine Kenntnis des Akteninhalts fordern, vielmehr wird es als ausreichend betrachtet, wenn der vorsitzende Berufsrichter ihm die Kenntis des Akteninhalts mündlich übermittelt. Fahrten und Zeit zum Aktenstudium werden deshalb nicht als notwendig mit dem Ehrenamt verbundener Aufwand angesehen, deshalb erhält Paul Peinlich für seine Sitzungsvorbereitung auch kein Entgelt.

Die ehrenamtlichen Richter sollen also nicht "Berufsrichter spielen". Wer dabei den Verdacht hegt, daß letztere sich nicht gern zu tief in die Karten schauen lassen, muß umgekehrt doch auch die Notwendigkeit einsehen, ein Ehrenamt von professioneller, bezahlter Tätigkeit abzugrenzen.

2. Abschnitt: Das Arbeitsverhältnis - Beginn, Durchführung, Ende

I. WIE KOMMT EIN ARBEITSVERHÄLTNIS ZUSTANDE ?

Fall 6: "Schweigen ist (nicht immer) Gold"

Gerda Glatt möchte eine Tätigkeit in einem metallverarbeitenden Betrieb aufnehmen, der Press- und Stanzteile aus Blech herstellt. Das geschieht mit Hilfe entsprechender Maschinen, die Gerda bedienen soll.

Beim Einstellungsgespräch bekommt Gerda Glatt vom Leiter der Personalabteilung einen Fragebogen vorgelegt, der u.a. folgende Fragen enthält:

Können Sie dauernd stehend arbeiten ?	*Ja / Nein*
Können Sie Schichtarbeit leisten ?	*Ja / Nein*
Sind Sie körperbehindert oder kriegsversehrt ?	*Ja / Nein*
Sind Sie an beiden Händen unversehrt ?	*Ja / Nein*

Gerda antwortet bei der Frage nach Körperbehinderung bzw. Kriegsversehrung mit Nein, ansonsten mit Ja. Sie ist aber durch Bescheid des zuständigen Versorgungsamtes als Schwerbehinderte mit einem Grad der Behinderung (GdB) von 50 % anerkannt. Ursächlich dafür ist eine ganze Reihe von Leiden : Nierenbeckenentzündung, Entfernung der Gallenblase, Vergiftungserscheinungen durch Medikamenten- und Rauschmittelgebrauch, Migräneanfälle, Meniskusschaden.

Durfte Gerda die Frage nach der Körperbehinderung trotzdem mit Nein beantworten ?

A. Begründung durch Vertrag

1. Formfragen

a) Grundsätzliche Formfreiheit

Ein Arbeitsverhältnis entsteht durch einen privatrechtlichen Vertrag, wobei es sich um einen Unterfall des im BGB geregelten Dienstvertrags (§§ 611 ff.) handelt. Gleichzeitig sind aber auch die allgemeinen Regeln des BGB über Verträge auf den Arbeitsvertrag anwendbar. Das hat einige Folgen:

Für den Arbeitsvertrag gibt es, ebenso wie für andere privatrechtliche Verträge, kein grundsätzliches Formerfordernis. Verträge können mündlich, schriftlich oder sogar durch sogenanntes schlüssiges Handeln abgeschlossen werden, wenn beispielsweise jemand durch das Einsteigen in einen Omnibus zu erkennen gibt, daß er einen Beförderungsvertrag abschließen möchte. Ein Arbeitsvertrag könnte also auch dadurch zustande kommen, daß ein Gelegenheitsarbeiter, der immer mal wieder ein paar Wochen auf dem Bau jobbt, auf der Baustelle erscheint und ohne weitere Worte vom Polier in die Arbeit eingewiesen wird.

b) Wirkung besonderer Formvorschriften

Besondere Formerfordernisse, wie sie in § 125 BGB angesprochen werden und bei ihrer Nichteinhaltung die Wirksamkeit des Vertrages gefährden können, sind die Ausnahme. Im Bereich des Arbeitsrechts wird Schriftform zwar häufig in Tarifverträgen vorgesehen, so z.B. § 4 I BAT. Zum Schutz der Arbeitnehmer (vor unwirksamen Verträgen) legt man Formerfordernisse in Tarifverträgen in der Regel aber so aus, daß sie nur der Klarstellung des Vereinbarten dienen, im Streitfall also zu Beweiszwecken. Die Wirksamkeit des Vertrages soll dagegen an der fehlenden Schriftform nicht scheitern, es sei denn, der deutlich erkennbare Wille beider Seiten ließe nur den Schluß zu, daß für den Fall fehlender Schriftform die Unwirksamkeit des Vertrages eintreten soll.

Anders verhält es sich mit der häufig vorgeschriebenen Schriftform für Nebenabreden zum Vertrag, z.B. in § 4 II BAT. Hier tritt der Gedanke des Schutzes der Arbeitnehmer in den Hintergrund gegenüber dem Interesse an Klarheit des Vereinbarten. In der Regel sind also mündliche Nebenabreden ungültig, wenn dafür in Tarifverträgen eine Schriftform vorgesehen ist. Auch der Arbeitsvertrag selbst kann vorsehen, daß Änderungen oder weitere Vereinbarungen schriftlich getroffen werden müssen. Das kann zu der verzwickten Frage führen, ob die Parteien, wenn sie nun trotzdem mündliche weitere Vereinbarungen treffen, das Schriftformerfordernis im Vertrag damit gleichzeitig oder vorher stillschweigend wieder abgeschafft haben - was auch in ihrer Macht steht. Eine richterliche Entscheidung in dieser Auslegungsfrage wird schwer vorhersehbar sein.

Keine den Vertrag erst begründende Schriftform darf auch aus § 4 I BBiG herausgelesen werden. Das Berufsausbildungsverhältnis kommt ohne diese Niederschrift, wenn es mündlich vereinbart wird, trotzdem wirksam zustande. Die Vorschrift enthält lediglich eine zusätzliche Pflicht des Ausbildenden, den Inhalt der Vereinbarung schriftlich niederzulegen und dem Auszubildenden sowie seinem gesetzlichen Vertreter auszuhändigen.

c) Europäisches Recht

Eine EG-Richtlinie, betreffend die Pflicht des Arbeitgebers zur Unterrichtung des Arbeitnehmers über die für sein Arbeitsverhältnis geltenden Bedingungen, wird sich auf Formfragen im Zusammenhang mit dem Abschluß des Arbeitsverhältnisses auswirken. Diese Richtlinie hat eine Verpflichtung des Arbeitgebers zum Ziel, den Arbeitnehmer innerhalb von zwei Monaten nach Arbeitsaufnahme über alle wesentliche Inhalte des Arbeitsvertrags schriftlich zu informieren. Die Richtlinie hindert aber nicht bzw. geht geradezu davon aus, daß Arbeitsverhältnisse auch in nicht schriftlicher Form abgeschlossen werden können.

2. Gesetzliche Grenzen, Sittenwidrigkeit

Auch wenn Vertragsfreiheit herrscht, also jeder die Verträge schließen kann, die er schließen will, so gilt dies doch nur in einem bestimmten, notwendig begrenzten Rahmen. So würde niemand ernstlich einen wirksamen Vertrag annehmen wollen, wenn ein Rauschgiftdealer "eingestellt" werden soll. Dieser Vertrag würde gegen die geltenden Strafgesetze verstoßen. Überhaupt sind es Gesetze (§§ 134 BGB), die der Vertragsfreiheit wesentliche Grenzen ziehen. Im Arbeitsrecht handelt es sich meistens um arbeitsrechtliche Schutzgesetze, beispielsweise Beschäftigungsverbote für Kinder nach dem JArbSchG, die einem entsprechenden Vertragsschluß zwingend entgegen stehen.

Arbeitsverträge können aber auch gegen die guten Sitten verstoßen (§ 138 BGB). Als sittenwidrig wurde beispielsweise der Abschluß eines Beschäftigungsverhältnisses in einem Nachtclub zu dem Zweck angesehen, den Geschlechtsakt auf der Bühne zu vollführen.

Einen praktisch bedeutsamen Unterfall der Sittenwidrigkeit benennt § 138 II BGB mit dem Tatbestand des Wuchers. Auch im Arbeitsverhältnis kann es vorkommen, daß der Arbeitnehmer beispielsweise aus Unerfahrenheit, die ausgenutzt wird, Risiken und Lasten eingeht, die außer Verhältnis zu seiner Vergütung stehen. Das kann der Fall sein, wenn er bei einer geringen Provision für von ihm abgeschlossene Geschäfte trotzdem für alle "faulen Kunden" selbst einspringen muß. Die Grenze, wo der sittenwidrige Wucher anfängt, ist aber im Einzelfall nur schwer zu ziehen.

3. Geschäftsfähigkeit

a) Minderjährige

Für den Abschluß eines Arbeitsvertrags müssen die Parteien geschäftsfähig sein. Daran kann es insbesondere bei jugendlichen Arbeitnehmern fehlen. Sie brauchen, sofern sie noch keine 18 Jahre alt sind, zum Abschluß des Arbeitsvertrages daher die Einwilligung ihrer gesetzlichen Vertreter nach § 107 BGB. Wird ein Arbeitsvertrag ohne diese Einwilligung beschlossen, so hängt seine Wirksamkeit von der nachträglichen Genehmigung durch die gesetzlichen Vertreter ab. Der Abschluß ist dann also keineswegs ohne jede rechtliche Bedeutung, er führt aber ohne das Tätigwerden der gesetzlichen Vertreter des Minderjährigen auch nicht zu einem wirksamen Arbeitsverhältnis.

Soweit die grundsätzliche Regelung. Für das Arbeitsleben bedeutsame Ergänzungen finden sich aber in den §§ 112 und 113 BGB. Nach § 113 kann ein Minderjähriger pauschal von den gesetzlichen Vertretern ermächtigt werden, ein Arbeitsverhältnis bestimmter Art zu begründen, also beispielsweise (irgendwo) als Ladenverkäufer zu arbeiten. Von der Ermächtigung abgedeckt sind dann auch alle verkehrsüblichen Rechtsgeschäfte, die mit dem Arbeitsverhältnis zusammenhängen, etwa Unkostenbeiträge für Verpflegung. Die Ermächtigung kann auch nur auf ein ganz bestimmtes Arbeitsverhältnis bezogen werden (im Beispiel also auf den Abschluß mit der Inhaberin eines konkreten Bekleidungsgeschäfts), wobei dann jedenfalls nur die Durchführung, nicht die Beendigung des Arbeitsverhältnisses durch die pauschale Ermächtigung erfaßt ist.

Vom Anwendungsbereich des § 113 BGB ausgenommen soll - obwohl es ein Arbeitsverhältnis ist - das Berufsausbildungsverhältnis sein, für das also in jedem Fall eine spezielle Genehmigung der gesetzlichen Vertreter notwendig ist, die den Vertrag ja auch nach § 4 II BBiG mitunterschreiben müssen. Dagegen wird der Gewerkschaftsbeitritt des Minderjährigen als von der pauschalen Ermächtigung des § 113 umfaßte Rechtshandlung betrachtet.

In einzelnen, mittlerweile gar nicht mehr so seltenen Fällen können Minderjährige auch in die Rolle des Arbeitgebers schlüpfen: Für diese Situation ist ebenfalls eine generelle Ermächtigung der gesetzlichen Vertreter zum selbständigen Betrieb eines Erwerbsgeschäfts nach § 112 BGB möglich, zu der es allerdings zusätzlich die Genehmigung des Vormundschaftsgerichts braucht.

b) Erwachsene

Fragen hinsichtlich der Geschäftsfähigkeit können sich aber auch bei Erwachsenen stellen, wenn sie, wie das Gesetz es ausdrückt, sich in einem "die freie Willensbestimmung ausschließenden Zustand krankhafter Störung der Geistestätigkeit" - nicht nur vorübergehend - befinden (§ 104 Ziff. 2 BGB). In diesem Fall scheitert jeder Abschluß eines Arbeitsvertrags ohne gesetzlichen Vertreter (Betreuer) an der gegebenen Geschäftsunfähigkeit.

Im weiteren bestehen Einschränkungen hinsichtlich der Geschäftsfähigkeit dann, wenn nach dem nunmehr geltenden Betreuungsrecht für einen Volljährigen ein Betreuer bestellt und darüber hinaus vom Vormundschaftsgericht ein Einwilligungsvorbehalt angeordnet ist. Dann kann der Betreute zumindest in bestimmten Bereichen ohne Einwilligung seines Betreuers - ähnlich wie ein Minderjähriger - rechtsgeschäftliche Handlungen nicht allein wirksam vornehmen. Diese Beschränkungen können insbesondere bei der Beschäftigung Behinderter, beispielsweise in beschützenden Werkstätten, eine Rolle spielen, soweit dort freilich überhaupt Arbeitsverträge geschlossen werden - siehe dazu im 1. Abschn. II. B. 4 c).

4. Faktisches Arbeitsverhältnis

Soeben wurden unter den Punkten 1. bis 3. mehrfach rechtliche Hindernisse angesprochen, die im Einzelfall zu dem schlichten, aber für den Arbeitnehmer schlechten Schluß führen können, daß ein Arbeitsverhältnis nicht wirksam zustande gekommen ist. Der Minderjährige, der (ohne Zustimmung der Eltern) seine Leistung erbracht hat, die Schwangere, die verbotenerweise gearbeitet hat, gar der wucherisch ausgebeutete Arbeitnehmer stünden in diesen Fällen alle ohne vertraglich gesicherte Ansprüche da. Dies ergäbe sich zumindest dann, wenn man das Vertragsrecht des BGB mit letzter Konsequenz auch auf den Arbeitsvertrag anwendet. Das tut man zum Schutz des Arbeitnehmers jedoch aus verständlichen Gründen nicht und greift stattdessen zu einer Sonderkonstruktion.

Wenn Leistungen tatsächlich wie in einem Arbeitsverhältnis ausgetauscht wurden, jemand also wie ein Arbeitnehmer gearbeitet und dafür ein Entgelt bekommen hat, wird dieses Verhältnis u.U. für die Vergangenheit auch dann nicht mehr aufgerollt, wenn sich der Arbeitsvertrag, der dem Geschehen zugrunde liegen sollte, als unwirksam herausstellt. Anstelle des Vertrages dient für die Vergangenheit als Grundlage der Leistungen das (von der Rechtsprechung geschaffene) "faktische Arbeitsverhältnis": Es wird einfach so getan, wie wenn es einen wirksamen Arbeitsvertrag gegeben hätte, soweit dies notwendig ist, um den Arbeitnehmer davor zu schützen, daß der Arbeitgeber seine Leistungen für die Vergangenheit zurückverlangt.

Es versteht sich eigentlich von selbst, daß dieser "Kunstgriff" des faktischen Arbeitsverhältnisses dann nicht in Frage kommt, wenn die Rechtsordnung dem fraglichen Arbeitsverhältnis grundsätzlich keinen Schutz geben will, zum Beispiel bei kriminellen Handlungen oder Sittenwidrigkeit. Im Fall minderjähriger Arbeitnehmer wird auch nur der Lohnanspruch für die Vergangenheit gesichert, nicht etwa nachträgliche Ansprüche des Arbeitgebers. Generell wird das faktische Arbeitsverhältnis immer nur für die Vergangenheit herangezogen - im übrigen bleibt es beim unwirksamen Arbeitsverhältnis.

5. Fragerecht des Arbeitgebers, Offenbarungspflicht des Arbeitnehmers

a) Was ungefragt gesagt werden muß

Wonach darf der Arbeitgeber bei der Einstellung zulässigerweise fragen ? Welche Fragen muß der Arbeitnehmer beantworten ?
Man denke dabei an die Praxis, die mit umfangreichen Fragebogen bei der Einstellung, vielleicht dem Verlangen nach einem polizeilichen Führungszeugnis oder gar einer graphologischen Untersuchung des handgeschriebenen Lebenslaufs arbeitet.

Für das Arbeitsverhältnis wesentliche Umstände, die zu erfahren der Arbeitgeber ein berechtigtes Interesse hat, muß der Arbeitnehmer selbst schon bei Vertragsschluß offenbaren. Beispiele sind Krankheiten, etwa Anfallsleiden, die sich auf die in Aussicht genommene Tätigkeit unmittelbar auswirken können, wenn man an einen Busfahrer denkt. Dieser müsste zum Beispiel ebenfalls selbst darauf hinweisen, daß gerade ein Verfahren mit dem Ziel der Entziehung der Fahrerlaubnis gegen ihn läuft.

Was den Bereich von Krankheit oder Behinderung betrifft, so ist aber im weiteren die Frage wesentlich, ob tatsächlich Auswirkungen auf das geplante Arbeitsverhältnis zu erwarten sind. Im Fall von Aids wird das im bloßen Infektionsstadium, also bei noch nicht manifester Krankheit, zu verneinen sein, zumal die Experten eine Ansteckungsgefahr am Arbeitsplatz für vernachlässigenswert gering halten.

b) Grenzen des Fragerechts

Das Fragerecht des Arbeitgebers, der sich ein Bild über den Einzustellenden bzw. die Einzustellende machen will und muß, ist aber weiter abzustecken als der Kreis der wesentlichen Umstände, hinsichtlich derer schon eine Offenbarungspflicht des Einzustellenden besteht. Der Arbeitgeber kann also im weitem Umfang Dinge erfragen, die einen sachlichen Zusammenhang mit dem Arbeitsverhältnis aufweisen, es sei denn, der Frage stünden Interessen des künftigen Arbeitnehmers entgegen, die rechtlich stärker als das Frageinteresse des Arbeitgebers geschützt sind.

Solche Rechtspositionen werden in der Regel in Verbindung mit der Verfassung gebracht, wo sie sich insbesondere aus dem allgemeinen Persönlichkeitsrecht des Art. 2 I GG (mit dem Schutz der Privatsphäre), des weiteren aufgrund der gebotenen Gleichbehandlung von Mann und Frau in Art. 3 III GG, der Religions- und Weltanschauungsfreiheit in Art. 4 GG sowie der Koalitionsfreiheit in Art. 9 III GG ergeben. Von daher ist einleuchtend, die Frage nach der Gewerkschaftszugehörigkeit als unzulässig anzusehen, ebenso die nach Religion, Weltanschauung oder Partei.

Eine Ausnahme gilt nur für sogenannte Tendenzbetriebe, d.h. Betriebe mit einer eigenen weltanschaulichen Richtung, die aufgrund der auch für den Unternehmer geltenden Meinungsfreiheit des Art. 5 I GG im ganzen Haus durchgesetzt werden darf. So kann das Gewerkschaftsunternehmen bei der Einstellung zulässig nach der Gewerkschaftszugehörigkeit fragen, ebenso eine in Trägerschaft der Kirche stehende Einrichtung nach der Religion des oder der Einzustellenden.

c) Familienplanung, Schwangerschaft

Fragen nach Heiratsabsichten oder nach der Familienplanung werden durch das allgemeine Persönlichkeitsrecht ausgeschlossen, da sie in den privaten, insofern vor der Neugier des Arbeitgebers geschützten Bereich fallen. Die Frage nach einer bestehenden Schwangerschaft hingegen hat die höchstrichterliche Rechtsprechung in der Bundesrepublik Deutschland zumindest lange Zeit für zugelassen gehalten. Unübersehbar ist, daß diese Frage zu einer Ungleichbehandlung von Frauen und Männern bei der Einstellung führen könnte: Kaum ein Arbeitgeber wird sich für eine Frau entscheiden, wenn sie nicht verneint, schwanger zu sein oder wenn sie hierzu die Antwort verweigert.

Angesichts des unbezweifelbaren Verstoßes gegen die in § 611 a BGB (auf Druck einer EG-Richtlinie) geforderte Gleichbehandlung von Mann und Frau kann die Frage nach einer Schwangerschaft heute nur als unzulässig betrachtet werden. Eine Ausnahme gilt allerdings für den (zugespitzten) Fall, daß eine schwangere Frau sich für einen Arbeitsplatz bewirbt, an dem sie wegen eines nach dem Mutterschutzgesetz bestehenden Beschäftigungsverbots gar keine Arbeitsleistung erbringen kann. In diesem Fall soll der Arbeitgeber den Vertrag anfechten dürfen, wenn die bestehende Schwangerschaft bewußt verschwiegen wurde.

d) Vorstrafen, Schwerbehinderteneigenschaft, weitere Beispiele

Nach Vorstrafen darf insoweit gefragt werden, als sie für die künftige Berufsausübung von Bedeutung sind, also Verurteilungen wegen Unterschlagungen bei einem Kassierer, wegen Trunkenheitsfahrten bei einem Kraftfahrer, wegen sexueller Nötigung bei einem Pädagogen oder Therapeuten, aber nicht wegen eines Verstoßes gegen das Betäubungsmittelgesetz bei einem Bauhandwerker. Ein ganz und gar nicht unproblematisches Verlangen ist das des Arbeitgebers nach einem polizeilichen Führungszeugnis, wenn man die eben skizzierten Beurteilungsregeln konsequent anwendet. Das Führungszeugnis enthält u.U. nämlich unterschiedslos relevante und irrelevante Vorstrafen. Das entsprechende Vorgehen in der Praxis kann deshalb nicht als rechtlich einwandfrei angesehen werden.

Auch auf eine Reihe von weiteren Fragen muß der Arbeitnehmer bei der Einstellung wahrheitsgemäß antworten, weil ein berechtigtes Frageinteresse des Arbeitgebers besteht. Neben den einschlägigen Vorstrafen gehört zu den zugelassenen Fragezielen zum Beispiel die vorhandene Berufserfahrung des Bewerbers. Auch nach der Schwerbehinderteneigenschaft im Sinne des Schwerbehindertengesetzes darf gefragt werden, da sie arbeitsrechtliche Konsequenzen hat. Nicht zulässig ist aber die generelle Frage nach Behinderung oder Krankheit, vielmehr darf wiederum nur nach solchen Umständen gefragt werden, die sich auf das Arbeitsverhältnis tatsächlich negativ auswirken.

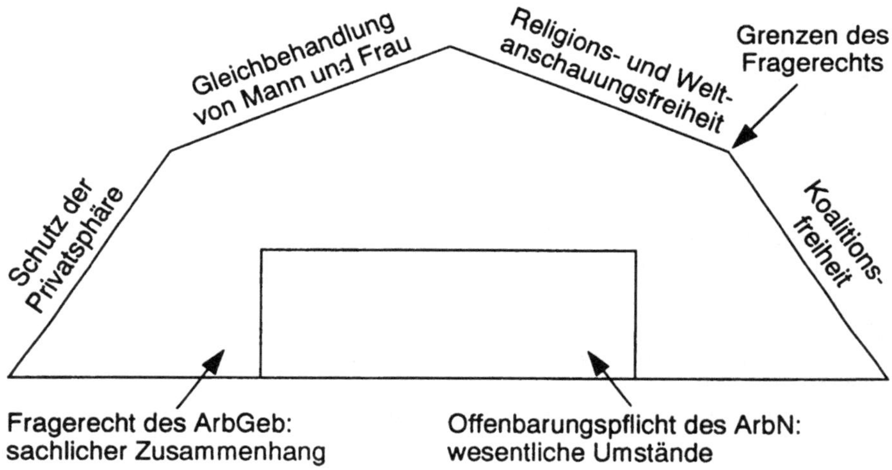

Abbildung 6: Fragerecht und Offenbarungspflicht im Einstellungsverfahren

e) Die "Notlüge"

Was soll der Arbeitnehmer tun, wenn ihm eine unzulässige Frage bei der Bewerbung gestellt wird, sei es in einem Gespräch oder in einem Fragebogen ? Die

Antwort mag erstaunen, denn unser Recht gestattet schlicht eine "Notlüge": Der betroffene Bewerber darf etwas Falsches, insofern Unverfängliches sagen oder hinschreiben. (Denn wenn er die Auskunft verweigert, wird er wahrscheinlich auch nicht eingestellt.)

Wichtig allerdings umgekehrt: Lügt oder schweigt der Bewerber nach den vorstehend beschriebenen Grundsätzen arbeitsrechtswidrig, so geht er ein hohes Risiko ein, nämlich die Anfechtung, also Beseitigung des Arbeitsvertrags durch den Arbeitgeber wegen arglistiger Täuschung, siehe dazu unten VI. E. 3.

f) Persönliche Daten im Einstellungsverfahren

Ungeachtet der gezogenen Grenzen erfährt der Arbeitgeber im Einstellungsverfahren eine ganze Menge von Daten und Fakten, was die persönlichen Verhältnisse des Bewerbers betrifft. Umgekehrt kann es natürlich auch der Fall sein, daß Bewerberinnen oder Bewerber durchaus Einblicke in (für den Wettbewerb) interessante Verhältnisse des Arbeitgebers bekommen. Ernst zu nehmen ist deshalb eine Pflicht zur Verschwiegenheit beider Seiten, was die Dinge betrifft, die sie bei der Einstellung erfahren haben. Wichtiges Beispiel: Der Arbeitgeber darf, wenn der Bewerber dies nicht wünscht, dessen bisherigen Arbeitgeber nicht von dem Vorgang informieren und auch bei ihm nicht gegen dessen Willen über den Bewerber Auskünfte einholen.

Daß beim Einstellungsvorgang sensible Daten im Spiel sind und offenbar werden, macht auch die Praxis deutlich, graphologische Gutachten einzuholen und psychologische Eignungstests durchzuführen. Sie sind immer nur mit Wissen und Willen des Bewerbers zulässig. Der Stellenwert graphologischer Gutachten bei der Einstellung ist aber offenbar im Sinken begriffen. Gerade in Bezug auf Daten aus solchen Analysen wird die Verschwiegenheitspflicht der anderen Seite im Vorfeld eines Arbeitsvertragsschlusses besonders wichtig. Eine Verletzung dieser Pflicht zieht Schadensersatzansprüche unter Einschluß eines möglichen Schmerzensgeldes nach sich.

Fall 7: "Doppelt genäht hält besser"

Heinrich Schnell betreibt ein Speditionsunternehmen mit ungefähr 200 Mitarbeitern. Neue Leute stellt er regelmäßig zunächst auf drei Monate befristet zur Probe ein. Wenn es nicht zur ausdrücklichen Übernahme auf unbestimmte Zeit kommt, wird das Arbeitsverhältnis nach drei Monaten ohne Kündigung beendet.

Bei endgültiger Übernahme des Mitarbeiters bzw. der Mitarbeiterin holt Heinrich Schnell nicht noch einmal die Zustimmung des Betriebsrats zur Einstellung ein.

Darüber ist der Betriebsrat sauer. Er beansprucht ein Zustimmungsrecht nicht nur bei der Einstellung, sondern noch einmal dann, wenn die Probebefristung abgelaufen ist. Schließlich lasse ihn auch Heinrich Schnell - was zutrifft - erneut über die Zustimmung zur Einstellung entscheiden, wenn in anderen Fällen als der Probezeit ein ursprünglich befristetes Arbeitsverhältnis nach Fristablauf in ein endgültiges umgewandelt werde.

Im Beschlußverfahren vor dem Arbeitsgericht pocht jetzt der Betriebsrat auf seine (nochmalige) Mitwirkung, wenn Heinrich Schnell Bewerber nach Ablauf der Probezeit endgültig übernimmt.

Wird der Betriebsrat in dieser Frage Recht bekommen ?

B. Beschränkungen des Arbeitgebers in der Auswahl

1. Zustimmung des Betriebsrats

Besteht im Betrieb ein Betriebsrat, so muß dieser einer Einstellung zustimmen (§§ 99 I BetrVG). Ein ohne diese Zustimmung vom Arbeitgeber geschlossener Arbeitsvertrag ist zwar gültig, nur bleibt dem Arbeitgeber unter Umständen nichts anderes übrig, als das Arbeitsverhältnis durch Kündigung oder Aufhebungsvertrag wieder aus der Welt zu schaffen. Dies ist dann der Fall, wenn die Zustimmung weder nachträglich erteilt wurde noch der Arbeitgeber deren Ersetzung durch das Arbeitsgericht erreichen konnte.

Allerdings darf der Betriebsrat seine Zustimmung auch nur aus einem eng gefaßten Katalog von Gründen (§ 99 II BetrVG) verweigern. Er darf es insbesondere nicht nur deshalb tun, weil durch eine Bewerbung von außen (zwangsläufig) ein vorhandener interner Bewerber benachteiligt werden kann, wenn er nicht zum Zuge kommt. Verweigern kann der Betriebsrat seine Zustimmung aber beispielsweise dann, wenn die Stelle (trotz eines entsprechenden Verlangens des Betriebsrats nach § 93 BetrVG) im Betrieb nicht ausgeschrieben wurde. (S. zum Mitbestimmungsrecht in personellen Angelegenheiten auch im 3. Abschn.I. B.4).

2. Gleichbehandlung von Frauen und Männern

Eine gewisse Einschränkung der Vertragsfreiheit, wie sie im übrigen bei privatrechtlichen Verträgen nicht üblich ist, bringt für den Bereich des Arbeitsrechts § 611 a BGB mit sich, der seinerseits auf die sogenannte Gleichbehandlungsrichtlinie der EG - heute EU - zurückgeht (76/207 EWG vom 9.2.1976).

§ 611 a BGB verpflichtet (auf dem Papier) den Arbeitgeber, Frauen bei Einstellungen und anderen personellen Maßnahmen nicht zu benachteiligen. Mit der rechtlich eng begrenzten Sanktion durch Schadensersatzansprüche der Betroffenen einerseits, mit den faktisch grenzenlosen Umgehungsmöglichkeiten andererseits ist der § 611 a BGB, der jenseits aller EU-Normsetzungen auch eine schlichte Konkretisierung des Art. 3 III GG bildet, als eine reichlich zahnlose Norm einzustufen.

3. Pflicht zur Beschäftigung Schwerbehinderter

a) Recht

Eine Einschränkung der im Privatrecht sonst üblichen Vertragsfreiheit muß man auch in der Pflicht zur Einstellung von Schwerbehinderten sehen, die § 5 I SchwbG allen Arbeitgebern auferlegt, wenn sie über mindestens 16 Arbeitsplätze verfügen. Diese Zahl hängt zusammen mit dem Umfang der Beschäftigungspflicht überhaupt: 6 % der Arbeitsplätze im Betrieb müssen an Schwerbehinderte im Sinne des § 1 SchwbG vergeben werden.

Bei 16 Arbeitsplätzen ist deshalb erstmals ein Platz für einen Mitarbeiter oder eine Mitarbeiterin zu reservieren, bei dem oder bei der eine erhebliche und nicht nur vorübergehende Funktionsbeeinträchtigung aus körperlichen, geistigen oder seelischen Gründen gegeben ist. Konnte nach früherem Recht sogar zwangsweise seitens der zuständigen Behörde ein Arbeitsverhältnis mit dem Arbeitgeber und einem Schwerbehinderten herbeigeführt werden, so ist das unter dem geltenden Recht nicht mehr der Fall.

Die Regelungen des Schwerbehindertengesetzes dürfen aber auch nicht dahingehend mißverstanden werden, daß sich der Arbeitgeber von seiner Beschäftigungspflicht einfach freikaufen kann. Richtig ist, daß jeder Arbeitgeber, der keine oder zu wenig Schwerbehinderte beschäftigt, für jeden unbesetzten Pflichtplatz monatlich eine Abgabe von (gegenwärtig) 200,00 DM entrichten muß (§ 11 SchwbG).

Dies hebt seine Pflicht zur Beschäftigung Schwerbehinderter, rein rechtlich betrachtet, jedoch nicht auf. Die Ausgleichsabgabe wird von den Hauptfürsorgestellen verwendet zur Unterstützung von Maßnahmen der beruflichen Rehabilitation. Dazu gehören auch Zuschüsse zur behindertengerechten Einrichtung von Arbeitsplätzen.

b) Wirklichkeit

Auf die freie Entscheidung des Arbeitgebers wird also in Gestalt der ansonsten fälligen Ausgleichsabgabe ein gewisser Druck ausgeübt. Das Bild, was die Erfüllung der durch das Schwerbehindertengesetz gegebenen Pflicht zur Beschäftigung angeht, sieht trotzdem reichlich trübe aus. Die Gründe dafür sind umstritten. Einerseits dürfte es in manchen Bereichen gar nicht einfach sein, die Quote zu erfüllen, da eine ausreichende Anzahl schwerbehinderter Bewerber nicht vorhanden ist, wie offenbar in Teilen des öffentlichen Dienstes, der seine Verpflichtung auch nicht erfüllt.

Andererseits ist nicht zu übersehen, daß arbeitsrechtliche Besonderheiten, die das Schwerbehindertengesetz im weiteren mit sich bringt, die Arbeitgeber abschrecken, wie etwa die Pflicht zusätzlicher Urlaubsgewährung, vor allem aber das Erfordernis, daß die Hauptfürsorgestelle einer möglichen Kündigung des Arbeitsverhältnisses zustimmen muß. (Siehe dazu weiter unten IV. D.3).

C. Probearbeitsverhältnis

Häufig wird bei Begründung des Arbeitsverhältnis ein sogenannter Probevorbehalt vereinbart, d.h. eine bestimmte Zeit (die nach § 622 III BGB längstens 6 Monate betragen darf) wird als Probezeit betrachtet. Diese Probezeit soll den Sinn haben, daß beide Seiten des Vertrages sich leichter voneinander lösen können, wenn schon in der Anfangsphase der Zusammenarbeit deutlich wird, daß eine erfolgreiche Fortsetzung auf Dauer nicht zu erwarten ist.

In Fällen eines solchen Probevorbehalts muß man aber genau auf den Text des Arbeitsvertrags (bzw. eines einschlägigen Tarifvertrags) schauen, denn es gibt im wesentlichen zwei mögliche rechtliche Konstruktionen, was den Probevorbehalt und seine Wirkung angeht:

Zum einen kann es sich um eine echte Befristung handeln. Befristete Arbeitsverhältnisse sind zwar nur unter bestimmten Voraussetzungen zulässig (s. dazu unten VI. C). Eine Befristung aus Gründen der Erprobung wird aber als zulässig angesehen, schon deshalb, weil Kündigungsschutz meist (noch) nicht besteht und deshalb durch die Befristung auch nicht umgangen werden kann.

Bei dieser Konstruktion wird das Arbeitsverhältnis mit Ablauf der Probezeit erst einmal automatisch beendet, ohne daß eine Kündigung notwendig ist. Es muß also sodann auf Dauer begründet werden, wobei eine entsprechende Vereinbarung im Zweifel auch daraus zu schließen ist, daß das Arbeitsverhältnis über den Ablauf der Probezeit hinaus tatsächlich weiter fortgesetzt wird. Soll es beim Probevorbehalt um ein befristetes Arbeitsverhältnis gehen, so muß dies aber aus den Vereinbarungen eindeutig hervorgehen, die bloße Festlegung einer bestimmten Zeit als "Probezeit" reicht dafür nicht aus.

Wird dagegen im Arbeitsvertrag (oder im Tarifvertrag, vgl. beispielsweise § 5 BAT) einfach eine bestimmte Zeit zu Beginn des Arbeitsverhältnisses als Probezeit bezeichnet, so stellt § 622 III BGB die Folge klar: Während dieser Probezeit kann das Arbeitsverhältnis mit einer Frist von zwei Wochen - also einer kürzeren Frist als den sonst üblichen vier Wochen - jederzeit gekündigt werden. Allerdings ist auch diese Regel durch Tarifverträge abänderbar.

Lösungshinweise zu den Fällen 6 und 7 :

Fall 6 ("Schweigen ist (nicht immer) Gold") :

Fragt der Arbeitgeber bei der Einstellung nach einer bestehenden Körperbehinderung, so muß wahrheitsgemäß geantwortet werden, sofern eine Körperbehinderung besteht, die die Eignung des Arbeitnehmers für die vorgesehene Tätigkeit beeinträchtigt. (Wird in diesem Fall wahrheitswidrig geantwortet, so kann der Arbeitgeber den Arbeitsvertrag wegen arglistiger Täuschung anfechten, s. dazu unten VI. E. 3).

Bei Körperbehinderungen, bei denen der Arbeitnehmer davon ausgehen kann, daß sie sich auf die Durchführung des Arbeitsverhältnisses nicht auswirken werden, darf er dagegen rechtlich folgenlos schweigen oder lügen.

Immer wahrheitsgemäß beantwortet werden muß dagegen die Frage nach dem förmlichen Bestehen einer Schwerbehinderteneigenschaft nach dem SchwbG, weil sich daran besondere rechtliche Arbeitgeberpflichten knüpfen. Die Schwerbehinderteneigenschaft muß der Bewerber u.U. sogar von sich aus, d.h. ohne Frage des Arbeitgebers offenbaren, und zwar wiederum, wenn wegen der zugrundeliegenden Behinderung die vorgesehene Arbeit nicht geleistet werden kann oder eine beschränkte Leistungsfähigkeit für den Einsatz oder Nichteinsatz am vorgesehenen Arbeitsplatz von ausschlaggebender Bedeutung ist.

Angesichts dieser Grundsätze und der Aufzählung von Gerdas Leiden scheint zunächst klar zu sein, daß sie ein bißchen viel verschwiegen hat. Aber sie hat im tatsächlich geschehenen Fall immerhin 3 1/2 Jahre überwiegend im Stehen, in Wechselschicht und im Akkord gearbeitet, wobei allerdings in den letzten beiden Jahre vergleichsweise hohe Fehlzeiten durch Krankheit anfielen. Man müßte also noch genauer nachprüfen, ob nicht Gerda bei ihrer Bewerbung zumindest "auf Sicht" trotz der bestehenden gesundheitlichen Einschränkungen von ihrer eigenen Leistungsfähigkeit ausgehen durfte. (Der Arbeitgeber hatte nur nach Körperbehinderung, nicht nach Bestehen einer Schwerbehinderteneigenschaft gefragt !)

Andererseits muß klar gesagt werden, daß es nicht empfehlenswert ist, so konsequent zu schweigen wie Gerda. Denn letzten Endes wird jedes Arbeitsgericht mit hoher Wahrscheinlichkeit zu dem Schluß kommen, daß sie angesichts des Ausmaßes und der Art der bestehenden Behinderungen im Hinblick auf den angestrebten Arbeitsplatz bei der Frage nach einer Behinderung nicht einfach "Nein" ankreuzen durfte.

Fall 7 (*"Doppelt genäht hält besser")* :

Die Vereinbarung einer Probezeit ist auch in der Form möglich, wie es Heinrich Schnell tut, nämlich als (einmalige) Befristung zu Beginn des Arbeitsverhältnisses, nach deren Ablauf dann das Arbeitsverhältnis noch einmal als endgültiges vereinbart werden muß. Komplizierter ist die Frage, ob es sich bei dieser endgültigen Begründung des Arbeitsverhältnisses um eine "Einstellung" i.S.d. § 99 I BetrVG handelt. Sie zu bejahen liefe darauf hinaus, daß der Betriebsrat sowohl zu Beginn des Probearbeitsverhältnisses wie auch nach dessen Ende beim Übergang in ein endgültiges Arbeitsverhältnis zustimmen müßte.

Grundsätzlich muß zwar, wenn ein befristetes Arbeitsverhältnis verlängert oder in ein Arbeitsverhältnis auf unbestimmte Zeit umgewandelt wird, der Betriebsrat noch einmal nach § 99 BetrVG beteiligt werden. Das ist auch deshalb klar, weil der Arbeitnehmer in diesen Fällen länger als ursprünglich vorgesehen im Betrieb bleiben soll - vielleicht hat ja der Betriebsrat seiner ursprünglichen Einstellung nur unter dem Aspekt zugestimmt, daß das Arbeitsverhältnis befristet bleibt.

Etwas anderes muß aber gelten, wenn ein Arbeitsverhältnis zur Probe befristet wird: Zumindest dann, wenn dem Betriebsrat bei Einstellung mitgeteilt wird, der Bewerber werde bei Bewährung nach Ablauf der Probezeit endgültig übernommen, kann diese Übernahme für den Betriebsrat eigentlich keine Überraschung mehr sein, die ihn vor eine neue Entscheidungssituation stellt.

Der Zweck der dem Betriebsrat durch § 99 BetrVG eingeräumten Zustimmungsbefugnis läuft im wesentlichen darauf hinaus, bestimmte Benachteiligungen vorhandener Arbeitnehmer zu verhindern und den Betriebsfrieden zu wahren. Dafür wird in Fällen, in denen der Betriebsrat von vornherein davon ausgehen muß, daß der Arbeitnehmer endgültig im Betrieb bleibt, eine (einmalige) Zustimmung zu Beginn der Probezeit als ausreichend anzusehen sein.

II. PFLICHTEN DES ARBEITNEHMERS

A. Das Arbeitsverhältnis als Gefüge von gegenseitigen Pflichten und Rechten

1. Haupt- und Nebenpflichten

Im Kern, also von seinen hauptsächlichen Pflichten her, läßt sich das Arbeitsverhältnis mit der Formel umreißen: "Arbeit gegen Lohn". (Oder, negativ ausgedrückt: "Ohne Arbeit kein Lohn". Von diesem Grundsatz gibt es aber, wie wir sehen werden, eine ganze Reihe von Ausnahmen.)

Daneben sind die wichtigsten Pflichten aus dem Arbeitsverhältnis, Lohn zu zahlen bzw. Arbeitsleistung zu erbringen, umringt von einem ganzen Katalog weiterer Pflichten auf beiden Seiten. Sie reichen beim Arbeitgeber vom Gesundheitsschutz bis zur Pflicht, dem Arbeitnehmer ein Zeugnis zu erteilen; beim Arbeitnehmer fallen beispielsweise die Verschwiegenheitspflicht oder das Wettbewerbsverbot darunter. Diese beiden zusätzlichen Pflichtenkataloge auf Arbeitnehmer- bzw. Arbeitgeberseite versucht man, unter verschiedenen, mehr oder weniger passenden Oberbegriffen zusammenzufassen.

Am neutralsten, aber leider auch am farblosesten ist es, einfach von "Nebenpflichten" der jeweiligen Seite zu sprechen, die also zur Hauptpflicht (Lohnzahlung bzw. Arbeitsleistung) hinzutreten. Eine solche Einteilung in Haupt- und Nebenpflichten hat allerdings nicht nur den Nachteil, daß sie rein formal ist, also nichts über Inhalte aussagt. Sie kann auch darüber hinwegtäuschen, daß die Verletzung von (scheinbar "nebensächlichen") Nebenpflichten dem Arbeitnehmer faktisch durchaus unangenehmere Folgen bescheren kann, als wenn er aus Bequemlichkeit sehr langsam arbeitet oder aber viel Ausschuß produziert, also seine "Hauptpflicht" schlecht erfüllt. Insofern darf aus "Nebenpflicht" nicht auf "Nebensache" geschlossen werden !

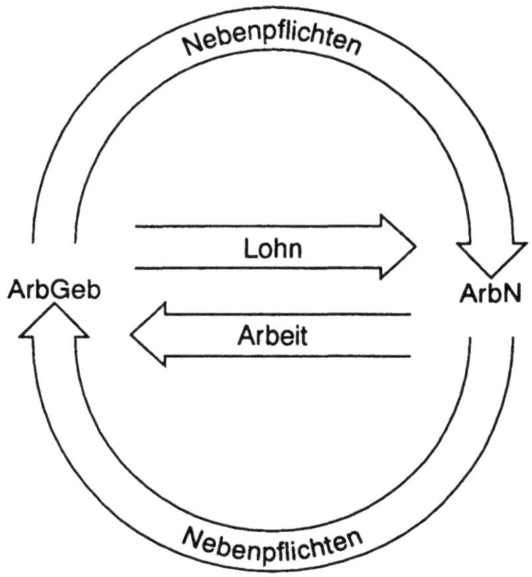

Abbildung 7: Pflichtengefüge im Arbeitsverhältnis

2. "Fürsorge" und "Treue": Abschied angesagt

Sehr verbreitet war und ist es auch noch, die Nebenpflichten des Arbeitnehmers unter dem Begriff "Treuepflicht", die des Arbeitgebers unter dem der "Fürsorgepflicht" zusammenzufassen. Die beiden Begriffe haben den Vorteil, daß man sich darunter auch inhaltlich etwas vorstellen kann; das erklärt sicher auch ein Stück ihrer Beliebtheit. Dieser Vorteil ist aber auch ihr einziger. Ihr großer Nachteil liegt darin, daß sie Verhältnisse und Abhängigkeiten suggerieren, die unter heutiger Interpretation eines Arbeitsverhältnisses als nicht mehr akzeptabel erscheinen.

Die "Fürsorgepflicht" des Arbeitgebers läßt den Arbeitnehmer schließlich nicht gerade als Erbringer einer eigenen, für den Arbeitgeber häufig unverzichtbaren oder schwer ersetzbaren Leistung in Erscheinung treten. Dessen eigene "Treuepflicht" läßt gar Assoziationen aufkommen, als sei er auf Gedeih und Verderb an seinen Arbeitgeber als dessen Vasall gekettet. Der Schluß kann daher nur sein, trotz ihrer Griffigkeit auf die Ausdrücke "Fürsorgepflicht" und "Treuepflicht" zu verzichten. Statt dessen bleibt es bei der schlichten, wenn auch farblosen Einteilung in Haupt- und Nebenpflichten.

3. Pflichten bringen Rechte

Wenn im bisherigen weitestgehend von Pflichten und wenig von Rechten die Rede war, so bleibt darauf hinzuweisen, daß Grundlage dieser Pflichten im Arbeitsverhältnis ein gegenseitiger, privatrechtlicher Vertrag ist. In einem solchen Vertrag, der sich aus schuldrechtlichen Pflichten der Partner zusammensetzt, bedeuten Pflichten der einen Seite immer zugleich auch Rechte der anderen Seite.

Soviel Pflichten ein Arbeitsvertrag beinhaltet, soviel Rechte beinhaltet er auch - das ist immer nur eine Frage des Blickwinkels. Wenn also der Gang der Darstellung bei flüchtigem Hinschauen den Eindruck erwecken kann, daß das Arbeitsverhältnis nur aus Pflichten besteht, so bleibt eben dieser Umstand zu berücksichtigen, daß jede Pflicht sich auch als ein Recht, nämlich ein solches der anderen Seite, formulieren ließe.

B. Die Arbeitspflicht

1. Arbeitsinhalt, Arbeitsort

a) Auslegung des Vertrags

Zur inhaltlichen Verpflichtung des Arbeitnehmers, eine bestimmte Arbeit zu leisten, ist bereits bei der Behandlung des Weisungsrechts (1. Abschn., II. A. 2 b) einiges gesagt worden.

Das Weisungsrecht beruht auf dem Arbeitsvertrag. Ihn gilt es, im Streitfall über die inhaltliche Arbeitspflicht des Arbeitnehmers richtig auszulegen, selbstverständlich im Rahmen der höherrangigen Vorschriften, die wir als den Stufenbau des Arbeitsrechts kennengelernt haben.

Meistens läßt sich aufgrund der getroffenen Vereinbarungen sowie des typischen, normalen Bildes einer bestimmten Tätigkeit (§ 157 BGB als Auslegungsregel verweist u.a. auf die "Verkehrssitte") ziemlich einfach bestimmen, was zu der vom Arbeitnehmer geschuldeten Tätigkeit gehört. Hat der Arbeitgeber ungewöhnliche Vorstellungen, soll beispielsweise der Buchhalter nachmittags noch Ware ausfahren, so muß dies im Vertrag verankert werden, sonst braucht der Arbeitnehmer es nicht zu tun. Mit Hilfe derartiger vertraglicher Abmachungen sichern sich die Arbeitgeber in der Regel die notwendige Dispositionsfreiheit.

b) Wechsel des Arbeitsplatzes, Umzug

Zu den häufiger auftretenden Fällen gehört, daß in einem Unternehmen mit mehreren Betrieben oder in einem Konzern mit mehreren Unternehmen von vornherein die Einsatzmöglichkeit des Arbeitnehmers in allen oder mehreren Betrieben bzw. Unternehmen vertraglich vereinbart wird. Bei Unternehmen, die an mehreren Orten tätig sind, findet sich die Bereitschaft des Arbeitnehmers, den Ort der Tätigkeit zu wechseln, oft schon im Vertrag festgeschrieben. Geschieht dies nämlich nicht, so sind Ortswechsel ebenso wie ein Wechsel des Betriebs oder Unternehmens vom Arbeitnehmer nur geschuldet, wenn dies im Ausnahmefall zum gewöhnlichen Bild seiner Tätigkeit gehört.

So kann es sich beispielsweise bei einem Controller oder Produktmanager als selbstverständlich, d.h. als Ergebnis richtiger Auslegung des Vertrags ergeben, daß er, zumindest eine Zeit lang, seine Tätigkeit an andere Plätze (sowohl räumlich wie organisatorisch betrachtet) verlagert. Von solchen Ausnahmefällen sowie besonderen Vereinbarungen abgesehen, wird die vertragliche Regelung oder ihre Auslegung in der Regel darauf hinauslaufen, daß die Tätigkeit an einem bestimmten Ort und einem bestimmten Arbeitsplatz geschuldet wird - die Bereitschaft zum Umzug oder Wechsel des Arbeitsplatzes (bei demselben Arbeitgeber) ist also für den Arbeitnehmer nicht etwa selbstverständliche Pflicht.

2. Arbeitszeit

a) Festlegung, Mitwirkung des Betriebsrats

Die Dauer der Arbeitszeit ergibt sich weithin aus Tarifverträgen. Falls keine unmittelbare Tarifbindung besteht und auch auf keinen Tarifvertrag Bezug genommen wird, ist die Regelung im einzelnen Arbeitsvertrag maßgeblich. Betriebsvereinbarungen kommen nach der gesetzlichen, allerdings heute nicht selten durchbrochenen Vorstellung nur ins Spiel, soweit es nicht um den Umfang, sondern um die Lage der Arbeitszeit und ihre Verteilung auf die einzelnen Wochentage geht. Hier hat der Betriebsrat ein wichtiges Mitbestimmungsrecht nach § 87 I Ziff. 2 BetrVG.

So wird etwa die Einführung gleitender Arbeitszeit typischerweise durch Betriebsvereinbarungen festgelegt. Bei gleitender Arbeitszeit müssen nur zu bestimmten Kernarbeitszeiten alle Mitarbeiter da sein, im übrigen können sie innerhalb bestimmter zeitlicher Grenzen selbst bestimmen, wie sie auf ihre Gesamtarbeitszeit kommen.

Den Betriebsrat braucht der Arbeitgeber ebenso, wenn es um die Umsetzung einer tarifvertraglich festgelegten Arbeitszeitverkürzung im Betrieb geht, beispielsweise um die Frage, ob bei gleichbleibender täglicher Arbeitszeit am Freitagnachmittag frei gemacht wird oder die Arbeitszeitverkürzung auf alle Wochentage anteilig verrechnet werden soll.

b) Flexibilisierung

Die Lage der Arbeitszeit spielt (neben der Dauer) in jüngerer Zeit eine immer größere Rolle, weil im Zeichen der "Flexibilisierung" der Arbeitszeiten in den Unternehmen versucht wird, diese auf eine möglichst optimale Ausnützung der vorhandenen, technischen Anlagen abzustimmen. Infolgedessen entstehen neue Modelle von Arbeitszeit und Freizeitausgleich, die durch Betriebsvereinbarungen geregelt werden und - wegen ihres speziellen Zuschnitts auf die jeweilige betriebliche Situation - auch nur so geregelt werden können.

Die "Arbeitsteilung", daß durch Tarifvertrag die Dauer, durch Betriebsvereinbarung die Lage der täglichen Arbeitszeit festgelegt wird, ist dabei stellenweise nicht mehr klar durchgeführt. Den Weg zur Auflösung dieser Grenze bilden Tariföffnungsklauseln, mit denen die Tarifvertragsparteien auch bei der Festlegung der Dauer der Arbeitszeit die Betriebsräte ins Spiel bringen.

So kann eine Tarifregelung vorsehen, daß bei generell verkürzter Arbeitszeit ein festgelegter Teil der Belegschaft nach wie vor länger arbeiten darf, wobei dieses zulässige Kontingent durch Betriebsvereinbarungen in Anspruch genommen wird. Möglich ist auch die tarifliche Vorgabe eines Rahmens, innerhalb dessen die Dauer der betrieblichen Arbeitszeit durch Betriebsvereinbarung variiert werden kann.

c) Arbeitszeit: rechtlich nicht nachholbar

Grundsätzlich zur Arbeitszeit ist noch erwähnenswert: Ist die festgelegte Arbeitszeit abgelaufen, so kann die nicht geleistete Arbeit für diese Zeit - zumindest rechtlich betrachtet - nicht nachgeholt werden. Im Rechtssinn tritt also durch Versäumnis der Arbeitszeit Unmöglichkeit der Leistung ein.

3. Teilzeitbeschäftigung

a) Schutz vor Benachteiligung

Recht häufig kommt es vor, daß Arbeitnehmer auf Grund vertraglicher Vereinbarungen nicht die volle, im Betrieb übliche Arbeitszeit leisten, sondern eine kürzere. Meist sind es Frauen, die eine solche Teilzeitbeschäftigung anstreben, weswegen die rechtliche Behandlung des Teilzeitarbeitsverhältnisses auch unter dem Aspekt der Gleichbehandlung eine bestimmte Brisanz in sich trägt: Wird der Teilzeitarbeitnehmer bzw. die Teilzeitarbeitnehmerin arbeitsrechtlich schlechter gestellt als andere Arbeitnehmer, so wirkt sich dies mittelbar als Schlechterbehandlung von Frauen im Arbeitsleben aus.

Nicht von ungefähr hat deshalb § 2 des Beschäftigungsförderungsgesetzes (BeschFG) einer unterschiedlichen Behandlung von teilzeitbeschäftigten Arbeitnehmern gegenüber Vollzeitbeschäftigten einen Riegel vorgeschoben. Insgesamt betrachtet, werden Teilzeitarbeitsverhältnisse arbeitsrechtlich heute genau so behandelt wie Vollzeitarbeitsverhältnisse, nur trägt man bei Vergütung oder Urlaub eben dem Umstand Rechnung, daß weniger Stunden am Tag oder weniger Tage in der Woche gearbeitet wird, als es bei vollzeitbeschäftigen Arbeitnehmern der Fall ist.

b) Job-sharing

Für den Fall einer Arbeitsplatzteilung (Job-sharing) verhindert § 5 BeschFG, daß die "arbeitsplatzteilenden" Arbeitnehmer die Risiken einer solchen Gestaltung in unangemessenem Umfang übernehmen. So besteht etwa keine generelle Vertretungspflicht für den anderen Teil, falls dieser ausfällt ; auch ist eine Kündigung allein deshalb, weil der andere, den Arbeitsplatz teilende Arbeitnehmer ausgeschieden ist, nicht möglich. Dieser, aus der Sicht der betroffenen Arbeitnehmer sicher sinnvolle Schutz nährt allerdings umgekehrt wohl bestehende Befürchtungen der Arbeitgeber vor zusätzlichen Belastungen. Nicht zuletzt auf Grund dieser Befürchtungen dürfte Job-sharing bis heute eine Sache sein, über die zwar viel geredet, die jedoch wenig praktiziert wird.

c) Geringfügige Beschäftigung, bedarfsorientierte variable Arbeitszeit

Der Begriff der geringfügigen Beschäftigung deutet einerseits tatsächlich auf eine kurze Arbeitszeit hin, andererseits handelt es sich auch um einen, aus dem Sozialversicherungsrecht stammenden, Rechtsbegriff (§ 8 SGB IV). Gemeint ist, daß Beschäftigungen unterhalb einer bestimmten Arbeitszeitdauer (15 Stunden pro Woche) und unterhalb einer etwas komplizierter zu berechnenden Verdienstgrenze nicht der Sozialversicherungspflicht (in Bezug auf Kranken-, Renten- und Arbeitslosenversicherung) unterliegen.

In Fällen geringfügiger Beschäftigung braucht auch vom Arbeitnehmer keine Lohnsteuer bezahlt zu werden, vielmehr kann der Arbeitgeber pauschal 15 % auf die ausbezahlte Vergütung als Lohnsteuer abführen. Die Verdienstgrenzen für die geringfügige Beschäftigung liegt gegenwärtig bei 560,00 DM monatlich.

Das im gewissen Sinne dürftigste Arbeitsverhältnis haben sicherlich die Arbeitnehmer und Arbeitnehmerinnen (auch in diesem Fall sind es vorwiegend Frauen), die mit einer "bedarfsorientierten variablen Arbeitszeit" beschäftigt sind. Auch die Bezeichnung "Kapovaz" - kapazitätsorientierte variable Arbeitszeit - ist für diese Gestaltung üblich. Geringfügige Beschäftigungsverhältnisse in sozialversicherungsrechtlichem Sinn sind solche Arbeitsverhältnisse meist ohnehin.

Entsprechende Vertragsgestaltungen finden sich nicht selten bei Kaufhäusern und im Bereich der Gastronomie. Es mag allerdings durchaus sein, daß diese Arbeitszeiten nicht nur den Interessen der betreffenden Arbeitgeber, sondern auch denen mancher weiblicher Arbeitnehmer entgegenkommen, die lediglich durch Aushilfe bei "Hochbetrieb" ein paar Mark zum Familieneinkommen hinzuverdienen wollen.

Dem Mißbrauch solcher Regelungen, der darin liegen kann, daß der Arbeitgeber das wirtschaftliche Risiko des Betriebs weitgehend auf die Arbeitnehmer abwälzt, vermag aber auch § 4 BeschFG nur in Ansätzen zu begegnen: Eine bestimmte Mindestbeschäftigung von 10 Stunden gilt immer als vereinbart, die jeweilige Beschäftigung muß mindestens 3 Stunden dauern und rechtzeitig im voraus mitgeteilt werden.

4. Vorübergehend verlängerte oder verkürzte Arbeitszeit

a) Überstunden: Rechtsgrundlagen

Aus Arbeitsvertrag, Tarifvertrag und Betriebsvereinbarung ergibt sich also die im Betrieb meist einheitlich geregelte, gewöhnliche oder betriebsübliche Arbeitszeit. Geht es dem Betrieb gut, so wird es das Interesse des Arbeitgebers sein, daß über diese normalen Zeiten hinaus gearbeitet wird. Noch weiß man vielleicht nicht, ob die gute Phase tragfähig genug ist für Neueinstellungen, vielleicht sind diese auch wegen der Lage auf dem Arbeitsmarkt gar nicht möglich.

Nicht überraschend ist, daß es auf jeden Fall auch gesetzliche Obergrenzen für die Arbeitszeit gibt. Sie sind festgelegt im Arbeitszeitgesetz (ArbZG) mit einer grundsätzlichen Arbeitszeit von 8 Stunden täglich, die allerdings in einer ganzen Reihe von Fällen auch überschritten werden darf. (Hiervon wird weiter unten, IV. C) noch genauer die Rede sein.

In der Bandbreite zwischen der als üblich festgelegten und der gesetzlich maximal zulässigen Arbeitszeit bewegt sich der Spielraum für sogenannte Überstunden. Für sie gelten die folgenden Spielregeln:

Ohne besondere, die Ableistung von Überstunden betreffende Abmachungen (im Arbeitsvertrag, in einer Betriebsvereinbarung oder im Tarifvertrag) braucht der Arbeitnehmer nur in Ausnahmefällen länger zu arbeiten. (Allerdings kann, wenn Überstunden im Betrieb in bestimmten Fällen üblich sind, auch bei Fehlen ausdrücklicher Vereinbarungen die Auslegung des Arbeitsvertrags ergeben, daß vom Arbeitnehmer diese betriebsüblichen Überstunden nach Maßgabe des Arbeitgeber-Weisungsrechts geschuldet werden.)

b) Notfälle

Ein Ausnahmefall tritt mit einer Notsituation des Arbeitgebers ein, in der der Arbeitnehmer als vernünftiger, auch auf die Interessen des Arbeitgebers Rücksicht nehmender Vertragspartner nicht einfach weggehen kann, wenn seine gewöhnliche Arbeitszeit abgelaufen ist. Das ist beispielsweise dann gegeben, wenn gerade um drei Uhr nachmittags auf Grund eines Unwetters ein Wassereinbruch teure Maschinen bedroht oder kurz vor Feierabend überraschend ein Lastwagen mit Gefrierfleisch ankommt, das noch ins Kühlhaus muß.

Etwas schwieriger wird es schon bei der Beurteilung des Falles, daß der Betrieb plötzlich für einen wichtigen Auftraggeber zusätzliche Leistungen zu erbringen hat. Der Arbeitgeber darf jedenfalls nicht "alle Nase lang" einen Fall zum Notfall erklären, den er an sich mit anderen Dispositionen, d.h. mit Arbeitskraftreserven oder wenigstens ausdrücklich vereinbarten Überstundenregelungen auffangen müßte.

Ausnahmecharakter haben die Verhältnisse der leitenden Angestellten insoweit, als von ihnen grundsätzlich auch ohne besondere Vereinbarung Überstunden erwartet werden können. Sie werden generell nicht an der Einhaltung von Arbeitszeiten, sondern am Erfolg ihrer Tätigkeit gemessen, der, je nach Fähigkeiten und äußeren Umständen, eben innerhalb einer betriebsüblichen Arbeitszeit erreicht werden kann oder auch nicht. Überstunden sind dann " im Gehalt inbegriffen".

c) Vergütung, Mitwirkung des Betriebsrats bei Anordnung

Dagegen werden die Überstunden der anderen Arbeitnehmer grundsätzlich vergütet. Mindestens bekommen sie von dem Entgelt, das sie ansonsten beziehen, anteilig mehr bezahlt, wie es der längeren Zeit entspricht. Sehr häufig finden sich aber besondere Vereinbarungen, insbesondere in Tarifverträgen, durch die ein höheres Entgelt für Überstunden festgesetzt wird als für die normale Arbeitszeit.

Eine andere Möglichkeit, Überstunden zu vergüten, besteht darin, daß sie "abgefeiert" werden können. Für Angestellte im öffentlichen Dienst gibt es eine grundsätzliche Regelung in § 17 V BAT, derzufolge Überstunden "durch entsprechende Arbeitsbefreiungen auszugleichen" sind. Im übrigen werden in den Betrieben unterschiedliche Regelungen anzutreffen sein, die dem Arbeitnehmer auch Wahlmöglichkeiten lassen.

Wichtig ist schießlich, daß immer dann, wenn der Überstundenwunsch des Arbeitgebers mehrere Arbeitnehmer betrifft, also ein "kollektives" Moment enthält, der Betriebsrat (falls vorhanden) der Anordnung zustimmen muß - ohne ihn geht es nicht (§ 87 I Ziff. 3 BetrVG). Davon abgesehen, wird die Mitbestimmung des

Betriebsrats meist auch in den Überstundenregelungen der einschlägigen Tarifverträge vorgeschrieben.

d) Kurzarbeit

Geht es dem Betrieb schlecht, so tritt der umgekehrte Fall wie bei den Überstunden ein: Der Arbeitgeber möchte den Arbeitnehmer lieber kürzer arbeiten lassen, als es die normalerweise zwischen ihnen geltenden Vereinbarungen vorsehen. Das ist aber, jedenfalls gegen den Willen des Arbeitnehmers, nur dann möglich, wenn es, ebenso wie bei den Überstunden, irgendwo besonders vereinbart wurde.

Häufig finden sich Regelungen in Tarifverträgen und Betriebsvereinbarungen, daß und unter welchen Voraussetzungen der Arbeitgeber Kurzarbeit anordnen, d.h. die Belegschaft kürzer als üblicherweise vorgesehen arbeiten lassen kann - und natürlich dafür weniger bezahlt, denn sonst könnte es ihm gleich sein, da die wirtschaftliche Lage des Betriebes dadurch nicht besser würde.

e) Zustimmung des Betriebsrats, Zusammenhang mit Kurzarbeitergeld

In Betrieben mit einem Betriebsrat braucht der Arbeitgeber allerdings, ebenso wie bei den Überstunden, nach § 87 I Ziff. 3 BetrVG die Zustimmung des Betriebsrats für die Einführung von Kurzarbeit. Nun würde wohl nur in extremen Fällen ein Betriebsrat, der immerhin von der Belegschaft gewählt ist und vielleicht wiedergewählt werden will, zustimmen - wenn es nicht noch eine andere Einrichtung gäbe, mit der die arbeitsrechtliche Regelung der Kurzarbeit in engem Zusammenhang zu sehen ist:

Die Bundesanstalt für Arbeit zahlt gem. § 63 ff. AFG unter bestimmten Voraussetzungen Kurzarbeitergeld. In diesen Fällen halten sich die Einbußen der Arbeitnehmer bei kürzerer Arbeitszeit in engen Grenzen, der Betrieb andererseits erreicht zumindest vorübergehend eine größere Wirtschaftlichkeit durch Entlastung auf der Seite der Lohnkosten.

Die wichtigste Voraussetzung für die Gewährung von Kurzarbeitergeld ist die, daß Arbeitsplätze, die durch einen wirtschaftlichen Einbruch bedroht sind, im betreffenden Betrieb erhalten werden können. Das Kurzarbeitergeld wird als Lohnersatz für die Ausfallstunden gewährt und beträgt 63 %, bei Arbeitnehmern mit einem Kind 68 % des entgangenen Nettolohns.

Nur, wenn gesichert ist, daß Kurzarbeitergeld gewährt wird, kann der Arbeitgeber in der Regel auch mit einer Zustimmung des Betriebsrats rechnen.

5. Gruppenarbeit

a) Betriebsgruppe

Auswirkungen auf die Gestaltung der Arbeitspflicht hat es, wenn Gruppenarbeit geleistet wird, mehrere Arbeitnehmer also in engem Kontakt ein gemeinsames Arbeitsergebnis erbringen. Entsprechende Formen der Organisation der Arbeitsleistung sind (im Zeichen von "lean production"), wiewohl an sich nicht neu, wieder im Vordringen begriffen.

Arbeitsrechtlich liegt dann meist eine sogenannte Betriebsgruppe vor. Das bedeutet, daß sich die Gemeinsamkeit der Arbeitsleistung in der Gruppe mehr oder weniger nur faktisch, nicht aber rechtlich auswirkt - es werden also keine besonderen Rechtsbeziehungen unter den Gruppenmitgliedern angenommen. Der Arbeitgeber muß aber im Rahmen des Weisungsrechts auf die Gegebenheiten innerhalb der Gruppe Rücksicht nehmen, insbesondere bei der Zuteilung von Arbeitnehmern zu einer Gruppe.

Ihre Zusammensetzung, für die der Arbeitgeber zuständig ist, kann sich nämlich nachhaltig auf das Leistungsergebnis auswirken und damit jedes einzelne Mitglied in Mitleidenschaft ziehen. Dies vor allem deshalb, weil bei Gruppenarbeit in aller Regel die Entlohnungssysteme auch an das Gruppenergebnis und nicht an das einzelne Arbeitsergebnis anknüpfen.

Auch wenn der Arbeitgeber die Gruppen zusammensetzen darf, so ist im übrigen umstritten, ob er auch aus eigener, rechtlicher Machtvollkommenheit im Betrieb von Einzel- auf Gruppenarbeit umschalten darf. Im Zweifel wird eine entsprechende Änderung der Arbeitsverträge notwendig sein. Außerdem sind, wenn der Betrieb umorganisiert wird, die Mitwirkungsrechte des Betriebsrats aus § 90 I Ziff. 3 und 4 oder sogar aus § 111 Ziff. 4 und 5 BetrVG zu beachten.

b) Eigengruppe

Ein arbeitsrechtlich eher seltener Fall ist demgegenüber die sogenannte Eigengruppe. Sie ist dann gegeben, wenn sich mehrere Arbeitnehmer selbst in einer von ihnen gewollten Besetzung zusammenschließen und ihre Dienste gemeinsam anbieten. Beliebtes Beispiel ist die Tanzkapelle, die gemeinsam bei einem Hotel "anheuert". Denkbar wäre etwa auch, daß eine Malerkolonne in ähnlicher Weise gemeinsam vorgeht und auch nur gemeinsam Arbeitsverträge schließt.

Diese Gestaltung fällt dann rechtlich ein Stück komplizierter aus als bei der oben beschriebenen Betriebsgruppe. Bei der Eigengruppe muß nämlich auch von besonderen Rechtsbeziehungen zwischen den sich zusammenschließenden Arbeitnehmern ausgegangen werden, beispielsweise in Form einer Gesellschaft oder eines Vereins. Außerdem laufen dann die Vereinbarungen mit dem Arbeitgeber "doppelgleisig", weil er einerseits mit der Gruppe insgesamt Abreden trifft, andererseits auch mit jedem Gruppenmitglied ein Arbeitsverhältnis angenommen werden muß.

Fall 8: "Wenn einer aus der Schule plaudert"

Der Journalist und Buchautor Bodo Dreist hat sich von der Boulevard-Zeitung "Blitz", der größten der Republik, als Redakteur anstellen lassen. Den Arbeitsvertrag hat er allerdings unter dem Decknamen "Rainer Redlich" abgeschlossen, weil er in Wirklichkeit etwas anderes vor hat, als nur Artikel für "Blitz" zu schreiben: Er will eine Reportage in Buchform vorbereiten darüber, wie in der Blitz-Redaktion gearbeitet wird. Mit seiner Reportage möchte er aufdecken, daß beim Zustandekommen des Inhalts dieser Zeitung mit der Wahrheit nicht gerade sorgsam umgegangen wird.

Bodo arbeitet in der Redaktion von März bis Juli. Anschließend schreibt er ein Taschenbuch "Der Aufmacher" und veröffentlicht es bei einem Verlag.

Die Blitz-Zeitung ist jetzt empört und wehrt sich gegen eine Reihe von Textstellen, deren weitere Verbreitung sie gerichtlich verhindern möchte. Unter anderem wird im Taschenbuch das Manuskript eines Artikels wiedergegeben, den Bodo für die Redaktion geschrieben und der Chefreporter anschließend, wie es im Buch heißt "redaktionell bearbeitet" hatte. Die abgedruckten Streichungen und Zusätze sollten die wörtliche Behauptung in Bodos Buch belgen: "Eigenhändig fälscht der Chefreporter und dichtet Zitate hinein".

Ihr Verlangen, daß diese Behauptung nicht mehr verbreitet werden darf, stützt "Blitz" auf die folgende Argumentation: Bodo Dreist alias Rainer Redlich sei an eine durch den Arbeitsvertrag begründete Schweigepflicht gebunden, die auch nach Beendigung des Vertrages fortwirke. Deswegen müsse Bodo solche "Interna" für sich behalten.

Ist diese Argumentation rechtlich tragfähig ?

C. Nebenpflichten

1. Rücksichtnahme auf Belange des Arbeitgebers

a) Der Satz von Treu und Glauben (§ 242 BGB)

Wenn ich einen Vertrag, gleich welcher Art, schließe, so komme ich mit dem Partner in eine Verbindung, wie sie mit anderen Mitmenschen nicht besteht. Ein Kontrakt bedeutet immer auch (sozialen) Kontakt. Dieser Kontakt kann sehr flüchtig sein, mich und meine Habe wenig berühren, wie etwa der Kauf einer Zeitung am Kiosk.

Etwas anderes ist es aber schon, wenn ich die Handwerker im Haus habe, um das Schlafzimmer neu zu streichen. Schon hier muß ich den Vertragspartner, um die Erfüllung der vertraglich geschuldeten Leistung zu ermöglichen, weit in meine Privatsphäre vordringen lassen. Neben diesem nicht-materiellen Aspekt können sich aber in der Folge auch ganz handfeste, materielle Fragen stellen: Was ist, wenn das Schlafzimmer am Ende hervorragend gestrichen ist, der Handwerker aber auf die lackierte Holztreppe oder aber auf den Berberteppich nicht genügend achtgegeben hat ?

Diese Frage zielt auf die Modalitäten, wie eine vertraglich geschuldete Leistung erbracht werden muß. § 242 BGB hält hierfür die klassische Formel bereit, daß Leistungen so zu bewirken sind, "wie Treu und Glauben mit Rücksicht auf die Verkehrssitte es erfordern". "Treu und Glauben" heißt, daß ich mir in gewisser Weise auch den Hut des Vertragspartners aufsetze und meine Leistung so erbringe, daß sie auch im Sinne des Gegenübers wohl erbracht ist und er beispielsweise nicht an anderen Rechtsgütern geschädigt ist, im Fall des Malers die Treppe oder der Teppich.

b) § 242 BGB erzeugt Pflichten

Treu und Glauben bei der Erfüllung der Arbeitsleistung zu beachten, bringt für den Arbeitnehmer nicht etwa die Rückkehr der bereits abgelehnten "Treuepflicht" durch die Hintertür. Es gilt vielmehr eine Regelung, die bei der Erfüllung aller Verträge besondere Pflichten begründen kann, auch im Arbeitsverhältnis. Nur mag diese Regel im Arbeitsverhältnis deswegen besondere Bedeutung haben, weil der Kontakt der Vertragsparteien beim Arbeitsverhältnis, verglichen mit der Abwicklung anderer Verträge, besonders eng ist und es deshalb auf die Art und Weise, wie die gegenseitigen Leistungen erbracht werden, ob dabei auch Rücksicht auf die Belange des Gegenübers genommen wird, besonders ankommt.

Eine solche Regelung wie die in § 242 BGB ist notwendig, weil konkrete vertragliche Vereinbarungen nie die Vielfalt der möglichen Ereignisse vorhersehen und vorwegnehmen können, die im Leben dann tatsächlich vorkommen. Das brauchen sie auch nicht, denn die Regel von Treu und Glauben erzeugt zusätzliche Pflichten der Vertragsparteien, wie sie für jeden vernünftigen Betrachter nachvollziehbar sind.

Wenn der Mann aus der Buchhaltung heimgeht und beim Vorbeikommen am Maschinenraum sieht, daß unter der Tür eine breite Ölspur hervortritt, so braucht nicht in irgendeiner Ziffer des Arbeitsvertrages zu stehen, daß er in einem solchen Fall die zuständigen Stellen im Werk alarmiert, auch wenn er schon Feierabend hat. Dies ergibt sich ganz einfach aus seiner Pflicht, auf die Belange des Arbeitgebers als seines Vertragspartners Rücksicht zu nehmen. Die Pflicht, im Notfall auch Überstunden zu leisten, wenn etwa im eben beschriebenen Fall alle Leute gebraucht werden, um die Maschine notdürftig zu reparieren oder ein Eindringen des Öls ins Grundwasser zu vermeiden, wurde bereits unter B. 4 b) behandelt.

c) Einschränkung persönlicher Freiheiten

Heikle Fragen, wie weit die Pflichten aus Treu und Glauben reichen können, ergeben sich aus dem Umstand, daß der Arbeitnehmer mit der Unterschrift unter den Arbeitsvertrag unbezweifelbar auf ein Stück ihm sonst zustehender und rechtlich garantierter Freiheiten verzichtet. Dies tut er, soweit die Abwägung der beiderseitigen Interessen ergibt, daß der Arbeitgeber ansonsten unangemessen geschädigt würde. Betroffen können sein die Meinungsfreiheit, Freiheit der politischen Betätigung oder die allgemeine Handlungsfreiheit überhaupt.

So wird es für den Arbeitnehmer brenzlig, wenn er im Betrieb Flugblätter einer extremen Organisation verteilt, in denen der Arbeitgeber als elender Halsabschneider bezeichnet wird. Aber auch eine weniger krasse Meinungsäußerung, die nicht einmal auf den Arbeitgeber bezogen werden muß, kann unangemessen sein: Wenn die Sparkassenangestellte am Schalter sich mit einer unübersehbaren Plakette zu einer bestimmten politischen Partei bekennt, wird die Leitung ihr mit Recht vorhalten, daß dies einen Teil der Kundschaft vertreiben könnte.

Umgekehrt kann beispielsweise der Betreiber einer privaten Schule nicht erzwingen, daß seine Lehrkräfte immer mit Krawatte erscheinen - was aber nicht heißt, daß das "Outfit" im Dienst arbeitsrechtlich belanglos ist. Nur kann man auch ohne Krawatte einwandfrei unterrichten.

Selbst im Freizeitbereich ist der Arbeitnehmer nicht davor sicher, von einer arbeitsrechtlichen Unterlassungspflicht erreicht zu werden. So kann die Mitgliedschaft in einer Angst und Schrecken verbreitenden Rockergruppe, auch ohne den Vorwurf einer konkreten Schlägerei oder anderen Straftat, mit etlichen Tätigkeiten unvereinbar sein, bei denen ein Kontakt mit Publikum oder auch mit anderen, möglicherweise eingeschüchterten Mitarbeitern gegeben ist.

d) Besondere Bedeutung bei Kirchen und Tendenzbetrieben

Eine Zuspitzung erfahren die aus Treu und Glauben ableitbaren Pflichten regelmäßig in kirchlichen und sogenannten Tendenzbetrieben, d.h. Betrieben mit einer (verfassungsrechtlich geschützten) weltanschaulichen oder religiösen Ausrichtung. Solche Betriebe, z.B. Kirchen und von ihnen betriebene Einrichtungen, können von ihren Mitarbeiterinnen und Mitarbeitern, je stärker diese als betriebszugehörig nach außen in Erscheinung treten, verlangen, daß sie sich inner- und außerdienstlich an bestimmte, zur Richtung des Anstellungsträgers passende Regeln halten.

Allerdings geht es eindeutig zu weit, wenn die Kirche versucht, das Arbeitsverhältnis eines Praktikanten zu beenden, weil er homosexuell ist. Jedoch ist beispielsweise Scheidung und Wiederverheiratung ein gegen die Prinzipien der katholischen Kirche verstoßendes Verhalten, an das kirchliche Organisationen bis heute auch arbeitsrechtliche Konsequenzen knüpfen dürfen.

e) Teilweise gesetzlich geregelt

Der Kreis der Pflichten ist also recht weit, die aus dem Gebot für den Arbeitnehmer hergeleitet werden, auf schutzwürdige Interessen seines Arbeitgebers Rücksicht zu nehmen. Vieles hängt dabei von den besonderen Umständen des Einzelfalls ab. Eine Reihe derartiger Pflichten ist allerdings, weil sie häufig eine Rolle spielen, durch Rechtsprechung und Lehre konkretisiert oder auch in Gesetzen wenigstens teilweise geregelt. Diese Pflichten werden im folgenden aufgeführt.

2. Pflicht zur Verschwiegenheit

Was "Interna" des Betriebs angeht, so ist für den Arbeitnehmer in mehrerer Hinsicht Vorsicht geboten.

Zum einen kann es sich um Betriebs- oder Geschäftsgeheimnisse handeln, deren Weitergabe an Dritte den Arbeitgeber unmittelbar schädigt. Diese Variante spielt gerade in technisch orientierten Unternehmen eine Rolle, in denen oft nicht für jede pfiffige Neuerung vergleichsweise aufwendige Schutzrechte beantragt werden, sondern man sich auch auf die Verschwiegenheit der Belegschaft verlassen können muß, was technische Innovationen angeht.

Aber auch Fragen der Gestaltung, des Designs können in dieser Hinsicht sehr schutzwürdig sein: Man führe sich nur vor Augen, wie das Aussehen eines neuen Automodells oft vom Hersteller bis zur öffentlichen Präsentation geheimgehalten wird.

Aber auch in Bezug auf andere interne Ereignisse entfaltet die Pflicht zur Verschwiegenheit Wirkung. Was kann oder soll beispielsweise eine Arbeitnehmerin machen, die entdeckt, daß ihr Betrieb entgegen bestehenden Vorschriften die Umwelt belastende Stoffe ins Abwasser leitet ? Die Antwort wird sicher nicht lauten können, daß sie nichts tun darf. Damit müßte sie das Interesse ihrer Mitmenschen (und ihr eigenes) an einer gesunden Umwelt bis zur Unkenntlichkeit verleugnen - und diese Pflicht kann ihr kein Arbeitsvertrag auferlegen.

Sie ist aber durch ihr Arbeitsverhältnis gehalten, den für das Ansehen des Betriebs in der Öffentlichkeit (und damit vielleicht für seinen geschäftlichen Erfolg) schonendsten Weg zu wählen, um den Mißstand abzustellen. Geht sie also gleich damit zur Bild-Zeitung, dann ist sicher eine Verletzung des Arbeitsvertrags gegeben. Der Gang in die Öffentlichkeit kann in einem solchen Fall nur das letzte Mittel sein.

Selbst eine Strafanzeige ist unter arbeitsrechtlichem Aspekt das mildere Mittel, das aber auch nur in Betracht kommt, wenn die Arbeitnehmerin in unserem Fall alle Möglichkeiten ausgeschöpft hat, im innerbetrieblichen Rahmen auf die Beseitigung des Mißstands hinzuwirken. Das kann, wenn ihr eigener Hinweis gegenüber vorgesetzten Stellen nichts fruchtet, beispielsweise über den Betriebsrat geschehen.

3. Schmiergelder, Annahme von Geschenken

Jedem ist geläufig, daß es für öffentliche Amtsträger bzw. gegenüber ihnen strafrechtliche Delikte gibt, wie Vorteilsannahme oder Bestechung. Ebenso wenig ist erstaunlich, daß auch im Bereich des Arbeitsverhältnisses der Arbeitsvertrag ähnliche Pflichten für den Arbeitnehmer begründet, sich nicht durch Schmiergelder bestechen zu lassen. Im öffentlichen Dienst geht es darum, zu gewährleisten, daß gegenüber jedem Bürger ohne Ansehen der Person und des Geldbeutels gleich rechtmäßig vorgeganen wird, während beim privatrechtlichen, durch den Arbeitsvertrag begründeten Verbot, Schmiergelder anzunehmen, der Wettbewerb von entscheidender Bedeutung ist.

Kein Unterschied zur Vorteilsannahme durch den Amtsträger ergibt sich allerdings insofern, als auch der Arbeitnehmer allein schon durch die Annahme von Zuwendungen gegen den Arbeitsvertrag verstößt, auch ohne daß er sonstwie (als "Gegenleistung") pflichtwidrig handelt. Stellt sich der Vorgang sogar so dar, daß Bestechungsgelder oder sonstige Zuwendungen fließen mit dem Ziel, daß der Zuwendende "bei dem Bezug von Waren oder gewerblichen Leistungen im Wettbewerb in unlauterer Weise" bevorzugt wird, so ist auch für den privaten Arbeitnehmer (wie für den Zuwendenden) ein Straftatbestand nach § 12 des Gesetzes gegen den unlauteren Wettbewerb (UWG) gegeben, also nicht nur ein Verstoß gegen den Arbeitsvertrag.

Nicht als Schmiergelder gelten Zuwendungen, die nach den Umständen von ihrem Wert her nicht geeignet sind, den Arbeitnehmer "gefügig" zu machen, also Werbegeschenke wie Feuerzeuge oder Weinflaschen von relativ geringem Wert. Bei Angestellten im öffentlichen Dienst gilt ein generelles Zustimmungserfordernis des Dienstherrn, was die Annahme von Belohnungen und Geschenken angeht (§ 10 BAT).

4. Nebentätigkeiten, Wettbewerbsverbot

a) Tätigkeit nur für einen Arbeitgeber ?

Es ist nicht etwa grundsätzlich unzulässig, mehrere Arbeitgeber zu haben. Schließlich verspricht der Arbeitnehmer im Arbeitsvertrag nur eine bestimmte Leistung in einem bestimmten zeitlichen Rahmen. Wenn er genug Zeit und Energie hat, kann er darüber hinaus Nebenbeschäftigungen nachgehen. Auch für diese grundsätzliche Beurteilung gibt es aber eine Reihe von Einschränkungen.

Nebentätigkeiten können den berechtigten Interessen eines Arbeitgebers widersprechen. Insbesondere ist dieser Fall dann gegeben, wenn der Arbeitnehmer durch die andere Tätigkeit so in Anspruch genommen wird, daß die eine Tätigkeit darunter leidet. Dies wird allerdings nicht immer leicht festzustellen sein.

Deutlicher greifbar ist der Fall, daß der Arbeitnehmer außerhalb seiner Arbeitszeit dem eigenen Arbeitgeber Konkurrenz macht. Dies wird als Verletzung seines Arbeitsvertrages betrachtet, siehe dazu sogleich unter b).

In Tarifverträgen wird die Aufnahme einer Nebentätigkeit häufig an die Zustimmung des Arbeitgebers gebunden. Das geht zumindest insoweit auch rechtlich in Ordnung, als der Arbeitgeber jedenfalls Gelegenheit haben sollte, Nebentätigkeiten zu verhindern, die seinen berechtigten Interessen zuwiderlaufen. Am weitesten reichen die tarifvertraglichen und gesetzlichen Einschränkungen von Nebentätigkeiten im öffentlichen Dienst. § 11 BAT macht für alle Angestellten des öffentlichen Dienstes die jeweils entsprechenden, vergleichsweise eng gefassten gesetzlichen Regelungen für Beamte anwendbar.

b) Der Arbeitnehmer als möglicher Konkurrent des Arbeitgebers

Aus dem Arbeitsvertrag ableitbar ist ein Verbot, dem Arbeitgeber in seinem eigenen Geschäftszweig Konkurrenz zu machen, sei es selbständig oder bei einem anderen Arbeitgeber. Es wäre auch nicht besonders fair, wenn der Arbeitnehmer auf der vergleichsweise sicheren Grundlage des vom Arbeitgeber gezahlten Entgelts nun seinerseits diesem in der übrigen Zeit die Kunden wegfinge oder wenn er sein im Betrieb erworbenes Wissen über den Markt oder andere für die Konkurrenz interessanten Umstände gleichzeitig in ein anderes Arbeitsverhältnis, eben bei einem Konkurrenten des Arbeitgebers einbringen dürfte.

c) Vereinbarung eines nachvertraglichen Wettbewerbsverbots

Für bestimmte Arbeitnehmer ist das Wettbewerbsverbot sogar gesetzlich geregelt, so im kaufmännischen Bereich durch die (allerdings zu weit und deshalb nicht verfassungsfest formulierte) Bestimmung des § 60 HGB. Das HGB wird aber an dieser Stelle vor allem deshalb wichtig, weil seine §§ 74 a-c, 75 von der Rechtsprechung auf alle Arbeitsverhältnisse in einem besonders wichtigen Fall des Wettbewerbsverbots angewendet werden: dem Fall nämlich, daß im Arbeitsvertrag ein Wettbewerbsverbot für die Zeit nach der Beendigung der Tätigkeit des Arbeitnehmers vereinbart wird.

Ein solches, in der Praxis häufig vorkommendes (und auch häufig zwischen den Parteien umstrittenes) Verbot, zumindest eine gewisse Zeit nach Beendigung des Arbeitsvertrags dem ehemaligen Arbeitgeber in seinem Geschäftsbereich Konkurrenz zu machen, folgt nicht mehr ohne weiteres aus dem Arbeitsverhältnis. Eine so weit gezogene, über die Zeit des Arbeitsverhältnisses hinausreichende Pflicht des Arbeitnehmers anzunehmen, hieße die Interessen des Arbeitgebers einseitig betonen. Diesem ist es aber umgekehrt nicht verwehrt, mit dem Arbeitnehmer ein solches Wettbewerbsverbot vertraglich zu vereinbaren, allerdings unter einigen einschränkenden Bedingungen, die in den §§ 74 a ff. HGB im Detail nachzulesen sind.

Wichtig ist besonders, daß das nachvertragliche Wettbewerbsverbot schriftlich vereinbart sein muß, daß es einem berechtigten geschäftlichen Interesse des Arbeitgebers dienen muß - dies tut es nicht, wenn er nur auf einem regionalen Markt tätig ist und der Arbeitnehmer beispielsweise im Ausland ein ähnliches Geschäft anfangen will. Ferner darf das Verbot den Arbeitnehmer in seinem Fortkommen nicht unangemessen behindern, was vor allem eine Frage seiner Dauer sein wird. Diese hat deshalb zwei Jahre nicht zu überschreiten

Vor allem aber geht es nicht ohne Entschädigung: Während einer solchen, vom Arbeitgeber in Anspruch genommenen Karenzzeit des Arbeitnehmers muß dieser zumindest die Hälfte seines bisherigen Lohns oder Gehalts weiter bekommen.

Fall 9: "Der Alptraum des Baupoliers"

Alltag im Baugeschäft. Polier Paul Backstein wird vom Geschäftsführer des Bauunternehmens in eine neue Baustelle eingewiesen. Anschließend hebt Baggerfahrer Emil auf Geheiß und nach Anleitung von Backstein die notwendigen, 16 cm breiten und 80 cm tiefen Gräben für die

Fundamente aus. In der Nähe des Nachbargrundstücks gräbt er dabei eine Gasleitung an, ohne es zu bemerken. Kurz darauf kommt es durch einen elektrischen Funken zur Gasexplosion, die einen Schaden in Höhe von 244.263,00 DM am Nachbarhaus anrichtet. Pauls Firma wird auf Ersatz des Schadens in Anspruch genommen. Bis auf 80.000,00 DM springt die Betriebshaftpflicht ein. Diesen Rest will Backsteins Firma jetzt bei ihm holen.

Der Geschäftsführer behauptet, er habe Paul Backstein im Plan genau gezeigt, wo die Gasleitung liege und darauf hingewiesen, daß man in diesem Bereich nur von Hand graben dürfe. Baggerführer Emil sagt, Paul habe ihm nur gezeigt, wo die Gräben liegen sollten.

Muß Paul Backstein zahlen ?

D. Folgen von Pflichtverletzungen

1. Angemessene Antwort

Lassen wir im folgenden die Handlungsmöglichkeiten "Revue passieren", die der Arbeitgeber hat, wenn der Arbeitnehmer seine im bisherigen geschilderten Pflichten verletzt. Es muß dabei klar sein, daß nicht in jedem Fall von Pflichtverletzung jede dieser Reaktionen in Betracht kommt. Egal, auf welcher Rechtsgrundlage die Reaktion des Arbeitgebers beruht (Vertrag, Betriebsvereinbarung, Tarifvertrag, Gesetz), so wird sie nach den jeweils anzuwendenden Regeln doch immer in ein vernünftiges Verhältnis zur Schwere der Pflichtverletzung gesetzt. Sie muß also eine angemessene Antwort auf das Verhalten des Arbeitnehmers sein.

2. Abmahnung

Kommt der Arbeitnehmer seiner Arbeitspflicht nicht nach, erscheint er beispielsweise lückenhaft oder mehrfach grundlos verspätet zur Arbeit, so kann der Arbeitgeber ihn abmahnen. Das gleiche gilt, wenn der Arbeitnehmer gegen Nebenpflichten verstößt, etwa am Feierabend seinem Arbeitgeber Konkurrenz macht.

Durch die Abmahnung verdeutlicht der Arbeitgeber dem Arbeitnehmer, daß er ein vertragswidriges Verhalten festgestellt hat und daß bei dessen Fortsetzung das Arbeitsverhältnis gefährdet ist, also seine Beendigung durch den Arbeitgeber droht. Die Abmahnung hat besonders deshalb rechtliche Bedeutung, weil in sehr vielen Fällen eine Kündigung nicht ohne vorausgegangene Abmahnung, u.U. sogar mehrere Abmahnungen ausgesprochen werden kann.Grundsätzlich muß dann, wenn der Arbeitnehmer den ihm gegenüber erhobenen Vorwurf durch eigenes Verhalten abstellen kann, abgemahnt werden, bevor der Arbeitgeber kündigt. Diese Pflicht zur vorgeschalteten Abmahnung entfällt wiederum nur bei besonders gravierenden Pflichtverletzungen: Wenn der Arbeitnehmer dem Arbeitgeber einen Kinnhaken verpaßt, so braucht ihm dieser keine Gelegenheit mehr zu geben, sich künftig anders zu verhalten.

Der Arbeitgeber kann, auch wenn es einen Betriebsrat gibt, ohne dessen Mitwirkung abmahnen. Abgesehen von besonderen vertraglichen Abmachungen oder Regelungen in Tarifverträgen braucht die Abmahnung nicht einmal schriftlich erfolgen, allerdings wird der Arbeitgeber, wenn er abmahnen will, schon zu Beweiszwecken die Schriftform wählen. Die Abmahnung liegt dann als eine Art "Zeitzünder" bei den Unterlagen des Arbeitnehmers und kann insbesondere bei einer möglichen Kündigung gegen ihn geltend gemacht werden.

Allerdings verliert eine Abmahnung auch wieder ihre Wirkung, wenn der Arbeitnehmer sein Verhalten über längere Zeit hinweg korrigiert. Er kann sich i.ü., bis hin zum Arbeitsgericht, auch gegen eine Abmahnung wehren, die nach seiner Meinung zu Unrecht ausgesprochen worden ist.

3. Kündigung

a) Ordentlich oder außerordentlich

Die Verletzung sowohl der Hauptpflicht, also der Arbeitspflicht, als auch die Verletzung von Nebenpflichten können beide eine Kündigung - häufig nur noch Abmahnung, s. dazu 2. - nach sich ziehen. Das Recht der Kündigung wird breiter in einem besonderen Kapitel (weiter unten VII.) behandelt, deswegen müssen an dieser Stelle einige besonders wichtige Informationen genügen.

Natürlich kommt eine Kündigung des Arbeitsverhältnisses durch den Arbeitgeber aufgrund von Pflichtverletzungen des Arbeitnehmers nur dann in Betracht, wenn diese Pflichtverletzungen entsprechend schwer wiegen. Dies gilt vor allem dann, wenn der Arbeitnehmer Kündigungsschutz nach dem Kündigungsschutzgesetz (KSchG) genießt, im wesentlichen also, wenn er länger als 6 Monate im Betrieb beschäftigt ist und dieser mindestens 6 Arbeitnehmer (ohne Auszubildende) hat.

Die Kündigung kann eine ordentliche, unter Einhaltung der vertraglich, tarifvertraglich oder gesetzlich festgelegten Kündigungsfristen ausgesprochene sein. Bei besonders schweren Pflichtverletzungen, die für den Arbeitgeber die weitere

Fortsetzung des Arbeitsverhältnisses, und sei es auch nur für die Dauer der Kündigungsfrist, unzumutbar machen, kann er aber auch fristlos kündigen (§ 626 BGB). Beispiele: Unterschlagungen gegenüber dem Arbeitgeber, Diebstähle gegenüber anderen Mitarbeitern, schwere Beleidigungen usw.

Bei der ordentlichen Kündigung sind es weniger gravierende Pflichtverletzungen, die als Grundlage in Betracht kommen, die jedoch, auch wenn der Schutz des Kündigungsschutzgesetzes eingreift, die Auflösung des Arbeitsverhältnisses als "sozial gerechtfertigt" erscheinen lassen.

b) Schwierige Prognose

Man kann sich nun vorstellen, daß mit der Frage, welche Pflichtverletzungen eines Arbeitnehmers eine ordentliche oder außerordentliche Kündigung rechtfertigen, ein weites Feld möglicher Einzelfälle beschritten wird, von denen keiner genau so liegt wie der andere. Die gleiche Pflichtverletzung ist im einen Fall eben doch nicht die gleiche wie im anderen: Ob der eben eingestellte Mitarbeiter am nächsten Tag mit dem Bagger des Bauunternehmers seine eigene Baugrube aushebt oder ob es der Mitarbeiter tut, der über 20 Jahre hinweg ohne Anstände hervorragend für den Betrieb gearbeitet hat, macht einen Unterschied.

Es ist dementsprechend schwierig oder unmöglich, Regeln von einem solchen Konkretheitsgrad aufzustellen, die im Einzelfall eine sichere Prognose ermöglichen, wie die rechtliche Beurteilung einer ausgesprochenen Kündigung im Streitfall durch die Arbeitsgerichtsbarkeit ausfällt. Kaum irgendwo als in diesem Bereich wird man öfters an die Redensart erinnert: "Vor Gericht und auf hoher See ist man allein in Gottes Hand". (Natürlich werden aber bei der Behandlung der Kündigung noch Fälle aufzuzählen sein, in denen sich eine einigermaßen sichere Bewertung ergibt).

4. Schadensersatzforderungen

a) Rechtsgrundlagen

Pflichtverletzungen des Arbeitnehmers können - das überrascht nicht - Schadensersatzforderungen des Arbeitgebers nach sich ziehen. Diese resultieren aus der Anwendung des BGB im Arbeitsverhältnis. Danach kommen Ansprüche wegen Nichterfüllung der Hauptpflicht oder wegen Schlechterfüllung durch den Arbeitnehmer in Betracht. Die Schlechterfüllung kann sich wiederum auf die Hauptpflicht oder aber auf Nebenpflichten beziehen.

Außer diesen, nach dem BGB für die Abwicklung aller Verträge, also auch des Arbeitsvertrags geltenden Regeln kennt das BGB noch eine weitere Anspruchsform. Sie setzt keinen Vertrag voraus, kommt andererseits zusätzlich in Frage, wenn gleichzeitig schon ein Vertrag und daraus sich ergebende vertragliche Ersatzansprüche gegeben sind. Das BGB spricht in seinen §§ 823 ff. etwas irreführend von "unerlaubten Handlungen".

Das hat aber mit dem Strafrecht nichts zu tun. Wenn ich beim Blumengießen einen Topf aus dem Fenster stoße und dieser einen Passanten trifft, dann ist das, ganz abgesehen vom möglichen strafrechtlichen Vorwurf der fahrlässigen Körperverletzung, auch ein Vorgang, der eine zivilrechtliche Schadensersatzpflicht auslöst. Genauso verhält es sich, wenn ein Arbeitnehmer dem Arbeitgeber schuldhaft einen Schaden zufügt. Schuldhaft heißt: vorsätzlich oder fahrlässig (§ 276 BGB).

Allerdings gibt es für die Haftung des Arbeitnehmers, sowohl aus Vertragsverletzung wie aus unerlaubter Handlung, Beschränkungen (s. dazu 6.).

b) Verletzung der Arbeitspflicht

Im übrigen zeigt sich jetzt, daß die Einteilung in Hauptpflicht (Arbeiten) und in arbeitsvertragliche Nebenpflichten nicht etwa bedeutet, daß Verletzung der einen geringere Folgen nach sich zieht als die der anderen, was mögliche Schadensersatzforderungen des Arbeitgebers betrifft. Es verhält sich sogar eher umgekehrt. Gerade bei der Verletzung der Hauptpflicht ist es für den Arbeitgeber nämlich häufig gar nicht so einfach, einen ihm entstandenen Schaden darzulegen. Nehmen wir an, der Arbeitnehmer kommt einfach nicht zur Arbeit. Dann wird zunächst einmal der Arbeitgeber von der Pflicht zur Lohnzahlung frei. Ohne die Gegenleistung braucht auch er nicht zu leisten (§ 323 BGB).

Im weiteren wird der Arbeitgeber aber trotzdem schauen, daß er seinerseits die vertraglichen Pflichten gegenüber seinen Kunden trotz Fehlens des Arbeitnehmers so erfüllt, daß ihm daraus keine Nachteile entstehen. Damit beseitigt er aber oft den eigenen Schaden, sei es, daß andere Arbeitnehmer vorübergehend für den ausgefallenen Kollegen einspringen oder aber der Arbeitgeber selbst Hand anlegt. Dann könnte er zwar für sich selbst Lohn fordern, müßte aber den abziehen, den er beim nichterschienenen Arbeitnehmer eingespart hat. Häufig wird deshalb, wenn der Arbeitnehmer seine Pflicht, zu arbeiten, nicht erfüllt, der Arbeitgeber Schadensersatzforderungen aufgrund rechtlicher und tatsächlicher Schwierigkeiten erst gar nicht stellen.

Nicht viel besser sind die Aussichten für den Arbeitgeber, wenn der Arbeitnehmer den Vertrag in Bezug auf seine Hauptpflicht schlecht erfüllt, also beispielsweise sehr langsam arbeitet oder mehr Ausschuß produziert als andere. Der eine Arbeitnehmer ist eben schneller als der andere, der eine ist besonders geschickt, der andere hat, wie man sagt, zwei linke Hände. Wo liegt der Punkt, ab dem man mit ausreichender Sicherheit sagen kann, daß der Arbeitnehmer seine Pflichten fahrlässig oder vorsätzlich verletzt ? Auch in diesen Fällen wird das Recht des Arbeitgebers auf Schadensersatz oft ein theoretisches bleiben.

Dies heißt natürlich nicht, daß Nichterfüllung oder Schlechterfüllung der Arbeitspflicht folgenlos blieben. Der Arbeitgeber wird unter Umständen den Weg hin zu einer Kündigung einschlagen. Schadensersatzansprüche aber sind eben keine erfolgversprechende Reaktion.

c) Verletzung von Nebenpflichten

Anders verhält es sich oft, wenn der Arbeitnehmer Nebenpflichten verletzt. Fährt er grob fahrlässig den Transporter des Arbeitgebers zu Schrott oder wirbt er ihm in der Freizeit einen Kunden ab, so läßt sich im einen Fall ohne weiteres, im anderen zumindest mit einiger Zuverlässigkeit ausrechnen, welcher Schaden dem Arbeitgeber entstanden ist.

Allerdings zeigt der Fall des Verstoßes gegen das Wettbewerbsverbot, daß auch im Bereich der Verletzung von Nebenpflichten Schadensersatzforderungen eben doch häufig einen erheblichen Aufwand des Arbeitgebers voraussetzen, was Darlegung und Nachweis seines Schadens betrifft. Es ist deshalb nicht erstaunlich, wenn die Arbeitgeber sich noch auf weitere Reaktionsmöglichkeiten gegenüber Pflichtverletzungen, etwa Vertragsstrafen, verlegen.

5. Vertragsstrafen, Betriebsbußen

a) Verhältnismäßigkeit der Vertragsstrafe

Mancher Schwierigkeit (Schadensnachweis, aber auch Mitspracherechten des Betriebsrats) geht der Arbeitgeber aus dem Weg, wenn er sich von vornherein im Arbeitsvertrag für den Fall bestimmter Verhaltensweisen des Arbeitnehmers, die dem Arbeitsvertrag zuwiderlaufen, eine Vertragsstrafe versprechen läßt. Dieses Vorgehen unterliegt zwar einigen Einschränkungen, ist aber grundsätzlich zulässig.

Öfters wird ein Wettbewerbsverbot, insbesondere nach Ablauf der Beschäftigung, durch eine Vertragsstrafe gesichert. Aber auch an andere, fest umrissene Tatbestände wie Zuspätkommen oder Fernbleiben von der Arbeit können Vertragsstrafen geknüpft werden. Allerdings müssen sie in einem angemessenen Verhältnis stehen sowohl zum Einkommen wie auch zur Schwere der Vertragsverletzung. Notfalls hilft dem Arbeitnehmer die Möglichkeit der Herabsetzung einer unangemessenen Vertragsstrafe gem. § 343 BGB.

b) Mitwirkung des Betriebsrats bei Betriebsbußen

Ein weiterer Weg aus der Sicht des Arbeitgebers, an Vertragsverletzungen durch den Arbeitnehmer Sanktionen zu knüpfen, besteht im Aufbau einer Betriebsjustiz. Diese unterliegt zwar einigen rechtlichen Zweifeln, wird aber gerade in größeren Betrieben häufig praktiziert. Dabei handelt es sich um Kataloge von Betriebsbußen, ähnlich wie der Bußgeldkatalog im Straßenverkehr (nur daß dieser auf einer eindeutigen rechtlichen Grundlage steht).

Sicher ist, daß betriebliche Ordnungen, an deren Verletzung solche Bußgelder geknüpft werden, der Mitbestimmung des Betriebsrats unterliegen (§ 87 Ziff. 1 BetrVG), dasselbe gilt neben der Errichtung eines Bußensystems auch für die Verhängung jeder einzelnen Buße. Betroffene Arbeitnehmer müssen angehört werden, bevor eine solche Betriebsbuße ausgesprochen wird. Die entsprechende Betriebsvereinbarung kann auch vorsehen, daß zuvor eine Verwarnung ausgesprochen wird oder statt einer Geldbuße ein Verweis ausgesprochen wird, beide Maßnahmen sind ebenfalls mitbestimmungspflichtig.

6. Beschränkungen der Haftung des Arbeitnehmers

a) Summenmäßige Begrenzung ?

Eine summenmäßige Beschränkung, an die mancher beim Begriff der Beschränkung der Arbeitnehmerhaftung denken mag, gibt es nicht. Sie war im abgeschafften Arbeitsrecht der früheren DDR in Ansätzen enthalten und wird rechtspolitisch naheliegenderweise von Gewerkschaftseite immer wieder gefordert. Theoretisch kann also der Arbeitnehmer für große und größte Schäden im Betrieb, die er anrichtet, voll haften. Es gibt allerdings einige Einschränkungen, was die Grundlage und den Umfang seiner Haftung angeht.

b) Haftungsbeschränkung bei durch den Betrieb veranlaßten Tätigkeiten

Die Konstruktion von Haftungsbeschränkungen durch die Gerichte war in der vergangenen Zeit immer wieder in Bewegung - zu Gunsten des Arbeitnehmers. Dabei wurde (und wird) ein reichlich komplizierter Weg gegangen. Ausgangspunkt für die jüngere Entwicklung war die mittlerweile relativierte Rechtsfigur der "schadensgeneigten Tätigkeit".

Schadensgeneigte Tätigkeiten waren solche, bei denen auch einem "ordentlichen" Arbeitnehmer ein Fehler unterläuft, wie er erfahrungsgemäß bei dieser Tätigkeit einfach jedem einmal passieren kann. Wer hat beispielsweise beim Autofahren noch keinen Fehler gemacht und dabei vielleicht nur Glück gehabt, daß nichts passiert ist ? Autofahren ist deshalb ein Paradebeispiel für "schadensgeneigte Tätigkeit". Für solche Fälle hatte die Rechtsprechung ein kunstvolles Gebäude von Haftungseinschränkungen entwickelt.

Diese Einschränkungen wurden ohne Rücksicht auf schadensgeneigte Tätigkeit sodann ausgedehnt auf alle Tätigkeiten, die durch den Betrieb veranlaßt sind und aufgrund eines Arbeitsverhältnisses geleistet werden.

Die Einschränkungen beziehen sich sowohl auf die Haftungsgrundlage der Schlechterfüllung des Vertrags wie auch der unerlaubten Handlung nach §§ 823 ff. BGB, insgesamt also auf jede zivilrechtliche Schadenshaftung des Arbeitnehmers gegenüber dem Arbeitgeber. Sie greifen aber nur in folgendem Umfang ein:

Der Arbeitnehmer haftet bei leichtester Fahrlässigkeit gar nicht, bei grober Fahrlässigkeit und bei Vorsatz wird er dagegen voll zur Kasse gebeten. In allen Fällen "mittlerer" Fahrlässigkeit, die dazwischen liegen, wird der Schaden auf beide in einem dem Gericht angemessen erscheinenden Verhältnis verteilt.

Diese, wegen ihrer Kompliziertheit schon öfter totgesagte Konstruktion der Rechtsprechung wird wohl auch nicht der Weisheit letzter Schluß bleiben.

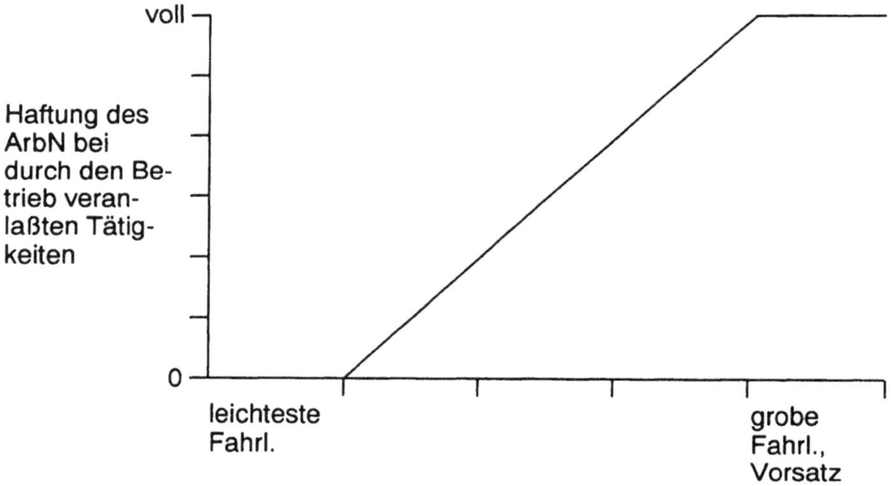

Abbildung 8: Haftungsbeschränkung für den Arbeitnehmer

c) Auswirkung auf Haftung gegenüber Dritten

Die beschriebenen Grundsätze zur Haftungsbeschränkung werden im übrigen nicht nur dann angewendet, wenn der Arbeitnehmer den Arbeitgeber unmittelbar schädigt, sondern auch dann, wenn er einem Dritten Schaden zufügt. Das wird möglicherweise sogar eher der Fall sein. Beschädigt also der Möbelpacker durch eine kleine Unachtsamkeit das feine englische Teeservice und will der Eigentümer nicht die Umzugsfirma (aufgrund des mit ihr geschlossenen Vertrags), sondern den Möbelpacker (aufgrund von § 823 BGB) in Anspruch nehmen, so kann dieser von seinem Arbeitgeber Freistellung von der Haftung verlangen.

Grundgedanke der gesamten Konstruktion dieser Haftungseinschränkung ist schließlich, daß der Arbeitgeber bestimmte, mit der Tätigkeit in seinem Betrieb einhergehende Schadensrisiken selbst tragen soll, wenn diese Tätigkeit in seinem eigenen wirtschaftlichen Interesse erfolgt.

d) Schädigung von Arbeitskollegen

Eine weitere Ausnahme von der Haftung bringt § 637 RVO dem Arbeitnehmer. Schädigt er bei einer betrieblichen Tätigkeit durch einen Arbeitsunfall einen Kollegen, so haftet der Arbeitnehmer auf den Ersatz des Personenschadens des anderen nur dann, wenn er vorsätzlich gehandelt hat. Der Haftungsausschluß bezieht sich, wohlbemerkt, nur auf den Personenschaden, also Arztkosten, aber auch Schmerzensgeld.

Der Hintergrund dieser auf Anhieb wohl nicht ganz einleuchtenden Regelung: Würde der Arbeitnehmer dem Kollegen haften, so könnte er u.U. nach den eben unter b) und c) dargestellten Grundsätzen der Haftungsbeschränkung bei betrieblich veranlaßten Tätigkeiten vom Arbeitgeber Freistellung von dieser Haftung verlangen. Der Arbeitgeber soll aber für Personenschäden seiner Belegschaftsangehörigen, die bei Arbeitsunfällen entstehen, grundsätzlich nicht haften, und dies wiederum aus einem anderen Grund:

Die Beiträge für die gesetzliche Unfallversicherung werden allein von den Arbeitgebern aufgebracht, weshalb der Gesetzgeber sich in § 636 RVO entschlossen hat, sie von einer weiteren, unmittelbaren Haftung gegenüber ihren Arbeitnehmern freizustellen.

Dem geschädigten Arbeitnehmer verbleiben die Leistungen der Sozialversicherungsträger, die den Schaden zum Großteil abdecken. Insofern sind die Haftungsausschlüsse in §§ 636, 637 RVO nicht so gefährlich, wie sie zuerst aussehen. Aber immerhin kommt der Verletzte regelmäßig um sein Schmerzensgeld, das ihm die gesetzliche Unfallversicherung nicht bezahlt.

Im übrigen gilt dieses Haftungsprivileg nicht bei der Teilnahme am "allgemeinen Verkehr", d.h. wenn ein Arbeitnehmer von einem Kollegen (oder vom Arbeitgeber) im öffentlichen Straßenverkehr geschädigt wird, an dem er beispielsweise teilnimmt, um einen Kunden zu besuchen. In allen Fällen grober Fahrlässigkeit kann sich außerdem der Sozialversicherungsträger die Leistungen, die er erbringen mußte, beim Schädiger wieder holen (§ 640 RVO). Ist der Arbeitnehmer von diesem Rückgriff betroffen, so wird im weiteren auch nichts aus seinem Freistellungsanspruch gegen den Arbeitgeber: Dieser scheidet bei grober Fahrlässigkeit aus, s.o. unter b) und c).

Lösungshinweise zu den Fällen 8 und 9 :

Fall 8 ("Wenn einer aus der Schule plaudert") :

Die Pflicht zur Verschwiegenheit als arbeitsvertragliche Nebenpflicht beschränkt den Arbeitnehmer bei kritischen Äußerungen, soweit es für den Schutz einer vertrauensvollen Zusammenarbeit im Betrieb notwendig ist. Er muß versuchen, Mißständen im Betrieb vor der Aufdeckung in der Öffentlichkeit betriebsintern zu begegnen.

Das schutzwürdige Interesse des Arbeitgebers an der Verschwiegenheit über betriebsinterne Vorgänge verringert sich zwar nach Beendigung des Arbeitsverhältnisses. Es entfällt aber nicht ganz, wiederum deshalb, weil es erhebliche Rückwirkungen auf bestehende Arbeitsverhältnisse hätte, wenn keinerlei nachvertragliche Verschwiegenheitspflicht bestünde.

Die Verschwiegenheitspflicht kann allerdings nicht bedeuten, daß der Arbeitgeber sich über das Interesse des Arbeitnehmers an freier Kommunikation und Kritik einseitig hinwegsetzen darf. Das gilt besonders für die Phase nach Beendigung des Arbeitsverhältnisses, wenn weder durch die besondere Stellung des Arbeitnehmers noch durch eine besondere Vereinbarung eine ausdrückliche, nachvertragliche Verschwiegenheitspflicht begründet worden ist. Für die Zulässigkeit kritischer Äußerungen spielt es auch eine wichtige Rolle, ob die Öffentlichkeit an der Aufdeckung des fraglichen Mißstands interessiert sein muß, weil die Interessen der Allgemeinheit dadurch betroffen sind. Im konkreten Fall ist das zu bejahen, da die Nachrichtenverarbeitung in einem Massenblatt von großer Verbreitung und Suggestivkraft ohne Zweifel ein Thema von besonderem, öffentlichem Interesse darstellt.

Angesichts dessen sind die kritischen, nachvertraglichen Äußerungen von Bodo Dreist als zulässig anzusehen. An diesem Ergebnis ändert auch die Tatsache nichts, daß die internen Erkenntnisse durch ein zweifellos vertragswidriges Verhalten (Einschleichen unter einem Vorwand) gewonnen wurden. Auf diese Vertragsverletzung darf der Arbeitgeber jedenfalls nicht in der Weise antworten, daß er Kritik verhindert, die er auch bei einem "Nicht-Eingeschlichenen" nach dessen Ausscheiden nicht unterbinden könnte.

Ergebnis: Die Blitz-Zeitung kann die Verbreitung der kritischen Äußerungen von Bodo Dreist aus dem Gesichtspunkt einer nachwirkenden arbeitsvertraglichen Schweigepflicht nicht verhindern. Da auch andere, mögliche Rechtsgrundlagen für den Unterlassungsanspruch letztlich nicht tragfähig sind, verliert "Blitz" den Rechtsstreit.

Fall 9 ("Der Alptraum des Baupoliers") :

Eben dieser Fall gab den Gerichten Gelegenheit, die früher nur für den Bereich sogenannter schadensgeneigter Tätigkeiten entwickelten Haftungsbeschränkungen für Arbeitnehmer weiter auszudehnen. Sie gelten jetzt für alle Arbeiten, die durch den Betrieb veranlaßt sind und aufgrund eines Arbeitsverhältnisses geleistet werden. Darunter fällt selbstverständlich Paul Backsteins Tätigkeit auf der Baustelle.

Gemäß diesen Haftungseinschränkungen gilt: Richtet ein Arbeitnehmer Schaden (beim Arbeitgeber oder einem Dritten) an, so haftet er voll dafür, wenn er vorsätzlich oder grob fahrlässig gehandelt hat. Er haftet gar nicht bei leichtester Fahrlässigkeit. Im Bereich dazwischen wird der Schaden zwischen Arbeitnehmer und Arbeitgeber aufgeteilt. Bei der Festlegung der jeweils herauskommenden "Quoten" werden die Gesamtumstände von Schadensanlaß und -folgen nach Billigkeitsgrundsätzen und Zumutbarkeitsgesichtspunkten abgewogen.

Die abgestufte Beteiligung auch des Arbeitgebers am Schaden trägt dem Umstand Rechnung, daß er für die Risiken des betrieblichen Geschehens einstehen muß, weil er auch dessen Erfolge beansprucht. Dieses Betriebsrisiko wird (als verschuldensunabhängiger Schadenszurechnungsgrund) dem Verschulden des Arbeitnehmers gegenübergestellt.

Ungeachtet zunächst des Streits, wer wem was gesagt oder nicht gesagt hat, war Paul Backsteins Handeln jedenfalls fahrlässig, da das Achten auf Leitungen beim Baggern, insbesondere im Bereich angrenzender Grundstücke, eine "klassische" Sorgfaltsaufgabe des Poliers ist.

Leichteste Fahrlässigkeit wird es nicht mehr sein, grobe auch noch nicht, so daß wir im Bereich dazwischen landen, in dem Paul Backstein weder voll noch gar nicht haftet. Heraus kommt, was den Schaden von 80.000,00 DM angeht, für ihn also ein Ergebnis zwischen 1,00 DM und 79.999,00 DM. Wo es genau liegt, soll von den Gesamtumständen des Falles abhängen - eine Methode, die doch etwas an "Pi mal Daumen" erinnert.

An dieser Stelle müssen nun doch die Vorgänge auf der Baustelle am fraglichen Tag noch genauer ermittelt werden, wir benötigen auch weitere Daten, was für eine Stellung Paul Backstein im Betrieb hat, ob er ihn schon mit früheren Schäden belastet hat, ob er ihm umgekehrt schon mit überdurchschnittlichen Leistungen viel eingebracht hat, wieviel er verdient usw. Dann erst kann man einen genauen Betrag für Paul Backsteins Schadenshaftung nennen, was natürlich ein beachtliches Maß an Rechtsunsicherheit schafft. (Eine einfachere, zeitweilig ebenfalls von einem Senat des Bundesarbeitsgerichts vertretene Regelung, wonach der Arbeitnehmer auch bei "mittlerer" Fahrlässigkeit ganz von der Haftung freigestellt bleibt, wurde wieder aufgegeben).

III. PFLICHTEN DES ARBEITGEBERS

A. Lohnzahlungspflicht

1. Lohn im weiteren Sinne

Der Begriff "Lohn" hat unterschiedliche, je nach dem Kontext, in dem er verwendet wird, weitere oder engere Bedeutungen. "Lohn der Mühe" kann auch ein schwer meßbares Gefühl der Befriedigung sein, um das es hier natürlich nicht geht. Lohn im Sinne dieses Abschnitts ist alles, was der Arbeitgeber dem Arbeitnehmer an Geld oder geldwerten Vorteilen zuwendet.

In einem enger verstandenen Sinn ist Lohn allerdings nur der Geldbetrag, den der Arbeiter ausbezahlt bekommt, während der Angestellte Gehalt bezieht. Andere Lohnformen (im weiteren Sinne) haben wieder ihre eigene Bezeichnung, s. unten 3. Lohn und Gehalt im engeren Sinne werden auch zunehmend unter dem Begriff "Entgelt" zusammengefaßt. Die Praxis, "Lohn" auch als Oberbegriff für alle Entgelte zu verwenden, folgt dagegen dem (nach wie vor üblichen) allgemeinen Sprachgebrauch.

2. Rechtsgrundlagen für die Lohnzahlung

a) Festlegung des Lohns

Theoretisch kann allein der Arbeitsvertrag alle wesentlichen Punkte der Lohnzahlung regeln. In der Praxis sind jedoch für die Höhe des Lohns - ebenso wie für die Staffelung der verschiedenen Lohngruppen - Tarifverträge von erheblicher Bedeutung. Abgesehen vom Tarifvertrag ergibt sich das konkrete Lohnsystem eines bestimmten Betriebs dann sehr häufig aus Betriebsvereinbarungen, da dem Betriebsrat bei Fragen der betrieblichen Lohngestaltung wichtige Mitbestimmungsrechte zustehen (§ 87 I Ziff. 10 und 11 BetrVG).

Abgesehen von den genannten Rechtsgrundlagen kann eine Pflicht des Arbeitgebers, Lohn zu zahlen, auch noch aus einer betrieblichen Übung entstehen, wenn der Arbeitgeber beispielsweise eine Weihnachtsgratifikation über mehrere Jahre hinweg in einer Weise bezahlt, die beim Arbeitnehmer den Eindruck entstehen lassen muß, diese Zahlung werde regelmäßig in der Zukunft weitergewährt. Außerdem ist der Gleichbehandlungsgrundsatz zu beachten, der es dem Arbeitgeber verbietet, eine bestimmte Zulage dem einen Arbeitnehmer ohne sachlichen Grund vorzuenthalten, die er dem anderen gewährt.

b) Tarif- und Effektivlöhne

In den beiden zuletzt unter a) genannten Fällen ging es bereits um Zulagen, durch die häufig der in Tarifverträgen (oder im Arbeitsvertrag) festgesetzte Lohn nicht unerheblich überschritten wird. Ist der Arbeitsmarkt leergefegt oder kommt es einem gutverdienenden Betrieb mit entsprechend hohem "Image" in der Öffentlichkeit darauf an, besonders gute Arbeitskräfte für sich zu gewinnen, so haben die regelmäßig neu ausgehandelten Tarifverträge, zumindest was die Höhe angeht, für die tatsächlich ausbezahlten Löhne theoretisch nur noch begrenzte Bedeutung.

Allerdings werden meistens auch die tatsächlich bezahlten, sogenannten Effektivlöhne bei Tariflohnzuwächsen erhöht - mindestens um die Spanne, die der reinen Tariflohnerhöhung entspricht, wenn nicht sogar auch die übertariflichen Bestandteile prozentual wie der Tariflohn heraufgesetzt werden. Eine Erhöhung auch der Effektivlöhne ist (zwar nicht rechtlich, aber tatsächlich) selbstverständlich, solange wirtschaftlich gute Zeiten herrschen.

In schlechteren Zeiten kommt dagegen rechtlich schnell zum Vorschein, daß nicht alles, was der Arbeitgeber bezahlt, auch auf einer Pflicht beruht. Vielmehr gibt es freiwillige Zulagen, die der Arbeitgeber anläßlich von Tarifverhandlungen wieder abbauen kann, so daß er schließlich trotz neuer Tarifabschlüsse nicht mehr bezahlt als vorher. Einige, an diese Möglichkeit der "Aufsaugung" freiwilliger Zulagen anknüpfende Streitpunkte sollen weiter unten (3. Abschn.,I. B. 3 b) und II. B. 3 a) angesprochen werden.

3. Lohnformen

a) Zeitlohn, Leistungslohn, Gehalt

Beim Lohn im weiteren Sinne geht es fast immer um Geld. (Aber Vorsicht: Auch wenn der Arbeitgeber den Mitarbeitern sein Ferienhaus in der Schweiz kostenlos zur Nutzung anbietet, soweit er selbst nicht gerade dort wohnt, ist dies, v.a. in steuerlicher Hinsicht, Lohn.) Lohn im engeren Sinne ist das an Arbeiter bezahlte Entgelt, während man bei Angestellten von Gehalt spricht. Lohn kann Zeitlohn sein für eine bestimmte Arbeitszeit (bei einem Gehalt ist dies allein die typische Form) oder aber Leistungslohn (Akkord).

Mit Akkordlohnsystemen verbindet sich eine Reihe von teilweise recht anspruchsvollen Aufgaben, was die tatsächliche Erfassung von Arbeitsgängen und die rechnerische Umsetzung unterschiedlicher Leistungen in unterschiedliche Bezahlung angeht. Bei der Festsetzung der maßgeblichen Berechnungsfaktoren redet der Betriebsrat nach § 87 I Ziff. 11 BetrVG zwingend mit, ebenso bei leistungsbezogenen Prämien.

b) Prämie, Gratifikation

Prämien können an alles anknüpfen, was dem Arbeitgeber lieb und teuer ist: hohe Stückzahlen, wenig Ausschuß, wenig Fehlzeiten, pünktliches Erscheinen usw. Sogenannte Gratifikationen beziehen sich dagegen auf bestimmte Anlässe und kommen den Arbeitnehmern ohne Rücksicht auf die Leistung zu, wie etwa die Weihnachtsgratifikation, die häufig in Gestalt eines 13. oder sogar 14. Monatsgehalts bezahlt wird.

Allerdings betont sie auch die Treue zum Betrieb, so daß zumindest teilweise eine Rückforderung möglich ist, wenn der betreffende Arbeitnehmer bald nach Inempfangnahme aus dem Arbeitsverhältnis ausscheidet. Häufig wird die Weihnachtsgratifikation, ebenso wie eine verwandte Zuwendung, nämlich ein zusätzliches Urlaubsgeld, auch nach der Zeit gestaffelt, die der Arbeitnehmer im fraglichen Jahr tätig war.

c) Provision, Beteiligungen

Erhebliche praktische Bedeutung als Lohnform hat auch die Provision, die eine Beteiligung des Arbeitnehmers zu einem bestimmten Prozentsatz an jedem von ihm abgeschlossenen oder vermittelten Geschäft bedeutet. Der (immer seltener werdende) freie Handelsvertreter - der kein Arbeitnehmer ist - lebt vollständig von solchen Provisionen. Bei Angestellten im Außendienst ist es üblich, ein bestimmtes Festgehalt mit zusätzlichen Provisionen zu verbinden, um den Verkaufserfolg zu fördern.

Einen ähnlichen, motivationssteigernden Zweck verfolgen Gewinnbeteiligungen, die es häufig für leitende Angestellte gibt. Darüber hinaus ist es möglich und in der Praxis auch mittlerweile durchaus häufig, daß der ganzen Belegschaft die Möglichkeit eingeräumt wird, sich in unterschiedlichen Formen (Belegschaftsaktien, stille Gesellschafter) am eigenen Unternehmen zu beteiligen.

Will man allerdings, daß durch die Bildung von Vermögen beim Arbeitnehmer ein Gegengewicht zum Arbeitsplatzrisiko geschaffen wird, das er trägt, so ist die Beteiligung am eigenen Unternehmen unter diesem Aspekt nicht die ideale Form. Jedoch gewähren die Arbeitgeber in breitem Umfang als Lohnbestandteile auch sogenannte vermögenswirksame Leistungen, die ein Arbeitnehmer in Anlageformen fließen lassen kann, die vom eigenen Betrieb unabhängig sind (Anteile an Investmentfonds, Lebensversicherungen).

Diese vermögenswirksamen Leistungen werden auch von staatlicher Seite (nach dem 5. Vermögensbildungsgesetz - "936-DM-Gesetz") noch in gewissem Umfang gefördert, allerdings nur für vergleichsweise niedrig verdienende Arbeitnehmer, die sich solchen Formen der Vermögensbildung wiederum meist weniger zuwenden können und wollen.

d) Verbesserungsvorschläge, Arbeitnehmererfindungen

Zur Ergänzung des Spektrums möglicher Lohnformen sei noch der Fall erwähnt, daß der Arbeitnehmer in der Produktion oder der angestellte Ingenieur dem Unternehmen durch einen guten Einfall einen über den gewöhnlichen, aus seiner Arbeitsleistung resultierenden Nutzen hinausreichenden Vorteil verschafft. Dafür gibt es zunächst, zumindest in größeren Betrieben, betriebliche Vorschlagssysteme, die auch entsprechende Belohnungen vorsehen. Sie werden regelmäßig durch Betriebsvereinbarungen eingeführt (§ 87 I Ziff. 12 BetrVG).

Abgesehen davon bringt das Arbeitnehmererfindungsgesetz für den Arbeitgeber auch einen Zwang, im Zusammenhang mit dem Arbeitsverhältnis gemachte Erfindungen oder Verbesserungsvorschläge angemessen zu honorieren, wenn sie vom Arbeitgeber, insbesondere für Schutzrechte, in Anspruch genommen werden (§§ 9 ff., 20 Arbeitnehmererfindungsgesetz).

Fall 10: "Vom Röntgenstrahl getroffen"

a) Karl Kanone ist Chefingenieur in der Entwicklungsabteilung eines Elektronikunternehmens. Seinen Vorgesetzten, der im Vorstand für den Bereich Forschung und Entwicklung verantwortlich zeichnet, liebt er nicht besonders, was auch auf Gegenseitigkeit beruht.

Auf Karls Schreibtisch steht ein schickes, modernes Diensttelefon. Es hat allerdings den Nachteil, daß die Mitglieder des Vorstands über eine Aufschaltung Gespräche sowohl unterbrechen wie auch unbemerkt mithören können. Als Karl Kanone mit dem Entwicklungsingenieur eines Zulieferbetriebs telefoniert, kann er sich ein paar abfällige Bermerkungen nebenbei über seinen Vorgesetzten nicht verkneifen. Der hört aber gerade - unbemerkt - das Gespräch mit.

Prompt wird Karl zur Rede gestellt. Sein Chef regt sich mächtig auf wegen der Bemerkung, die Karl über ihn am Telefon gemacht hat. Karl regt sich fast genauso auf, weil sein Telefongespräch mitgehört wurde, ohne daß er es bemerkt hat.

Hat Karl Kanone eigentlich das Recht, sich aufzuregen ?

b) Als Büroangestellte in der öffentlichen Verwaltung verdient Betti Arglos ihre Brötchen. Eines Tages wird sie in einen Auffahrunfall mit dem Auto verwickelt und trägt ein Schleudertrauma davon. Auf Betreiben ihrer Dienststelle wird sie anschließend noch einmal medizinisch untersucht.

In einem fachärztlichen Gutachten mit der Aufschrift "Arztsache, streng vertraulich. Zur Weitergabe an den Patienten nicht geeignet" werden ihr neben dem Schleudertrauma auch eine abnorme Persönlichkeitsstruktur und bestimmte Persönlichkeitsstörungen attestiert. In Form eines Aktenvermerks des amtsinternen ärztlichen Dienstes gelangt diese Passage aus dem Gutachten wörtlich in ihre Personalakte.

Bald darauf wird Betti in der Kantine von einem Mitarbeiter der Dienststelle beiläufig auf den "interessanten" Inhalt ihrer Personalakte aufmerksam gemacht. Als sie Einsicht verlangt und bekommt, bleibt ihr die Spucke weg. Sie verlangt die Entfernung des fraglichen Vermerks, zumal bisher noch niemand in ihrer Arbeitsumgebung offenbar etwas von einer "abnormen Persönlichkeitsstruktur" bemerkt habe.

Kann sie die Entfernung des Vermerks verlangen ?

B. Nebenpflichten des Arbeitgebers

1. Nebenpflichten und Arbeitsschutzrecht

a) Öffentliches Recht und Privatrecht

Auch der Arbeitgeber hat über die Lohnzahlungspflicht hinaus eine Reihe weiterer Pflichten, die sich aus dem Gedanken von Treu und Glauben (§ 242 BGB) herleiten lassen. Allerdings braucht man auf diese Generalklausel in weitem Umfang nicht mehr zurückzugreifen, da insbesondere auf Arbeitgeberseite die Kodifizierung, d.h. ausdrückliche Ausgestaltung seiner Pflichten in Gesetzen und Verordnungen weit vorangeschritten ist.

Insbesondere werden für den Arbeitgeber Pflichten, die aus der Durchführung des Arbeitsverhältnisses herrühren, in erheblichem Umfang konkretisiert und ausgeweitet durch arbeitsschutzrechtliche Vorschriften des Gesetzgebers. Sie sind nicht zuletzt im öffentlichen Interesse und damit ohne Rücksicht auf bestehende oder nicht bestehende vertragliche, also privatrechtliche Verpflichtungen des Arbeitgebers geschaffen worden. So riskiert der Arbeitgeber eine Geldbuße, der Mitarbeiter während einer zu langen Arbeitszeit beschäftigt, ganz abgesehen von der Frage, daß dieses Vorgehen nicht dem Arbeitsvertrag entspricht und den Arbeitnehmer zur Verweigerung seiner eigenen vertraglichen Leistung berechtigt.

Das öffentlich-rechtlich geregelte Arbeitnehmerschutzrecht muß aber in sehr engem Zusammenhang gesehen werden mit den vertraglichen Nebenpflichten des Arbeitgebers. Dies rührt schon daraus, daß bei richtiger Auslegung des Arbeitsvertrags dem Arbeitgeber auch die Pflicht zufällt, die bestehenden Arbeitnehmerschutzvorschriften zu erfüllen. So wird deren Inhalt in den Vertrag transportiert. Nur die Zusammenschau von öffentlich-rechtlichen Arbeitnehmerschutzvorschriften und (ursprünglich) vertraglich übernommenen Pflichten schafft letztlich auch ein vollständiges Bild, wie der Arbeitgeber den Arbeitnehmer behandeln muß.

b) Aufbaufragen

Die Darstellung folgt im weiteren nicht streng der Unterscheidung zwischen einer vertraglich übernommenen oder einer öffentlich-rechtlich auferlegten Pflicht des Arbeitgebers, weil diese Unterscheidung häufig eher abstrakter Natur ist. Es werden vielmehr Pflichten des Arbeitgebers, die in wichtigen, dem Schutz des Arbeitnehmers dienenden Gesetzen detailliert geregelt sind, in einem eigenen Kapitel unter der Überschrift "Arbeitnehmerschutzrecht" behandelt - letztlich ohne Rücksicht darauf, ob sie eher arbeitsvertraglichen oder öffentlich-rechtlichen Ursprungs sind.

Nichtsdestoweniger bleibt eine Reihe von wichtigen Pflichten, die der Arbeitgeber dem Arbeitnehmer gegenüber zunächst einmal durch den Vertragsschluß übernimmt, auch wenn sie teilweise parallel gesetzlich geregelt sind. In diesen Fällen wird es notwendig, an die Wurzel zurückzugehen, aus der diese Pflichten erwachsen. Es ist § 242 BGB, der den Arbeitgeber dazu anhält, bei der Durchführung des Vertrages auf die Belange und Interessen des Arbeitnehmers Rücksicht zu nehmen (genau wie diesem umgekehrt die Pflicht auferlegt wurde, auf die Belange des Arbeitgebers Rücksicht zu nehmen).

2. Leben, Gesundheit, Persönlichkeit

a) Schutz von Leben und Gesundheit als arbeitsvertragliche Nebenpflicht

Die "klassische" Nebenpflicht des Arbeitgebers ist es, dafür Sorge zu tragen, daß seine Arbeitnehmer keine Schäden an Leben und Gesundheit bei ihrer Tätigkeit nehmen. Diese vertragliche Pflicht ist deshalb durch Gesetz (§ 618 I BGB , für kaufmännische Angestellte § 62 I HGB, für gewerblich-technische Arbeitnehmer detaillierter in § 120 a-c GewO) noch einmal ausdrücklich klargestellt.

b) Verstärkung durch Vorschriften des technischen Arbeitsschutzes

In dem für den Arbeitnehmer wichtigsten Bereich ist er rechtlich sogar dreifach geschützt: Neben der gesetzlich verankerten Pflicht des Arbeitgebers zum Gesundheitsschutz aus dem Arbeitsvertrag gibt es eine ganze Reihe vertragsunabhängiger, öffentlich-rechtlicher Arbeitsschutzvorschriften, die darauf zielen, die Gesundheit des Arbeitnehmers zu erhalten. (Auf diesem Gebiet hat auch die

EU eingegriffen, um einen möglichst einheitlichen und umfassenden Schutz gegen mit der Arbeit verbundene Gefahren in den Mitgliedstaaten zu erreichen).

Im bestehenden Recht der Bundesrepublik sind einige besonders wichtige Vorschriften die Arbeitsstättenverordnung, das Gerätesicherheitsgesetz, eine Reihe von Vorschriften zum Schutz vor gefährlichen Stoffen, ferner die Vorschriften zu genehmigungsbedürftigen Anlagen nach §§ 4 ff. Bundes-Immissionsschutzgesetz sowie das Gesetz über Betriebsärzte, Sicherheitsingenieure und andere Fachkräfte für Arbeitssicherheit.

Diese in Gesetzen und Verordnungen enthaltenen Vorschriften zum Schutz von Leben und Gesundheit der Arbeitnehmer werden, was die Durchführung betrifft, in der Regel von den Gewerbeaufsichtsämtern überwacht. Gleichzeitig sieht man die dadurch dem Arbeitgeber auferlegten Pflichten aber auch als Pflichten im Arbeitsvertrag an, in den sie gewissermaßen "übersetzt" werden.

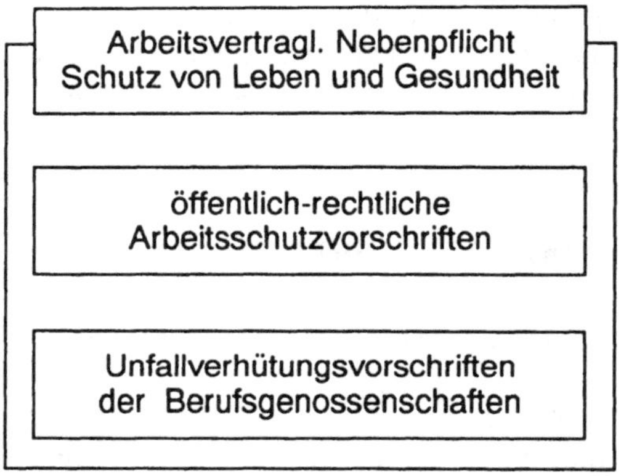

Abbildung 9: Dreifacher Schutz von Leben und Gesundheit des Arbeitnehmers

c) Unfallverhütungsvorschriften der Berufsgenossenschaft

Die dritte "Schutzschicht" für den Arbeitnehmer ergibt sich aus den Unfallverhütungsvorschriften der berufsgenossenschaftlichen Unfallversicherung. Auf die

Einhaltung achten die technischen Aufsichtsbeamten der Berufsgenossenschaft, die insoweit mit den Gewerbeaufsichtsämtern zusammenarbeiten.

Innerbetrieblich ziehen die in Betrieben ab 20 Beschäftigten zu bestellenden Sicherheitsbeauftragten sowie die Fachkräfte für Arbeitssicherheit (Sicherheitsingenieure u.a.) am gleichen Strick in Richtung des Arbeitsschutzes. Dieser ist also, entsprechend dem hohen Rechtsgut Leben und Gesundheit, insgesamt umfangreich und wirksam ausgestaltet. Der Schutz kann weithin, aufgrund des öffentlich-rechtlichen Charakters einschlägiger Vorschriften, vom Staat auch dann durchgesetzt werden, wenn der Arbeitnehmer von seinen gleichzeitig bestehenden vertraglichen Rechten keinen Gebrauch macht.

d) Schutz der Persönlichkeit

Neben dem umfangreichen Schutz von Leben und Gesundheit, also äußerlich höchst wichtigen Dingen, ist aber in der Vergangenheit immer deutlicher geworden, daß es auch ein immaterielles Schutzgut des Arbeitnehmers geben muß, welches sich mit dem Begriff der Persönlichkeit umreißen läßt.

Dieses von der Rechtsprechung geschaffene Recht ist zum Beispiel dann verletzt, wenn der Arbeitnehmer pausenlos durch elektronische Kameras bei der Arbeit überwacht wird oder dann, wenn der Arbeitgeber den Arbeitnehmer gegenüber Dritten oder Arbeitskollegen herabwürdigt und lächerlich macht. Hierher kann man auch den Fall rechnen, daß durch übertriebene Kontrollen der Eindruck erweckt wird, jeder Arbeitnehmer sei ein potentieller Dieb usw. Im ganzen ist dieser Bereich, nicht nur von der unzulänglichen gesetzlichen Regelung, sondern von dem im Einzelfall zu definierenden Schutzgegenstand her nicht leicht in den Griff zu bekommen (s. dazu Fall 10). Den Schutz der Persönlichkeit des Arbeitnehmers zu respektieren, ist nichtsdestoweniger eine arbeitsvertragliche Pflicht des Arbeitgebers.

e) Schutz der persönlichen Daten

Das vom Bundesverfassungsgericht postulierte Recht jedes einzelnen auf "informationelle Selbstbestimmung", zu dessen Schutz insbesondere die Datenschutzgesetze des Bundes und der Länder dienen, wirkt sich natürlich auch im Arbeitsrecht aus. So ist es auch zu den arbeitsrechtlichen Schutzpflichten des Arbeitgebers zu zählen, daß er Vorschriften genau einhält, die der Sicherung persönlicher Daten des Arbeitnehmers und der Verhinderung von Mißbrauch dienen. Die Verletzung dieser Vorschriften ist also gleichzeitig eine Schlechterfüllung des Arbeitsvertrags.

3. Beschäftigungspflicht

a) Arbeit ist wichtig

Auf die schutzwürdigen Belange des Arbeitnehmers achten, heißt auch, zur Kenntnis nehmen, daß (jedenfalls für viele Menschen) die Arbeit als solche und nicht nur das Einkommen zu einem erfüllten Leben gehört. In vielen Berufen ist es bereits gefährlich für die fachliche Qualifikation, längere Zeit nicht tätig zu sein.

Aber auch in anderen Fällen kann es sich nachteilig auf die psychische Verfassung des Betroffenen auswirken, wenn er daheim sitzt - auch wenn sein Arbeitsverhältnis noch besteht, der Arbeitgeber ihm Lohn zahlt, ihn aber eben nicht beschäftigt. Das darf er deshalb nur in Ausnahmefällen, wenn eine Beschäftigung des Arbeitnehmers ihm nicht zumutbar ist, etwa aufgrund vorangegangener schwerer Beleidigungen oder eines begründeten Verdachts auf Unterschlagungen oder Weitergabe von Betriebsgeheimnissen.

b) Weiterbeschäftigung nach Kündigung

Zwar wird der Fall nicht sehr häufig vorkommen, daß der Arbeitgeber den Arbeitnehmer nach Hause schickt und trotzdem weiter bezahlt. Häufig aber tritt die Beschäftigungspflicht als Streitpunkt in der Weise in Erscheinung, daß der Arbeitgeber eine Kündigung ausgesprochen hat, die er für wirksam hält, der Arbeitnehmer dagegen nicht.

Besteht in diesen Fällen ein Betriebsrat und hat er der (ordentlichen) Kündigung widersprochen, so stellt § 102 V BetrVG den Weiterbeschäftigungsanspruch des Betroffenen klar: Der Arbeitgeber muß ihn bis zum rechtskräftigen Abschluß des Kündigungsschutzprozesses an seinem Arbeitsplatz lassen. Das kann sich recht lange hinziehen, wenn der Prozeß durch die Instanzen geht.

Umgekehrt ist die Gefahr deutlich sichtbar, daß der Arbeitnehmer ohne Weiterbeschäftigungsanspruch bei seiner Gegenwehr die Flinte häufig schon deshalb ins Korn werfen und sich einen neuen Arbeitsplatz suchen wird, weil er nicht zu lange außerhalb des Arbeitsprozesses stehen will oder kann. Der Arbeitgeber hat dann unter Umständen auf einfache Art seine Sache gewonnen, obwohl die Kündigung letztlich vielleicht gar nicht rechtswirksam war.

Die Rechtsprechung hat deswegen für alle Fälle, in denen ein Betriebsrat nicht besteht oder nicht widersprochen hat, eine Kompromißformel geschaffen. Danach muß der Arbeitgeber, der gekündigt hat, den Arbeitnehmer nach Ablauf der Kündigungsfrist nicht weiterbeschäftigen bis zu einem Urteil des Arbeitsgerichts, also der ersten Instanz. Fällt dieses Urteil für den Arbeitnehmer positiv aus, so muß er weiterbeschäftigt werden, auch wenn der Arbeitgeber gegen das Urteil des Arbeitsgerichts Berufung einlegt. Verliert der Arbeitnehmer dagegen in der ersten Instanz, so braucht der Arbeitgeber ihn auch während einer Fortsetzung des Rechtsstreits nicht weiter zu beschäftigen.

c) Menschengerechte Gestaltung der Arbeit

Die Beschäftigungspflicht nimmt den Arbeitnehmer in seinem Bedürfnis ernst, durch Arbeit nicht nur zu Geld, sondern auch zu Lebenszufriedenheit zu kommen. Einen Anspruch auf Wohlbefinden bei der Arbeit und durch die Arbeit lassen auch Bemühungen um eine menschengerechte Gestaltung der Arbeitsplätze Kontur annehmen. Dieses Anliegen wird in Tarifverträgen und Betriebsvereinbarungen (s. zur Rolle des Betriebsrats §§ 90, 91 BetrVG) aufgegriffen. Es markiert aber durchaus auch eine Nebenpflicht des Arbeitgebers in Bezug auf die Gestaltung des Arbeitsplatzes. Sie nimmt in engem Zusammenhang mit der Beschäftigungspflicht Rücksicht darauf, daß am Arbeitsplatz ein wesentlicher Teil des Arbeitnehmerlebens verbracht wird.

4. Schutz eingebrachter Sachen

Der Arbeitgeber muß auch dafür Sorge tragen, daß private Sachen, wie zum Beispiel Kleidung, die der Arbeitnehmer in den Betrieb notwendig mitnehmen muß (oder die er zur Arbeit braucht), dort nicht Schaden nehmen. Der Anorak eines in einer Lackiererei beschäftigten Arbeiters darf also nicht jeden Abend, wenn er heimkommt, in einer anderen Farbe erstrahlen, je nach dem was gerade lackiert wird. Vielmehr muß der Arbeitgeber in diesem Fall Spinde für die mitgebrachte Kleidung bereitstellen.

Häufig, wenn es um den Schutz eingebrachter Sachen geht, drehen sich die Fragen um des Arbeitnehmers "Heiligsblechle", also sein Auto. Eine Pflicht des Arbeitgebers, firmeneigene oder gar besonders geschützte und bewachte Parkplätze bereitstellen, wird sich aber aus dem Arbeitsvertrag nicht herleiten lassen. Ebenfalls kann er die Fahrzeuge der Arbeitnehmer auf dem firmeneigenen Parkplatz nicht vor allen Schäden schützen, wie sie auch auf öffentlichen Parkplätzen vorkommen.

Allerdings muß man, wenn der Arbeitgeber Parkraum zur Verfügung stellt, von ihm erwarten, daß er die Voraussetzungen für einen geordneten Verkehr auf dem Parkplatz durch entsprechende bauliche Einrichtungen, Hinweistafeln oder notfalls durch Mitarbeiter sicherstellt, die den Verkehr regeln. Läßt er dagegen ein Chaos auf dem Parkplatz zu und kommt ein Auto eines Arbeitnehmers zu Schaden, so hat er seine Arbeitgeberpflichten gegenüber diesem Arbeitnehmer verletzt.

5. Abführung von Sozialversicherungsbeiträgen und Lohnsteuer

Nach unserem Lohnsteuer- und Sozialversicherungssystem ist es Aufgabe des Arbeitgebers, die Arbeitnehmerbeiträge zur Kranken-, Alters- und Arbeitslosenversicherung sowie die Lohnsteuer, die der Arbeitnehmer zu bezahlen hat, vom Bruttogehalt abzuziehen und an die zuständigen Stellen abzuführen. Tut der Arbeitgeber dies nicht (oder kommt er seinen Meldepflichten erst gar nicht nach), können für den Arbeitnehmer böse Überraschungen die Folge sein: nicht bezahlte Steuern oder Zeiten, für die keine Sozialversicherungsbeiträge entrichtet wurden. In beiden Fällen können ihm durch das Verhalten des Arbeitgebers Schäden entstehen. Durch die fehlende Anmeldung oder unvollständige Abführung der Beiträge und der Lohnsteuer hat aber der Arbeitgeber seine vertraglichen Pflichten verletzt und haftet dem Arbeitnehmer für seine entstandenen Schäden.

6. Pflicht zur Zeugniserteilung

a) Einfaches und qualifiziertes Zeugnis, Wahrheitspflicht

Auch diese vertragliche Pflicht des Arbeitgebers wird durch gesetzliche Vorschriften klargestellt (§ 630 BGB, § 73 HGB, § 113 GewO). Das Zeugnis kann ein einfaches sein, in dem nur bestätigt wird, daß der Arbeitnehmer eine bestimmte Zeit bei einem bestimmten Betrieb mit einer bestimmten Arbeit beschäftigt war. Wenn es der Arbeitnehmer wünscht, muß es aber als sogenanntes qualifiziertes Zeugnis ausgestellt werden, das darüber hinaus eine Bewertung der Leistungen und des Verhaltens des Arbeitnehmers einschließt.

Bei Ausstellung des Zeugnisses hat der Arbeitgeber zwei ihm rechtlich vorgegebenen Kriterien zu beachten, die sich bei näherem Zusehen allerdings oft schwer miteinander vereinbaren lassen. Das Zeugnis darf zum einen keine bewußt unwahren Tatsachen und Bewertungen enthalten. Das ist für negative Bewertungen ohne weiteres einleuchtend. Aber der Arbeitgeber darf einen Arbeitnehmer auch nicht mit aus der Luft gegriffenen positiven Angaben "wegloben" - sonst riskiert er (in extremen Fällen), daß der nächste Arbeitgeber Schadensersatz aufgrund des unrichtig ausgestellten Zeugnisses verlangt. (Der Arbeitnehmer wird in diesen Fällen dagegen mit dem Zeugnis durchaus zufrieden sein.)

b) Zeugnissprache

Das andere Kriterium neben der Pflicht zur wahren Darstellung und Bewertung besteht aber darin, daß das Zeugnis von einem verständigen Wohlwollen für das Fortkommen des Arbeitnehmers getragen sein muß. Da um die Formulierungen eines Zeugnisses vor dem Arbeitsgericht gestritten werden kann und auch nicht selten gestritten wird, sind die meisten Arbeitgeber vorsichtshalber dazu übergegangen, in ein Zeugnis überhaupt nichts negatives mehr hineinzuschreiben. Sie stufen also nur Formulierungen, die zumindest dem Außenstehenden alle positiv erscheinen können, je nach Leistung des Betreffenden ab.

In der Folge besagt die Formulierung, "der Arbeitnehmer habe die übertragenen Aufgaben zu unserer Zufriedenheit erledigt", für den der Zeugnissprache kundigen Leser, daß der Arbeitnehmer eine "Vier" bekommen hat. Wenn also im Zeugnis solche nicht ungefährlichen Floskeln auftauchen, sollte der Arbeitnehmer darauf achten, daß "stets zu unserer vollsten Zufriedenheit" oder auch "vollen Zufriedenheit" dasteht, was eine sehr gute bis gute Leistung des Arbeitnehmers markiert.

Am besten für den Arbeitnehmer ist es allerdings, wenn das Zeugnis überhaupt möglichst wenig formelhaft geschrieben und für jeden Leser erkennbar ist, daß der Beurteilende eine unvoreingenommene und von Doppelbödigkeiten freie Beurteilung des Arbeitnehmers unternimmt. Ansonsten entstehen durchaus Gefahren aus dem leidigen Zustand, daß nicht nur etwas unterschiedliche derartige "Signalsprachen" im Umlauf, sondern diese auch unterschiedlich verbreitet sind.

c) Zwischenzeugnis

Möchte der Arbeitnehmer schon während der Laufzeit des Beschäftigungsverhältnis ein Zeugnis, so handelt es sich um ein sogenanntes Zwischenzeugnis. Soweit er dafür einen vernünftigen Grund hat, beispielsweise auf Stellensuche ist oder eine Fortbildung anstrebt, so wird ihm der Arbeitgeber dies nicht verweigern können. Im Anwendungsbereich des BAT (§ 61 II) ist ein solches Recht beispielsweise auch tariflich verankert. Es läßt sich generell als arbeitsvertragliche Nebenpflicht begründen.

Fall 11: "Ohne Lohn keine Arbeit"

Moritz Schafs Wollfabrik stand wieder einmal wirtschaftlich wacklig. Die flüssigen Mittel wurden knapp. Moritz war aber aufgrund tariflicher Regeln verpflichtet, jeweils am 25. eines Monats 90 % Abschlag auf den voraussichtlichen Netto-Monatslohn zu bezahlen. Der restliche Lohn mußte jeweils zum 12. des folgenden Monats bezahlt sein. Moritz bezahlte mehrfach verspätet. Überhaupt sah die Zukunft des Betriebs alles andere als rosig aus. Der Betriebsrat machte die Arbeitnehmer per Anschlag auf die Möglichkeit eines Zurückbehaltungsrechts an ihrer Arbeitsleistung aufmerksam.

Moritz verwies die Belegschaft indessen auf laufende Übernahmeverhandlungen mit einem potenten Partner, der in das Unternehmen einsteigen wolle. Deshalb sei sehr wichtig, daß der Betrieb unverändert fortgeführt und die Arbeitsleistung erbracht werde. Außerdem gebe es gar kein Zurückbehaltungsrecht an der Arbeitsleistung.

Am 12. Juli waren wieder erhebliche Rückstände bei der Lohnzahlung hinsichtlich von Teilen der Löhne aus Mai und Juni aufgelaufen. Dem Arbeitnehmer Siegfried Sauer reicht es jetzt. Er hat von Moritz noch 4.898,70 DM rückständigen Lohn zu bekommen. Siegfried lehnt am 13.07. die weitere Arbeit ab und beruft sich gegenüber dem Arbeitgeber auf sein bestehendes Zurückbehaltungsrecht, weil Moritz ihm unter Verletzung des Arbeitsvertrags den erarbeiteten Lohn vorenthalte. Siegfried wird sofort beurlaubt und nach Anhörung des Betriebsrats am 15.07. fristlos gekündigt.

Dagegen wehrt er sich, weil er selbst nach seiner Auffassung den Arbeitsvertrag nicht verletzt, sondern nur von ihm zustehenden Rechten Gebrauch gemacht habe. Stimmt das ?

C. Mangelhafte Erfüllung des Vertrags und Folgen für den Arbeitgeber

1. Annahmeverzug und Betriebsrisiko

a) Arbeitgeber läßt Arbeitnehmer nicht arbeiten

Wir haben gesehen, daß der Arbeitgeber das seine dazu tun muß, um den vertragsgemäßen Austausch von Arbeit gegen Lohn zu ermöglichen. Wie aber, wenn er sich beispielsweise über einen kaufmännischen Angestellten ärgert, ihm einfach einen Tag lang das Büro zuschließt, damit er nicht arbeiten kann und anschließend ihm den Tag vom Gehalt abzieht ?

Ganz abgesehen von der bereits (unter B. 3) behandelten Beschäftigungspflicht geht es jetzt um die Frage der Lohnzahlung, wenn der Arbeitgeber den Arbeitnehmer nicht arbeiten läßt. Der Arbeitsvertrag verpflichtet den Arbeitgeber, die vertraglich geschuldete Leistung des Arbeitnehmers anzunehmen. Tut er es nicht, so kommt er in Verzug: § 615 BGB. In dieser Vorschrift ist festgehalten, daß, wenn der Arbeitgeber den Arbeitnehmer nicht arbeiten läßt, er ihn trotzdem bezahlen muß und zwar ohne einen Anspruch darauf, daß der Arbeitnehmer die entsprechende Zeit nacharbeitet.

b) Annahmeverzug bei unwirksamer Kündigung

Nun wird im Normalfall kein Arbeitgeber so naiv sein wie in unserem Beispiel von eben. Aber der Fall gewinnt schlagartig an Realitätsbezug und auch an Brisanz für den Arbeitnehmer, wenn der Vorgang folgendermaßen abläuft: Der Arbeitgeber kündigt aufgrund eines Vorfalls dem Arbeitnehmer (fristlos oder fristgemäß) und teilt ihm mit, er wolle ihn (ab sofort oder nach Ablauf der Kündigungsfrist) im Betrieb nicht mehr sehen. Der Arbeitnehmer seinerseits geht von der Unwirksamkeit der Kündigung aus. Stellt sich im anschließenden Kündigungsschutzprozeß nach einigen Monaten heraus, daß der Arbeitnehmer recht hatte, so muß der Arbeitgeber ihm für die Zeit, in der er ihn - zu unrecht - nach Hause geschickt hat, den Lohn weiterbezahlen, weil er im Annahmeverzug (§ 615 BGB) war.

Als Voraussetzung dafür ist freilich zu beachten, daß der Arbeitnehmer seine Arbeitskraft auch für den Arbeitgeber tatsächlich bereithält. Ein Versuch, am Arbeitsplatz zu erscheinen, obwohl es der Arbeitgeber nicht will, oder ein ausdrückliches, z.B. schriftliches oder telefonisches Angebot ist nicht (mehr) notwendig. Vielmehr bekommt der Arbeitgeber unter diesen Umständen den Lohn auch ohne Arbeit. Er muß sich allerdings (abgesehen von der Tatsache, daß er jederzeit zur Arbeit erscheinen könnte) Einnahmen abziehen lassen, die er in der fraglichen Zeit durch anderweitige Verwertung seiner Arbeitskraft erzielt hat.

Es hilft dem Arbeitgeber im übrigen nicht, wenn er sich darauf beruft, daß er gutgläubig davon ausgehen konnte, seine Kündigung werde durchgreifen. Der Annahmeverzug des § 615 BGB nimmt nämlich auf ein Verschulden des Arbeitgebers keine Rücksicht: Es reicht aus, daß er die Leistung nicht annimmt, obwohl er sie hätte annehmen müssen.

c) Risiken des Arbeitgebers

Der Arbeitgeber trägt eine ganze Reihe von Risiken, die dabei auftreten können, daß er die Arbeitskraft des Arbeitnehmers wirtschaftlich verwertet. Da ist zunächst das Wirtschaftsrisiko, das darin besteht, daß der Betrieb immer genug Aufträge hat, die Konjunktur in Ordnung ist und das Management stimmt.

Kommt der Arbeitgeber mit seinem Betrieb hinsichtlich der Wirtschaftlichkeit in Schwierigkeiten, so kann er seiner Belegschaft natürlich nicht einfach erklären, sie solle zu Hause bleiben, damit er ein paar Tage Lohn spart. In Frage kommen nur die arbeitsrechtlichen Instrumente der Kurzarbeit oder, wenn es schlimmer kommt, der Kündigung von Arbeitnehmern, Vorgehensweisen also, die ihrerseits an rechtliche Spielregeln gebunden sind.

Der Arbeitgeber muß aber den Lohn auch dann weiterbezahlen, wenn durch technische Pannen oder eine zu spät gelieferte Maschine, fehlende Zulieferteile oder auch einen Stromausfall, für den er nicht das geringste kann, der Betrieb unterbrochen werden muß. Auch diese Fälle kann man über die Rechtsfigur des Annahmeverzugs als Risiken dem Arbeitgeber zuordnen, wobei es auf ein Verschulden nicht ankommt. Er trägt also grundsätzlich auch dieses Betriebsrisiko.

d) Ausnahme: Arbeitskampffolgen

Von dem Grundsatz, daß der Arbeitgeber das Betriebsrisiko trägt, gibt es allerdings eine nicht unwesentliche Ausnahme, wenn die Betriebsstörung durch einen Arbeitskampf verursacht wurde, also beispielsweise durch einen Streik in einer anderen Abteilung oder in einem anderen Unternehmen notwendige Zulieferteile fehlen. Die frühere Rechtsprechung argumentierte, diese Störung rühre aus der "Sphäre" der Arbeitnehmer und könne somit als Risiko nicht dem Arbeitgeber zugewiesen werden.

Die neuere Rechtsprechung hebt mehr darauf ab, daß der Arbeitgeber, wenn er in diesen Fällen den Lohn weiterbezahlen muß, obwohl nicht gearbeitet werden kann, es unter Umständen der Gewerkschaft ermöglicht, sehr billig zu einem wirkungsvollen Streik zu kommen. Der Arbeitgeber muß "bluten", während die Streikkasse der Gewerkschaft geschont wird. Auf den Arbeitgeberverband entsteht erheblicher Druck, den Arbeitskampf zu beenden, während seine Fortsetzung die betroffenen Arbeitnehmer (und ihre Gewerkschaft) nicht hart trifft, da ja weiter Lohn bezahlt wird. Eben das soll deshalb nicht geschehen müssen.

Die Befreiung des Arbeitgebers von der Lohnzahlungspflicht im Fall des Arbeitskampfs greift aber dann nicht ein, wenn von der Situation des Betriebs, in dem nicht mehr gearbeitet werden kann, überhaupt keine Wirkungen auf die "Gefechtslage" in dem Arbeitskampf möglich sind, der die Störung verursacht hat. Das ist beispielsweise dann der Fall, wenn im Ausland gestreikt wird und keine Gewerkschaft im Inland etwas von diesem Streik haben kann.

Da diese (oder vergleichbare) Fälle aber nicht sehr häufig und schwer abgrenzbar sind, muß der Arbeitnehmer jedenfalls dann, wenn arbeitskampfbedingte Betriebsstörungen eintreten, damit rechnen, ohne Lohn zu bleiben. Helfen kann dann vielleicht das Arbeitsamt, dies allerdings auch nur mit erheblichen Einschränkungen, da auch das Arbeitsamt nach § 116 AFG nicht in laufende Arbeitskämpfe eingreifen darf (s. dazu im 3. Abschn., III. B. 5) ; ansonsten bleiben nur vorhandene Ersparnisse oder das Sozialamt.

2. Der Lohn bleibt aus

a) Erfüllungsanspruch

Wir haben eben gesehen, daß, wenn der Arbeitgeber ausnahmsweise vom Betriebsrisiko entlastet wird, seine Lohnzahlungspflicht entfällt. Der Normalfall ist aber der, daß er Lohn zahlen muß - selbst in einer Reihe von Fällen, in denen nicht gearbeitet wird, s. außer dem eben behandelten Annahmeverzug auch weiter unten IV. A. 1-3.

Der Fall der Nichterfüllung der Hauptpflicht des Arbeitgebers, Lohn zu bezahlen, bietet, jedenfalls vom rechtstechnischen her, keine besonderen Schwierigkeiten. Der Arbeitnehmer hat seinen Erfüllungsanspruch auf Lohnzahlung, den er notfalls gerichtlich durchsetzen muß. Die Situation, daß der Arbeitgeber in Konkurs geht und nicht mehr bezahlen kann, wird weiter unten (IV. A. 4) angesprochen. Entstehende Verluste für den Arbeitnehmer werden dann ein Stück weit durch das Konkursausfallgeld von der Arbeitsverwaltung ausgeglichen.

b) Verzugsschaden, Zurückbehaltungsrecht an Arbeitsleistung

Zahlt der Arbeitgeber den Lohn verspätet, so können dem Arbeitnehmer Schäden entstehen. Er muß vielleicht einen Bankkredit aufnehmen, um seine laufenden Verpflichtungen zu erfüllen, und dafür natürlich Zinsen bezahlen. Diese kann er seinerseits vom Arbeitgeber als Verzugsschaden (§ 286 I BGB) verlangen. Wird nämlich der Lohn nicht zum festgelegten Zeitpunkt bezahlt, so kommt der Arbeitgeber auch ohne Mahnung (§ 284 II BGB) in Verzug.

Auch das Zurückbehaltungsrecht, das § 273 BGB allgemein unter bestimmten Umständen für zivilrechtliche Schuldverhältnisse vorsieht, ist im Arbeitsverhältnis von Bedeutung. Wenn also der Arbeitgeber rückständigen Lohn nicht bezahlt, so darf der Arbeitnehmer seine Arbeitsleistung zurückbehalten. Bei der Ausübung dieses Rechts ist er allerdings an den Maßstab von Treu und Glauben (§ 242 BGB) gebunden, es muß sich insbesondere um eine erhebliche Säumigkeit des Arbeitgebers in Bezug auf Höhe und Umfang des Lohnrückstands handeln (s. dazu Fall 11).

3. Haftung für Schädigungen des Arbeitnehmers, Zurückbehaltungsrecht

a) Sachschäden

Genau so, wie es umgekehrt beim Arbeitnehmer der Fall war, haftet auch der Arbeitgeber aus zwei möglichen, zivilrechtlichen Haftungsgrundlagen auf Ersatz des Schadens, wenn er eine Sache des Arbeitnehmers kaputt gemacht hat. Der erste mögliche Haftungsgrund ist wiederum die Schlechterfüllung des Vertrags in Form der Verletzung arbeitsvertraglicher Pflichten, insbesondere jener, die wir als Nebenpflichten des Arbeitgebers kennengelernt haben. Als einfaches Beispiel wurde der Fall genannt, daß die Zivilkleidung des Arbeitnehmers Schaden leidet, weil keine Spinde vorhanden sind.

Neben die vertragliche Haftung tritt auch für den Arbeitgeber die Haftungsmöglichkeit aus "unerlaubter Handlung" (§ 823 ff. BGB), die also an die bloße, schuldhafte Schädigung anknüpft, keinen Vertrag voraussetzt, vielmehr ohne diesen oder aber zusätzlich eingreifen kann.

Im weiteren allerdings ist ein wesentlicher Unterschied zwischen Arbeitnehmer und Arbeitgeber, daß für letzteren die Rechtsprechung keine Haftungseinschränkung bei Schäden vorsieht, wie wir sie im Fall des Arbeitnehmers bei durch den Betrieb veranlaßten Tätigkeiten kennengelernt haben. Die Haftungserleichterung für den Arbeitnehmer griff ja letztlich deshalb ein, weil er für jemand anderen arbeitet, ein Argument, für das es (logischerweise) kein Gegenstück auf der Seite des Arbeitgebers gibt.

b) Personenschäden

Personenschäden, die dem Arbeitnehmer bei der Durchführung des Arbeitsverhältnisses entstehen, sind nicht nur ein Gegenstand des Arbeitsrechts, sondern vor allem auch des Sozialversicherungsrechts. Es handelt sich dabei um Arbeitsunfälle, bei denen die berufsgenossenschaftliche Unfallversicherung eintritt, um dem Arbeitnehmer zu helfen. Sie übernimmt die notwendigen Kosten für ärztliche Behandlung, Krankenhaus, damit der gesundheitliche Schaden, soweit es geht, behoben wird. Für den Arbeitnehmer hat dies allerdings auch eine nachteilige Folge:

Da die Arbeitgeber die Beiträge zur berufsgenossenschaftlichen Unfallversicherung allein aufbringen (im Gegensatz zur Kranken-, Renten- und Arbeitslosenversicherung, die von beiden Teilen finanziert werden) kommt das Gesetz dem Arbeitgeber entgegen. Es schaltet in § 636 RVO seine zivilrechtliche Haftung aus, wenn er dem Arbeitnehmer im Zuge der Durchführung des Arbeitsverhältnisses einen Personenschaden zufügt.

Nun könnte man meinen, dies sei für den Arbeitnehmer egal, da er ja die Leistungen der Unfallversicherung hat. Bei diesen fehlt aber das Schmerzensgeld nach § 847 BGB, das der Arbeitnehmer sonst vom Arbeitgeber erhalten könnte und das oft ein doch recht beträchtliches finanzielles Trostpflaster für den erlittenen Schmerz ist.

Mittelbarer Nutzer dieses Haftungsprivilegs für den Arbeitgeber kann, wie wir gesehen haben (oben II. D. 6 d), auch ein Arbeitnehmer sein, der einen Kollegen schädigt (§ 637 RVO).

c) Zurückbehaltungsrecht bei Pflichtverletzungen

Verletzt der Arbeitgeber arbeitsvertragliche Nebenpflichten und entstehen dem Arbeitnehmer dadurch Schäden oder drohen solche zu entstehen, so kann es für ihn unzumutbar sein, unter den gegebenen Bedingungen weiterzuarbeiten.

Wenn also der Arbeitgeber den Anspruch, daß der Arbeitsplatz verletzungssicher gestaltet oder die Zivilkleidung des Arbeitnehmers angemessen geschützt wird, nicht erfüllt, kann dieser sich wiederum auf ein Zurückbehaltungsrecht an seiner Arbeitsleistung (s. dazu auch weiter oben 2 b) nach § 273 I BGB berufen. Dies gilt im übrigen auch dann, wenn nur "immaterielle" Schäden drohen, wenn etwa die "Dauerbeobachtung" durch am Arbeitsplatz montierte Kameras nicht unterbleibt oder wesentliche, persönliche Daten des Arbeitnehmers nicht entsprechend geschützt werden.

Lösungshinweise zu den Fällen 10 und 11:

Fall 10 ("Vom Röntgenstrahl getroffen"):

a) Jedenfalls dann, wenn keine Einwilligung in den konkreten Mithörvorgang vorliegt oder der Arbeitnehmer - in diesem Fall Karl Kanone - nicht wenigstens erkennen kann, daß mitgehört wird, ist das Mithören rechtswidrig. Karl regt sich also zu Recht auf.

Das Verhalten von Karls Vorgesetztem verstößt gegen das verfassungsrechtlich geschützte Persönlichkeitsrecht, dessen Beachtung auch der Arbeitgeber im Arbeitsverhältnis als arbeitsvertragliche Nebenpflicht schuldet. Im Fall des Telefonierens sind nicht etwa nur Privatgespräche, sondern auch Dienstgespräche bis zu einem gewissen Grad geschützt. Allein, daß ein Dienstgespräch geführt wird, schließt die Vertraulichkeit nicht aus bzw. ersetzt umgekehrt noch nicht die Einwilligung zum Mithören. Auch wenn Dienstgespräche durchaus zur Kenntnis des Arbeitgebers bestimmt sind, muß dieser sich dennoch zumindest deutlich bemerkbar machen, wenn er unmittelbar mithören will.

b) Auch die Frage der Aufbewahrung der Personalakte von Betti Arglos, insbesondere, wenn so sensible Gesundheitsdaten darin vorhanden sind, fällt in den Bereich des durch Art. 1 und 2 GG garantierten Persönlichkeitsschutzes. Ein Eingriff in dieses Recht ist gleichzeitig ein Verstoß gegen arbeitsvertragliche Pflichten, soweit der Eingriff nicht durch die Wahrnehmung überwiegend schutzwürdiger Interessen des Arbeitgebers bzw. Betriebes gerechtfertigt ist. Es findet also eine Güter- und Interessenabwägung statt.

Grundsätzlich ergeben sich aus dieser Abwägung einige Spielregeln für den Arbeitgeber, was die Behandlung der Personalakten angeht. Sie dürfen jedenfalls nicht allgemein zugänglich sein, vielmehr muß der Arbeitgeber für die vertrauliche Behandlung durch die Sachbearbeiter Sorge tragen und diesen Kreis der "notwendigen Mitwisser" auch möglichst klein halten.

Sensible Daten, wie es insbesondere die zur Gesundheit sind, müssen auch besonders geschützt werden. Deswegen hat der Arbeitgeber Unterlagen mit Gesundheitsdaten getrennt von den Personalakten und beson-

ders gesichert gegen unzulässige Kenntnisnahme aufzubewahren. Wiederum besonders sensible Daten unter den Gesundheitsdaten, zum Beispiel Angaben über psychische Erkrankungen oder Befunde, die nicht mehr von aktueller Bedeutung sind, wird der Arbeitgeber nur in einem verschlossenen Umschlag innerhalb der Gesundheitsakte rechtlich einwandfrei sichern können. Generelles Ziel dieser abgestuften Sicherheitsmaßnahmen ist es, daß möglichst keine Einblicke in persönliche Daten erfolgen sollten, wo sie für den konkreten Entscheidungsvorgang nicht erforderlich sind.

Danach ist jedenfalls klar, daß der Vermerk über Bettis (zutreffende oder unzutreffende) "abnorme" Persönlichkeitsstruktur in der Personalakte nichts zu suchen hat, die für jede Urlaubsgewährung oder Gehaltserhöhung von den (vielen) Mitarbeitern der Personalverwaltung aufgeschlagen wird. Betti hat also Recht mit dem Verlangen, den Vermerk, zumindest die fragliche Passage aus der Personalakte zu entfernen. Er ist ein Fall für die besser geschützte Gesundheitsakte und dort sogar für den geschlossenen Umschlag, jedenfalls dann, wenn der Arbeitgeber sicher sein will, es richtig zu machen.

Fall 11 ("Ohne Lohn keine Arbeit"):

Siegfried Sauer hat in der Tat nicht gegen den Arbeitsvertrag verstoßen. In der Zurückhaltung der Arbeitsleistung lag keine Pflichtverletzung, weil ein Zurückbehaltungsrecht nach § 273 I BGB gegeben war. Dieses Zurückbehaltungsrecht kann auch (in der Vergangenheit umstritten !) an Arbeitsleistung geltend gemacht werden, obwohl Arbeitsleistung rechtlich generell als nicht nachholbar angesehen wird. Die zu Recht zurückbehaltene Arbeitsleistung geht also dem Arbeitgeber unwiderbringlich verloren, obwohl er Lohn dafür bezahlen muß.

Aufgrund von Siegfrieds fälligem Lohnanspruch, den Moritz nicht erfüllt, ist es nämlich für ihn unzumutbar, weiterzuarbeiten und damit den Kreditgeber für Moritz Schafs Wollfabrik zu spielen.

Voraussetzung für die Ausübung des Zurückbehaltungsrechts ist allerdings, daß der Lohnrückstand nicht nur verhältnismäßig geringfügig und die Verzögerung nicht nur kurzfristig ist. Auch darf durch die Verweigerung der Arbeitskraft zur Unzeit beim Arbeitgeber kein unverhältnismäßig hoher Schaden angerichtet werden. Schließlich greift das Zurückbehaltungsrecht nicht ein, wenn andere Sicherheiten zur Verfügung gestellt werden, Moritz also etwa dem Siegfried seinen Drittwagen verpfänden würde. Die Einschränkungen des Zurückbehaltungsrechts folgen aus dem Grundsatz von Treu und Glauben (§ 242 BGB).

IV. ARBEITNEHMERSCHUTZRECHT

Fall 12: "Urlaub in der Freizeit ?"

In dem Einzelhandelsgeschäft, in dem Susi Pause beschäftigt ist, beträgt die gewöhnliche Arbeitszeit 37 Stunden in der Woche. Für einen Teil der Belegschaft wird nun ein "rollierendes Freizeitsystem" eingeführt. Nach diesem System wird während 26 Wochen im Jahr an 5 Tagen, während 21 Wochen im Jahr an 4 Tagen und während 5 Wochen im Jahr an nur 3 Tagen gearbeitet. Susi findet das System nicht schlecht. Der große Ärger kommt erst, als sie mit ihrem Freund das zweite Mal im Jahr in Urlaub fahren will. Sie ist davon ausgegangen, daß sie 32 Urlaubstage hat, ebenso, wie sie sie früher während der 5-Tage-Woche hatte und wie sie die im alten System noch beschäftigten Kolleginnen und Kollegen haben.

Die Personalabteilung macht aber eine ganz andere Rechnung auf: Nach dem geltenden Manteltarif für den Einzelhandel stünden ihr 36 "Werktage" Urlaub zu. Zusätzlich durch Arbeitsvertrag 2 weitere "Werktage", also insgesamt 38 Urlaubstage. Susi arbeite im Wochendurchschnitt aber nur 4,4041 Arbeitstage. Die zu gewährenden 38 "Werktage" seien deshalb durch 6 zu dividieren - weil die Woche nämlich 6 Werktage habe - und anschließend mit 4,4041 zu multiplizieren. Demnach habe Susi Anspruch auf 27,893 Tage Urlaub im Jahr, aufgerundet 28 Tage und keinen Tag mehr.

Susi ist frustriert. Wenigstens ihre 32 Urlaubstage von früher will sie wieder haben. Wer hat Recht ?

A. Lohnschutz

1. Bezahlte Freistellung von der Arbeit

a) Erholungsurlaub: Dauer und Festlegung

Die Pflicht des Arbeitgebers, dem Arbeitnehmer Urlaub zur Erholung zu gewähren, könnte man auch unmittelbar aus dem Arbeitsvertrag als Nebenpflicht ableiten. In diesem Fall hat sich aber der Gesetzgeber eingeschaltet und einen bestimmten sozialen Standard markiert, indem er durch das Bundesurlaubsgesetz den Mindesturlaub für Arbeitnehmer festlegt. Die dort (§ 3 BUrlG) vorgeschriebenen 3 Wochen Urlaub (der Samstag wird als Werktag betrachtet !) sind allerdings längst durch Tarifverträge und einzelarbeitsvertragliche Regelungen überholt.

Neben den (häufigen) Festsetzungen in Tarifverträgen gilt es auch zu berücksichtigen, daß in Betrieben mit einem Betriebsrat dieser mitwirkt, was zwar nicht die Menge des zu gewährenden Urlaubs, wohl aber die zeitliche Lage betrifft. Schließlich muß irgendwie festgelegt werden, wer von der Belegschaft wann in Urlaub fahren darf, und zwar möglichst so, daß am Ende alle halbwegs zufrieden sind. Will der Arbeitgeber einen Urlaubsplan oder bestimmte Grundsätze für die Verteilung des Urlaubs aufstellen, so braucht er dafür den Betriebsrat (§ 87 I Ziff. 5 BetrVG).

Im übrigen gilt für jede betriebliche Urlaubsplanung, daß die Urlaubswünsche des Arbeitnehmers berücksichtigt werden sollen, wenn nicht unter sozialen Gesichtspunkten vorzugswürdige Urlaubswünsche anderer Arbeitnehmer oder aber dringende betriebliche Belange dem entgegenstehen (§ 7 I BUrlG). Dies schließt allerdings nicht aus, daß der Arbeitgeber (mit Zustimmung des Betriebsrats, falls vorhanden) den Betrieb während der allgemeinen Ferienzeit für einige Wochen ganz schließt, also Betriebsferien einführt.

b) Gefahr des Verfalls, Bezahlung, Abgeltung

Das Gesetz legt (tariflich allerdings abänderbar) auch fest, daß der Urlaubsanspruch erst nach 6-monatiger Wartezeit erworben wird. Ferner finden sich Regeln, wie in den Fällen gerechnet wird, in denen ein Arbeitnehmer nur wenige Monate des Jahres im Betrieb beschäftigt war. Gefährlich für den Arbeitnehmer kann schließlich die Vorschrift in § 7 III 3 BUrlG werden, wonach eine Übertragung des Resturlaubs in das kommende Jahr nur mit der Begrenzung möglich ist, daß der Urlaub in den ersten drei Monaten des Folgejahres genommen werden muß. Diesem "Fallbeil" ist schon mancher Urlaubstag zum Opfer gefallen ! Zu etwas großzügigeren Regelungen in Tarifverträgen vgl. § 47 VII BAT.

Wichtig ist, daß der Urlaub gem. § 1 BUrlG "bezahlter Urlaub" ist. Was man, abgesehen von tariflichen Regelungen, darunter zu verstehen hat, beschreibt § 11 BUrlG näher: Grundsätzlich ist es der fortbezahlte, durchschnittliche Arbeitsverdienst, berechnet aus dem vorangegangenen Vierteljahr. Tarifverträge sehen häufig eine darüber hinausgehende Zuwendung des Arbeitgebers (Urlaubsgratifikation, Urlaubsgeld), manchmal in nicht unbeträchtlicher Höhe vor.

Krankheitstage zählen nicht als Urlaubstage. Eine Abgeltung, also Bezahlung für nicht genommene Urlaubstage, kommt nur in Frage, wenn der Urlaub wegen Beendigung des Arbeitsverhältnisses nicht mehr genommen werden kann (§§ 7 IV, 9 BUrlG).

c) Bildungsurlaub

Längst nicht so selbstverständlich, auch nicht durch Bundesgesetz geregelt, ist die bezahlte Freistellung des Arbeitnehmers für eine gewisse Zeit im Jahr, um sich fortzubilden. Unterschiedlich von Bundesland zu Bundesland wird durch Landesgesetz ein Anspruch auf Bildungsurlaub eingeräumt oder aber nicht: So gibt es in Nordrhein-Westfalen nach dem Arbeitnehmer-Weiterbildungsgesetz des Landes fünf bezahlte Arbeitstage Bildungsurlaub im Jahr, wohingegen ein solcher gesetzlicher Anspruch beispielsweise in Baden-Württemberg und Bayern nicht vorhanden ist. Landesgesetzliche Vorschriften im Bereich des Bildungsurlaubs haben deshalb besondere Bedeutung, weil Tarifverträge in diesem Bereich insgesamt eine deutlich zurückhaltende Tendenz zeigen.

Ein Sonderfall in diesem Zusammenhang ist der Bildungsurlaub für Betriebsratsmitglieder bzw. Jugend- und Auszubildendenvertreter nach dem Betriebsverfassungsgesetz (§ 37 VII BetrVG). Diesem Personenkreis stehen während seiner Amtszeit, die für Betriebsräte vier, für Jugendvertreter zwei Jahre beträgt, ein Bildungsurlaub von drei, in der ersten Wahlperiode vier Wochen zu. Diese allgemeine Form der Fortbildung wird im Betriebsverfassungsgesetz noch einmal unterschieden von den, ebenfalls bezahlten, Freistellungen für konkrete Ausbildungs- und Schulungsveranstaltungen, die für die laufende Arbeit des Betriebsrats erforderlich sind (§ 37 VI BetrVG).

d) Betriebsratstätigkeit

Neben dem gesetzlich verankerten, bezahlten Bildungsurlaub nach § 37 VII BetrVG für Betriebsräte sowie Jugend- und Auszubildendenvertreter finden sich im Betriebsverfassungsgesetz noch weitere Fälle der bezahlten Freistellung von der Arbeit: Es muß sogar gestaffelt nach der Größe des Betriebs (beginnend ab 300 Beschäftigten) eine ebenfalls gestaffelte Anzahl von Betriebsräten bzw. Jugend- und Auszubildendenvertretern vom Arbeitgeber vollständig von ihrer beruflichen Tätigkeit bei Fortzahlung des Entgelts befreit werden (§ 38 BetrVG).

Zwar hat jedes Betriebsratsmitglied nach § 37 II BetrVG schon einen Freistellungsanspruch, soweit dies im Einzelfall zur Erfüllung seiner Aufgaben notwendig ist. Der Gesetzgeber geht aber davon aus, daß insbesondere bei größeren Betrieben Aufgaben in einem Umfang bei den Betriebsräten zusammenkommen, die eine generelle Freistellung einer bestimmten Zahl von ihnen erforderlich machen. (S. zu den Freistellungsansprüchen bei Betriebsratstätigkeit auch im 3. Abschn. I. A. 5).

e) Feiertage

Wird an einem vom Gesetzgeber festgelegten Feiertag nicht gearbeitet, so erhält der Arbeitnehmer nach § 1 Feiertags-Lohnzahlungsgesetz trotzdem Lohn, wie wenn er gearbeitet hätte. Eine ganz andere Frage ist, für welche Arbeitnehmer überhaupt an Feiertagen die Arbeit ausfallen muß und welche nach den gesetzlichen Bestimmungen weiterarbeiten dürfen, insoweit auch durch den Arbeitsvertrag dazu verpflichtet werden können. Hierauf wird im Abschnitt "Arbeitszeitschutz" (unter C) noch kurz einzugehen sein.

2. Krankheit

a) Gesetzliche Grundlagen der Entgeltfortzahlung

Die teilweise unübersichtliche und zersplitterte Gesetzeslage im Arbeitsrecht erreicht einen gewissen (traurigen) Rekord, was die Fortzahlung des Entgelts durch den Arbeitgeber im Fall des erkrankten Arbeitnehmers angeht. Gleiche oder ähnliche Regelungen finden sich für Arbeiter in § 1 Lohnfortzahlungsgesetz, für Angestellte dagegen grundsätzlich in § 616 II BGB, ausgenommen aber wieder Angestellte im kaufmännischen Bereich, für die § 63 HGB, und Arbeitnehmer im gewerblich-technischen Bereich, für die § 133 c GewO gilt. Für Arbeitnehmer aber in den neuen Bundesländern wurden diese Vorschriften (verständlicherweise muß man sagen) nicht übernommen, so daß dort für alle Arbeitnehmer § 115 a des Arbeitsgesetzbuchs der DDR (AGB-DDR) noch gilt, bis der Bundesgesetzgeber für alle Arbeitnehmer der Bundesrepublik eine übersichtlichere gesetzliche Regelung geschaffen hat.

Dabei ist, trotz etwas unterschiedlicher Formulierungen, die Gestaltung, zumindest im wesentlichen, immer die gleiche. Wird der Arbeitnehmer krank, so erhält er vom Arbeitgeber für die Frist von 6 Wochen den Lohn weiterbezahlt. Im Anschluß daran springt die gesetzliche Krankenversicherung, bei der der Arbeitnehmer im Regelfall versichert sein wird, mit der Zahlung von Krankengeld (§§ 44 ff. SGB V) oder die private Versicherung mit ihren Leistungen ein.

b) Voraussetzungen, tarifvertragliche Regelungen

Voraussetzung für die Fortzahlung des Entgelts ist, daß der Arbeitnehmer durch die Krankheit arbeitsunfähig ist. Dieser Zustand muß dem Arbeitgeber unverzüglich, d.h. in den Morgenstunden des ersten Arbeitstages, an dem die Arbeitsunfähigkeit besteht, mitgeteilt, vor Ablauf des dritten Werktags durch eine ärztliche Arbeitsunfähigkeitsbescheinigung nachgewiesen werden.

Die geltenden Gesetze enthalten dabei trotz ihrer beeindruckenden Vielzahl in einzelnen Punkten keine Aussage. Es ist aber zu bedenken, daß in sehr vielen Tarifverträgen und Arbeitsverträgen Krankheitsfall und Lohnfortzahlung noch einmal bis ins einzelne geregelt sind.

c) Die "verschuldete" Krankheit

Aufgenommen haben alle gesetzlichen Vorschriften im übrigen eine Ausnahmeregelung, die Mißverständnisse auslösen kann und gelegentlich Kopfzerbrechen macht: Der Arbeitnehmer darf die Krankheit nicht "verschuldet" haben. Der in diesem Zusammenhang reichlich verunglückte Begriff des Verschuldens wird jedoch keineswegs so interpretiert, wie es in § 276 I BGB eigentlich für das gesamte Zivilrecht festgehalten ist.

Sonst bekäme, weil nämlich durchaus Fahrlässigkeit im Spiel ist, schon der Arbeitnehmer nichts, der bei einer Wanderung vergißt, einen Pullover mitzunehmen und sich deshalb erkältet. Der Arbeitnehmer erhält vielmehr nur dann keine Lohnfortzahlung, wenn er in grober Weise gegen seine eigenen, hier: gesundheitlichen Belange verstößt.

Auch da wird zwar noch, beispielsweise bei Sportverletzungen oder auch bei Suchterkrankungen, ein recht weiter Maßstab angelegt, aber es gibt Grenzen: Wer beim Fußballspielen eine Verletzung erleidet, trotz dringenden Rates des ärztlichen Betreuers weiterspielt und in der Folge arbeitsunfähig wird, hat keinen Anspruch auf Lohnfortzahlung. Ebensowenig beispielsweise ein alkoholabhängiger Arbeitnehmer, der kurz nach einer abgeschlossenen Entziehungskur wieder rückfällig wird.

Allerdings gehen die Betroffenen in diesen Fällen für die ersten 6 Wochen nicht leer aus, vielmehr lebt der Anspruch auf Krankengeld aus der gesetzlichen Krankenversicherung dann schon im Anschluß an die ärztliche Feststellung der Arbeitsunfähigkeit auf.

3. Weitere Fälle persönlicher Verhinderung

a) Kataloge in Tarifverträgen

Der eben behandelte Fall der Krankheit wird in § 616 BGB an sich nur als ein, wenn auch praktisch wichtiger, Unterfall für Situationen allgemein genannt, in denen ein Arbeitgeber für eine verhältnismäßig kurze Zeit durch einen persönlichen Grund, für den er nichts kann oder auf den man doch Rücksicht nehmen sollte, an der Arbeit verhindert ist. Solche Fälle, in denen der Arbeitgeber nicht gleich den Lohn kürzen darf, sind beispielsweise der Tod naher Angehöriger, aber auch eine Eheschließung oder ein Umzug.

Da sich im einzelnen streiten läßt, wann diese Vorschrift des § 616 I BGB eingreift, vor allem, was eine "verhältnismäßig nicht erhebliche Zeit" ist, haben sich Tarifverträge in weitem Umfang dieser Materie angenommen. Sie stellen meist detaillierte Kataloge auf, die sich je nach Geltungsbereich des Tarifvertrags durchaus unterscheiden können. Der BAT sieht beispielsweise in § 52 II beim Tod des Ehegatten eine Arbeitsbefreiung von vier Tagen vor, bei einem Umzug zwei Tage, wohingegen ein Manteltarifvertrag in der Druckindustrie in den genannten Fällen drei Tage bzw. einen Tag festlegt.

b) Pflege eines kranken Kindes

Erwähnenswert wegen einer sich überschneidenden sozialversicherungsrechtlichen Regelung in § 45 SGB V ist der Fall, daß ein Arbeitnehmer ein Kind pflegen muß, er dafür kurzfristig keine andere Pflegeperson finden und deshalb nicht zur Arbeit erscheinen kann. Die Rechtsprechung gewährt in diesen Fällen aufgrund des § 616 BGB bei Kindern unter 8 Jahren einen Anspruch auf 5 Tage bezahlte Freistellung von der Arbeit. Allerdings kann hiervon, auch zu Ungunsten des Betroffenen, in Tarifverträgen abgewichen werden, was nicht selten der Fall ist.

Der Hintergrund: § 45 SGB V gewährt - insoweit deutlich weiter - für den entsprechenden Fall bei Kindern unter 12 Jahren der Pflegeperson ein Pflegekrankengeld und schreibt gleichzeitig einen Anspruch auf (allerdings unbezahlte) Freistellung gegen den Arbeitgeber für die Dauer von 10 Tagen, bei Alleinerziehenden sogar 20 Tagen gesetzlich fest. Diesem unbezahlten Freistellungsanspruch bei gleichzeitigem Bezug von Pflegekrankengeld sollen zwar bezahlte Freistellungsansprüche auf arbeitsrechtlicher Grundlage vorgehen.

Daß diese dann wiederum in Tarifverträgen eingeschränkt oder ausgeschlossen werden, kann nicht verwundern, da der Betroffene ja nicht leer ausgeht. § 52 II 1 BAT gewährt, sozusagen als Antwort auf die sozialversicherungsrechtliche Regelung, einen Anspruch auf 6 Tage unbezahlte Freistellung nur für eben den Fall, daß kein Anspruch nach § 45 SGB V geltend gemacht werden kann.

c) Andere Fälle

In den Regelungsbereich des § 616 I BGB bzw. der an diese Vorschrift anknüpfenden Tarifverträge fallen ferner die Wahrnehmung von öffentlicher Ehrenämtern oder von Wahlrechten, das Ablegen von Prüfungen, Ladung als Zeuge vor Gericht usw.

4. Schutz des Lohns in Zwangsvollstreckung und Konkurs

a) Konkurs und Vergleich

Ist ein Unternehmen nicht mehr instande, seinen Verbindlichkeiten nachzukommen, so findet auf Antrag, den jeder Gläubiger stellen kann, ein Verfahren statt, in dem, soweit es geht, alle Gläubiger befriedigt werden. Dieses Verfahren ist der Konkurs, in den neuen Bundesländern heißt er Gesamtvollstreckung. Im Gegensatz dazu steht die Einzelzwangsvollstreckung, wenn ein einzelner Gläubiger wegen einer ihm zustehenden Forderung die Vollstreckung in bestimmte Vermögenswerte des Schuldners betreibt. Dagegen müssen im Konkurs alle Vermögenswerte des Unternehmens zur Befriedigung der Gläubiger herhalten.

Gerät ein Unternehmen in eine solche finanzielle Schieflage, wird allerdings häufig vorher versucht, ein Vergleichsverfahren durchzuführen, in dem die Gläubiger auf einen Teil ihrer Ansprüche verzichten. Dieses ist, wenn genug Vermögenswerte vorhanden sind, um dem Unternehmen ein Überleben zu ermöglichen, die für die Gläubiger letztlich befriedigendere und für das Unternehmen weniger harte Alternative zum Konkurs. Rein arbeitsrechtlich ist das Vergleichsverfahren allerdings weniger von Bedeutung, da bei seiner erfolgreichen Durchführung die Lohnansprüche der Arbeitnehmer in der Regel gesichert sind.

b) Privilegierung von Lohnansprüchen, Konkursausfallgeld

Dagegen droht dem Arbeitnehmer im Konkursverfahren die Gefahr, daß er nicht alle rückständigen Ansprüche auf Entgelt bezahlt bekommt, weil nicht genug vorhanden ist. Allerdings genießen Lohnansprüche im Konkursverfahren einen gewissen Schutz. Die insofern wichtigste Vorschrift (§ 59 I Ziff. 3 Konkursordnung) besagt, daß Ansprüche der Arbeitnehmer auf Arbeitsentgelt, die sie in den letzten 6 Monaten vor dem Konkurs erworben haben, sogenannte Masseschulden sind. Masseschulden müssen aus der Konkursmasse befriedigt werden, ehe andere Forderungen zum Zug kommen, die häufig nur mit einer sehr geringen Quote befriedigt werden. Allerdings bedeutet die Einstufung der Lohnforderungen aus dem letzten halben Jahr als Masseschulden auch nicht unbedingt, daß die Arbeitnehmer ihr Geld in vollem Umfang erhalten: Wenn nicht genug Mittel da sind, um die Masseschulden voll zu befriedigen, so werden diese Forderungen eben auch nur anteilig beglichen.

Neben dieser Bevorzugung der Lohnforderungen innerhalb des Konkursverfahrens ist noch eine weitere Einrichtung zum Schutz der von einem Konkurs betroffenen Arbeitnehmer zu nennen, nämlich das Konkursausfallgeld. Es wird von den Arbeitsämtern, also der Bundesanstalt für Arbeit bezahlt. Das Arbeitsamt springt für Lohnausfälle infolge eines Konkursverfahrens ein, soweit es die Ansprüche der Arbeitnehmer aus den letzten 3 Monaten vor dem Konkurs betrifft.

Das Arbeitsamt geht aber dabei nur in Vorlage und holt sich, soweit möglich, sein Geld beim Arbeitgeber zurück aufgrund der Ansprüche der Arbeitnehmer, die bei Zahlung von Konkursausfallgeld auf die Bundesanstalt für Arbeit übergehen. Das Konkursausfallgeld ist in den §§ 141 a ff. AFG geregelt.

c) Zwangsvollstreckung gegen den Arbeitnehmer, Lohnpfändung

Kommt der Arbeitnehmer seinerseits bestehenden Verbindlichkeiten nicht nach, bezahlt er etwa die Raten für den Wandschrank nicht, so kann gegen ihn die Zwangsvollstreckung betrieben werden. Diese kann sich auf Immobilien oder auf bewegliches, pfändbares Vermögen des Arbeitnehmers richten, was aber u.U. nicht vorhanden ist. Ein für die Gläubiger interessanter Gegenstand der Zwangsvollstreckung ist deshalb der Lohnanspruch des Arbeitnehmers, der im Wege der Lohnpfändung zur Befriedigung des Gläubigers herangezogen werden kann.

Die Lohnpfändung hat zur Folge, daß der Arbeitgeber, der den Lohn schuldet, diesen grundsätzlich nicht mehr an den Arbeitnehmer, sondern nur noch an den Dritten, den Gläubiger, der die Pfändung betrieben hat, ausbezahlen darf. Das läßt die Rechtsordnung aber nicht in vollem Umfang zu, da sonst der Arbeitnehmer auf Sozialhilfe angewiesen wäre - mit der Folge, daß die Lust an der Arbeit, von der der Arbeitnehmer nichts mehr hätte, absinken könnte. Die Logik des Gesetzgebers geht deshalb dahin, dem Arbeitnehmer, dessen Lohn gepfändet ist, jedenfalls einen Betrag zum Leben zu belassen, der über den Leistungen liegt, die der Arbeitnehmer von der Sozialhilfe bekommen würde.

d) Schutz durch die ZPO

Die Zivilprozeßordnung (ZPO), in der die Zwangsvollstreckung geregelt ist, erklärt deshalb Teile des Lohns nach §§ 850 a ff. ZPO für nicht oder nur unter besonderen Umständen pfändbar. Vor Pfändung geschützt sind danach beispielsweise Teile der Überstundenvergütung oder des Weihnachtsgelds, Urlaubsgeld, Aufwandsentschädigungen und manche Zulagen; unter erschwerten Voraussetzungen pfändbar sind beispielsweise Unterhaltsrenten oder Unterstützungszahlungen privater Krankenkassen.

Für das Krankengeld der gesetzlichen Krankenversicherung ist § 54 SGB I zu beachten, der Sonderregelungen für die Pfändung von Sozialleistungen schafft. Danach ist das Krankengeld nur unter besonderen Voraussetzungen, also bedingt pfändbar, während der Anspruch auf Erziehungsgeld überhaupt nicht gepfändet werden kann.

Im übrigen gelten nach § 850 c ZPO Pfändungsgrenzen, die von der Höhe des Einkommens, aber auch von der Zahl der Personen abhängen, denen der Schuldner Unterhalt zu leisten hat und es auch tatsächlich tut. Die Werte aus der nicht unkomplizierten Berechnung sind in einer Tabelle zu § 850 c ZPO enthalten. Danach ist beispielsweise bei einem Schuldner ohne Unterhaltsverpflichtungen der Lohn unter 1.220,00 DM unpfändbar, wohingegen ein Schuldner, der 5 Personen unterhält, erst ab einem Betrag von 3.100,00 DM der Pfändung ausgesetzt ist.

Wird umgekehrt allerdings gegen den Schuldner ein Unterhaltsanspruch geltend gemacht, so gibt es wiederum eine besondere Berechnung nach § 850 d ZPO, bei der der pfändungsfreie Betrag in der Regel unterhalb des sich aus der Tabelle ergebenden Betrags liegt.

B. Schutz des Arbeitsplatzes

1. Erziehungsurlaub

Anders als der gesetzlich vorgeschriebene oder vereinbarte Erholungsurlaub ist der Erziehungsurlaub nach den §§ 15 ff. BErzGG keine Freistellung unter Fortzahlung des Arbeitsentgelts, sondern es wird nur der Arbeitsplatz des betroffenen Arbeitnehmers bzw. der betroffenen Arbeitnehmerin durch ein Kündigungsverbot in § 18 BErzGG geschützt.

Personensorgeberechtigte, die ihr Kind selbst betreuen und erziehen, können den Erziehungsurlaub bis zur Vollendung des dritten Lebensjahres des Kindes in Anspruch nehmen, wobei allerdings der andere Elternteil nicht gleichzeitig Erziehungsurlaub beanspruchen darf. Den Personensorgeberechtigten sind unter anderem auch Adoptiveltern, Pflegeeltern, die eine Adoption vorbereiten und leibliche Eltern ohne Sorgerecht gleichgestellt. Eine Teilzeitarbeit während des Erziehungsurlaubs ist möglich, allerdings in den Grenzen des § 2 BErzGG (max. 19 Stunden wöchentlich und in der Regel nur bei dem Arbeitgeber, der den Erziehungsurlaub gewährt, § 15 IV BErzGG).

Der Erziehungsurlaub ist in engem Zusammenhang zu sehen mit dem Erziehungsgeld, das bis zur Vollendung des zweiten Lebensjahres des Kindes nach Bundesrecht bezahlt wird, allerdings ab dem siebten Lebensmonat des Kindes von Einkommensgrenzen abhängig ist. Im Anschluß daran gibt es in einzelnen Bundesländern noch auf landesrechtlicher Grundlage ein ähnliches Erziehungsgeld.

Der Erziehungsurlaub muß mindestens 4 Wochen vor dem beabsichtigten Antritt verlangt werden, damit der Arbeitgeber planen kann. Möglich ist auch ein Wechsel unter den Berechtigten (§ 16 BErzGG).

2. Wehr- und Zivildienst

Insoweit vergleichbar dem Erziehungsurlaub, ordnet für Wehrpflichtige das Arbeitsplatzschutzgesetz, für Zivildienstleistende der auf das Arbeitsplatzschutzgesetz verweisende § 78 I Ziff. 1 Zivildienstgesetz an, daß das Arbeitsverhältnis während der Wehr- oder Zivildienstzeit (lediglich) ruht. Das gleiche gilt für Wehrübungen. Ausgeschlossen ist auch eine Kündigung aus Anlaß der Einberufung, wobei allerdings Kleinbetrieben mit höchstens 5 Beschäftigten eine Kündigungsmöglichkeit eröffnet wird, sofern der Arbeitnehmer unverheiratet ist und länger als 6 Monate nicht zur Verfügung steht.

Der Schutz für Wehr- und Zivildienstleistende geht allerdings nicht so weit, daß sie genau auf demselben Arbeitsplatz weiterbeschäftigt werden müssen wie zuvor. Aber es dürfen ihnen keine beruflichen oder betrieblichen Nachteile entstehen (§ 6 ArbPlSchG), so daß auf jeden Fall ein gleichwertiger Arbeitsplatz, auch im Hinblick auf die betriebliche Hierarchie, angeboten werden muß.

C. Arbeitszeitschutz

1. Hintergrund der gesetzlichen Neuregelung

Die zulässigen Arbeitszeiten in den Betrieben, aber auch die zulässige Arbeit an Sonn- und Feiertagen hat der Gesetzgeber 1994 mit dem Arbeitszeitgesetz (ArbZG) auf eine neue Grundlage gestellt. Diese notwendige Reform erklärt sich vor dem Hintergrund einer Entwicklung, in der einerseits die Tarif- und Arbeitsverträge dem gesetzlichen Arbeitszeitrecht weit "enteilt" waren und dieses in erheblichen Teilen gegenstandslos machten, weil sie ohnehin bessere Bedingungen für die Arbeitnehmer vorsahen. Andererseits erwiesen sich einige durch die alte Arbeitszeitordnung und die Regelungen der Gewerbeordnung zur Arbeit an Sonn- und Feiertagen gesetzten Zwangspunkte doch als entscheidende Hindernisse.

Es geht dabei um die von Arbeitgeberseite mit Nachdruck betriebene Verlängerung der Maschinenlaufzeiten. Diese Verlängerung kommt, gerade auch tarifpolitisch betrachtet, als Gegengewicht oder Kompensation für die verkürzten Arbeitszeiten der einzelnen Arbeitnehmer in Frage. Vor allem hat sich die fortgeschrittene Rationalisierung in den Betrieben in der Weise ausgewirkt, daß das Interesse wächst, die teueren Maschinen am Laufen zu halten, das heißt, deren Laufzeit von der Arbeitzeit der Menschen zunehmend abzukoppeln.

2. Flexible Arbeitszeiten möglich

Für entsprechende, meist unter dem Oberbegriff "Flexibilisierung der Arbeitszeit" diskutierten (und häufig schon praktizierten) Arbeitszeitregelungen in den Betrieben stellt das nunmehr gültige Arbeitszeitgesetz kein Hindernis mehr dar. Bei der Beurteilung seiner Auswirkungen in der Praxis ist die reichlich komplizierte Gesetzgebungstechnik zu beachten, mit der zwar in wesentlichen Schwerpunktbereichen grundsätzliche Regelungen an den Anfang gestellt, im weiteren aber erhebliche Ausnahmen und Abweichungen ermöglicht werden.

Schwerpunktbereiche sind die Arbeitszeit-, Pausen- und Ruhezeitenregelungen selbst, ferner besondere Festsetzungen für Nacht- und Schichtarbeit, nicht zuletzt aber die Zulässigkeit der Arbeit an Sonn- und Feiertagen. Hinsichtlich der Arbeitszeit werden 8 Stunden als Grenze (in § 3 ArbZG) festgelegt, 10 Stunden dürfen es im Höchstfall sein, wenn die durchschnittliche 8-stündige Arbeitszeit innerhalb von 6 Monaten oder 24 Wochen wieder erreicht wird.

Auf einer ersten Stufe der Modifikation läßt sich diese Grundregel allerdings in erheblichem Umfang durch Tarifverträge oder aufgrund von Tarifverträgen abgeschlossene Betriebsvereinbarungen verändern (§ 7 ArbZG). Dies gilt insbesondere etwa dann, wenn in der Arbeitszeit (bloße) Arbeitsbereitschaft enthalten ist; es werden aber auch bestimmte Tätigkeitsbereiche, wie etwa die Landwirtschaft oder die Behandlung, Pflege und Betreuung von Personen für eine abweichende, der Eigenart des jeweiligen Bereichs angepaßte Regelung freigegeben.

Schließlich hat auf einer weiteren Ebene noch die Aufsichtsbehörde die Möglichkeit, abweichende längere Arbeitszeiten zu bewilligen, etwa auf Bau- und Montagestellen oder bei kontinuierlichem Schichtbetrieb zur Erreichung zusätzlicher Freischichten (§ 15 ArbZG).

Bei der Nachtarbeit finden sich die Ausnahmen von der ebenfalls grundsätzlich 8-stündigen Dauer zwar enger gefaßt, aber auch hier sind die Möglichkeiten der Abweichung insgesamt beträchtlich, was Dauer der Arbeit und Durchführung des Zeitausgleichs für die Verlängerung angeht.

3. Sonn- und Feiertagsarbeit

Ähnlich wie im Fall der Arbeitszeit ergeht es auch dem grundsätzlichen Verbot der Arbeit an Sonn- und Feiertagen (§ 9 I ArbZG) so, daß es in zahlreichen Fällen von vornherein nicht gilt oder aber durch Tarifverträge und Betriebsvereinbarungen, schließlich wiederum durch die Aufsichtsbehörde letztlich doch außer Kraft gesetzt werden kann. Im Grunde verliert sich dieses Verbot nahezu bis zur Unkenntlichkeit, weshalb sich die Mühe nicht lohnt, Ausnahmetatbestände oder Modifikationsmöglichkeiten aufzuzählen.

Letztlich kommt es für die Aufhebung des Verbots auf recht allgemeine Kriterien an. So hat nach einer (bis zuletzt politisch allerdings umstrittenen) Regelung in § 13 V ArbZG die Aufsichtsbehörde "die Beschäftigung von Arbeitnehmern an Sonn- und Feiertagen zu bewilligen, wenn bei einer weitgehenden Ausnutzung der gesetzlich zulässigen wöchentlichen Betriebszeiten und bei längeren Betriebszeiten im Ausland die Konkurrenzfähigkeit unzumutbar beeinträchtigt ist und durch die Genehmigung von Sonn- und Feiertagsarbeit die Beschäftigung gesichert werden kann".

Als "handfestes" Kriterium bleibt in diesem Fall nicht viel mehr übrig, als daß der Betrieb unter der Woche die Möglichkeiten des Arbeitszeitgesetzes (weitgehend) ausschöpfen muß, um auch an Sonn- und Feiertagen weiterarbeiten zu können.

Mit anderen Worten: Die Aufgabe, Flexibilisierung der Arbeitszeiten zu ermöglichen, wurde vom Gesetzgeber gründlich gelöst. Es bleibt zu hoffen, daß entsprechende wirtschaftliche Vorteile von den Unternehmen und Betrieben durch die neuen, möglichen Arbeitszeiten auch tatsächlich realisiert werden können.

4. Außergewöhnliche Fälle

Einen Hinweis verdient schließlich die (in ähnlicher Form auch im früheren Recht enthaltene) Vorschrift des § 14 ArbZG für "außergewöhnliche Fälle". Sie behandelt zu einem nicht unwesentlichen Teil Situationen, in denen die Arbeitnehmer auch aufgrund der ihnen nach Treu und Glauben (§ 242 BGB) auferlegten arbeitsvertraglichen Nebenpflichten ohnehin "nicht auf die Uhr schauen" dürften. So etwa, wenn Rohstoffe zu verderben, Arbeitsergebnisse zu mißlingen drohen, Nichterledigung einer Arbeit unverhältnismäßigen Schaden zur Folge hätte.

Fall 13: "Trotz guter Hoffnung schlechte Laune"

Die Blumenverkäuferin Brunhilde Stark wird schwanger und legt ihrem Arbeitgeber ein entsprechendes Attest vor. Tags darauf ergibt es sich, daß die Chefin sie wegen einer geringfügigen Unterschlagung zur Rede stellt, die ein im Laden mithelfender Junge gesehen hatte. Brunhilde ergreift darauf ein Beil, geht auf den Jungen los, der sich gerade noch in Sicherheit bringen kann, droht anschließend der Chefin mit dem Beil, bis sie es schließlich sich mit Gewalt entwinden läßt. Am nächsten Tag streitet sie erneut mit der Frau des Inhabers, dem selbst Herzugeeilten schleudert sie - der Fall, Entschuldigung, ist authentisch - die Worte entgegen: "Halten sie ihre Schnauze, sie bekloppter Heini, sie sind so doof wie Scheiße, sie Idiot, sie Blödmann, sie Schlot !"

Der Chef entläßt Brunhilde fristlos, beim Hinausgehen schlägt sie Blumen und Töpfe zu Bruch (unter weiteren Beschimpfungen). Am nächsten Tag meldet sie sich trotzdem zum Arbeitsantritt. Eine weitere Beschäftigung wird ihr aber verweigert. Brunhilde geht wieder, unter neuen Zerstörungen und Beschimpfungen, von außen noch ans Fenster trommelnd.

Ist die Kündigung wirksam ?

D. Schutz besonders gefährdeter Personengruppen

1. Mütter und werdende Mütter

a) Beschäftigungsverbote, Gestaltung des Arbeitsplatzes

Das Mutterschutzgesetz enthält eine Reihe von Beschäftigungsverboten. Am klarsten formuliert sind sie in den §§ 3 II und 6 I MuSchG, die eine Beschäftigung in den letzten 6 Wochen vor der Entbindung und 8 Wochen danach (bei Früh- und Mehrlingsgeburten 12 Wochen) verbieten.

Darüber hinaus gibt es aber eine ganze Reihe weiterer Beschäftigungsverbote, die für werdende, stillende oder noch nicht wieder voll leistungsfähige Mütter im Einzelfall zu beachten sind. Generelle Regel ist, daß Leben oder Gesundheit von Mutter und Kind durch die Beschäftigung nicht gefährdet werden dürfen (§ 3 I MuSchG). § 4 MuSchG bringt eine detaillierte Beschreibung einzelner Beschäftigungen, bei denen der Gesetzgeber solche Gefahren sieht, zum Beispiel Fließbandarbeit oder das Heben schwerer Lasten.

Auch bei der Gestaltung des Arbeitsplatzes muß auf die Bedürfnisse der werdenden oder stillenden Mutter Rücksicht genommen werden (§ 2 MuSchG).

b) Besonderer Arbeitszeitschutz

§ 8 MuSchG bringt ein weitgehendes Verbot der Beschäftigung werdender und stillender Mütter in der Nacht oder an Sonn- und Feiertagen. Aber auch hiervon gibt es Ausnahmen für die Landwirtschaft und die Gastronomie.

c) Schutz des Lohns, Mutterschaftsgeld

Kann eine Mutter bzw. werdende Mutter wegen der im Mutterschutzgesetz festgelegten Beschäftigungsverbote nicht oder nur eingeschränkt arbeiten, so wird sie vom Einkommen her doch so gestellt, wie es vor diesen Einschränkungen der Fall war. Dabei findet eine Verteilung der Lasten zwischen der Sozialversicherung und dem Arbeitgeber statt, wobei sich materiell recht erhebliche Pflichten des letzteren ergeben. Von daher kann es nicht erstaunen, wenn bei den Arbeitgebern (leider) gelegentlich die Neigung besteht, der Beschäftigung von jüngeren Frauen auszuweichen.

Für die Zeit von 6 Wochen bzw. 8 Wochen nach der Geburt (§§ 3 II und 6 I MuSchG) bekommt die betroffene Arbeitnehmerin Mutterschaftsgeld von der Krankenkasse oder, wenn sie dort nicht Mitglied ist, eine den Leistungen der Krankenversicherung entsprechende Unterstützung vom Staat. Das Mutterschaftsgeld beträgt aber höchstens 25,00 DM am Tag; den Rest, das heißt die Differenz zum bisherigen Einkommen muß der Arbeitgeber (oder der Staat) als Zuschuß aufzahlen (§§ 13, 14 MuSchG, 200 RVO).

In allen anderen Fällen eingeschränkter oder ausgeschlossener Beschäftigung für Mütter oder werdende Mütter, von denen das Mutterschutzgesetz, wie wir gesehen haben, eine ganze Reihe kennt, muß der Arbeitgeber ohne Beteiligung der Sozialversicherung das bisherige Entgelt als Mutterschutzlohn fortzahlen (§ 11 MuSchG).

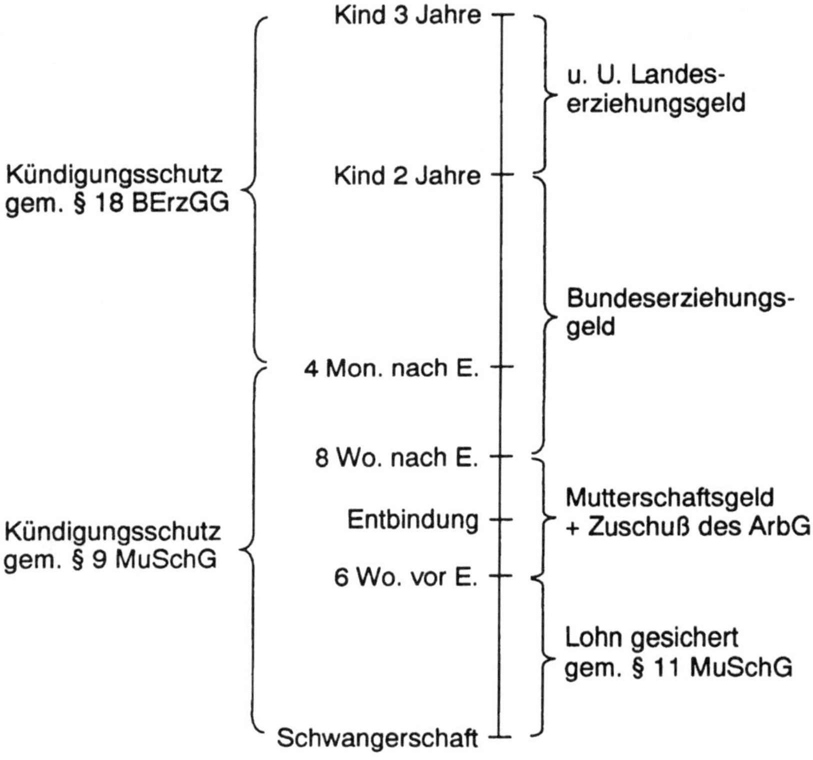

Abbildung 10: Kündigungsschutz und materielle Sicherung
bei Mutterschaft

d) Kündigungsschutz

Während der Schwangerschaft und 4 Monate danach genießt die Frau nach § 9 MuschG den wohl stärksten Kündigungsschutz, den das Arbeitsrecht kennt. Sowohl die ordentliche als auch die außerordentliche Kündigung, gleich aus welchen Gründen, sind ausgeschlossen. Eine Ausnahme gibt es nur, wenn nach § 9 III MuSchG eine (durch Landesrecht benannte) staatliche Stelle zustimmt. Dies wird aber, dem insgesamt klaren Willen des Gesetzgebers zur Erhaltung des Arbeitsplatzes in § 9 MuSchG folgend, nur in seltenen Fällen geschehen, in denen der Grund der Kündigung nichts mit der Schwangerschaft zu tun hat, etwa die Aufgabe des Betriebes.

Eine mögliche Verlängerung des Kündigungsschutzes ergibt sich, wenn die Arbeitnehmerin (dies kann allerdings auch zum Beispiel ihr Ehepartner bzw. der andere Elternteil tun !) die bereits weiter oben (unter B. 1) besprochene Möglichkeit des Erziehungsurlaubs in Anspruch nimmt. Dann ist die Kündigung weiterhin nach § 18 BErzGG bis zum Ende des Erziehungsurlaubs, also höchstens der Vollendung des dritten Lebensjahrs des Kindes ausgeschlossen.

2. Jugendliche

a) Gesetze zum Schutz der Jugend

Jugendliche, natürlich Kinder eingeschlossen, werden in unserer Gesellschaft in verschiedener Hinsicht durch Rechtsvorschriften geschützt, vor allem durch das Gesetz zum Schutz der Jugend in der Öffentlichkeit, das Gesetz gegen jugendgefährdende Schriften und das im Zusammenhang des Arbeitsrechts bedeutsame Gesetz zum Schutz der arbeitenden Jugend (Jugendarbeitsschutzgesetz).

b) Beschäftigungsverbote

§ 2 Jugendarbeitsschutzgesetz (JArbSchG) unterscheidet zwischen Kindern unter 14 Jahren und Jugendlichen von 14 - 17 Jahren. Die Beschäftigung von Kindern ist weitestgehend verboten, sofern sie nicht im Rahmen einer Therapie, der Schulausbildung oder aufgrund einer richterlichen Weisung erfolgt.

Erst wenn Kinder das 13. Lebensjahr vollendet haben (also 13 Jahre alt sind) dürfen sie als Zeitungsausträger oder Balljungen beim Sport 2 Stunden täglich (sonst müßten Stich, Becker und Co. ihre Bälle selbst aufheben), im heimischen landwirtschaftlichen Betrieb und in der Ernte bis zu 3 Stunden täglich arbeiten. Daneben - weil es sonst keine "Kinderstars" gäbe und die Werbung für Babynahrung in Schwierigkeiten käme - kennt das Gesetz Ausnahmegenehmigungen für den Einsatz von Kindern bei Theater- und Musikaufführungen, Filmaufnahmen u.ä. (§ 5 JArbSchG).

Für Jugendliche wird der Rahmen möglicher Beschäftigung schrittweise erweitert. So dürfen 14-jährige (Schulabschluß vorausgesetzt) im Berufsausbildungsverhältnis und auch sonst in bestimmtem Umfang beschäftigt werden. Ist ein Jugendlicher bzw. eine Jugendliche 15 Jahre alt, so darf er bzw. sie (wie alle Jugendlichen) dennoch nicht mit einer Reihe von Aufgaben beschäftigt werden, die in den §§ 22 ff. JArbSchG aufgezählt sind, beispielsweise mit Unfallgefahren oder besonderen gesundheitlichen Belastungen verbundene Arbeiten oder Akkordarbeiten.

c) Arbeitszeiten und Urlaub

Das Jugendarbeitsschutzgesetz (§ 8) legt eine 8-Stunden-Grenze für den Arbeitstag des Jugendlichen fest, die auch in Ausnahmefällen, zum Beispiel beim "Hereinarbeiten" zusätzlicher, freier Tage, nur auf 8 1/2 Stunden erweitert wird.

Jugendliche dürfen nachts (ab 20 Uhr bis 6 Uhr) nicht beschäftigt werden (§ 14 I JArbSchG), wovon es jedoch etliche, durch branchenspezifische Gegebenheiten bedingte Ausnahmen größeren oder geringeren Umfangs gibt. Sie betreffen die Gastronomie, Schichtarbeit, Landwirtschaft sowie die Bäckereien. Gerade die Arbeitszeit der Jugendlichen in Bäckereien gab immer wieder einmal Anlaß zu Streit zwischen Arbeitgebern, Gewerkschaft und Behörden:

Würde man § 14 I JArbSchG in diesem Fall unverändert anwenden, so könnte kein Jugendlicher in der Ausbildung zusehen, wie ein Brötchen gebacken wird, denn um 6 Uhr morgens haben die Bäcker die Produktion schon weitestgehend erledigt. Das Gesetz läßt deshalb in diesem Fall die Beschäftigung von Jugendlichen ab 5 Uhr, wenn sie über 17 Jahre alt sind, ab 4 Uhr zu (§ 14 II Ziff. 4, III JArbSchG).

Ferner gibt es für Jugendliche vorgeschriebene Ruhepausen (§ 11 JArbSchG). Die 5-Tage-Woche wird ebenfalls festgeschrieben, wobei ausgedehnte Verbote der Arbeit an Samstagen und Sonntagen dafür sorgen, daß das Wochenende frei ist. Ausnahmen gelten wiederum für Krankenanstalten, Alten-, Pflege- und Kinderheime, für die Gastronomie oder Landwirtschaft.

Was schließlich den Urlaub angeht, so haben Jugendliche einen gegenüber den entsprechenden, gesetzlichen Vorschriften für Erwachsene erhöhten Anspruch auf Urlaub (soweit nicht auch in diesem Fall Tarifverträge das Gesetz überholt haben). Vergleiche zu alledem §§ 15 ff. JArbSchG.

d) Besonderer Gesundheitsschutz, weitere Pflichten des Arbeitgebers

Daß Jugendliche durch die Arbeit an ihrer Gesundheit Schaden erleiden, soll (über die für alle Arbeitnehmer geltenden Schutzvorschriften hinaus) durch ärztliche Untersuchungen vor der Einstellung und nach einem Jahr der Beschäftigung verhindert werden. Weitere Nachuntersuchungen haben stattzufinden, wenn der Arzt sie angeordnet hat, §§ 32 ff. JArbSchG.

Aber auch andere Vorschriften des Jugendarbeitsschutzgesetzes machen deutlich, daß der Arbeitgeber insgesamt seinen Teil zur körperlichen, seelischen und schulischen Entwicklung des jugendlichen Arbeitnehmers beizutragen hat. Dies fängt bei der entsprechenden Gestaltung des Arbeitsplatzes an, betrifft die Abgabe von Alkohol und Tabak, allerdings recht unzulänglich geregelt, umfaßt im übrigen auch ein Züchtigungsverbot, wichtig schließlich die Pflicht, den Jugendlichen zum Besuch der Berufsschule freizustellen (§ 9 JArbSchG).

Damit ein wirksamer Vollzug dieser und anderer Vorschriften des Jugendarbeitschutzgesetzes gesichert ist, treffen den Arbeitgeber im übrigen Verpflichtungen, das Gesetz selbst, die zuständige Aufsichtsbehörde, die für Jugendliche geltende Arbeitszeit - einschließlich der Pausenregelung - im Betrieb so auszuhängen und bekanntzumachen, daß die Durchführung jedenfalls nicht an mangelnder Aufklärung der Belegschaft scheitern soll (§ 47 ff. JArbSchG).

3. Schwerbehinderte

a) Wer ist schwerbehindert ?

Um die Chancen behinderter Menschen auf eine Integration in das Arbeitsleben zu erhöhen, hat der Gesetzgeber im Schwerbehindertengesetz (SchwbG) einige für das Arbeitsrecht wichtige Regeln aufgestellt. Eine Behinderung im Sinne dieses Gesetzes muß auf einem regelwidrigen körperlichen, geistigen oder seelischen Zustand beruhen, der sich in Form einer Funktionsbeeinträchtigung dauerhaft auswirkt. Altersbedingte Funktionsbeeinträchtigungen bleiben dabei außer Betracht.

Das Ausmaß der Beeinträchtigung wird ausgedrückt im Grad der Behinderung (GdB), den die Versorgungsämter mit einem Wert zwischen 20 und 100 festsetzen. Beträgt der Grad mehr als 50, so fällt der bzw. die Betroffene ohne weiteres unter das Schwerbehindertengesetz. Beträgt er mehr als 30, so kann beim zuständigen Arbeitsamt ein Verfahren vom Betroffenen betrieben werden zur Gleichstellung mit einem Schwerbehinderten, wenn im Einzelfall aufgrund der bestehenden Behinderung ganz besondere Schwierigkeiten der Integration ins Arbeitsleben bestehen.

b) Beschäftigungspflicht

Der Arbeitgeber muß auf 6 % der Arbeitsplätze Schwerbehinderte beschäftigen - die Beschäftigungspflicht beginnt (weil sich ab dieser Zahl ein voller Arbeitsplatz ergibt) bei einer Betriebsgröße von mindestens 16 Beschäftigten (§ 5 I SchwbG). Unter diesen im Rahmen der Pflichtquote Beschäftigten sollen "in angemessenem Umfang" auch Menschen mit besonders schwerwiegenden Beeinträchtigungen berücksichtigt werden (§ 6 SchwbG) - eine Vorschrift, die allerdings nicht nur von der Maßgabe her unklar ist, sondern für den Fall, daß der Arbeitgeber dieser Verpflichtung nicht nachkommt, auch keine besondere Folge nennt.

Allerdings kann gerade in diesen Fällen durch eine Mehrfachanrechnung (§ 10 SchwbG) ein Anreiz für den Arbeitgeber geschaffen werden: Nach Zulassung des Arbeitsamts im Einzelfall darf er Schwer- und Schwerstbehinderte, deren Eingliederung besonders schwierig ist, auf bis zu drei Pflichtplätze anrechnen, eine vergleichbare Anrechnungsmöglichkeit besteht auch für Schwerbehinderte, die zur Ausbildung beschäftigt werden.

c) Ausgleichsabgabe

Bleiben aber bei einem Arbeitgeber rechnerisch nicht besetzte Pflichtplätze übrig - und das ist leider in den meisten Betrieben, auch der öffentlichen Hand, der Fall - dann muß der Arbeitgeber eine Ausgleichsabgabe von derzeit 200,00 DM pro Monat und nicht besetzten Platz bezahlen. Dieses Geld wird wiederum von der Hauptfürsorgestelle als der zuständigen Behörde verwendet für Maßnahmen, die der Eingliederung Behinderter in das Erwerbsleben dienen (§ 31 III SchwbG).

Finanzielle Zuwendungen, etwa für technische Hilfen oder die Ausstattung einer Wohnung, können dabei auch an Behinderte wie an Arbeitgeber fließen, die mit besonderem Aufwand einen Arbeitsplatz für einen behinderten Arbeitnehmer einrichten. Neben den Hauptfürsorgestellen sollen auch die Landesarbeitsämter (§ 14 III 4 SchwbG) durch Förderungsmaßnahmen gegenüber dem Arbeitgeber die behindertengerechte Einrichtung des Betriebs und einer ausreichenden Anzahl von Arbeitsplätzen erleichtern.

d) Kündigungsschutz: Zweischneidig ?

Ein besonderer Kündigungsschutz für Schwerbehinderte ist einerseits sicher sinnvoll, weil sie auch in dieser Hinsicht das schwächste Glied der Kette darstellen, also eher als andere Arbeitnehmer einmal einer Kündigung ausgesetzt sein dürften. Andererseits kann auch gerade der verstärkte Kündigungsschutz der Grund sein, weshalb viele Betriebe lieber Geld in Form der Ausgleichsabgabe bezahlen, statt Schwerbehinderte zu beschäftigen.

e) Zustimmung der Hauptfürsorgestelle vor Kündigung

Der Kündigung eines bzw. einer Schwerbehinderten muß, gleich ob ordentlich oder außerordentlich gekündigt wird, die Hauptfürsorgestelle zustimmen. Sie hat dabei im Einzelfall die Interessen des Betroffenen gegen diejenigen des Arbeitnehmers abzuwägen. In ihrer Entscheidung ist sie allerdings eingeschränkt durch einige gesetzliche Hinweise in § 19 SchwbG, die sich v.a. auf Stillegungen oder wesentliche Betriebsreduzierungen beziehen.

Insgesamt gilt der Kündigungsschutz für Schwerbehinderte, der in §§ 15 ff. SchwbG geregelt ist, aber nicht, wenn das Arbeitsverhältnis erst 6 Monate oder kürzer gedauert hat, sowie, unter bestimmten Voraussetzungen, auch nicht für Arbeitnehmer, die das 58. Lebensjahr vollendet haben (§ 20 SchwbG). Erteilt werden soll die Zustimmung im Fall der außerordentlichen Kündigung, falls sie aus einem Grund erfolgt, der nicht im Zusammenhang mit der Behinderung steht (§ 21 IV SchwbG).

Die Zustimmung der Hauptfürsorgestelle muß vor der Kündigung vorliegen, sonst ist diese unwirksam. Bei einer ordentlichen Kündigung soll die Hauptfürsorgestelle innerhalb von 4 Wochen entscheiden, bei der außerordentlichen muß sie es innerhalb von 2 Wochen. Um die Rechtmäßigkeit der erteilten bzw. verweigerten Zustimmung können Arbeitgeber und Arbeitnehmer in einem besonderen Verfahren vor dem Verwaltungsgericht streiten. Das Arbeitsgericht dagegen ist an die behördliche Entscheidung oder die des Verwaltungsgerichts hinsichtlich der Zustimmung praktisch gebunden.

Nach Erteilung der Zustimmung muß der Arbeitgeber bei der ordentlichen Kündigung eine Frist von mindestens 4 Wochen - sofern keine längere tarifliche Frist besteht - einhalten. Zu beachten sind aber unter Umständen von ihm zuvor auch noch weitere Anhörungspflichten, nämlich einerseits die des Betriebsrats, falls vorhanden, andererseits die der Schwerbehindertenvertretung.

f) Schwerbehindertenvertretung

Die Schwerbehindertenvertretung (§ 24 SchwbG) muß in Betrieben, in denen mindestens 5 Schwerbehinderte beschäftigt sind, gewählt werden, und zwar in Gestalt eines Vertrauensmanns bzw. einer Vertrauensfrau für die Schwerbehinderten. Die umfassende Wahrnehmung der Interessen der Schwerbehinderten im Betrieb umfaßt auch die Anhörung bei Kündigung (§ 25 II SchwbG).

g) Weitere Pflichten des Arbeitgebers, Urlaub

Die Pflicht zur Rücksichtnahme auf Belange des Arbeitnehmers, die in jedem Arbeitsverhältnis eine Reihe vertraglicher Nebenpflichten begründet, hat bei der Beschäftigung behinderter Menschen verständlicherweise besonderes Gewicht. So betont § 14 II SchwbG die Pflicht des Arbeitgebers, den Schwerbehinderten so zu beschäftigen, daß er sich fortentwickeln kann, sowie ihn bei Maßnahmen der beruflichen Bildung bevorzugt zu berücksichtigen. Er muß auch laufend prüfen, ob es Arbeitsplätze gibt, die mit Schwerbehinderten besetzt werden können (§ 14 I SchwbG).

Die Pflicht zur Urlaubsgewährung, deren Erfüllung schon in Bezug auf nicht behinderte Arbeitnehmer durch das Bundesurlaubsgesetz gesichert ist, besteht bei Schwerbehinderten in besonderem Umfang: Nach § 47 SchwbG erhalten sie einen Zusatzurlaub von 5 Tagen.

Lösungshinweise zu den Fällen 12 und 13:

Fall 12 ("Urlaub in der Freizeit ?") :

Es sieht schlecht aus für Susi Pause: Nach Tarifvertrag und Arbeitsvertrag ist ihr Urlaub auf "Werktage" bezogen, und davon hat die Woche (nach wie vor) sechs. Diese Bezugnahme geht zumindest für den

Einzelhandel auch in Ordnung, weil in dieser Branche, den Ladenöffnungszeiten entsprechend, tatsächlich auch 6 Tage in der Woche gearbeitet wird.

Verkürzt sich aber - so ein Rechtsgrundsatz zum Urlaubsrecht - die tatsächliche Arbeitszeitverpflichtung in der Woche auf weniger Tage als auf die volle Anzahl, auf die der Urlaub berechnet ist (in diesem Fall 6 Werktage), dann ist der Urlaubsanspruch diesen Verhältnissen anzupassen. Mit anderen Worten, er wird verkürzt.

Dies geschieht mit Hilfe eines einfachen Rechenmanövers. Der volle Urlaubsanspruch wird in unserem Fall zuerst durch 6 dividiert, also durch die 6 "Werktage" der Woche. (Wenn der Gesamturlaubsanspruch, was natürlich häufiger der Fall sein wird, auf eine 5-Tage-Woche bezogen ist, wird durch 5 dividiert). Der sich ergebende Bruchteil wird anschließend mit der Zahl der Tage multipliziert, an denen der Arbeitnehmer oder die Arbeitnehmerin im Durchschnitt pro Woche arbeitet. Kommt dabei eine "krumme" Zahl heraus, so wird am Ende aufgerundet. Danach ergeben sich im Fall von Susi Pause, weil ihre Firma richtig gerechnet hat, in der Tat 28 Arbeitstage.

Das bedeutet, daß eine größere Zahl arbeitsfreier Werktage den Urlaub herabsetzt, sofern im Tarifvertrag (oder im Arbeitsvertrag) nichts anderes steht. Dort kann man allerdings vereinbaren, daß der Urlaubsanspruch von vornherein auf (tatsächlich erbrachte) Arbeitstage bezogen ist. Dann bekommt der Arbeitnehmer bzw. bekäme Susi Pause in unserem Fall die (volle) vereinbarte Zahl von Tagen. In Tarifverträgen finden sich auch häufig eigene Rechenregeln für die Herabsetzung des Urlaubsanspruchs, wenn weniger als die normale Zahl der Arbeitstage in der Woche gearbeitet wird.

Steht allerdings im Tarifvertrag oder im Arbeitsvertrag nichts, dann wird wie oben gerechnet. Das gleiche Rechenverfahren findet im Zweifel auch dann Anwendung, wenn es sich um eine Teilzeitbeschäftigung handelt.

Fall 13 ("Trotz guter Hoffnung schlechte Laune") :

Der Schutz des § 9 MuSchG greift auch in dem (zugegebenermaßen etwas drastischen) Fall von Brunhilde Stark ein. Die Genehmigung der zuständigen Stelle nach § 9 III MuSchG (in der Regel des Gewerbeaufsichtsamts) lag nicht vor und deshalb brauchen wir uns mit der ausgesprochenen Kündigung rechtlich nicht weiter zu beschäftigen. Es ist im übrigen auch in diesem Fall noch fraglich, ob die Genehmigung erteilt worden wäre, weil man letztlich nicht ausschließen kann, daß das unge-

wöhnliche Verhalten von Brunhilde im Zusammenhang mit ihrer Schwangerschaft steht. (Nicht umsonst ist auch eine Kindbett-Neurose bekannt).

Trotz unwirksamer Kündigung durfte Brunhilde aber dennoch heimgeschickt werden - und zwar ohne Lohn, was im Ergebnis freilich der Kündigung nicht unähnlich ist. Dies hängt letztlich mit den Regeln zum Annahmeverzug des Arbeitgebers zusammen (s.o. III. C. 1 b). Auch wenn der Arbeitgeber die Leistung an sich annehmen muß - wie in diesem Fall, weil die Kündigung unwirksam war - so muß ihm diese Leistung eben doch so zur Verfügung stehen, wie es Treu und Glauben (§ 242 BGB) entspricht.

Das logische Gegenstück ist gegeben, wenn ein unannehmbares Angebot gemacht wird, das der Arbeitgeber trotz des Mutterschutzes ablehnen darf. Das ist der Fall, wenn bei Annahme der angebotenen Arbeit Leib, Leben, Freiheit, Gesundheit, Ehre und andere Persönlichkeitsrechte oder das Eigentum des Arbeitgebers, seiner Familie oder der anderen Mitarbeiter unmittelbar und nachhaltig gefährdet werden. Diese Gefahr muß allerdings so schwer wiegen, daß sie Vorrang hat vor der Erhaltung des Arbeitsplatzes und damit des Verdienstes für die Schwangere, wie dies das Mutterschutzgesetz nachdrücklich verfolgt.

Es genügt nicht, daß Gründe für eine fristlose Entlassung gegeben wären - sonst bräuchte man eine solche nicht durch § 9 MuSchG auszuschließen. Es muß vielmehr ein ungewöhnlich schwerer, rechtswidriger Verstoß gegen allgemeine Verhaltenspflichten gegeben sein. Daran ist allerdings im vorliegenden Fall von Brunhilde Stark kaum zu zweifeln. Deshalb konnte ihr Versuch, wieder zur Arbeit zu erscheinen, zurückgewiesen werden.

Eine (zulässige) Ablehnung sagt allerdings noch nicht, daß auch künftige Angebote zu Recht abgelehnt werden können. In einem Fall wie dem vorliegenden sind vielleicht tatsächlich medizinisch fassbare Störungen im Spiel, die erfolgreich behandelt werden können. Dann wäre es möglich, daß Brunhilde ihre Arbeitskraft mit mehr Erfolg erneut anbietet.

Bis dahin bleibt es aber dabei, daß der Arbeitgeber ihre Arbeitsleistung ablehnen kann, ohne in Annahmeverzug (§ 615 BGB) zu geraten. Er braucht also keinen Lohn zu bezahlen - trotz § 11 MuSchG, weil auch die Arbeitskraft der Schwangeren in akzeptabler Weise zur Verfügung stehen muß.

V. BERUFSAUSBILDUNG

Fall 14: "Was ist ein Azubi wert ?"

Heinz Kragen betreibt als Versicherungsvermittler eine Versicherungsagentur. Er hat mit der 19-jährigen Carola Klamm unter Verwendung eines von der Industrie- und Handelskammer herausgegebenen Formulars einen Berufsausbildungsvertrag abgeschlossen. Carola soll zur Bürokauffrau ausgebildet werden. Unter Punkt E. des Vertrages heißt es: "Der Ausbildende bezahlt dem Auszubildenden eine angemessene Vergütung; sie beträgt zur Zeit monatlich brutto 545,00 DM im 1. , 595,00 DM im 2. und 690,00 DM im 3. Ausbildungsjahr". Durchgestrichen wurde der nachfolgende Satz des Mustervertrags von der Industrie- und Handelskammer: "Soweit Vergütungen tariflich geregelt sind, gelten mindestens die tariflichen Sätze".

Das Ausbildungsverhältnis wurde noch während der vorgesehenen Ausbildungszeit aufgelöst. Carola will im nachhinein von Heinz Kragen 3.968,00 DM. Sie macht geltend, die ihr bezahlte Vergütung während der Ausbildungszeit sei zu gering gewesen. Bei der Berechnung des nachzuzahlenden Differenzbetrages orientiert sie sich an dem Manteltarifvertrag, der zwischen dem Bundesverband deutscher Versicherungskaufleute und der Gewerkschaft Handel, Banken und Versicherungen geschlossen wurde. Dieser Vertrag schließt die Azubis im Versicherungsgewerbe ein, auch bei einer Ausbildung im kaufmännischen Bereich. Die tariflichen Ausbildungsvergütungen lagen zur fraglichen Zeit gestaffelt zwischen 690,00 DM und 805,00 DM.

Bekommt Carola Klamm bezahlt, was sie verlangt ?

A. Das duale System

1. Das Berufsbildungsgesetz

Für eine Vielzahl von Berufen wird heute im sogenannten dualen System ausgebildet: Es sieht so aus, daß einerseits die Schule (Berufsschule) besucht wird, andererseits findet eine kontinuierliche Ausbildung für 2 - 3 Jahre in einem Betrieb statt. Haupt- oder Realschulabschluß ist dafür Voraussetzung. Die schulische Seite wird im übrigen, was die Berufsschulpflicht angeht, durch die Schulgesetze der Länder geregelt.

Für die Ausbildung im Betrieb gilt das Berufsbildungsgesetz (BBiG). Dessen § 3 II stellt nur klar, was ohnehin nicht zu bezweifeln ist, nämlich daß es sich auch beim Ausbildungsverhältnis nach dem BBiG um ein Arbeitsverhältnis handelt, geprägt allerdings vom Zweck der Ausbildung (s. auch Abb.3).

Ausgebildet wird nicht in beliebigen Berufen, sondern in anerkannten Ausbildungsberufen, die vom Büroinformationselektroniker bis zur Holzspielzeugmacherin reichen und eine bunte Vielzahl zusehends spezialisierter Tätigkeiten umfassen. Die Anerkennung wird durch staatliche Ministerien ausgesprochen, die auch Ausbildungsordnungen als Grundlage für die Ausbildung erlassen (§ 25 BBiG). Diese geben an, wie der Beruf heißt, wie lange die Ausbildungsdauer ist und welche Kenntnisse und Fertigkeiten vermittelt werden müssen.

Eine Sonderrolle im Rahmen der Ausbildungsberufe spielen die Berufe in der Krankenpflege, für die ein besonderes Gesetz gilt (Krankenpflegegesetz), welches das BBiG verdrängt. Aber auch diese Ausbildungsverhältnisse sind Arbeitsverhältnisse.

2. Eignung zum Ausbilden

Wenn Kenntnisse und Fertigkeiten aufgrund von Ausbildungsordnungen vermittelt werden sollen, dann muß der Ausbilder bzw. die Ausbilderin fachlich geeignet sein. Sie muß ferner auch persönlich geeignet sein, darf insbesondere nicht erheblich gegen einschlägige, die Ausbildung von Jugendlichen betreffende Gesetze verstoßen haben: §§ 20 BBiG, ebenso 21 Handwerksordnung (HO). Zur fachlichen Eignung führen etliche Wege, die von Berufszweig zu Berufszweig auch unterschiedlich sein können.

Im Handwerk berechtigt beispielsweise die Meisterprüfung nach Vollendung des 24. Lebensjahrs zur Ausbildung, ebenso ein Ingenieurstudium (§ 22 I HO). Allerdings ist im letztgenannten Fall zusätzlich entweder eine bestandene Gesellenprüfung oder aber eine 4-jährige Berufspraxis notwendig. Arzthelferinnen oder Rechtsanwaltsgehilfen werden von approbierten Ärzten bzw. bei der Anwaltskammer zugelassenen Rechtsanwälten ausgebildet (§§ 88, 92 BBiG). Im übrigen gibt es in etlichen Fällen die Möglichkeit, bei einer vorhandenen, eigenen Ausbildung die Eignung zum Ausbilder aufgrund einer besonderen Eignungsprüfung zuerkannt zu bekommen.

B. Zustandekommen und Beendigung des Berufsausbildungsverhältnisses

1. Vertrag und Probezeit

Für den Ausbildungsvertrag gelten besondere Formerfordernisse (§ 4 BBiG). Unterbleibt die vorgeschriebene schriftliche Niederlegung des Vertrags, die eine Reihe von detaillierten Angaben zu Ziel und Dauer der Ausbildung, Arbeitszeit usw. enthalten muß, so berührt dies die Wirksamkeit der Vereinbarung nicht. Allerdings ist zu berücksichtigen, daß bei Minderjährigen die gesetzlichen Vertreter mitwirken müssen, ohne deren Einwilligung kein wirksamer Vertrag zustandekommen kann.

Das Berufsausbildungsverhältnis beginnt mit einer Probezeit zwischen 1 und höchsten 3 Monaten, innerhalb derer (von beiden Seiten) jederzeit ohne Einhaltung einer Frist und ohne Angabe von Gründen gekündigt werden kann (§§ 13, 15 I BBiG).

2. Befristetes Arbeitsverhältnis

Mit dem Berufsausbildungsverhältnis haben wir im übrigen den Fall eines gesetzlich befristeten Arbeitsverhältnisses (s. dazu auch weiter unten VI. C. 2 b): Es endet entweder mit der Abschlußprüfung oder mit dem Ablauf der Ausbildungszeit, ja, es ist sogar unzulässig, mit dem Auszubildenden von vornherein den Übergang des befristeten Ausbildungsverhältnisses in ein Arbeitsverhältnis auf Dauer zu vereinbaren. Eine solche Abrede ist allenfalls in den letzten 3 Monaten des Ausbildungsverhältnisses möglich (§§ 14, 5 BBiG).

Der Grund ist, daß der Auszubildende in seiner Freiheit nicht eingeschränkt werden darf. Sagt aber der Arbeitgeber die Fortsetzung des Beschäftigungsverhältnisses schon während der Ausbildung zu, so darf ihn der Auszubildende an dieser Zusage festhalten, ist selbst umgekehrt jedoch zu nichts verpflichtet.

3. Kündigung

Nach der Probezeit, während der normalen Laufzeit des Berufsausbildungsverhältnisses, ist dieses aus gutem Grund nur unter deutlich erschwerten Bedingungen wieder aus den Angeln zu heben, da sich jetzt beide Seiten, insbesondere der Auszubildende auf seinen Bestand verlassen. Eine Kündigung kommt jetzt nur noch als außerordentliche, fristlose in Betracht, die regelmäßig schwerwiegende Vorfälle zur Voraussetzung hat, infolge derer die Fortsetzung des Ausbildungsverhältnisses einer Seite unzumutbar ist.

Abgesehen von dieser Kündigungsmöglichkeit gibt es aber noch ein Privileg für den Auszubildenden: Er kann kündigen, wenn er die Ausbildung ganz aufgeben oder sich in einem anderen Beruf ausbilden lassen möchte - nicht also etwa dann, wenn er die gleiche Berufsausbildung in einem anderen Betrieb fortsetzen will! (§ 15 BBiG).

Die weitere Vorschrift (§ 16 BBiG), nach der Schadensersatzansprüche drohen, wenn aufgrund eines von einer Seite verschuldeten Verhaltens das Ausbildungsverhältnis vorzeitig gelöst werden muß, ist nicht nur Theorie. Zumindest Ausbilder sind schon zur Zahlung von Schadensersatz verurteilt worden, wenn der Auszubildende durch eine nicht den Vorschriften insbesondere der Ausbildungsordnung entsprechende Ausbildung Zeit verloren hat und seine Ausbildung (an anderer Stelle) erst später beenden konnte.

C. Besondere Pflichten im Ausbildungsverhältnis

1. Ausbilder

Gegenüber dem gewöhnlichen Arbeitsvertrag, dessen Pflichtengefüge wir in Gestalt von jeweiligen Haupt- und Nebenpflichten beider Seiten kennengelernt haben, gibt es im Berufsausbildungsverhältnis zusätzliche Pflichten (§§ 6 ff. BBiG). Bei näherem Zusehen kann man auch sie in eine jeweilige Hauptpflicht sowie diese unterstützende Nebenpflichten einteilen.

Die Hauptpflicht des Ausbildenden, die auch das ganze Arbeitsverhältnis überlagert und prägt, ist in § 6 I Ziff. 1 BBiG beschrieben. Er muß dafür sorgen, daß das Ausbildungsziel durch eine entsprechend qualifizierte Ausbildung in der vorgesehenen Ausbildungszeit erreicht wird. Damit diese Pflicht vertragsgemäß erfüllt wird, zählt das Gesetz noch einige weitere Pflichten des Arbeitgebers auf.

Wichtig ist die, daß er den Auszubildenden zum Besuch der Berufsschule anhält. Für die Teilnahme am Berufsschulunterricht und an Prüfungen muß er ihn auch (unter Fortzahlung der Vergütung) von der Arbeit freistellen (§§ 6 I Ziff. 4, 7, 12 I Ziff. 1 BBiG).

Der Umfang dieser Freistellung ergibt sich aus den Vorschriften des Jugendarbeitsschutzgesetzes (JArbSchG), das natürlich auch im Ausbildungsverhältnis Anwendung findet und den Berufsschulbesuch seinerseits in § 9 JArbSchG regelt. Danach darf der Auszubildende nach einem Berufsschultag mit mehr als 5 Unterrichtsstunden von mindestens 45 Minuten (einmal in der Woche) nicht mehr beschäftigt werden. Ein solcher Tag zählt für den Auszubildenden als 8 Stunden Arbeit.

2. Azubi

Der Jugendliche umgekehrt muß sich - das ist seine Hauptpflicht - seinerseits bemühen, die Fertigkeiten und Kenntnisse zu erwerben, daß er das Ausbildungsziel erreicht (§ 9 BBiG). Auch ihn treffen einige weitere, gesetzlich besonders aufgezählte Verpflichtungen, die teils seine Lernpflicht konkretisieren, teils ohnehin schon arbeitsvertragliche Nebenpflichten sind, wie etwa die Pflicht, Betriebs- und Geschäftsgeheimnisse nicht zu verraten. Aufgenommen in das Gesetz ist die Pflicht des Auszubildenden, an der Schulausbildung und an Prüfungen teilzunehmen, für die er vom Arbeitgeber freigestellt worden ist (§ 9 Ziff. 2 BBiG).

Im übrigen arbeitet der Auszubildende wie jeder andere Arbeitnehmer auch, es dürfen ihm aber insgesamt nur Arbeiten übertragen werden, die das Erreichen des Ausbildungsziels einerseits gewährleisten, andererseits nicht gefährden, etwa durch Überforderung (§ 6 II BBiG). Die Kombination des Arbeitsverhältnisses mit dem Ausbildungszweck bringt es ferner mit sich, daß der Auszubildende einem verstärkten Weisungsrecht unterliegt (§ 9 Ziff. 3 BBiG).

Lösungshinweise zu Fall 14:

Fall 14 ("Was ist ein Azubi wert ?") :

Carola Klamm bekommt den geforderten Betrag. Nach § 10 I 1 BBiG steht ihr nämlich eine der Höhe nach angemessene Ausbildungsvergütung zu. Die Ausbildungsvergütung soll eine fühlbare Unterstützung für den Lebensunterhalt des Azubis und zugleich eine Mindestentlohnung für seine Arbeitsleistung sein. Diese Eigenschaften sind nicht mehr gegeben, wenn die tatsächlich gewährte Vergütung um mehr als 20 % unter einer einschlägigen, tarifvertraglich festgelegten Vergütung liegt, die bei gegebener Tarifbindung zu zahlen wäre.

Damit ist die Vereinbarung über die Ausbildungsvergütung zwischen Heinz Kragen und Carola Klamm (nach § 134 BGB) nichtig, weil sie gegen § 10 I 1 BBiG verstößt. Mangels einer gültigen, vertraglichen Vereinbarung gilt aber im Zweifel als angemessen die tariflich vorgesehene Vergütung, weil in einer tariflichen Vereinbarung sowohl die Belange und Interessen der Arbeitgeber- wie der Arbeitnehmerseite eingeflossen und berücksichtigt sind.

Carola bekommt also im Endeffekt die tariflich vorgesehene Vergütung, obwohl Heinz Kragen gerade um diese herumkommen wollte - er hätte eben etwas großzügiger sein sollen.

VI. WIE GEHT EIN ARBEITSVERHÄLTNIS ZU ENDE ?

A. Zum Gang der Darstellung

Beim Stichwort "Beendigung des Arbeitsverhältnisses" wird meist gleich an die Kündigung gedacht. Fragen der Kündigung spielen im Arbeitsrecht auch eine wichtige Rolle, weswegen der Kündigung ein spezielles Kapitel (weiter unten VII.) gewidmet ist. Ein Arbeitsverhältnis kann aber auch aus einer Reihe anderer Gründe zu Ende gehen, über die erst einmal ein Überblick verschafft werden muß.

B. Tod einer Vertragspartei, Altersgrenzen

1. Beendigung durch Tod des Arbeitgebers oder Arbeitnehmers, Betriebsübergang

Mit dem Tod des Arbeitnehmers - § 613 BGB läßt keinen anderen Schluß zu - endet auch das Arbeitsverhältnis. Anders jedoch auf Seiten des Arbeitgebers, da seine Leistung vom Gesetz nicht in ähnlicher Weise als "unvertretbar" angesehen wird wie die des Arbeitnehmers. Vielmehr gehen die Rechte und Pflichten aus der Arbeitgeberstellung zusammen mit dessen ganzem Vermögen nach § 1922 BGB auf die Erben über.

Davon wird man nur in wenigen Fällen eine (durch § 620 II BGB signalisierte) Ausnahmemöglichkeit annehmen können, wenn die Dienstleistung des Arbeitnehmers so sehr auf den Arbeitgeber persönlich bezogen war, daß sie mit dessen Tod sinn- und zwecklos wird, was gerade bei Pflegeleistungen der Fall sein kann. Weitere, ähnliche Konstellationen, ob z.B. auch der Chauffeur betroffen ist, sind aber umstritten.

Ähnlich wie im Fall der Gesamtrechtsnachfolge nach § 1922 BGB übersteht das Arbeitsverhältnis auch eine Einzelrechtsnachfolge auf Seiten des Arbeitgebers, die in § 613 a BGB geregelt ist. Das Arbeitsverhältnis endet also nicht etwa automatisch, wenn der Arbeitgeber den Betrieb veräußert oder mit vergleichbaren Konsequenzen in andere Hände gibt. Vielmehr besteht es mit dem neuen Arbeitgeber fort, es sei denn, daß der Arbeitnehmer dem Übergang nicht zustimmt. Letzteres steht zwar nicht im Gesetz, wird aber von der Rechtsprechung trotzdem so gehandhabt. Der neue Arbeitgeber darf den Übergang des Betriebs auch nicht als Begründung für eine Kündigung heranziehen (§ 613 a IV BGB).

2. Erreichen der Altersgrenze durch den Arbeitnehmer

Möglich wäre auch, daß das Arbeitsverhältnis generell endet, wenn der Arbeitnehmer bzw. die Arbeitnehmerin die gesetzliche Altersgrenze erreicht, also den Zeitpunkt, zu dem er den regelmäßigen Anspruch auf eine Altersrente erworben hat. Dieser Zeitpunkt ist in den §§ 35 ff. SGB VI geregelt. Die Altersgrenze war in der Vergangenheit ein Stück weit vom Auf und Ab zwischen sozialpolitischen Wohltaten und rentenmathematischen Notwendigkeiten bestimmt und wurde zuletzt für die jüngeren Jahrgänge der Arbeitnehmer einheitlich auf 65 Jahre angehoben.

Rechtlich ist es aber keineswegs so, daß mit dem Erreichen dieser Altersgrenze das Arbeitsverhältnis automatisch endet. Dies kann allenfalls in Tarifverträgen unter bestimmten, weiteren Voraussetzungen so vereinbart werden. Alle einzelvertraglichen Abmachungen (und auch Betriebsvereinbarungen), daß das Arbeitsverhältnis mit dem Beginn des Bezugs der Altersrente beendet sein soll, sind dagegen der vergleichsweise strengen Regel des § 41 IV 3 SGB VI unterworfen. Der Gesetzgeber plant allerdings, diese Vorschrift zumindest befristet auszusetzen, weil sich ergeben hat, daß rechtskundige Arbeitnehmer sich den freiwilligen Abschied jetzt mit ordentlichen Abfindungen bezahlen lassen.

Fall 15: "Gaudeamus igitur ..."

Konstanze Weise studiert im 31. Semester Geschichte und Literaturwissenschaften. Sie hat bisher während des Studiums im Druckereibetrieb Schwarze als Arbeiterin gejobbt. Schwarze setzt - neben ständig vollbeschäftigten Arbeitnehmern und Arbeitnehmerinnen - Arbeitskräfte ein, mit denen jeweils eine Woche zuvor Schichten für die folgende Woche vereinbart werden. Es handelt sich dabei vor allem um Studierende der Universität am gleichen Ort. Sie rufen bei der Druckerei Schwarze an und fragen, ob Arbeit vorhanden ist. Seitens der Druckerei wird dann entschieden, ob und welche Schichten sie in der folgenden Woche anbietet.

Konstanze hat über ca. 5 Jahre hinweg immer wieder bei der Druckerei gearbeitet und monatlich abgerechnet. Bei Schwarze liegt ihre Lohnsteuerkarte (auch zwischen den Einsätzen), die Firma führt die Lohnsteuer für sie ab. Konstanze hat auch an Betriebsratswahlen teilgenommen und an einer Betriebsversammlung, wobei ihr, wie der übrigen Belegschaft, der Lohn für die ausgefallene Zeit bezahlt wurde.

Seit 27. April hat Konstanze Weise nicht mehr bei Schwarze angerufen. Anfang Juni schreibt sie indessen der Druckerei und teilt eine be-

stehende Schwangerschaft mit, mutmaßlicher Entbindungstag 5.10. Sie weist darauf hin, daß sie urlaubsbedingt keine Schichten mehr seit 27.4. mehr angenommen habe, ab sofort aber wieder arbeiten wolle. Allerdings gehe sie wegen der Beschäftigungsverbote des Mutterschutzgesetzes davon aus, daß eine Arbeit in der Druckerei unzulässig sei.

Sie verlangt deshalb von Schwarze, nach § 11 MuSchG den von ihr entsprechend berechneten Durchschnittsverdienst fortzubezahlen, der monatlich 1.510,63 DM betrage. Außerdem will sie für die Urlaubszeit ab Ende April ebenfalls den Durchschnittsverdienst der letzten 13 Wochen vor dem Urlaub, der sich nach ihrer Rechnung auf monatlich 1506,02 DM beläuft.

Schwarze bezahlt Konstanze das Urlaubsentgelt für die Zeit vom 28.4. bis Anfang Juni, bestreitet aber im übrigen, mit ihr in einem Dauerarbeitsverhältnis zu stehen. Man habe jeweils neue Arbeitsverträge immer nur für die nächste, angebotene Schicht abgeschlossen. Dafür habe es im übrigen auch einen sachlichen Grund gegeben. Diese Befristungen hätten nämlich durchaus dem Interesse von Konstanze Weise als Studentin und dem Interesse der Studentenschaft überhaupt entsprochen.

Konstanze müsse nämlich wie die anderen Studierenden den Job mit ihren Studienverpflichtungen in Einklang bringen. Dafür sei das für beide Seiten "freibleibende" Verfahren mit jeweils neuen Vertragsabschlüssen gut angepaßt. Bei diesen Abschlüssen sei im übrigen stets erklärt worden, es werde kein Arbeitsverhältnis auf Dauer begründet. Nach Meinung der Druckerei Schwarze ist deshalb das letzte Arbeitsverhältnis von Konstanze auch mit Ende der letzten Schicht durch Fristablauf beendet gewesen, besteht also seit 28.4. nicht mehr.

Wer hat Recht ?

C. Befristetes Arbeitsverhältnis

1. Gefahren für den Arbeitnehmer

Einerseits geht das Gesetz in § 620 I BGB mit Selbstverständlichkeit davon aus, daß es möglich ist, ein Arbeitsverhältnis zu befristen. Andererseits ist nicht zu übersehen, daß durch eine solche Befristung die sonst notwendige Kündigung, insbesondere der für die meisten Arbeitnehmer bestehende Sozialschutz bei einer Kündigung umgangen werden kann.

Dies wird besonders deutlich, wenn man sich eine mehrmalige Befristung, auch als "Kettenarbeitsvertrag" bezeichnet, vorstellt. Der Arbeitgeber könnte, würde man diese Praxis nicht einschränken, dann all seine Arbeitnehmer einfach immer nur für ein Jahr befristet beschäftigen - mit der Folge, sich im Falle eines Falles denkbar leicht von ihnen zu trennen. Soziale Gesichtspunkte in Bezug auf die Lage der betroffenen Arbeitnehmer kämen nicht zum Tragen.

2. Voraussetzungen für zulässige Befristung

a) Erfordernis des "sachlichen Grunds"

Für die Befristung eines Arbeitsverhältnisses gelten deshalb einige einschränkende Spielregeln, die ursprünglich durch die Rechtsprechung geschaffen wurden, von denen aber der Gesetzgeber heute selbst ausgeht, sie also bestätigt hat. Wichtigste Voraussetzung für eine Befristung ist danach das Vorliegen eines sachlichen Grundes, der sich aus der Art und den Umständen der Beschäftigung ergeben und ein berechtigtes Interesse des Arbeitgebers deutlich werden lassen muß, im besonderen Fall ein Arbeitsverhältnis nur auf eine bestimmte Zeit einzugehen. Die Anforderungen an den sachlichen Grund erhöhen sich, wenn eine mehrmalige Befristung eines Arbeitsverhältnisses angestrebt wird.

b) "Sachliche Gründe" in Gesetzen

Der Gesetzgeber hat ein paar sachliche Gründe mittlerweile selbst geregelt, die als Beispiele geeignet sind, aber eben auch nur Beispielscharakter haben, also keinen abschließenden Katalog bilden. So darf in allen Fällen, in denen im Zusammenhang mit Geburt oder Betreuung eines Kindes eine Arbeitnehmerin oder ein Arbeitnehmer von der Arbeit freigestellt werden muß, befristet eine Ersatzkraft beschäftigt werden (§ 21 I BErzGG).

Die Zulässigkeit von Zeitverträgen an Hochschulen für wissenschaftliche Mitarbeiter oder wissenschaftliche Hilfskräfte ergibt sich aus § 57 b des Hochschulrahmengesetzes, der etliche Gründe von der Ausbildung des wissenschaftlichen Nachwuchses bis hin zur Beschäftigung aus Drittmitteln nennt. Sozialpolitisch allerdings umstritten war die im Beschäftigungsförderungsgesetz von 1985 eingeführte, nach einer Verlängerung bis 1995 befristete Möglichkeit, neu eingestellte Arbeitnehmer oder mit der Ausbildung fertige Auszubildende zunächst nur 18 Monate oder 2 Jahre zu übernehmen.

c) Weitere Beispiele

Weitere sachliche Gründe, die nicht in Gesetzen entstehen, sind die Vereinbarung einer Probezeit, die auch als befristetes Arbeitsverhältnis gestaltet werden kann, ferner die befristete Beschäftigung von Saisonarbeitskräften, in den Ferien arbeitenden Schülern und Studenten, von künstlerischem Personal an Theatern usw. In all diesen Fällen wird man nachvollziehen können, daß es nicht darum geht, den Kündigungsschutz auszuhebeln, sondern daß die Befristung aus der Art und den Umständen des Arbeitsverhältnisses heraus angemessen und sinnvoll sein kann.

Ohnehin droht die Umgehung des Kündigungsschutzes nur dort, wo er überhaupt besteht. Nur in solchen Fällen ist es letztlich angemessen, nach einem sachlichen Grund für die Befristung zu fragen. Dagegen kann bei sehr kurzen Arbeitsverhältnissen oder im Fall sehr kleiner Betriebe in der Regel kein Mißbrauch der Befristungsmöglichkeit gegeben sein, da auch eine Kündigung für den Arbeitgeber kein schwieriges Unterfangen wäre.

d) Bestimmtheit des Zeitpunkts für die Beendigung

Außer daß es für die Befristung einen sachlichen Grund braucht, ist auch notwendig, daß für den Arbeitnehmer der Zeitpunkt, zu dem das Arbeitsverhältnis endet, in einer Weise vorhersehbar ist, daß er sich tatsächlich darauf einrichten kann. Der Zeitpunkt darf auch nicht mit Bedingungen verbunden werden, die er selbst nicht beeinflussen kann. So wäre es zum Beispiel unmöglich, in einem Ski-Hotel zu vereinbaren, daß der Arbeitsvertrag des Barmanns endet, wenn abends nur noch drei Gäste oder weniger an der Bar sind oder wenn das Thermometer das erste Mal über 6 Grad steigt.

Bedenkenfrei im Bereich der Befristungen (und der davon oft nur schlecht zu unterscheidenden auflösenden Bedingungen) ist es nur, wenn von vornherein ein festes Datum vereinbart wird, an dem das Arbeitsverhältnis enden soll. Mit dieser Möglichkeit muß auch den Bedürfnissen des Arbeitgebers Genüge getan sein. Unbestimmte Befristungen, bei denen der Zeitpunkt erst später festgesetzt wird oder von anderen Ereignissen abhängt, die also wie auflösende Bedingungen wirken, sind abzulehnen und im Rahmen der notwendigen Gestaltungsmöglichkeiten eines Arbeitsverhältnisses auch verzichtbar.

D. Aufhebungsvertrag

1. Vertragsfreiheit

Genau so, wie es in der Rechtsmacht der Parteien steht, einen Arbeitsvertrag abzuschließen, können sie ihn auch wieder aufheben. Und spiegelbildlich, wie der Abschluß des Arbeitsvertrags die gesetzlichen, tariflichen und anderen Bestimmungen zum Schutz des Arbeitnehmers erst in Kraft setzt, setzt sie umgekehrt die Aufhebung außer Kraft. Es gilt also kein Kündigungsschutz, kein Mutterschutz usw. Hier wird eben deutlich, daß das Arbeitsrecht Privatrecht ist, in dem jeder letzten Endes mit seinen Rechten (mehr oder weniger) machen kann, was er will (man lese etwa die knappe Bestätigung dieser Tatsache in § 58 BAT).

Der Aufhebungsvertrag kann - wie der Arbeitsvertrag - schriftlich, mündlich oder durch schlüssiges Verhalten zustande kommen, also wenn der Arbeitnehmer sich seine Papiere geben läßt und aus den Umständen klar hervorgeht, daß man einvernehmlich das Beschäftigungsverhältnis aufheben will. In Tarifverträgen und Betriebsvereinbarungen oder auch im Arbeitsvertrag kann allerdings Schriftform für den Aufhebungsvertrag vorgeschrieben werden.

2. Einwilligung unter Druck

Im übrigen seien hier nur einige Probleme und Gefahren angesprochen, die sich mit einem Aufhebungsvertrag verbinden können. Wie ist es, wenn der Arbeitnehmer zu einem Aufhebungsvertrag genötigt wird, indem der Arbeitgeber mit einer fristlosen Kündigung oder einer Strafanzeige droht ? Allerdings kommt es auch vor, daß Arbeitgeber und Arbeitnehmer - durchaus im Sinne des letzteren - noch einen einvernehmlichen Weg suchen, wenn dem Arbeitnehmer die sichere fristlose Kündigung droht, die ihn aber bei der Stellensuche behindern könnte.

Aufhebung, um eine Kündigung zu vermeiden, hat also in vielen Fällen nichts mit Nötigung zu tun. Im übrigen gilt folgende Abgrenzung: Hätte ein verständiger Arbeitgeber eine Kündigung ernsthaft in Betracht gezogen, so ist die Einwilligung des Arbeitnehmers in die Aufhebung unangreifbar. Trifft das nicht zu, so kann er sie nach § 123 BGB anfechten und nachträglich damit den Aufhebungsvertrag zu Fall bringen. Die Drohung des Arbeitgebers mit einer Strafanzeige "riecht" dagegen immer nach einem Pressionsversuch, der den Arbeitnehmer, der unter Druck in die Aufhebung einwilligt, zur Anfechtung berechtigt.

3. Folgen für das Arbeitslosengeld

Weiterhin sollte jeder Arbeitnehmer, der in eine Aufhebung einwilligt, über den Inhalt der §§ 117, 117 a, 119 AFG unterrichtet sein. Danach droht bei freiwilliger Auflösung des Arbeitsverhältnisses eine Sperrzeit beim Arbeitslosengeld von 8 Wochen, ferner kann eine dem Arbeitnehmer versprochene Abfindung zu erheblichen Teilen wieder dahinschmelzen, insbesondere dann, wenn bei der Aufhebung nicht die gleiche Frist für die Beendigung des Arbeitsverhältnisses vorgesehen ist, wie sie im Fall einer Kündigung gelten würde. Der Anspruch auf Arbeitslosengeld ruht dann während bestimmter Fristen, bei deren Festsetzung das Gesetz allerdings ein höheres Lebensalter oder eine lange Betriebszugehörigkeit zu Gunsten des Arbeitnehmers berücksichtigt.

E. Anfechtung des Arbeitsvertrags

1. Grundsätzliche Möglichkeit

Da der Arbeitsvertrag grundsätzlich ein privater Vertrag ist wie andere privatrechtliche Verträge auch, finden, wie wir schon mehrfach festgestellt haben, die allgemeinen Regeln des BGB über Verträge auch auf den Arbeitsvertrag Anwendung. Zu diesen Regeln gehören aber auch die Vorschriften über die Anfechtung von Willenserklärungen, die insbesondere dann, wenn der Arbeitgeber von ihnen Gebrauch macht, in eine für den Arbeitnehmer gefährliche Konkurrenz zu den Regeln über die Kündigung treten können.

Im folgenden sind die Anfechtung wegen Irrtums sowie die wegen arglistiger Täuschung näher beschrieben, beschränkt (aus Gründen der Praxis- bzw. Realitätsnähe) auf den Fall, daß der Arbeitgeber den Arbeitsvertrag durch Anfechtung zu Fall bringen will.

2. Irrtumsanfechtung

a) Eigenschaftsirrtum

Von den unterschiedlichen Varianten möglicher Irrtümer, die in § 119 BGB behandelt werden, kommt seitens des Arbeitgebers insbesondere der Irrtum über eine "verkehrswesentliche" Eigenschaft des Arbeitnehmers, den er eingestellt hat, in Frage. Die Rechtsprechung hat an eine solche Anfechtung - vor dem Hintergrund der drohenden Gefahr einer Umgehung des Kündigungsschutzes - aber hohe Anforderungen gestellt; Anfechtungen dieser Art sind in der Vergangenheit auch relativ selten vorgekommen.

Rechtlich ausgeschlossen ist es indessen nicht, daß der Arbeitgeber einen bereits abgeschlossenen Arbeitsvertrag nach § 119 II BGB anficht, etwa mit der Begründung, der eingestellte Bankkaufmann sei wegen seines Vorlebens in der Halbwelt nicht vertrauenswürdig für seine Kundschaft, oder dem eingestellten Kraftfahrer fehle jede Erfahrung am Steuer. Maßstab ist immer, ob ein als vernünftig vorgestellter Arbeitgeber den betroffenen Arbeitnehmer keinesfalls eingestellt hätte, falls er von der fraglichen Eigenschaft gewußt hätte. Schwangerschaft als Anfechtungsgrund kommt übrigens schon deshalb nicht in Betracht, weil sie aufgrund ihres vorübergehenden Charakters nicht als Eigenschaft angesehen wird.

b) Wirkung

Die Anfechtung wirkt praktisch wie eine fristlose Kündigung. Folgerichtig verlangen die Gerichte vom Arbeitgeber auch, daß er innerhalb von zwei Wochen, nachdem ihm der Anfechtungsgrund bekannt ist, anficht, also die gleiche Frist wie bei der fristlosen Kündigung (§ 626 II BGB) einhält.

An sich würde, rein rechtstechnisch gesehen, eine Anfechtung den betroffenen Vertrag rückwirkend zerstören, wie es etwa auch der Fall ist, wenn ich einen Kaufvertrag über ein Bild anfechte, weil sich herausstellt, daß es eine Fälschung ist: Bild wie Geld müßten zurückgegeben werden. Beim Arbeitsverhältnis dagegen ist die Rückabwicklung aus etlichen, naheliegenden Gründen ebenso schwierig wie unerwünscht. Deshalb läßt man die Anfechtung auch nur ab dem Zeitpunkt ihrer Erklärung wirken - also wiederum wie eine fristlose Kündigung.

3. Anfechtung wegen arglistiger Täuschung

a) Offenbarungspflicht wird mißachtet

Diese, in der Praxis nicht selten vorkommende Form der Anfechtung ist in § 123 BGB geregelt. Um sich vor Augen zu führen, wie der Arbeitnehmer rechtlich relevante Täuschungshandlungen bei Abschluß des Arbeitsvertrages vornehmen kann, müssen wir kurz rekapitulieren, was der Arbeitnehmer bei Abschluß des Arbeitsvertrags an Tatsachen offenbaren und welche Fragen er wahrheitsgemäß beantworten muß (vgl. dazu weiter oben I. A. 5).

Eine Täuschung kann nämlich sowohl dadurch begangen werden, daß man absichtlich etwas Falsches sagt, wie auch dadurch, daß man etwas Wesentliches verschweigt. Wesentliche Umstände sind solche, deren Kenntnis für den Arbeitgeber unverzichtbar ist, um vernünftig über die Einstellung des Arbeitnehmers zu befinden, beispielsweise eine bestehende Alkoholabhängigkeit oder ein laufendes Verfahren zum Führerscheinentzug bei einem Kraftfahrer, aber auch eine bestehende Schwerbehinderteneigenschaft, wenn dem betreffenden Bewerber klar sein muß, daß er wegen der konkreten Behinderung für die geplante Tätigkeit nicht leistungsfähig ist (vgl. zu diesem Fragenkreis auch Fall 6).

b) Täuschung durch falsche Angaben

Erheblich weiter abgesteckt ist das Feld, in dem der Arbeitnehmer rechtswidrig täuschen kann, weil er eine vom Arbeitgeber in zulässiger Weise gestellte Frage nicht wahrheitsgemäß beantwortet hat. Ist die Frage unzulässig, so darf er dagegen lügen (siehe dazu a.a.O. bei der Behandlung des Fragerechts des Arbeitgebers und der Offenbarungspflicht des Arbeitnehmers). Zulässig sind insbesondere Fragen nach dem Gesundheitszustand, bestehender Arbeitsunfähigkeit, einschlägigen Vorstrafen, wohl auch nach bestehenden Lohnpfändungen, sicher nach dem beruflichen Werdegang, aber auch einer rechtlich festgestellten Schwerbehinderteneigenschaft.

Greift die Anfechtung durch, so ist der Arbeitsvertrag ohne weiteres zerstört - es gibt weder Kündigungsschutz noch ist etwa eine Anhörung des Betriebsrats, wie bei der Kündigung, notwendig.

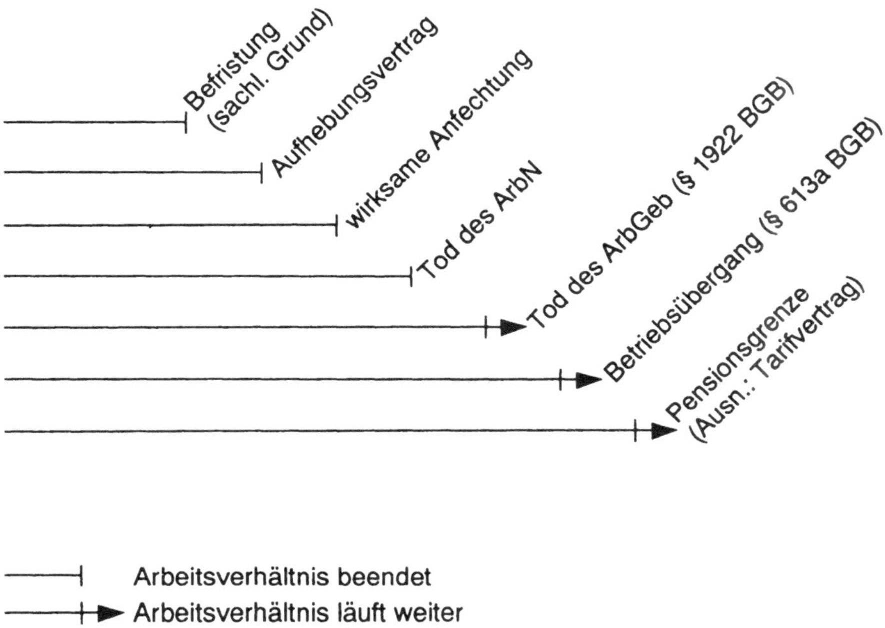

Abbildung 11: Auswirkungen möglicher Beendigungstatbestände auf das Arbeitsverhältnis (außer Kündigung)

F. Kündigung

Der in der Praxis sicherlich bedeutsamste Tatbestand der Beendigung eines Arbeitsverhältnisses ist die Kündigung in ihren unterschiedlichen Formen: als ordentliche, als außerordentliche oder als Änderungskündigung. Wegen ihrer praktischen Relevanz, aber auch deshalb, weil es zu Kündigung und Kündigungsschutz eine Vielzahl von - oft durch die Rechtsprechung geschaffenen - Regelungen gibt, ist der Kündigung nachfolgend ein besonderes Kapitel vorbehalten.

Lösungshinweise zu Fall 15:

Fall 15 ("Gaudeamus igitur") :

Schwarze hat in diesem Fall Recht bekommen: Es wurde zwischen der Druckerei und Konstanze Weise kein befristetes Dauerarbeitsverhältnis - ausdrücklich oder schlüssig - vereinbart, vielmehr handelte es sich um wiederkehrende, jeweils kurzzeitig befristete Arbeitsverhältnisse.

Anknüpfungspunkt für die rechtliche Beurteilung ist in einem Fall wie diesem der jeweils letzte, befristete Arbeitsvertrag, da die vorangegangenen Arbeitsverhältnisse als durch den letzten Vertrag aufgehoben angesehen werden - es sei denn, eine Seite hätte einen Vorbehalt gemacht, daß sie schon einen früheren Vertrag als Dauerarbeitsvertrag betrachten will. Der letzte Vertrag von Konstanze lief bis 27.4. einschließlich. Bei einer wiederholten Befristung sind an den sachlichen Grund hierfür zunehmend höhere Anforderungen zu stellen.

Ein sachlicher Grund war im vorliegenden Fall deshalb notwendig, weil - das könnte immerhin zweifelhaft sein - durch die Befristung Konstanze der Kündigungsschutz entzogen wurde. Die bisherigen, jeweils gleich gestalteten Arbeitsverhältnisse bei demselben Arbeitgeber werden für den Kündigungsschutz in ihrer Dauer nämlich zusammengerechnet, so daß Konstanze über den notwendigen sechs Monaten des § 1 I KSchG liegt. (Obwohl dort ein Arbeitsverhältnis "ohne Unterbrechung" gefordert wird - bei wörtlicher Anwendung würde man aber dem Mißbrauch in Form kurzer Unterbrechungen Tür und Tor öffnen.)

Ein sachlicher Grund ist in Konstanzes Fall aber vorhanden: Wiederholte, auf den jeweiligen Einsatz bezogene und befristete Arbeitsverhältnisse mit Studenten sind im Arbeitsleben durchaus als üblich anzusehen. Studierende wollen sich oft nicht längerfristig auf fixe oder vom Arbeitgeber zu bestimmende Zeiten ihrer Arbeitsleistung festlegen, weil sie diese Zeiten dem Gang ihres Studiums anpassen müssen.

Der Wille der Vertragsparteien wird dann so ausgelegt, daß nur kurzfristig und für einen überschaubaren Zeitraum eine Arbeitsverpflichtung begründet werden soll. Ebenso wie in diesem Fall wurde das im übrigen entschieden für studentische Nachtwachen in Krankenhäusern und für studentische Krankenpflegehilfen.

Eine Verfassungsbeschwerde von Konstanze Weise gegen die Entscheidung des Bundesarbeitsgerichts in ihrem Fall nahm das Bundesverfassungsgericht erst gar nicht zur Entscheidung an, weil keine hinreichende Aussicht auf Erfolg gesehen wurde. Auch daß sie sich - wegen ihrer Schwangerschaft - auf Art. 6 IV GG berief, nützte ihr nichts: dem Anspruch der werdenden Mutter auf Schutz und Fürsorge sei durch das Kündigungsverbot des § 9 MuSchG (das ihr allerdings nicht hilft) Rechnung getragen.

VII. KÜNDIGUNG UND KÜNDIGUNGSSCHUTZ

Fall 16: "Keine andere Wahl ?"

Die Werft Sense und Söhne ist in Konkurs gegangen. Hein Brille, der 42 Jahre alt ist, eine Frau und 4 Kinder hat, arbeitet seit 4 Jahren bei Sense und Söhne als Schweißer. Ein Konkursverwalter führt jetzt die Werft zur Abwicklung bestehender Aufträge weiter. Dies soll mit dem notwendigsten Personal bewerkstelligt werden. Der Konkursverwalter kündigt deshalb fristgerecht 180 Beschäftigten. Darunter auch Hein Brille.

Hein wehrt sich gegen die Kündigung. Die soziale Auswahl bei der Kündigung sei fehlerhaft gewesen, da Sense und Söhne bzw. der Konkursverwalter einem Auskunftsverlangen von Hein nicht ordnungsgemäß nachgekommen seien. Er habe Daten verlangt und nicht bekommen, welche anderen Arbeitnehmer in die Auswahl der zu kündigenden Belegschaftsmitglieder einbezogen worden seien und welche Merkmale, etwa in Bezug auf Betriebszugehörigkeit oder Familienstand, diese erfüllten. Er selbst kenne deshalb weder Namen noch Daten und könne niemanden benennen, der vor ihm hätte entlassen werden müssen.

Der Konkursverwalter stellt sich dagegen auf den Standpunkt, die soziale Auswahl sei richtig verlaufen. Hein Brille wisse selber über die von ihm nachgefragten Verhältnisse Bescheid, schließlich würden sich die Belegschaftsmitglieder untereinander genau kennen. Die Auswahl habe im übrigen nach Alter, Betriebszugehörigkeit, Familienstand und sonstigen sozialen Umständen stattgefunden, beispielsweise einer bestehenden Schwerbehinderteneigenschaft. Ferner sei auch unter Beachtung der Qualifikation und Einsatzfähigkeit der Belegschaftsmitglieder im Hinblick auf die der Werft verbleibenden Tätigkeiten ausgewählt worden.

War die Auswahl nun falsch oder richtig ?

Fall 17: "Wenn das Gewissen anklopft"

Georg Grade arbeitet als Drucker in der Druckerei von Hermann Ocker. Grade ist Mitglied und Ortsvorsitzender bei der Vereinigung der Verfolgten des Naziregimes - Bund der Antifaschisten (VVN). Auch auf Landes- und Bundesebene ist er für die VVN als Funktionär tätig.

Eines Tags soll Georg Grade Werbeprospekte zu einem Buchpaket und einen Werbebrief dazu drucken. Das Buchpaket enthielt Bücher über den 2. Weltkrieg und die "Würdigung" der Taten deutscher Soldaten. Eine Kostprobe aus dem Werbebrief: "Über 300 Bilder zeugen von den unglaublichen Leistungen, mit denen deutsche Fallschirmjäger auf Kreta ihren erstaunlichen Sieg über die britischen und griechischen Verteidiger der Insel erzielten".

Georg weigert sich, Prospekte und Werbebrief zu drucken, weil sie kriegsverherrlichend seien und nationalsozialistischen Charakter hätten. Daraufhin bekommt er gleich zwei Kündigungen von Hermann Ocker, nämlich eine fristlose und eine fristgemäße.

Georg erhebt Kündigungsschutzklage. Unmittelbar nach dem Gütetermin kommt er zusammen mit einem Reporter vom "STERN" vor das Betriebsgelände, und läßt sich dort, mit dem Betrieb als Bildhintergrund, fotografieren. Es kommt zu einer Arbeitsunterbrechung, weil Belegschaftsmitglieder der Druckerei die Nasen an den Fenstern plattdrücken.

In mehreren Zeitungen erscheinen Presseberichte über Georg Grades Fall. Ocker erhält Briefe, in denen er zur Rücknahme der Kündigung aufgefordert wird. Darunter befinden sich auch zwei Briefe von der VVN, nämlich vom Landesverband und von der Ortsgruppe.

Daraufhin stellt Ocker vor dem Arbeitsgericht nun auch noch den Antrag, hilfsweise das Arbeitsverhältnis, falls die Kündigungen nicht wirksam sein sollten, gegen Zahlung einer Abfindung aufzulösen.

Wird es Ocker gelingen, Georg Grade loszuwerden ?

A. Ordentliche Kündigung

1. Kündigungserklärung

a) Unmißverständliche und unbedingte Willenserklärung

Die Kündigung muß unmißverständlich und unbedingt erklärt werden. Es reicht also nicht, wenn der Arbeitgeber schimpft: "Ich habe die Nase voll von ihren schlechten Leistungen !" oder wenn er sagt: "Sollten sie noch einmal zu spät kommen, so können sie ihr Arbeitsverhältnis als gekündigt betrachten".

Als einseitige Willenserklärung einer Vertragspartei - Arbeitgeber wie Arbeitnehmer - muß die Kündigung dem anderen Teil zugehen, um wirksam zu werden (§ 130 I BGB). Das tut sie, wenn sie so in den Bereich des Empfängers gelangt, daß er unter normalen Verhältnissen die Möglichkeit hat, von der Kündigung Kenntnis zu nehmen. Letzteres ist der Fall, wenn die Kündigung des Arbeitgebers beim Arbeitnehmer im Briefkasten liegt - selbst wenn er im Urlaub ist, denn für die Leerung seines Briefkastens und dafür, daß ihn wichtige Nachrichten erreichen, ist nach dem Zivilrecht jeder selbst verantwortlich.

b) Form

Es kann auch ausreichen, wenn dem Arbeitnehmer unmittelbar mündlich erklärt wird, sein Arbeitsverhältnis sei gekündigt, ja selbst durch eindeutige Handlungen (Aushändigen bzw. Entgegennehmen der Arbeitspapiere) kann eine Kündigung erklärt werden. Für die Kündigung gibt es nämlich im Gesetz nur im besonderen Fall des Ausbildungsverhältnisses eine Formvorschrift: Nach § 15 III BBiG muß schriftlich gekündigt werden.

Allerdings ist Schriftform oder ein eingeschriebener Brief wohl in den meisten Tarifverträgen und Einzelarbeitsverträgen vorgesehen, vgl. z.B. § 57 BAT oder aber eine Tarifregelung aus der Druckindustrie: "Eine fristgemäße Kündigung muß schriftlich erfolgen, eine fristlose Kündigung ist unverzüglich schriftlich zu bestätigen". Der letzte Beispielsfall macht deutlich, daß bei solchen und ähnlichen Regelungen immer noch unterschieden bzw. durch Auslegung ermittelt werden muß, ob die Schriftform Wirksamkeitsvoraussetzung für die Kündigung ist (im Beispielsfall für die ordentliche Kündigung) oder nur zu Beweiszwecken dient (im Beispielsfall für die fristlose Kündigung).

c) Begründung

Auch die Frage, ob eine Kündigung begründet werden muß, ist im Gesetz nur in Ansätzen beantwortet. So findet sich eine eindeutige Regelung wiederum für das Ausbildungsverhältnis in § 15 III BBiG, außerhalb dessen gibt es lediglich noch für den Fall der außerordentlichen Kündigung die gesetzliche Pflicht (§ 626 II 3 BGB), dem Betroffenen auf dessen Verlangen den Kündigungsgrund schriftlich mitzuteilen.

Wie es in den anderen Fällen der Kündigung aussieht, ist nicht ganz klar. Zumindest bei einem Arbeitsverhältnis, das längere Zeit gedauert hat, wird man von einer arbeitsvertraglichen Nebenpflicht des Arbeitgebers aus Treu und Glauben (§ 242 BGB) ausgehen müssen, dem Arbeitnehmer die Gründe für die Kündigung mitzuteilen. Kommt es zu einem Kündigungsschutzprozeß, so muß der Arbeitgeber sie ohnehin spätestens dort in allen Fällen angeben. Keine mögliche Rechtsgrundlage für eine Begründungspflicht findet sich dagegen, was die Kündigung während der Probezeit angeht, für diesen Fall verzichtet selbst § 15 III BBiG auf eine Begründung.

d) Rücknahme

Daß, wie erwähnt, die Kündigung nicht unter irgendwelchen Bedingungen ausgesprochen werden kann, heißt nicht, daß sie immer endgültig sein muß. Genau wie die Parteien es - einvernehmlich - in der Hand hätten, das gekündigte Arbeitsverhältnis neu zu begründen, können sie sich natürlich auch einigen, das Arbeitsverhältnis als fortbestehend zu betrachten, also die Kündigung wirkungslos zu machen. (Ohne Zustimmung der anderen Seite kann dies der kündigende Teil nach dem Gesetz - § 130 I 2 BGB - nur, wenn die Rücknahme spätestens mit der Kündigung selbst zugeht.)

2. Kündigungsfristen

a) Grundfristen und gestaffelte Verlängerung

Nachdem das Bundesverfassungsgericht dem Gesetzgeber wiederholt die Leviten gelesen hatte, gibt es nun eine neue gesetzliche Regelung der Kündigungsfristen in § 622 BGB. Diese Vorschrift löst die alte, unübersichtliche Regelung ab, die in nicht begründbarer Weise zwischen Arbeitern und Angestellten unterschied.

Die Kündigungsfrist beträgt jetzt einheitlich 4 Wochen, wobei jeweils zum Monatsende oder zum 15. eines jeden Monats gekündigt werden kann. (Dadurch verlängert sich u.U., je nach dem Tag, an dem die Kündigung ausgesprochen wird, die Frist auf bis zu fast 6 Wochen.) Abweichend davon gilt, daß in einer vereinbarten Probezeit, die höchstens 6 Monate dauern darf, zu jedem Zeitpunkt mit einer Frist von 2 Wochen gekündigt werden kann.

Mit länger dauernder Betriebszugehörigkeit des Arbeitnehmers verlängert sich die Frist für eine Kündigung durch den Arbeitgeber stufenweise. Die gesetzlich verlängerten Kündigungsfristen binden also nur den Arbeitgeber, allerdings sind Tarifverträge zu beachten, siehe dazu b). Die Staffel in § 622 II BGB sieht beispielsweise nach 5 Jahren eine Kündigungsfrist von 2 Monaten zum Ende eines Kalendermonats, nach 20 Jahren eine maximale Frist von 7 Monaten vor. Wichtig ist aber, daß die Uhr erst läuft, wenn der Arbeitnehmer oder die Arbeitnehmerin 25 Jahre alt ist - davorliegende Zeiten der Betriebszugehörigkeit werden nicht gerechnet.

b) Vom Gesetz abweichende Regelungen

Vom gesetzlich vorgegebenen, grundsätzlich geltenden Regelungsmodell in § 622 BGB kann aber in erheblichem Umfang durch Tarifverträge, in bestimmtem Umfang auch schon durch den Arbeitsvertrag abgewichen werden. Für Tarifverträge gibt es dabei keine ausdrückliche, gesetzliche Schranke - nach oben wie nach unten - außer der des § 622 VI BGB: Die Kündigungsfrist für den Arbeitnehmer darf niemals länger sein als die für den Arbeitgeber.

Ansonsten können also Tarifverträge auch den Arbeitnehmer zu längeren Kündigungsfristen verpflichten. Sie können ihm auch eine kürzere als die gesetzliche zugestehen, wenn der Arbeitgeber kündigt, wie es beispielsweise in der Bauwirtschaft durchaus geschieht oder wie auch § 53 I BAT eine Kündigungsfrist von 2 Wochen zum Monatsschluß vorsieht, wenn der bzw. die Angestellte noch unter 18 Jahren ist. Umgekehrt kann man nach dem BAT (§ 53 III) nach 15 Jahren Beschäftigungszeit sogar "unkündbar" werden.

Eine einzelvertragliche Unterschreitung der Mindestkündigungsfrist des § 622 I BGB darf nur bei Aushilfskräften festgelegt werden, in kleineren Betrieben (bis zu 20 Arbeitnehmern) kann ferner die Bindung an die Kündigungstermine (Monatsende oder 15.) gelöst werden.

3. Wann gilt das Kündigungsschutzgesetz (KSchG - allgemeiner Kündigungsschutz) ?

Der Kündigungsschutz nach dem Kündigungsschutzgesetz spielt in der Praxis eine große Rolle, aber er greift nicht in jedem Fall ein. Vielmehr ist er an bestimmte Voraussetzungen gebunden, sowohl den Betrieb betreffend, wie auch den Arbeitnehmer, der ihn in Anspruch nehmen will.

So gilt gem. § 23 I KSchG der Kündigungsschutz nicht für Betriebe und Verwaltungen, in denen nicht mehr als 5 Arbeitnehmer (ohne Auszubildende) beschäftigt sind. Außerdem schließt der Wortlaut der Vorschrift die Anwendung im privaten Haushalt aus. Das Arbeitsverhältnis des Arbeitnehmers, der sich auf den Kündigungsschutz berufen will, muß ferner länger als 6 Monate im fraglichen Betrieb oder Unternehmen bestanden haben (§ 1 I KSchG).

Nicht geschützt sind also Arbeitsverhältnisse in Klein- bzw. Kleinstbetrieben und solche, die erst vor relativ kurzer Zeit abgeschlossen wurden. Ersteres ist zwar unter dem Aspekt der materiellen Belastung des Arbeitgebers durch den Kündigungsschutz für kleine Unternehmen erfreulich, wundern darf sich aber niemand, wenn dadurch die Arbeitsplätze in größeren Betrieben an Attraktivität gewinnen.

4. Kündigungsgründe

a) Gründe in der Person

Besteht Kündigungsschutz, so ist die wirksame Kündigung gegenüber einem Arbeitnehmer bzw. einer Arbeitnehmerin an eine ganze Reihe von Voraussetzungen gebunden, die (aus der Perspektive des Arbeitgebers) zu berücksichtigen sind. Oberbegriff ist, daß die Kündigung nicht sozial ungerechtfertigt sein darf, wie es in § 1 KSchG steht. Dieser Vorschrift sind auch die nachfolgend behandelten Kriterien zu entnehmen. Danach muß die Kündigung zunächst einmal einen Grund bzw. Gründe haben. Das Gesetz unterscheidet Gründe in der Person, im Verhalten des Arbeitnehmers oder aber dringende betriebliche Erfordernisse.

Als Grund in der Person ist in der Praxis immer wieder Krankheit relevant. Krankheit kommt rechtlich durchaus als Kündigungsgrund in Frage, allerdings gibt es besondere Anforderungen, weil gerade in diesem Fall die Kündigung eine besondere soziale Härte mit sich bringen kann. Der Betriebsablauf muß durch lang anhaltende Krankheit, durch krankheitsbedingte Minderleistung oder aber durch eine Reihe von Kurzerkrankungen erheblich beeinträchtigt sein, Besserung nach einer objektiven Prognose nicht in Aussicht stehen und infolgedessen die Weiterbeschäftigung für den Arbeitgeber unzumutbar sein.

Bei der Frage der Zumutbarkeit, die eine Abwägung der beiderseitigen Interessen erfordert, müssen Lebensalter und Betriebszugehörigkeit des von der Kündigung betroffenen Arbeitnehmers berücksichtigt werden - letztlich geht es, wie bei allen Kündigungen, die unter das Kündigungsschutzgesetz fallen, um die Verhältnismäßigkeit der Maßnahme, die das Arbeitsverhältnis beenden soll.

b) Gründe im Verhalten

Das Feld verhaltensbedingter Kündigungen ist sehr weit. Ein entsprechendes Fehlverhalten kann sich auf Erfüllung der Pflichten beziehen, die mit der Arbeitsleistung unmittelbar in Verbindung stehen. Es kann aber auch um Störungen des Betriebsfriedens, zum Beispiel Tätlichkeiten gegenüber Kollegen gehen, weiter darum, daß der Mitarbeiter die Interessen des Unternehmens schädigt oder eine besondere Vertrauensstellung mißbraucht hat usw.

Sichere Anleitungen, was ein Kündigungsgrund ist und was nicht, lassen sich in diesem Bereich kaum geben, weil fast immer die besonderen Umstände des Einzelfalles über das Gewicht eines entsprechenden Fehlverhaltens entscheiden werden. Ist in einem Arbeitsmilieu eine derbe Sprache an der Tagesordnung, so liegt z.B. die Grenze, wo Beleidigungen anfangen, anders als im Kundenbereich einer Sparkasse.

Hinzu kommt, daß natürlich auch berücksichtigt werden muß, wie das Arbeitsverhältnis bisher gelaufen ist, ob es sich um einen angesichts der (positiven) Vergangenheit zu vernachlässigenden "Ausrutscher" handelt. Die Kündigung muß in all diesen Fällen ein Vorgehen sein, das in einem vernünftigen Verhältnis zum Anlaß steht, in dem Sinne, daß auch ein abgewogen und bedächtig urteilender Arbeitgeber die Kündigung als angemessene Antwort auf das Fehlverhalten betrachten würde.

Dies hat unter anderem die besonders wichtige Folge, daß in den meisten Fällen, in denen wegen eines Fehlverhaltens gekündigt wird, dieser Kündigung eine oder sogar mehrere Abmahnungen vorausgegangen sein müssen. Zur Abmahnung weiteres unter 5 a) und b).

Beispiele für Kündigungsgründe im Verhalten: Unentschuldigte Fehlzeiten, häufiges Zuspätkommen, anderweitige Arbeit während der Krankschreibung, Alkoholmißbrauch, Überziehen des Urlaubs, Tätlichkeiten, gehäufte Lohnpfändungen (die die Verwaltung mit unzumutbarer Mehrarbeit belasten können) usw.

c) Betriebsbedingte Kündigung

Was schließlich dringende betriebliche Bedürfnisse sind, kann man sich zwar der Sache nach leicht vorstellen. Rationalisierung, Umstellung des Produktionsprogramms, nachhaltige konjunkturelle Einbrüche können solche Bedürfnisse heraufbeschwören. Es ist aber im Einzelfall oft durchaus fraglich, ob diese Umstände nun ein betriebliches Bedürfnis mit sich bringen, das gerade auf eine bestimmte Zahl von Arbeitsplätzen hindeutet, die abgebaut werden müssen.

Zu berücksichtigen ist dabei, daß nach unserer Verfassungsordnung jedem Unternehmer ein ausreichender Beurteilungsspielraum überlassen sein muß, in welche Richtung das Unternehmen gesteuert werden soll und welche Maßnahmen dazu notwendig sind. Dies kann und darf kein Arbeitsgericht tun, das schließlich am Risiko des Unternehmens auch nicht teilhat. Wird aufgrund dringender betrieblicher Erfordernisse gekündigt, so prüft im Kündigungsschutzverfahren das Arbeitsgericht zwar durchaus, ob die vom Arbeitgeber behaupteten Fakten und wirtschaftlichen Daten, auf die er das vorgetragene Bedürfnis stützt, auch wirklich vorhanden sind und stimmen.

Was die darauf aufbauenden unternehmerischen Entschlüsse des Arbeitgebers anbelangt, wird aber nur noch gefragt, ob sie offenbar unsachlich, unvernünftig oder willkürlich sind. Daneben wird auch in diesem Zusammenhang der Grundsatz der Verhältnismäßigkeit nicht außer Betracht bleiben können. Zwar ist es angesichts der erwähnten unternehmerischen Freiheit eine rechtlich umstrittene Frage, inwieweit man den kündigenden Arbeitgeber zunächst zu milderen Mitteln, etwa Kurzarbeit veranlassen kann. Aber deshalb braucht man den Grundsatz der Verhältnismäßigkeit nicht gleich zu vergessen.

5. Weitere Voraussetzungen einer sozial gerechtfertigten Kündigung

a) Erfordernis der Abmahnung

Liegt der Grund für eine Kündigung im Verhalten oder in der Person des Arbeitnehmers und besteht die Möglichkeit, daß dieser sich selbst bzw. sein Verhalten ändert und so den Kündigungsgrund für die Zukunft aus der Welt schafft, so ist in aller Regel notwendig, daß der Arbeitgeber vor der Kündigung mindestens eine Abmahnung ausspricht.

Entfallen kann diese Pflicht des Arbeitgebers im Bereich der ordentlichen Kündigung nur in besonders klar gelagerten Fällen von Pflichtverstößen, wenn beispielsweise der Arbeitgeber seinen krankgeschriebenen Arbeitnehmer als Mittelstürmer beim Fußball wieder trifft. Der Arbeitgeber müßte, abgesehen davon, daß er sich zu Recht hintergangen fühlt, künftig beträchtliche Zeit auf dem Fußballplatz verbringen, um sich zu vergewissern, daß seine Abmahnung gefruchtet hat.

Generell gilt jedoch: Nehmen Pflichtverletzungen des Arbeitnehmers ein solches Gewicht an, daß die Abmahnung für entbehrlich erklärt wird, dann riecht es gewissermaßen auch schon nach einer außerordentichen, fristlosen Kündigung. Umso bedeutsamer ist umgekehrt die Notwendigkeit, einer ordentlichen, verhaltensbedingten Kündigung zumindest eine Abmahnung vorauszuschicken. Bei leichteren Pflichtverstößen, etwa Zuspätkommen, wird sicher auch eine einzige Abmahnung zur Kündigung nicht ausreichen, es sei denn, daß weitere Umstände, wie etwa eine gezielte Provokationsabsicht des Arbeitnehmers hinzukommen.

Ein Verhalten des Arbeitnehmers, das nicht den ihm durch den Arbeitsvertrag auferlegten Pflichten (Haupt- und Nebenpflichten) entspricht, kann demnach im Hinblick auf die Kündigungsmöglichkeiten des Arbeitgebers die folgenden, abgestuften Folgen haben, je nach dem, wie der Verstoß auf einer gedachten "Schwereskala" einzuordnen ist: ordentliche Kündigung nach mehrfacher Abmahnung, nach einfacher Abmahnung, ohne Abmahnung und schließlich die außerordentliche Kündigung, von der noch (unter B.) die Rede sein wird. Auch die außerordentliche Kündigung erfordert zumindest dann, wenn sie auf mehrere, sich summierende Vorgänge gestützt wird, entsprechende vorherige Abmahnungen.

b) Bedeutung der Abmahnung

Abmahnung heißt, daß der Arbeitgeber ein bestimmtes Verhalten beanstandet und gleichzeitig deutlich macht, daß die Beendigung des Arbeitsverhältnisses droht, wenn das beanstandete Verhalten nicht abgestellt wird. Wie der Arbeitgeber abmahnt, ob schriftlich oder mündlich, ist seine Sache, jedoch geht es natürlich in einem möglichen Prozeß zu seinen Lasten, wenn er die Abmahnung nicht beweisen kann. In der Regel wird sie deshalb schriftlich ausgesprochen und landet in den Personalakten.

Gerade aus diesem Grund ist es aber auch folgerichtig, daß ein Arbeitnehmer sich gegen eine unrichtige Abmahnung wehren kann, also eine solche, der entweder unrichtige Tatsachen zu Grunde liegen oder Bagatellen, die auch schon eine förmliche Abmahnung als unverhältnismäßig erscheinen lassen. Den Betriebsrat braucht der Arbeitgeber nicht anzuhören, wie er es insbesondere bei der Kündigung tun muß (§ 102 I BetrVG).

Obwohl also der Arbeitgeber relativ einfach abmahnen kann, unterläßt er es doch häufig, eine Kündigung auf diese Art konsequent vorzubereiten - zu seinem Leid, aber des Arbeitnehmers Freud im nachfolgenden Kündigungsschutzprozeß. Insbesondere im Bereich kleinerer und mittelgroßer Betriebe, die schon dem Kündigungsschutzgesetz unterliegen, aber in der Personalabteilung nicht so professionell vorgehen wie die meisten großen Betriebe, sind schon viele Kündigungen an der fehlenden Abmahnung gescheitert.

c) Möglichkeit anderweitiger Beschäftigung

§ 1 II 2 KSchG macht klar, daß der Arbeitgeber, bevor er durch eine Kündigung ein Arbeitsverhältnis beendet, nach Möglichkeiten suchen muß, den Arbeitnehmer an anderer Stelle innerhalb des Unternehmens weiter zu beschäftigen. Dabei sind auch geänderte Arbeitsbedingungen (andere Tätigkeit, schlechtere Bezahlung) möglich und bei der Suche nach einer anderweitigen Beschäftigungsmöglichkeit zu berücksichtigen, soweit der Arbeitnehmer einverstanden ist.

Außerdem trifft den Arbeitgeber die Pflicht, dem Arbeitnehmer Fortbildungs- und Umschulungsmaßnahmen zu ermöglichen für eine Verwendung an einem anderen Arbeitsplatz, soweit dies dem Arbeitgeber zuzumuten ist. Was zuzumuten ist, wird wieder von den Umständen des Einzelfalls abhängen: wie lange der betroffene Arbeitnehmer im Betrieb ist, wie leicht oder wie schwer man ihn umschulen kann, wieviel Geld es (auch in Anbetracht möglicher Leistungen des Arbeitsamts) kostet.

Eigentlich steht in § 1 II 2 KSchG noch mehr als die eben grob skizzierte Pflicht des Arbeitgebers zu einer anderweitigen, möglichen Beschäftigung - im Gesetz heißt es nämlich, daß diese Pflicht nur eingreift, wenn der Betriebsrat eben wegen der Möglichkeit anderweitiger Beschäftigung der Kündigung widersprochen hat. Diese Voraussetzung aber, um es etwas zugespitzt auszudrücken, hat der Gesetzgeber umsonst ins Gesetz geschrieben.

Die Rechtsprechung legt die genannte Pflicht nämlich jedem Arbeitgeber auf, der ordentlich kündigt, sofern Kündigungsschutz besteht. Der Grund liegt einmal darin, daß die Gerichte schon so verfahren sind, bevor die entsprechende Formulierung ins Gesetz kam und sie einfach davon ausgingen, daß ein zum Schutz der Arbeitnehmer erlassenes Gesetz die Lage nicht für eine ganze Reihe von ihnen verschlechtern statt verbessern soll. Zum anderen käme bei Anwendung des Gesetzes in diesem Punkt der einzelne Arbeitnehmer natürlich auch in eine Abhängigkeit vom Betriebsrat, die ihre bedenklichen Seiten hat und die Stellung des Arbeitnehmers auch nicht gerade verbessert.

d) Sozialauswahl: Wer muß eingezogen werden ?

Kündigt der Arbeitgeber aufgrund dringender betrieblicher Erfordernisse, so hat er eine zusätzliche Klippe zu umschiffen, um zu einer rechtswirksamen

Kündigung zu kommen: Er muß bei der Auswahl des bzw. der kündigenden Arbeitnehmer soziale Gesichtspunkte ausreichend berücksichtigt haben (§ 1 III KSchG).

Das Auswahlproblem tritt typischerweise bei betriebsbedingten Kündigungen ein - bei einer verhaltensbedingten bzw. persönlich bedingten Kündigung wird es sich natürlich nicht stellen. Aber schon die Frage, welche Arbeitnehmer und Arbeitnehmerinnen in dieses Auswahlverfahren einzubeziehen sind, ist schwer zu beurteilen. Sie ist nicht nur rechtlich umstritten, sondern hängt auch von faktischen Gegebenheiten ab, insbesondere davon, wie der betriebsbedingte Grund konkret aussieht.

Aus dem Gesetzeswortlaut läßt sich schließen, daß der äußerste Rahmen der Auswahl die Belegschaft des Betriebs umfaßt, nicht etwa also die des ganzen Unternehmens, das auch weitere Betriebe haben kann. Ferner besteht weithin Einigkeit, daß Vergleiche und Prüfungen, wer möglicherweise vor dem tatsächlich gekündigten Arbeitnehmer "dran" gewesen wäre, nur jeweils auf der Stufe etwa gleicher Qualifikation (und vergleichbarer Einsatzmöglichkeit) angestellt werden. (Unabhängig davon wird natürlich die Frage geprüft, ob die Weiterbeschäftigung eines Arbeitnehmers mit seinem Einverständnis auch an einem geringerwertigen Arbeitsplatz möglich ist, s.o. unter c).

Solche Einschränkungen vorweggenommen, kann es dem Arbeitgeber aber durchaus blühen, daß er Arbeitnehmer in erheblicher Zahl zwischen vorhandenen Betriebsabteilungen hin- und herversetzen muß, um zu gewährleisten, daß am Ende diejenigen entlassen werden, die es sozial am wenigsten hart trifft.

e) Kriterien der Sozialauswahl

Wer sozial weniger bzw. stärker betroffen ist, entscheidet sich zunächst nach den Kriterien, die Rechtsprechung und Rechtswissenschaft im Bemühen, den gesetzlichen Begriff der "sozialen Gesichtspunkte" konkret umzusetzen, geschaffen haben. Eckpfeiler der Wertung sind danach Lebensalter, Betriebszugehörigkeit und Familienstand, insbesondere bestehende Unterhaltsverpflichtungen.

Diese Hauptkriterien müssen auch dann gebührend berücksichtigt sein, wenn im Betrieb Punktesysteme bestehen, anhand derer die soziale Betroffenheit durch eine Kündigung quasi rechnerisch ermittelt wird. In größeren Betrieben werden solche Bewertungs- und Auswahlinstrumente häufig in Form einer Auswahlrichtlinie nach § 95 I BetrVG geschlossen. In diesen Fällen billigt die Rechtsprechung Arbeitgeber und Betriebsrat einen bestimmten Ermessensspielraum zu, was die Auswahl zu berücksichtigender Gesichtspunkte und ihre Bewertung angeht. Trotz eines solchen Schemas muß aber auch noch jeder Einzelfall auf besondere Umstände hin geprüft werden, die die Sozialauswahl beeinflussen könnten.

Bevor unter die Ermittlung und Bewertung sozialer Kriterien der Schlußstrich gezogen wird, kann der Arbeitgeber noch einen weiteren Gesichtspunkt ins Feld führen - gewissermaßen als Gegenwehr gegen eine ausschließlich "soziale" Auswahl, die auf betriebliche Interessen wenig Rücksicht nimmt. Er kann geltend machen, daß "betriebstechnische, wirtschaftliche oder sonstige berechtigte betriebliche Bedürfnisse die Weiterbeschäftigung eines oder mehrerer bestimmter Arbeitnehmer bedingen" (§ 1 III 2 KSchG). Wann dies wiederum der Fall ist, darüber wird sich häufig und trefflich im Einzelfall streiten lassen.

Fest steht, daß der Arbeitgeber mit Hilfe dieser gesetzlichen Handhabe jetzt nicht einfach so viele Arbeitnehmer aus der Auswahl herausnehmen kann, wie er für den Betrieb nützlich hält, weil es dann ohne Rücksicht auf soziale Auswahl ganz einfach die restliche Belegschaft trifft, die er vielleicht los haben will. Andererseits wird die Sozialauswahl, die nach den oben aufgeführten Kriterien erfolgt, durchaus ein Stück dadurch modifiziert, daß der Arbeitgeber besonders qualifizierte und auch besonders leistungsbereite Arbeitnehmer behalten kann, wenn er erfolgreich die Notwendigkeit für den Betrieb dartut.

6. Beteiligung des Betriebsrats, Weiterbeschäftigungsanspruch

a) Erfordernis der Anhörung des Betriebsrats

Bevor der Arbeitgeber eine Kündigung ausspricht, muß er, falls ein Betriebsrat vorhanden ist, diesen angehört haben. Damit der Betriebsrat sich äußern kann, muß er vom Arbeitgeber auch die Gründe für die Kündigung erfahren. Der Arbeitgeber hat also den Betriebsrat über eine beabsichtigte Kündigung und die Gründe hierfür zu informieren. Hält er dieses Verfahren nicht ein, so ist die Kündigung unwirksam nach § 102 I BetrVG. (Entsprechendes gilt für die Mitwirkung der Personalvertretungen in öffentlichen Verwaltungen und Betrieben nach den dafür bestehenden Vorschriften).

Das zwingende Anhörungserfordernis ist sowohl bei der ordentlichen Kündigung wie auch bei der außerordentlichen oder der Änderungskündigung zu beachten, die weiter unten behandelt werden. Im Fall der ordentlichen Kündigung hat der Betriebsrat eine Woche lang Zeit, um sich zu äußern. Er kann der Kündigung entweder zustimmen oder widersprechen. Tut er gar nichts, gilt dies als Zustimmung.

Widersprechen kann der Betriebsrat allerdings nicht aus beliebigen Gründen, vielmehr sind die in Frage kommenden Gründe im Gesetz (§ 102 III BetrVG) benannt und aufgezählt. Im einzelnen geht es um die Fälle, daß die Sozialauswahl nicht richtig vorgenommen wurde, eine mit dem Betriebsrat nach § 95 I BetrVG vereinbarte Auswahlrichtlinie verletzt oder eine Weiterbeschäftigungsmöglichkeit an einem anderen Arbeitsplatz nicht wahrgenommen wurde - gegebenenfalls nach zumutbaren Fortbildungs- und Umschulungsmaßnahmen oder auch unter geänderten Vertragsbedingungen, mit denen sich der Arbeitnehmer einverstanden erklärt hat.

b) Folge des Widerspruchs: Weiterbeschäftigung

Die wichtigste Folge eines Widerspruchs ist die, daß der Arbeitnehmer bis zum Abschluß eines möglicherweise von ihm angestrengten Prozesses um die Rechtmäßigkeit der Kündigung bei unveränderten Arbeitsbedingungen weiterbeschäftigt werden muß (§ 102 V BetrVG). Das allein ist schon ein wichtiger Trumpf im Verfahren, den ihm der Betriebsrat in die Hand geben kann, wenn man bedenkt, daß in sonstigen Fällen ein Weiterbeschäftigungsanspruch (nach Ablauf der Kündigungsfrist) bis zum Urteil erster Instanz gar nicht und im weiteren nur bei einem für den Arbeitnehmer günstigen Urteil gegeben ist (s. dazu oben III. B. 3 b).

Diese wichtige Wirkung des Widerspruchs tritt nur in Ausnahmefällen nicht ein, etwa bei einem Rechtsstreit des Arbeitnehmers ohne jede Erfolgsaussicht, wenn ferner der Betriebsrat offensichtlich unbegründet widersprochen hat oder der Arbeitnehmer faktisch nicht mehr beschäftigt werden kann, z.B. bei Betriebsauflösung.

Im übrigen erweckt zwar der Wortlaut von § 1 II KSchG den Einruck, daß in bestimmten Fällen (anderweitige Beschäftigungsmöglichkeit, unter Umständen nach Fortbildung, Umschulung oder zu geänderten Bedingungen) der Widerspruch des Betriebsrats notwendig ist, um die Kündigung sozialwidrig zu machen. Das hat aber in der Praxis der Arbeitsgerichte wenig Bedeutung, weil die fraglichen anderen Beschäftigungsmöglichkeiten auch ohne einen solchen Widerspruch des Betriebsrats entsprechend geprüft und verneint sein müssen, um die Kündigung durchgreifen zu lassen.

Eine bestimmte, und sei es auch nur mehr psychologische, Wirkung auf Gericht und auf die Parteien wird der Widerspruch, noch mehr wohl der fehlende Widerspruch bzw. die Zustimmung des Betriebsrats aber immer entfalten.

7. Einiges zum Kündigungsschutzverfahren

a) Klagefrist

Eine für den Arbeitnehmer harte Folge hat es, wenn er eine Kündigung, die er als sozial ungerechtfertigt ansieht und gegenüber der er sich auf den Schutz des Kündigungsschutzgesetzes berufen will, nicht innerhalb von drei Wochen nach Zugang der Kündigung gerichtlich angreift (§ 4 KSchG). In dieser wichtigen Frist muß die Klage beim Arbeitsgericht eingehen. Versäumt der Arbeitnehmer sie, so bietet § 5 KSchG mit der Möglichkeit der Zulassung einer verspäteten Klage nur einen traurigen, weitgehend zu vernachlässigen Notnagel.

In aller Regel wird bei Versäumnis der Klagefrist die Kündigung wirksam sein, ohne daß der Arbeitnehmer noch etwas dagegen tun kann. Anderes gilt nur für den Fall, daß die Kündigung aus weiteren Gründen als denen des sozialen Kündigungsschutzes, die im Kündigungsschutzgesetz festgelegt sind, unwirksam ist. Praktisch bedeutsamer Fall ist insbesondere der, daß der Betriebsrat nicht angehört wurde. Da dieser Mangel mit dem Kündigungsschutzgesetz nichts zu tun hat, ist es nur folgerichtig, daß in diesem Fall auch die Frist des § 4 KSchG nicht einzuhalten ist (§ 13 III KSchG).

b) Urteil über die Kündigung

Die aufgrund des Kündigungsschutzgesetzes vom Arbeitnehmer erhobene Klage vor dem Arbeitsgericht kann auf mehrere Arten zu Ende gehen.

Die erste Möglichkeit ist, daß das Gericht über den Klageantrag, also den Antrag auf Feststellung, daß das Arbeitsverhältnis nicht aufgelöst ist, positiv oder negativ entscheidet. Wird positiv entschieden, also der Klage stattgegeben, so besteht das Arbeitsverhältnis fort.

Nun kommt es vor, daß der Arbeitnehmer zu diesem Zeitpunkt bereits ein neues Arbeitsverhältnis eingegangen ist - aus nachvollziehbaren Gründen, weil in fast jedem Kündigungsschutzverfahren ein gewisses Risiko liegt. In diesem Fall gibt ihm § 12 KSchG das Recht, die Fortsetzung des alten, in seinem Bestehen bestätigten Arbeitsverhältnisses zu verweigern, also stattdessen das neue Arbeitsverhältnis fortzusetzen. Das für ihn günstige Urteil bleibt aber natürlich bedeutsam, soweit es um Ansprüche auf ausstehenden Lohn für die Zeit geht, in der das Bestehen des Arbeitsverhältnisses zwischen den Parteien strittig (und der Arbeitnehmer noch nicht in ein neues Beschäftigungsverhältnis eingetreten) war.

Weist das Gericht umgekehrt die Klage ab, so wird die umstrittene Kündigung mit Ablauf der vorgesehenen Kündigungsfrist wirksam.

c) Auflösungsantrag und Abfindung

Mit dem Urteil über die Wirksamkeit der Kündigung ist der Katalog möglicher Ausgänge des Kündigungsschutzverfahrens allerdings noch nicht zu Ende. Eine weitere Variante hält zunächst das Kündigungsschutzgesetz selbst in § 9 ff. KSchG bereit.

Diese Variante trägt dem Umstand Rechnung, daß manchmal auch in Fällen, in denen sich eine Kündigung nachträglich als rechtlich unwirksam herausstellt, im Verhältnis der Parteien zueinander mittlerweile doch Zustände eingetreten sind, die an eine vernünftige Fortsetzung des Arbeitsverhältnisses nicht denken lassen. Deshalb räumt das Gesetz jeder Seite die Möglichkeit ein, einen Antrag auf Auflösung des Arbeitsverhältnisses zu stellen, womit jedoch gleichzeitig eine Abfindung an den Arbeitnehmer gezahlt werden muß.

Diese Abfindung stellt den Ausgleich dafür dar, daß trotz an sich rechtsunwirksamer Kündigung der Arbeitnehmer doch kein Arbeitsverhältnis mehr hat. Für die Höhe der Abfindung gibt § 10 KSchG einen Rahmen. Das Gericht arbeitet häufig mit einer Faustregel, derzufolge zwischen einem halben und einem ganzen Monatsverdienst pro Jahr der Betriebszugehörigkeit als Abfindung gewährt wird.

Für jede der beiden Seiten gibt es im übrigen eine auf sie zugeschnittene, weitere Voraussetzung, wenn sie den Antrag auf Auflösung stellen will. Dem Arbeitnehmer muß die Fortsetzung unzumutbar sein, der Arbeitgeber muß Gründe vorbringen, weshalb eine den Betriebszwecken dienliche weitere Zusammenarbeit nicht mehr erwartet werden kann. Wann diese jeweiligen Voraussetzungen im einzelnen zutreffen, wird von den konkreten Umständen, etwa der Größe des Betriebs abhängen. Nicht zuletzt aber spielt für die Häufigkeit, auch für den Erfolg solcher Auflösungsanträge die Lage auf dem Arbeitsmarkt eine Rolle: Findet der Arbeitnehmer leicht eine neue Beschäftigung, so trifft ihn die Auflösung weniger hart, als er umgekehrt die Abfindung schätzt.

Am Rande sei vermerkt, daß im Falle leitender Angestellter der Arbeitgeber keinen Grund für den Auflösungsantrag vorzubringen braucht (§ 14 II KSchG).

d) Beendigung durch Vergleich

In der Praxis häufiger, wenn nicht der häufigste Fall der Beendigung des Kündigungsschutzverfahrens ist der vor Gericht geschlossene Vergleich. Da sich gerade im Bereich der Kündigung nicht nur über Sach-, sondern auch über Rechtsfragen oft trefflich streiten läßt, ist das Risiko eines Ausgangs der Sache in der ersten und in weiteren Instanzen für beide Seiten oft schwer kalkulierbar. Deshalb wird der Streit über das Rechtsverhältnis im Wege gegenseitigen Nachgebens beseitigt (zum Begriff des Vergleichs: § 779 BGB). Ein solcher Vergleich kann natürlich auch außergerichtlich geschlossen werden, was ebenfalls nicht selten ist.

Der vor Gericht geschlossene und protokollierte Vergleich hat allerdings den Vorteil, daß die Parteien aus ihm wie aus einem Gerichtsurteil vorgehen können, was die Durchsetzung ihrer im Vergleich festgehaltenen Rechte bzw. Forderungen anbelangt. In einen solchen Vergleich wird nun alles hineingepackt, was zwischen den Parteien strittig ist; man schnürt ein Gesamtpaket, das beide Seiten möglichst weitgehend befriedigen soll.

Inhaltlich wird der Vergleich meist darauf hinauslaufen, daß das Arbeitsverhältnis zu einem bestimmten Zeitpunkt einvernehmlich aufgehoben, diese Aufhebung aber dem Arbeitnehmer durch weitere Leistungen des Arbeitgebers versüßt wird. Sie hängen in ihrem Ausmaß eben von dem Prozeßrisiko ab, das der Vergleich umgeht.

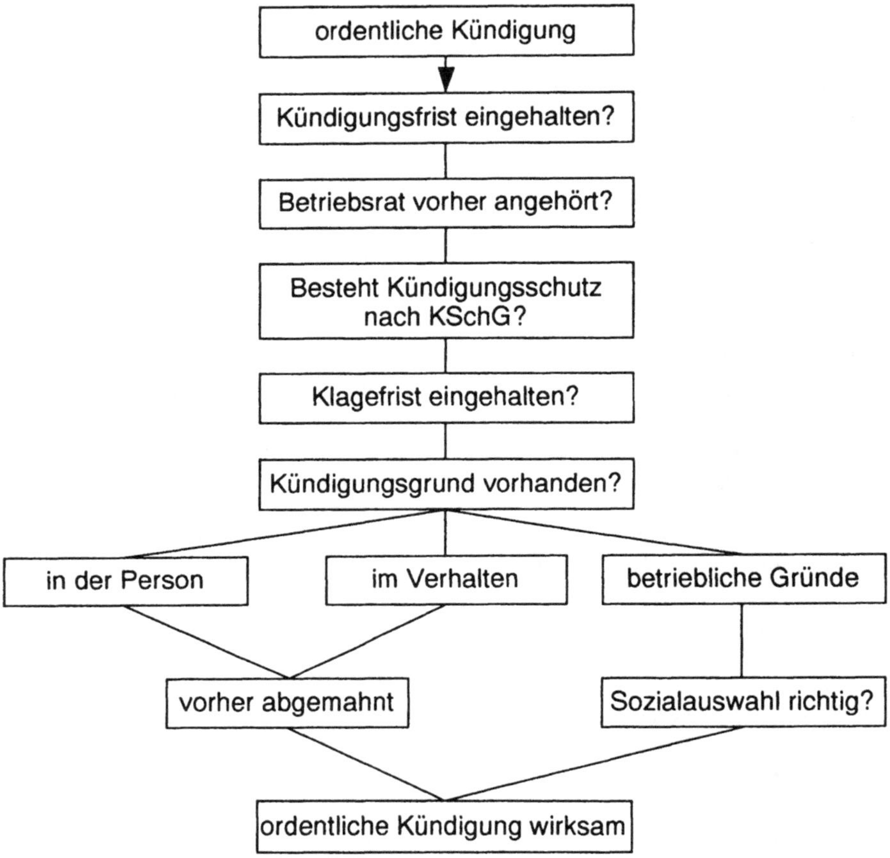

Abbildung 12: Prüfsteine für eine ordentliche Kündigung durch den Arbeitgeber

8. Besonderer Kündigungsschutz

a) Mütter und werdende Mütter

Der Schutz des Kündigungsschutzgesetzes steht prinzipiell allen Arbeitnehmern zu, soweit hinsichtlich ihrer selbst und des Betriebes die Anforderungen der §§ 1 I und 23 I KSchG erfüllt sind. Deshalb spricht man vom "allgemeinen" Kündigungsschutz. Einige Personengruppen, die besonders schutzbedürftig sind und deren Verhältnisse auch schon weiter oben (unter IV.) beim Arbeitnehmerschutzrecht besprochen wurden, genießen aber einen darüber hinausreichenden, besonderen Kündigungsschutz.

So darf einer werdenden Mutter bzw. Mutter während der Schwangerschaft und in den auf die Entbindung folgenden 4 Monaten nicht gekündigt werden. Dieses Kündigungsverbot bezieht sich nicht nur auf die ordentliche, sondern auch auf die außerordentliche Kündigung und die Änderungskündigung, die weiter unten besprochen werden. Voraussetzung für das Eingreifen des Kündigungsverbots ist allerdings die Tatsache, daß der Arbeitgeber entweder von der Schwangerschaft weiß - egal ob von der Schwangeren selbst oder aus anderer Quelle - bzw. ihm, wenn er es nicht weiß, dieser Umstand spätestens innerhalb von zwei Wochen nach Zugang der Kündigung mitgeteilt wird.

Versäumt die Schwangere schuldhaft, also zumindest fahrlässig, diese Frist, hat sie den Kündigungsschutz, der in § 9 MuSchG geregelt ist, verloren. Ansonsten ist der Kündigungsschutz nach dem Mutterschutzgesetz stark ausgebaut, nur äußerst selten wird der Arbeitgeber mit der nach § 9 III MuSchG notwendigen Zulassung durch die zuständige Behörde, in der Regel die Gewerbeaufsichtsämter, rechnen können (s. dazu auch Fall 13 !).

Allerdings bezieht der Schutz sich nur auf Kündigungen und nicht etwa auf den Fall, daß ein zulässigerweise befristetes Arbeitsverhältnis innerhalb der Kündigungsschutzfristen des Mutterschutzgesetzes endet. Dagegen ist kein Kraut gewachsen - das Arbeitsverhältnis endet ohne Schutz.

Der Kündigungsschutz des Mutterschutzgesetzes wird ergänzt durch das Kündigungsverbot für den Arbeitgeber während des Erziehungsurlaubs nach § 18 BErzGG, das im Gegensatz zum Schutz nach dem Mutterschutzgesetz auch für männliche Arbeitnehmer eingreifen kann (s. dazu auch Abb. 10).

b) Schwerbehinderte

Eine weitere Personengruppe, die besonderen Kündigungsschutz genießt, ist die der Schwerbehinderten. Hat ein Arbeitnehmer, der eine Kündigung erhält, ein Arbeitsverhältnis von mehr als 6 Monaten im Betrieb hinter sich und hat er zumindest einen Antrag beim Versorgungsamt auf Feststellung der Schwerbehinderteneigenschaft gestellt, so kann er sich auf den besonderen Schutz der §§ 15 ff. SchwbG berufen. Im Fall der bloßen Antragstellung ist Voraussetzung für das endgültige Wirksamwerden des Antrags, daß die Schwerbehinderteneigenschaft später auch tatsächlich festgestellt wird.

Weiß der Arbeitgeber allerdings nichts von einer festgestellten Schwerbehinderteneigenschaft bzw. einer entsprechenden Antragstellung des Arbeitnehmers, so ist es dessen Sache, den Arbeitgeber zumindest in einer angemessenen Frist nach der Kündigung aufzuklären, wobei die Gerichte einen Monat als angemessen ansehen. D.h. versäumt der Arbeitnehmer diese Frist, so sehen die Gerichte im Fall des (ahnungslosen) Arbeitgebers eine Kündigung auch ohne die vorherige Zustimmung der Hauptfürsorgestelle als wirksam an.

In dieser notwendigen Zustimmung der Hauptfürsorgestelle zur Kündigung eines Schwerbehinderten (auch zu einer außerordentlichen Kündigung oder Änderungskündigung) liegt der besondere Schutz. Die Hauptfürsorgestelle soll dem zwar Rechnung tragen, wenn die Kündigungsgründe mit der Behinderung selbst nichts zu tun haben, wird aber in der Regel bestrebt sein, ihrer eigenen Aufgabe gemäß dem Behinderten den Arbeitsplatz zu erhalten. Dies ist allerdings nur eingeschränkt möglich, wenn der Betrieb oder Teile davon geschlossen werden (vgl. §§ 19, 21 IV SchwbG und im übrigen weiter oben IV. D. 3 e).

c) Ämter im Rahmen der Betriebsverfassung

Bei einer Tätigkeit als Mitglied eines Betriebs- oder Personalrats kann es naturgemäß zu Meinungsverschiedenheiten mit dem Arbeitgeber kommen, durch die sich der Arbeitnehmer nicht immer beliebter macht. Auch schon die Mitwirkung eines Arbeitnehmers im Wahlvorstand, um einen Betriebsrat zustande zu bringen, oder aber die Bewerbung für die Mitgliedschaft können im Einzelfall dem Arbeitgeber ein Dorn im Auge sein, so daß er versucht sein mag, sich von den betreffenden Arbeitnehmern zu trennen.

Deshalb ist mit den eben genannten Funktionen im Rahmen der Betriebsverfassung auch ein besonderer Kündigungsschutz verbunden, der ebenfalls die Tätigkeit in Jugend- und Auszubildendenvertretungen mit umfaßt. Dieser besondere Kündigungsschutz ist, wie der allgemeine, im Kündigungsschutzgesetz geregelt.

Nach § 15 KSchG ist die ordentliche Kündigung gegenüber Mitgliedern von Betriebsräten, Personalvertretungen, Jugend- und Auszubildendenvertretungen während ihrer Amtszeit und bis zu einem Jahr danach unzulässig. In vergleichbarer Weise sind Wahlvorstände und Wahlbewerber während der Dauer dieser Funktion und noch 6 Monate nach Bekanntgabe des Wahlergebnisses gegen eine ordentliche Kündigung geschützt.

§ 15 KSchG läßt also gegenüber dem geschützten Personenkreis nur außerordentliche Kündigungen zu, und auch diese nur unter einer besonderen Einschränkung: Neben den ohnehin für eine außerordentliche Kündigung zu beachtenden Voraussetzungen (die weiter unten unter B. besprochen werden), muß die Vorschrift des § 103 BetrVG (bzw. der entsprechenden Personalvertretungsgesetze) eingehalten worden sein.

Danach bedürfen außerordentliche Kündigungen von Mitgliedern des Betriebsrats, der Personalvertretungen und von Jugend- und Auszubildendenvertretungen der Zustimmung des Betriebs- bzw. Personalrats, die, wenn sie nicht erteilt wird, nur auf Antrag des Arbeitgebers durch das Arbeitsgericht ersetzt werden kann. Erst wenn dies gegebenenfalls geschehen ist, hat der Arbeitgeber den besonderen Schutz des § 15 KSchG überwunden und kann wirksam (außerordentlich) kündigen.

d) Unkündbare Arbeitnehmer

Vom tatsächlichen Effekt her genießt einen besonderen Kündigungsschutz auch ein Arbeitnehmer, dessen ordentliche Kündigung durch den Arbeitgeber vertraglich bzw. tarifvertraglich ausgeschlossen ist. Dies geschieht in Tarifverträgen nicht selten, wenn eine gewisse Dauer der Betriebszugehörigkeit und ein bestimmtes Lebensalter erreicht sind, vgl. etwa § 53 III BAT. Der Vorteil allerdings, in den der Arbeitnehmer durch eine solche Regelung kommt, wird umgekehrt wieder ein Stück relativiert:

Die Rechtsprechung hat dafür im Fall der Unkündbarkeit die Anforderungen an die (einzig mögliche) außerordentliche Kündigung etwas "aufgeweicht". (Insbesondere für die Zumutbarkeit der weiteren Fortsetzung des Arbeitsverhältnisses spielt im Fall der außerordentlichen Kündigung durchaus eine Rolle, ob der Arbeitgeber auch ein ordentliches Kündigungsrecht hat oder nicht). Auch kann aus dringenden betrieblichen Erfordernissen, insbesondere bei Betriebsstillegungen, einem an sich unkündbaren Arbeitnehmer außerordentlich gekündigt werden, obwohl es sich dabei eigentlich nur um einen "klassischen" Grund für eine ordentliche Kündigung handelt.

Die außerordentliche Kündigung kann vertraglich oder tariflich nicht ausgeschlossen werden.

9. Kirchen, Tendenzbetriebe

a) Wesen des Tendenzbetriebs

Unter anderem im Bereich des Kündigungsrechts, insbesondere hinsichtlich der zugelassenen Kündigungsgründe gelten für eine Reihe von Betrieben besondere Regeln. Grundlage dieser Sonderbehandlung ist der Umstand, daß das Grundrecht des Art. 5 I GG , eine eigene Meinung zu haben und sie zu verbreiten, auch für Unternehmer und - unter bestimmten Voraussetzungen - ihre Betriebe gilt. Das macht nur Sinn, wenn der betreffende Betrieb seine besondere Meinungsrichtung, seine "Tendenz" auch in seiner Belegschaft halbwegs homogen erhalten kann.

Als "Tendenzbetriebe" dieser Art, für die arbeitsrechtliche Besonderheiten gelten, kommen aber nur solche in Betracht, die einen entsprechenden Bezug zum Feld der Auseinandersetzung zwischen Meinungen, politischen Konzepten, Weltanschauungen usw. haben. Typischerweise gehören Presseunternehmen, aber auch beispielsweise Gewerkschaftsorganisationen dazu.

Einen Sonderfall wiederum in Bezug auf Unternehmen mit einer bestimmten, von der Rechtsordnung respektierten Tendenz stellen die Kirchen dar. Sie genießen sogar das verfassungsrechtlich überlieferte Privileg, öffentlich-rechtliche

Körperschaften zu sein, also eine im Prinzip ähnliche Organisationsform zu haben wie Staat, Gemeinde oder ihnen nachgeordnete, sich selbst verwaltende öffentliche Einheiten. Auch weil infolgedessen die Kirchen beispielsweise eigene Beamte beschäftigen dürfen, ergeben sich insgesamt in ihrem Fall die größten Abweichungen im Vergleich zu "normalen" Arbeitgebern, was die rechtliche Behandlung ihrer Mitarbeiterinnen und Mitarbeiter angeht.

b) Besondere Kündigungsgründe

Im gegebenen Zusammenhang ist wichtig, daß Kirchen und (andere) Tendenzbetriebe das Recht haben, sich durch Kündigung von Arbeitnehmern zu trennen, die durch dienstliches, aber auch außerdienstliches Verhalten sich in Gegensatz zur "Tendenz" des Betriebes gesetzt haben. Der Gewerkschaftssekretär darf also nicht in einer rechts- oder auch linksradikalen, jedenfalls gewerkschaftsfeindlichen Vereinigung mitwirken ; von Mitarbeitern und Mitarbeiterinnen kirchlicher bzw. von der Kirche getragener Einrichtungen wird erwartet, daß sie sich von den Geboten der kirchlichen Soziallehre zumindest nicht allzu weit und allzu deutlich entfernen.

Das Beispiel der Erzieherin im Kindergarten, die aufgrund ihrer (nach katholischen Regeln nicht zulässigen) Wiederverheiratung nach Scheidung eine Kündigung erhält, könnte allerdings bald der Vergangenheit angehören. Einerseits wird man in einer Zeit zunehmend frei ausgewählter, individueller Lebensstile solche arbeitsrechtlich durchsetzbaren Ansprüche auf "Wohlverhalten" im Sinne der entsprechenden Einrichtung immer enger auf Personal mit Führungs- und Repräsentationsaufgaben begrenzen müssen.

Zum anderen verfolgt die katholische Kirche zumindest in jüngster Zeit offenbar eine interne Politik der Lockerung, was den teilweise nach außen kaum vermittelbaren, arbeitsrechtlich aber zugelassenen Gebrauch solcher und vergleichbarer Verhaltensvorwürfe als Kündigungsgründe anbelangt. Nichtsdestoweniger wurde unlängst einem Praktikanten in einer kirchlichen Einigung gekündigt, weil er homosexuell war.

Es bleibt festzustellen, daß im Bereich der Kirchen und tendenzgeschützten Betriebe der Kreis möglicher Kündigungsgründe erweitert ist um verhaltensbezogene Gründe, die auf eine Verletzung der Tendenz hinauslaufen. Die Entscheidung darüber, wann im Einzelfall ein solcher Grund tragfähig ist für eine Kündigung, kann nur schwer getroffen bzw. vorhergesagt werden, wie das bei den Kündigungsgründen im Verhalten aber letztlich überhaupt der Fall ist.

10. Kündigung und Leistungen der Arbeitsverwaltung an Arbeitslose

a) Arbeitslosengeld

Wer nicht gerade sehr viel Vermögen im Rücken oder aber einen Unterhaltsanspruch hat, ist auf ein Arbeitsverhältnis als Lebensgrundlage angewiesen. Verliert er es durch den häufigsten Fall der Kündigung, so läßt ihn der Sozialstaat aber nicht ins Nichts fallen. Bevor der betroffene Arbeitnehmer bzw. die Arbeitnehmerin auf Sozialhilfe - als letzten Notnagel - angewiesen ist, tritt die Arbeitslosenversicherung mit den Leistungen der Bundesanstalt für Arbeit, konkret der zuständigen Arbeitsämter ein. Eine von ihren Leistungen, das Konkursausfallgeld, haben wir schon kennengelernt (weiter oben IV. A. 4 b). Leistungen mit Lohnersatzfunktion sind aber vor allem das Arbeitslosengeld und die Arbeitslosenhilfe.

Hinsichtlich der Voraussetzungen und der Bezugsdauer des Arbeitslosengelds können einige komplizierte Rechnungen anfallen, die hier nur vereinfacht wiedergegeben sind. Die gesetzlichen Regelungen finden sich in den §§ 100 ff. AFG. Die Anwartschaftszeit ist erfüllt, wenn der bzw. die Arbeitslose innerhalb von 3 Jahren vor der Arbeitslosigkeit 360 Kalendertage beitragspflichtig beschäftigt war.

Ferner muß, wer Arbeitslosengeld will, der Arbeitsvermittlung auch zur Verfügung stehen. Dazu gehört, daß man eine zumutbare Beschäftigung auch ausüben kann und will. Das ist beispielsweise nicht der Fall, wenn man wegen Krankheit oder Behinderung eine zumutbare Tätigkeit gar nicht aufnehmen kann. Generell bestimmt sich, was zumutbar ist, nach der Zumutbarkeits-Anordnung der Bundesanstalt für Arbeit. In ihr geht es im Prinzip um die Abwägung der Interessen des Arbeitslosen auf der einen, der Beitragszahler auf der anderen Seite. Dauert die Arbeitslosigkeit länger, müssen stufenweise auch Tätigkeiten angenommen werden, die eine niedrigere Qualifikation voraussetzen, als sie eigentlich vorhanden ist.

Das Arbeitslosengeld beträgt für Arbeitslose mit Kindern 68 % , für die anderen 63 % des durchschnittlichen Nettoeinkommens in den letzten drei Monaten vor der Arbeitslosigkeit.

Wichtig ist, daß ein Arbeitsloser nicht sofort Leistungen erhält, wenn er entweder durch eine eigene Kündigung bzw. Vertragsauflösung arbeitslos geworden ist oder aber aufgrund eines arbeitsvertragswidrigen Verhaltens vom Arbeitgeber gekündigt wurde. Allerdings muß die Arbeitslosigkeit in diesen Fällen "grob fahrlässig" (und ohne akzeptablen Grund) herbeigeführt worden sein, das Arbeitsverhältnis muß also sehenden Auges, daß Arbeitslosigkeit die Folge ist, aufs Spiel gesetzt worden sein. Dann tritt nach §§ 119 I Ziff. 1, 119 a AFG eine Sperrzeit von bis zu 12 Wochen ein.

Die Gesamtdauer des möglichen Bezugs von Arbeitslosengeld beträgt regelmäßig mindestens 156 Tage, kann sich aber, je nach vorangegangenen Beschäftigungszeiten und dem Lebensalter des Arbeitslosen, beträchtlich steigern (§ 106 AFG).

b) Arbeitslosenhilfe

Möglicherweise erfüllt der Arbeitslose aber die Anwartschaftszeit nicht, um Arbeitslosengeld zu erhalten. Oder aber die Bezugszeit für das Arbeitslosengeld ist abgelaufen. In diesen Fällen kann u.U. Arbeitslosenhilfe bezogen werden. Wer aber zuvor nicht schon Arbeitslosengeld bekommen hat, muß zumindest eine, wenn auch kürzere Zeit zuvor beitragspflichtig beschäftigt gewesen sein, die unter besonderen Umständen jedoch entfallen kann (vgl. dazu § 134 AFG). Ferner muß auch er bzw. sie der Arbeitsvermittlung zur Verfügung stehen und muß - was für das Arbeitslosengeld nicht Voraussetzung war - bedürftig sein. Bedürftigkeit und ihre Prüfung sind in den §§ 137 und 138 AFG geregelt.

Die Arbeitslosenhilfe beträgt bei Hilfeempfängern mit mindestens einem Kind 58 % , bei den anderen 56 % des Nettoeinkommens, das zuvor verdient wurde bzw. nach dem sich das Arbeitslosengeld berechnet hat. Neben der Arbeitslosenhilfe wird häufig ergänzend Sozialhilfe notwendig sein, um den Lebensunterhalt zu sichern. Die Arbeitslosenhilfe wird im übrigen nicht aus den Beiträgen zur Arbeitslosenversicherung bestritten, sondern aus dem Haushalt des Bundes finanziert.

Fall 18: "Die verspätete Rückkehr"

Bei den städtischen Kliniken arbeitete Tansu Özal als Küchenhelferin. Vom 15.7. bis 16.8. hatte sie Erholungsurlaub beantragt, aber diesen nur vom 22.7. bis 15.8., einem Donnerstag, bewilligt bekommen. Den Urlaub wollte sie zusammen mit ihrem Mann, der arbeitslos war, und ihrem Sohn in der türkischen Heimat verbringen. Vor Urlaubsantritt wurde sie vom Leiter der Zentralküche noch einmal auf die Notwendigkeit einer pünktlichen Rückkehr aufgrund der angespannten Personalsituation und der Schwierigkeit, einen funktionierenden Dienstplan zu erstellen, hingewiesen.

Am 12.8. ruft ihr Mann aus der Türkei bei der Vertreterin des Küchenleiters an. Er will eine Urlaubsverlängerung für Tansu, bezahlt oder unbezahlt, weil ihr gemeinsamer Pkw kaputt sei. Sinngemäß - so die Angaben der stellvertretenden Leiterin - erklärt er auch, seine Ehefrau werde "einen Krankenschein nehmen", wenn der Urlaub nicht verlängert werde. Die Vertreterin sagt, er solle am nächsten Tag noch einmal anrufen, spricht mit dem Vorgesetzten über eine Dienstplanände-

rung, jedoch wird das Urlaubsgesuch schließlich abgelehnt. Am 13.8. teilt sie dies Tansus Ehemann am Telefon mit. Über seine anschließende wörtliche Äußerung fertigt sie einen Aktenvermerk an: "Entweder wird der Urlaub verlängert oder meine Frau wird krank".

Am 16.8. tritt Tansu Özal ihren Dienst nicht an, am 20.8. geht bei der Verwaltung der Zentralküche ein Attest (mit Übersetzung) eines türkischen Arztes ein, der Tansu 15 Tage krankschreibt.

Nach Anhörung des Personalrats, der Bedenken erhebt, zur beabsichtigten fristlosen Kündigung wird diese am 2.9. ausgesprochen.

Am 4.9. geht Tansu Özals Kündigungsschutzklage beim Arbeitsgericht ein: Es habe kein wichtiger Grund für eine außerordentliche Kündigung bestanden. Ihr Pkw sei kaputt gewesen, im Dorf keine Reparatur möglich. Sie selbst sei durch die klimatische und ernährungsbedingte Umstellung erkrankt gewesen, habe aber zunächst keinen Krankenschein nehmen wollen, um ihren Arbeitsplatz nicht zu gefährden.

Ist die gegenüber Tansu Özal ausgesprochene Kündigung wirksam ?

B. Außerordentliche Kündigung

1. Unterscheidung von der ordentlichen Kündigung

Bei einem Dauerschuldverhältnis, wie es das Arbeitsverhältnis ist, das in diesem Fall im laufenden Austausch von Arbeit gegen Geld besteht, gibt es, grob gesprochen, zwei Arten von Situationen, in denen eine Beendigung möglich sein muß. Die eine Situation ist dann gegeben, wenn sich im (mehr oder weniger) gewöhnlichen Verlauf der Dinge für eine Seite ein Grund zum Aussteigen ergibt: Der Arbeitnehmer zieht um, der Arbeitgeber konzentriert den Betrieb auf neue Produkte und zieht sich aus anderen Geschäftsbereichen zurück oder ist mit der Vertragserfüllung durch den Arbeitnehmer nicht zufrieden. Das ist die Situation der ordentlichen Kündigung.

Davon abgesehen kann ein Dauerschuldverhältnis wie das Arbeitsverhältnis aber auch durch vertragswidrige Vorkommnisse auf einer Seite in eine solche Krise geraten, daß nur noch die sofortige Beendigung als vernünftig erscheint. Das Recht, sich aus einem derart "schiefgelaufenen" Schuldverhältnis auf einem zugelassenen Weg zu befreien, darf bei keinem auf Dauer angelegten Schuldverhältnis ausgeschlossen werden. Im Fall des Arbeitsrechts besteht dieser zugelassene Weg in der außerordentlichen Kündigung, deren Voraussetzungen im wesentlichen in § 626 BGB geregelt sind.

2. Kündigungsgründe

a) Welche kommen in Betracht ?

§ 626 I BGB gibt Auskunft, daß ein wichtiger Grund gegeben sein muß, der sich auf Tatsachen stützt. Diese müssen die Fortsetzung des Arbeitsverhältnisses sofort unzumutbar machen für die andere Seite, und sei es auch nur für die Dauer einer bei ordentlicher Kündigung einzuhaltenden Kündigungsfrist. Die andere Seite ist dabei die, die gewissermaßen von der fraglichen Tatsache betroffen ist, sie also nicht etwa selbst gesetzt hat.

Es kann also niemanden den Chef oder die Chefin massiv beleidigen und anschließend selbst kündigen, weil er vielleicht aus dem Vertrag heraus möchte. Damit ist aber schon angedeutet, in welcher Richtung häufig die Vorkommnisse zu suchen sein werden, die einer außerordentlichen Kündigung zugrunde gelegt werden. Vergleicht man sie mit den Gründen für eine ordentliche Kündigung, so ergeben sich vor allem die folgenden Unterschiede:

Von der Einteilung der ordentlichen Kündigungsgründe durch § 1 II KSchG in persönliche, verhaltensbedingte und durch betriebliche Erfordernisse bedingte betrachtet, ist eine eindeutige Akzentverschiebung bei der außerordentlichen Kündigung hin zu verhaltensbedingten Gründen vorhanden.

Dies folgt daraus, daß insbesondere betriebliche Erfordernisse kaum so plötzlich auftreten können, daß nicht die ordentliche Kündigung die geeignete Reaktion wäre. (Eine außerordentliche Kündigung, gestützt auf dringende betriebliche Erfordernisse, wird daher nur im Fall ordentlich "unkündbarer" Arbeitnehmer in Betracht kommen, wo sie die einzige Möglichkeit der Kündigung bildet). Umgekehrt sind es eben meist durch das Verhalten einer Seite gesetzte Tatsachen, die eine gedeihliche Fortsetzung des Vertragsverhältnisses innerhalb einer kurzen Zeit verunmöglichen können.

b) Nur schwerwiegende Gründe

Die hauptsächlich in Betracht kommenden verhaltensbedingten Gründe sind aber im Verhältnis zu denen, die eine ordentliche Kündigung stützen können, ein deutliches Stück auf der "Relevanzskala" nach oben geschoben. Es kehren dennoch die beiden Varianten wieder, daß es sich entweder um ein einziges, sozusagen "dickes Ei" oder aber um eine Summe von Verstößen handelt, die bei einer bestimmten, durch die letzte Handlung erreichte Grenze gewissermaßen das Faß zum Überlaufen bringt. Auch im letzteren Fall muß aber die Fortsetzung praktisch augenblicklich unzumutbar werden.

In der zuletzt genannten Situation, wenn also mehrere, aufeinanderfolgende Vorfälle zum Vorwurf gemacht werden, entfällt auch die Pflicht zur Abmahnung nicht, wie wir sie schon bei der ordentlichen Kündigung kennengelernt haben.

Schließlich besteht auch im Fall schwererwiegender Vertragsverletzungen durchaus die Möglichkeit, daß die betreffende Partei, in der Regel der Arbeitnehmer, ihr Verhalten dauerhaft ändert.

c) Beispiele

Beispiele für Gründe, die eine außerordentliche Kündigung rechtfertigen: Mehrmaliges Fernbleiben, unbefugtes Verlassen des Arbeitsplatzes oder dauerndes Zuspätkommen, Trunkenheit, verbotene Nebentätigkeit oder Verstoß gegen das Konkurrenzverbot, eigenmächtiges Verlängern des Urlaubs, bewußtes Zurückhalten der Arbeitsleistung, Nichtbefolgen von Weisungen usw. (In den aufgezählten Fällen wird regelmäßig eine vorherige Abmahnung erforderlich sein - was bei den im folgenden aufgezählten Gründen in der Regel nicht erforderlich ist:)

Diebstähle, Unterschlagungen, all dies insbesondere gegenüber dem Arbeitgeber bzw. der anderen Vertragspartei selbst oder gegenüber Arbeitskollegen, Annahme von Schmiergeldern, Handlungen im übrigen, die einen schweren Vertrauensbruch darstellen, wie die Verbreitung unwahrer Behauptungen in der Öffentlichkeit.

Dies ist natürlich nur eine Auswahl möglicher Gründe, wobei der wichtige Umstand hinzutritt, daß jeder mögliche Grund im weiteren in einer Abwägung daraufhin überprüft werden muß, ob dadurch die Fortsetzung des Arbeitsverhältnisses unzumutbar wird, ohne daß auch nur eine Kündigungsfrist abgewartet werden kann.

3. Befristete Zulässigkeit - fristlose Wirkung

a) Die Zwei-Wochen-Frist

Das Gesetz belastet die Vertragspartei, die außerordentlich kündigen will (in der weitaus größten Zahl der Fälle ist es der Arbeitgeber) mit einer nur auf den ersten Blick einfachen, auf den zweiten ziemlich problematischen Verpflichtung: Die außerordentliche Kündigung ist nur innerhalb von zwei Wochen möglich, nachdem der Kündigungsberechtigte von den für die Kündigung maßgebenden Tatsachen Kenntnis erlangt hat (§ 626 II BGB).

Verständlich ist, daß bei gravierenden negativen Vorfällen im Arbeitsverhältnis entweder schnell "reiner Tisch" gemacht werden oder aber klargestellt werden sollte, daß das Arbeitsverhältnis eine Fortsetzung findet. Ansonsten würde eine möglicherweise doch noch zu erwartende Kündigung des Arbeitgebers den Arbeitnehmer so lange in dauernder Unsicherheit halten, bis der Arbeitgeber eines Tages nicht mehr behaupten kann, der Vorfall mache für ihn die Fortsetzung des Arbeitsverhältnisses unzumutbar. Dieser Zeitpunkt wäre häufig schwer zu bestimmen. Von daher hat eine klar formulierte Frist für das Kündigungsrecht Vorteile.

Der offenkundige Nachteil liegt aber darin, daß u.U. der Arbeitgeber in eine schnelle Kündigung getrieben wird, obwohl er zum Sachverhalt vielleicht in Ruhe noch ein paar Ermittlungen anstellen würde. Möglicherweise käme es im einen oder anderen Fall dann gar nicht mehr zur Kündigung. Ferner muß man bei mehreren Vorfällen, die zusammengefaßt als Kündigungsgrund dienen sollen, logischerweise davon ausgehen, daß die zurückliegenden, beanstandeten Ereignisse nicht einfach durch die Zwei-Wochen-Frist "verjährt" sind. Ansonsten wäre diese Form der Begründung nur sehr eingeschränkt möglich ; Folge könnte wiederum sein, daß zu Lasten des Arbeitnehmers im Einzelfall schneller zur Kündigung geschritten, also kein weiterer Vorfall mehr abgewartet wird.

b) Regelfall: sofortige Wirkung

Bei der außerordentlichen Kündigung braucht keine Kündigungsfrist eingehalten zu werden, weshalb sie auch meist als fristlose Kündigung bezeichnet wird. Sie wird also (ihre Rechtmäßigkeit vorausgesetzt) mit dem Zugang der Kündigungserklärung wirksam und beendet das Arbeitsverhältnis. Etwas anderes gilt nur, wenn die außerordentliche Kündigung gewissermaßen den Ersatz bilden muß für eine arbeitsvertraglich bzw. tarifvertraglich nicht mögliche oder ausgeschlossene ordentliche Kündigung, etwa, wenn einem tariflich unkündbaren Arbeitnehmer aus dringenden betrieblichen Erfordernissen gekündigt wird.

In diesen Fällen muß die Kündigungsfrist eingehalten werden, die bei einer möglichen ordentlichen Kündigung einzuhalten wäre. Ferner ist der kündigende Vertragsteil nicht gehindert, freiwillig eine bestimmte Kündigungsfrist einzuräumen. An sich tut er damit zwar etwas für ihn selbst "Unzumutbares", weil eben die Unzumutbarkeit der Fortsetzung ja Voraussetzung für die Kündigung des Arbeitsverhältnisses war. Andererseits können menschliche wie sachliche Gründe für die Einräumung einer zumindest kurzen Frist sprechen - und sei es nur, daß der Arbeitgeber wegen der einfacheren Lohnabrechnung auf das vielleicht bevorstehende Monatsende außerordentlich kündigt.

4. Kündigungsschutz bei außerordentlicher Kündigung, Mitwirkung des Betriebsrats

a) Kein allgemeiner Kündigungsschutz

Wichtig zunächst: Der allgemeine Kündigungsschutz, wie er im Kündigungsschutzgesetz geregelt ist, greift bei außerordentlichen Kündigungen nicht ein. Paradox genug, belastet das Kündigungsschutzgesetz in seinem § 13 I 2 den gekündigten Arbeitnehmer mit einer Pflicht: Er muß, obwohl er sich im übrigen auf die Annehmlichkeiten des Kündigungsschutzgesetzes nicht berufen kann, doch auch innerhalb der Drei-Wochen-Frist des § 4 KSchG beim Arbeitsgericht Klage auf Feststellung erheben, daß das Arbeitsverhältnis durch die Kündigung nicht aufgelöst ist.

b) Besonderer Kündigungsschutz für bestimmte Personengruppen

Anders als beim allgemeinen Kündigungsschutz sieht es bei dem besonderen Schutz aus, den bestimmte Arbeitnehmergruppen im Hinblick auf eine Kündigung genießen. So gilt das Verbot des § 9 MuSchG, einer Frau während der Schwangerschaft und bis zum Ablauf von vier Monaten nach der Entbindung zu kündigen, für ordentliche wie für außerordentliche Kündigungen. Dasselbe trifft nach § 18 BErzGG während des Erziehungsurlaubs zu. Verhaltensweisen, die ansonsten eine außerordentliche Kündigung rechtfertigen würden, können höchstens in dem sehr engen Rahmen eine Rolle spielen, in dem die Kündigung von der Aufsichtsbehörde ausnahmsweise für zulässig erklärt werden darf (vgl. dazu oben IV. D. 1 d) und VII. A. 8 a).

Nach § 21 SchwbG muß das Zustimmungsverfahren unter Einschaltung der Hauptfürsorgestelle, wenngleich mit etwas eingeschränkter Schutzwirkung, gegenüber Schwerbehinderten auch bei außerordentlicher Kündigung eingehalten werden.

Was schließlich den Kündigungsschutz von Betriebsräten, Jugend- und Auszubildendenvertretern sowie Inhabern ähnlicher betriebsverfassungsrechtlicher Ämter und Funktionen angeht, so nimmt zwar § 15 KSchG den Fall der außerordentlichen Kündigung gerade aus, so daß diese Vorschrift nicht eingreift. Allerdings ist auch dieser Personenkreis einer außerordentlichen Kündigung nicht schutzlos ausgesetzt, weil immerhin nach § 103 BetrVG die Zustimmung des Betriebsrats zur Kündigung notwendig ist, die allerdings u.U. vom Arbeitsgericht ersetzt werden kann.

c) Eingeschränkte Möglichkeiten des Betriebsrats

Bei anderen Arbeitnehmern, die keine betriebsverfassungsrechtlichen Ämter und Funktionen wahrnehmen, ist dagegen die Mitwirkung des Betriebsrats bei der außerordentlichen Kündigung gegenüber der bei ordentlicher Kündigung doch deutlich zurückgeschraubt. Insbesondere gelten weder das Widerspruchsrecht nach § 102 III BetrVG noch der Weiterbeschäftigungsanspruch nach § 102 V BetrVG ; vielmehr kann der Betriebsrat gegen eine außerordentliche Kündigung lediglich innerhalb einer kurzen Frist von drei Tagen Bedenken äußern (§ 102 II 3 BetrVG).

5. Umdeutung in eine ordentliche Kündigung

Grundsätzlich besteht die Möglichkeit, daß im Zuge eines Kündigungsrechtsstreits eine außerordentliche Kündigung in eine ordentliche umgedeutet wird, wenn beispielsweise Pflichtverletzungen von erheblichem Gewicht festzustellen sind, die aber entweder in ihrer Schwere für eine außerordentliche Kündigung nicht ganz ausreichen oder zumindest die Fortsetzung des Arbeitsverhältnisses während der im entsprechenden Fall (sonst) geltenden Kündigungsfristen als zumutbar erscheinen lassen.

Jedoch hat die Sache einen Haken: Bei einer solchen Umdeutung müssen auch die Voraussetzungen für eine ordentliche Kündigung vollständig erfüllt sein. Dies sind z.B. die kompletten Anforderungen des Kündigungsschutzgesetzes an eine nicht sozialwidrige Kündigung, falls Kündigungsschutz besteht.

Regelmäßig aber wird die Umdeutung schwierig, wenn ein Betriebsrat mitzureden hat. Die Anhörung zur außerordentlichen Kündigung kann nämlich die für die ordentliche Kündigung vorgesehene nicht ersetzen, schon deshalb, weil der Betriebsrat bei der ordentlichen Kündigung mehr Rechte hat und unter besonderen Kriterien die Kündigung prüft. Diese Anhörung nachzuholen ist wiederum ausgeschlossen, weil sie vor der Kündigung durchgeführt sein muß (§ 102 I 1 BetrVG). In diesen Fällen kann der Arbeitgeber also nur, wenn er will, eine neue Kündigung, und zwar als ordentliche aussprechen.

C. Änderungskündigung

1. Rechtliche Konstruktion

Für den Arbeitgeber kann sich die Situation ergeben, daß er einen bestimmten Arbeitnehmer oder eine bestimmte Arbeitnehmerin zwar durchaus im Betrieb behalten möchte, aber unter geänderten Bedingungen. Diese können einerseits darin bestehen, daß an einem räumlich anderen Arbeitsplatz oder an einem solchen mit anderen inhaltlichen Anforderungen weitergearbeitet wird. Andererseits ist es vielleicht auch ganz einfach so, daß der Arbeitgeber aufgrund schlechter wirtschaftlicher Lage den Lohn in der bisherigen Höhe bzw. bestimmte, zugesagte Lohnbestandteile nicht mehr bezahlen will (und tarifvertraglich bindende Regelungen ihm auch für eine solche Reduzierung Raum lassen).

Wenn der Arbeitgeber in diesen Fällen nun einfach Stücke des Vertrags herausbrechen könnte, ohne kündigen zu müssen, wäre diese rechtliche Möglichkeit für den Arbeitnehmer natürlich gefährlich, weil dann der soziale Kündigungsschutz ausgehöhlt werden könnte. Deshalb gibt es eine solche "Teilkündigung" auch nicht. Gefährlich wäre es aber durchaus auch für den Arbeitnehmer, wenn nur nach dem Prinzip "Alles oder nichts" sein Arbeitgeber entweder den ganzen Vertrag kündigen oder ihn genau so lassen müsste, wie er ist.

Ein Mittelweg, der den Interessen beider Seiten gerecht zu werden versucht, ist die vom Gesetzgeber in den §§ 2 und 4 KSchG behandelte Änderungskündigung. Das Prinzip ist eigentlich einfach: Kündigt der Arbeitgeber, bietet aber gleichzeitig einen Vertrag zu geänderten Bedingungen an, so wird ggf. nur geprüft, ob diese konkrete Änderung sozial gerechtfertigt ist. Die Prüfung fällt insofern "milder" aus als bei einer bloßen sogenannten Beendigungskündigung, die kein Angebot enthält, das Arbeitsverhältnis fortzusetzen. (Voraussetzung für die Prüfung ist aber auch in diesen Fällen, daß überhaupt Kündigungsschutz besteht, also insbesondere die Anforderungen hinsichtlich der Dauer des Arbeitsverhältnisses und der Größe des Betriebs gegeben sind).

2. Möglichkeiten der Reaktion für den Arbeitnehmer

Der Weg für diese Prüfung wird dadurch geebnet, daß der Arbeitnehmer die geänderten Arbeitsbedingungen, die im Zusammenhang mit der Kündigung angeboten werden, unter Vorbehalt annehmen kann (§ 2 KSchG). Er wird also nicht nach dem Motto "Vogel friß oder stirb" einfach mit den beiden Möglichkeiten konfrontiert, entweder die Kündigung des Arbeitsverhältnisses zu schlucken und das neue Angebot anzunehmen oder sich gegen beides zu wehren.

Allerdings kann er seinerseits durchaus aufs Ganze gehen, das veränderte Angebot ausschlagen und die ausgesprochene Kündigung im "normalen" Kündigungsschutzverfahren angreifen. Dann dürfte allerdings der Arbeitgeber schon deshalb ganz gute Karten haben, weil er immerhin mit dem Angebot eines geänderten Arbeitsplatzes sozusagen schon vorauseilend ganz im Sinne des Kündigungsschutzgesetzes versucht hat, eine Beendigungskündigung zu vermeiden.

Als letzte Variante kann der Arbeitnehmer natürlich auch gewissermaßen kampflos die geänderten Bedingungen akzeptieren. Dann besteht zwischen den Parteien ein Vertrag mit neuem Inhalt, wie sie diesen überhaupt (im Rahmen höherrangiger Vorschriften) einvernehmlich ändern können, wann immer sie wollen. Dieses Einverständnis kann man natürlich auch daraus schließen, daß der Arbeitnehmer zu den geänderten Arbeitsbedingungen weiterarbeitet, ohne die Kündigung rechtzeitig, d.h. innerhalb der Drei-Wochen-Frist des § 4 KSchG, anzugreifen.

Will er dagegen die neuen Bedingungen nur unter Vorbehalt annehmen, so muß auch dieser Vorbehalt innerhalb einer gleich bemessenen Frist von drei Wochen nach Zugang der Kündigung erklärt sein (§ 2 KSchG), bei sehr kurzen Kündigungsfristen sogar schon eher.

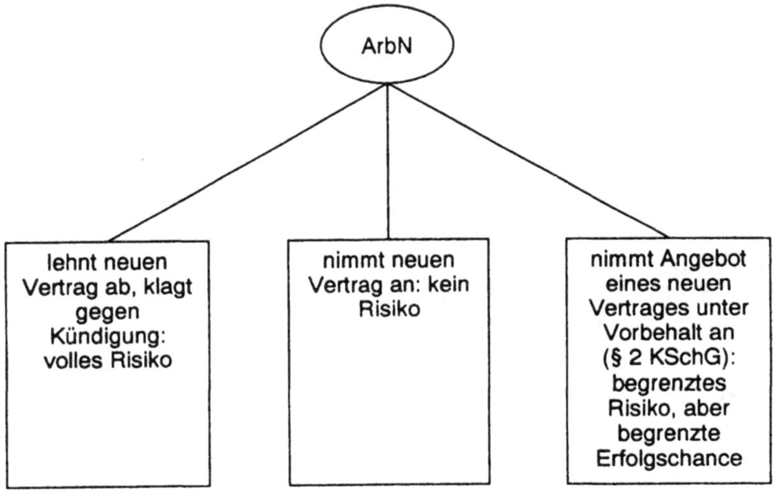

Abbildung 13: Mögliche Reaktionen des ArbN auf eine Änderungskündigung

Lösungshinweise zu den Fällen 16, 17 und 18:

Fall 16 ("Keine andere Wahl ?") :

Die Kündigung Hein Brilles durch Sense und Söhne ist wegen unrichtiger sozialer Auswahl unwirksam.

Zwar muß der Arbeitnehmer gem. § 1 III 3 KSchG Auswahlfehler des Arbeitgebers dartun und er muß Arbeitnehmer benennen, die vor ihm hätten entlassen werden müssen. (Keine sehr schöne Darlegungslast, die deutlich macht, daß in solchen Fällen häufig kein Arbeitsplatz gerettet, sondern nur ein anderer Arbeitnehmer verdrängt wird).

Allerdings darf der Arbeitnehmer zunächst die Sozialauswahl pauschal beanstanden und den Arbeitgeber auffordern, Gründe für die getroffene Auswahl mitzuteilen. Dann ist der Arbeitgeber am Zug.

Er muß sowohl die herangezogenen Auswahlkriterien und wie sie jeweils gewichtet wurden, angeben, aber auch konkret die Namen, welche Arbeitnehmer einbezogen wurden, also zum auswahlrelevanten Personenkreis gehören.

Dann wiederum muß der Arbeitnehmer endgültig vortragen (und beweisen) welche in die Auswahl einbezogenen, aber nicht gekündigten Arbeitnehmer sozial weniger schutzwürdig sind als er selbst oder aber

welche weiteren, nicht benannten Arbeitnehmer in die Auswahl einzubeziehen gewesen wären.

Tut der Arbeitgeber sein Teil nicht, macht er also keine ausreichenden Angaben, so ist der Arbeitnehmer vom detaillierten Vorbringen befreit und hat auch so gewonnen. Eben das war aber bei Hein Brille der Fall.

Die genannten Grundsätze gelten im übrigen auch bei Massenentlassungen und sie gelten auch im Konkurs: Die Verwertung des Vermögens im Konkurs spricht grundsätzlich nicht dagegen, den Bestandsschutz für die Arbeitsverhältnisse nach dem Kündigungsschutzgesetz zu beachten. Das ist auch völlig richtig, wenn man sieht, wie lange mancher Betrieb unter dem Konkursverwalter noch weiter wirtschaftet.

Schließlich hat dieser im Fall von Sense und Söhne noch einen weiteren Fehler gemacht, was die soziale Auswahl betrifft: Das betriebsnotwendige Personal, also das Personal, das er gem. § 1 III 2 KSchG aus der Auswahl herauslassen kann, muß er gesondert auflisten und darf diese Abtrennung nicht einfach in die soziale Auswahl "hineinrühren".

Fall 17 ("Wenn das Gewissen anklopft") :

Georg Grade muß in der Druckerei von Hermann Ocker weiterbeschäftigt werden. Weder die fristlose noch die außerordentliche Kündigung greifen durch, ebensowenig der Antrag Ockers, das Arbeitsverhältnis gegen eine Abfindung aufzulösen.

Für eine Kündigung von Grade bedürfte es eines Grundes, den man hier in der Verweigerung seiner Arbeitspflicht sehen könnte, die fraglichen Prospekte bzw. den Werbebrief zu drucken. Der Arbeitgeber darf dem Arbeitnehmer aber keine Arbeit zuweisen, die diesen in einen Gewissenskonflikt bringt, der unter Abwägung der beiderseitigen Interessen vermeidbar gewesen wäre. (Hier wirkt mittelbar das Verfassungsrecht der Gewissensfreiheit in Art. 4 I GG auf das Arbeitsverhältnis ein. Das BAG hat im Fall Georg Grades auch folgenden Vergleich herangezogen: Stehen in einem Krankenhaus mehrere Ärzte für die Vornahme eines Schwangerschaftsabbruchs zur Verfügung, so darf nicht der angewiesen werden, der dadurch in Gewissensnot gerät).

Politische Motive allein sind zwar noch kein Gewissenskonflikt, sie können aber zur Auslösung eines solchen beitragen. Georg Grade, der immerhin Kriegsdienstverweigerer war, ist ein Gewissenskonflikt abzunehmen. Schließlich brauchte er bei Antritt der Arbeit auch nicht damit zu rechnen, solches drucken zu müssen. Für eine auf sein Verhalten gestützte Kündigung, ob ordentlich oder außerordentlich, gibt es deshalb keinen tragfähigen Grund.

Was den von Ocker (hilfsweise) gestellten Antrag auf Auflösung des Arbeitsverhältnisses gegen eine Abfindung angeht, so kommt es nach § 9 I 2 KSchG auf ein eigenständiges Kriterium an. Es müssen Gründe vorliegen, die eine den Betriebszwecken dienliche weitere Zusammenarbeit zwischen Arbeitgeber und Arbeitnehmer nicht erwarten lassen. Dafür braucht es aber greifbare Tatsachen, nicht nur allgemeine Redewendungen, daß die Vertrauensgrundlage weggefallen oder ein "unüberbrückbares Zerwürfnis" eingetreten sei.

Solche Tatsachen können auch und gerade während des Kündigungsschutzprozesses noch eintreten. Eine Einschränkung gilt aber, wenn diese Tatsachen von unbeteiligten Dritten, also von Stellen und Personen gesetzt werden, die mit dem der Kündigung zugrundeliegenden Vorgang nichts zu tun haben. Ihr Verhalten kann die Vertrauensgrundlage im Arbeitsverhältnis nur dann zerstören, wenn der Arbeitnehmer dieses Verhalten selbst entscheidend veranlaßt hat.

Was aber die Presse angeht, so interessiert sie sich für alles Mögliche und es wird eine Kampagne daraus, ohne daß es der Betroffene veranlaßt zu haben braucht. Damit, daß Grade sich vom "STERN" fotografieren ließ, hat er seinen Standpunkt öffentlich vertreten, also von seiner Meinungsfreiheit nach Art. 5 I GG Gebrauch gemacht. Arbeitsrechtlich war auch das von Ocker hinzunehmen, weil es den Betrieb nicht erheblich störte.

Im Hinblick auf die Protestschreiben des VVN, die im Gerichtsverfahren eine wesentliche Rolle spielten, ist durchaus davon auszugehen, daß diese Vereinigung sie auch für einen anderen Arbeitnehmer und sogar für ein Nichtmitglied geschrieben hätte. Daß Georg Grade sich hinter der VVN "versteckt" (und damit Ockers Vertrauen enttäuscht) hätte, läßt sich ebenfalls nicht glaubwürdig behaupten - schließlich zeugt schon seine Weigerung, die fraglichen Druckarbeiten zu erledigen, von der notwendigen Offenheit bei Meinungsverschiedenheiten.

Fall 18 ("Die verspätete Rückkehr") :

Die gegenüber Tansu Özal ausgesprochene, außerordentliche Kündigung ist rechtlich wirksam - jedenfalls wurde der Fall so entschieden. Man ging dabei davon aus - was einerseits vielleicht realistisch ist, andererseits möglicherweise die Gewohnheiten und Verhältnisse in türkischen Familien zu wenig berücksichtigt - daß Tansus Mann "im bewußten und gewollten Zusammenwirken" mit ihr durch seine Telefonate die Verlängerung des Urlaubs erreichen wollte.

Dabei hatte er angekündigt, Tansu werde ansonsten krank, wenn sie keinen Urlaub erhalte. Bereits die Ankündigung einer zukünftigen Erkrankung für den Fall, daß der Arbeitgeber (in zulässiger Weise) einem Verlangen auf Gewährung zusätzlichen, bezahlten oder unbezahlten Urlaubs nicht entspricht, ist ohne Rücksicht auf eine später tatsächlich auftretende Krankheit schon an sich geeignet, einen wichtigen Grund für eine außerordentliche Kündigung nach § 626 I BGB abzugeben.

Tansu wurde als im Zeitpunkt der Ankündigung nicht krank angesehen. Immerhin war von einer bestehenden Krankheit auch nicht die Rede, was späteren Angaben durchaus den Charakter von "Schutzbehauptungen" beilegen kann. Erschwerend kam hinzu, daß sie nachdrücklich auf die Notwendigkeit einer pünktlichen Rückkehr aufgrund des Dienstplans hingewiesen worden war und aus den gleichen, ihr bekannten Gründen auch das telefonische Gesuch nach Verlängerung auf Ablehnung stieß.

Tansus Verhalten bzw. jedenfalls die Version, von der das Gericht ausging, berührt, was im Kündigungsrecht wichtig ist, den Vertrauensbereich im Arbeitsverhältnis: Beim Arbeitgeber muß der berechtigte Verdacht aufkommen, von Arbeitnehmerseite würden notfalls die Rechte aus den Bestimmungen zur Lohnfortzahlung mißbraucht, um unberechtigte Vorteile zu erreichen.

Insbesondere bei Verstößen im Vertrauensbereich ist aber eine Abmahnung entbehrlich (weil der Arbeitgeber sich auf eine Änderung des Verhaltens nicht wirklich verlassen kann). Eine Abmahnung ist in solchen Fällen nur erforderlich, wenn der Arbeitnehmer vertretbar annehmen konnte, daß sein Verhalten entweder nicht vertragswidrig war oder vom Arbeitgeber jedenfalls nicht als erhebliches Fehlverhalten angesehen wird. Nach den genannten Grundsätzen entfällt auch eine Abmahnungspflicht im Fall von Tansu Özal.

3. Abschnitt: Gemeinsam stark - Betriebsräte, Gewerkschaften, Arbeitgeberverbände

I. BETRIEBSVERFASSUNG

Fall 19: "Das Geheimnis der Gewerkschaft"

Die Gewerkschaft will Zugang zum Betrieb von Egon Mahn, der 600 Arbeitnehmer beschäftigt. Da dort noch kein Betriebsrat besteht, möchten Beauftragte der Gewerkschaft eine Einladung zu einer Betriebsversammlung aushängen, in der nach § 17 I BetrVG ein Wahlvorstand gewählt werden soll.

Egon Mahn möchte die Gewerkschaft nicht in den Betrieb lassen. Vor dem Arbeitsgericht streiten beide Seiten über die Frage, ob die Gewerkschaft gem. §§ 2 II, 17 II BetrVG "im Betrieb vertreten" ist.

Die Gewerkschaft behauptet, ein Mitglied zu haben, das im Betrieb von Egon Mahn beschäftigt sei. Sie ist aber nicht bereit, den Namen zu offenbaren oder den Arbeitnehmer als Zeugen zu benennen. Stattdessen hat sie dem Gericht eine notarielle Erklärung vorgelegt. Darin bescheinigt ein Notar, vor ihm sei eine Person mit einem Sekretär der Gewerkschaft erschienen und habe eidesstattlich versichert, im Betrieb von Egon Mahn beschäftigt zu sein und dort in einem ungekündigten Arbeitsverhältnis zu stehen. Die Person habe einen Reisepaß, ferner einen Überweisungsträger der Lohnabteilung von Egon Mahn mit entsprechenden persönlichen Daten, dazu auch die zugrundeliegende Lohnabrechnung vorgelegt.

Die Gewerkschaft weist darauf hin, eine namentliche Nennung des Arbeitnehmers sei angesichts des bisherigen gewerkschaftsfeindlichen Verhaltens von Egon Mahn unzumutbar.

Egon Mahn will umgekehrt ein solches "Geheimverfahren" nicht akzeptieren, das im Gerichtsverfahren grundsätzlich nicht vorgesehen sei. Er kritisiert einen Verstoß gegen eine ganze Reihe von prozessualen Grundsätzen, insbesondere die der Unmittelbarkeit und der Öffentlichkeit.

Es seien ferner auch keine aureichenden Anhaltspunkte vorhanden, daß dem betreffenden Mitglied bei einer Benennung die Kündigung ge-

droht hätte. Schließlich seien Arbeitnehmer auch rechtlich geschützt gegen Nachteile aus der bloßen gewerkschaftlichen Betätigung. Die Drohung mit einer ohnehin rechtlich unzulässigen Maßnahme müsse ein Gewerkschaftsmitglied aber zur Not schon einmal aushalten und auf gerichtlichen Rechtsschutz vertrauen.

Der Personalpolitik von Egon Mahn wird im ganzen Betrieb das von ihm entwickelte, schriftlich formulierte "Personalkonzept" zu Grunde gelegt. Auszüge daraus lauten:

"Nicht das Kollektiv, sondern der einzelne Mensch steht bei Egon Mahn im Vordergrund ... Sachfremde Einflüsse von außen sind zu unterbinden ... Kein Druck aus einem Kollektiv soll den Einzelnen beherrschen. Egon Mahn hat für ihn eigene Wege und Institutionen geschaffen, sich selbst abzugrenzen, verständlich zu machen oder Hilfe zu erhalten."

Dürfen die Gewerkschaftsbeauftragten in den Betrieb oder nicht ?

Fall 20: "Ruhe bewahren - die erste Arbeitnehmerpflicht ?"

Bei Spärlich in der Hauspost erscheint im Oktober ein Artikel mit dem Titel "Umstrukturierung der Spärlich AG". In dem Artikel ist die Rede davon, daß die derzeit teilweise unwirtschaftliche Fertigung Gegenmaßnahmen, darunter auch eine Senkung der Personalkosten erfordere.

In der Sitzung des Wirtschaftsausschußes am 24.10. wird seitens des Vorstands erklärt, daß schnellstens Arbeitsgruppen mit je einem Betriebsratsmitglied darin gebildet werden sollten, um eine Produktbereinigung zu erörtern und die Fertigungstiefe zu reduzieren. Ohne personelle Konsequenzen sei die sich als notwendig ergebende Reorganisation nicht durchführbar.

Dem Arbeitsamt teilt Spärlich mit, es müsse voraussichtlich im Zeitraum von 6 Monaten eine eventuell meldepflichtige Anzahl von Mitarbeitern entlassen oder umgesetzt werden.

Im Betrieb diskutiert die Belegschaft intensiv über die Vorgänge. Nach einer Unterschriftensammlung verlangen 94 von insgesamt 315 Arbeitnehmern im Betrieb, "gem. § 43 III BetrVG unverzüglich eine Betriebsversammlung einzuberufen". Vorstand und Geschäftsleitung sollten darin die Umstrukturierung und die personellen Konsequenzen erläutern.

Mit Aushang vom 9.11. lud der Betriebsrat nun zu einer "weiteren Betriebsversammlung nach § 43 I BetrVG" ein. Die Geschäftsleitung macht allerdings mit Schreiben vom selben Tag deutlich, daß sie die vorgesehene Betriebsversammlung für rechtswidrig halte.

In einem Aushang vom 10.11. weist die Leitung der Spärlich AG ihre Belegschaft auf folgende Punkte hin: Es bestehe ein Zwang zur Reorganisation des Betriebs aufgrund der ungünstigen Kostenstruktur. Der Betriebsrat sei im Wirtschaftsausschuß am 24.10., die Belegschaft durch die Hauspost informiert worden. Die Reorganisation befinde sich im Stadium früher Vorüberlegungen und solle nach Ausarbeitung konkreter Vorstellungen mit dem Betriebsrat beraten werden. Gegenwärtig gebe es keine diskussionsfähigen Planungsunterlagen, eine Berichterstattung in einer Betriebsversammlung sei deshalb unmöglich. Bei eventueller Teilnahme daran in der Arbeitszeit werde "vorbehaltlich weiterer Maßnahmen die Zeit der Teilnahme nicht bezahlt".

Willi Moos nimmt trotzdem an der Betriebsversammlung teil - die während der Arbeitszeit stattfindet - und verlangt für die ausgefallene Zeit die Fortzahlung seines Arbeitslohns nach §§ 44 I 1 u. 2, 43 I BetrVG.

Bekommt Willi, was er will ?

A. Die "verfasste Herrschaft" des Unternehmers

1. Grundgedanke und Spielregeln

a) Verfassung im Betrieb ?

Letztlich bestimmt zwar der Unternehmer, was im Betrieb passiert oder nicht passiert. Dies ist auch typisch für unsere freiheitliche Wirtschafts- und Gesellschaftsform. Aber es verhält sich längst nicht mehr so, daß er, gewissermaßen vom "Herr-im-Hause-Standpunkt" aus, allein das Sagen hat. Vielmehr schränkt das Betriebsverfassungsgesetz durch Mitwirkungsrechte der Betroffenen seinen Handlungsspielraum ein, im Prinzip genau so, wie auch die Macht politischer Herrscher im Lauf der Jahrhunderte an bestimmte Spielregeln (Verfassungen) gebunden worden ist.

Insbesondere in der Bundesrepublik hat der Gedanke der Betriebsverfassung - böse Zungen würden sagen, in allgegenwärtiger deutscher Gründlichkeit - zu einem sehr ausgefeilten und differenzierten System von Mitwirkungsrechten der Belegschaften im Betrieb geführt. Zunächst werden einige grundsätzlichen Merkmale und Spielregeln dieses Systems angesprochen.

b) Kooperation, Friedenspflicht

Auch wenn die Regelungen des Betriebsverfassungsgesetzes davon ausgehen, daß Arbeitnehmer- und Arbeitgeberstandpunkt sich häufig mehr oder weniger gegenüberstehen - sonst bräuchte man streng genommen keine Betriebsverfassung - so betont das Gesetz doch stark die Vorstellung, daß beide letztlich in einem Boot sitzen. Dieses Boot ist der Betrieb, also die (konkrete) Produktions- oder Dienstleistungseinheit. Nicht etwa das (abstrakte) Unternehmen, zu dem mehrere Betriebe gehören können.

Im Betrieb sollen Arbeitgeber und Betriebsrat (vertrauensvoll) zusammenarbeiten (§ 2 I BetrVG). Sie sollen regelmäßig miteinander reden, einigungsbereit sein und dürfen auch keine Arbeitskämpfe gegeneinander führen (§ 74 I, II BetrVG). Soweit, wie es häufig der Fall ist, Betriebsräte allerdings gleichzeitig Mitglieder oder Funktionäre einer arbeitskampfführenden Gewerkschaft sind, können sie an diesem Arbeitskampf teilnehmen. Ausgeschlossen sind nur vom Betriebsrat getragene Arbeitskämpfe.

Das Gesetz mißt also dem (in § 74 II 2 BetrVG genannten) Betriebsfrieden und der Verantwortung auch auf der Arbeitnehmerseite für den ungestörten Arbeitsablauf große Bedeutung zu.

c) Keine Parteipolitik

Das Gesetz unternimmt auch einen Versuch, Parteipolitik aus den Betrieben herauszuhalten, indem sie Arbeitgeber und Betriebsrat parteipolitische Betätigung im Betrieb untersagt. Notwendigerweise müssen aber tarif-, sozialpolitische und wirtschaftliche, den Betrieb unmittelbar betreffende Fragen ausgenommen werden (§ 74 II 3 BetrVG), so daß im Einzelfall schwierige Abgrenzungsfragen entstehen können.

Klar ist, daß, namentlich kurz vor Wahlen, Parteipolitikern in den Betrieben nicht "ein Auftritt" verschafft werden darf. Umgekehrt ist es schon fast Alltag, daß bei konkreten Problemen, insbesondere in Not geratenen Betrieben auch Parteipolitiker zur Werbung um Unterstützung ins Haus geholt werden. Bedenklich ist dies, wenn diese Kontakte einseitig zu Vertretern einer bestimmten Partei gesucht werden, weil dann der Aspekt der Parteipolitik in den Vordergrund tritt.

d) Gewerkschaften im Gesetz

Auch wenn die Existenz von Gewerkschaften eine Reihe unübersehbarer Spuren im Betriebsverfassungsgesetz hinterlassen hat, so ist dieses vom Grundsatz her bewußt doch so konzipiert, daß die Betriebsverfassung auch ohne Gewerkschaften funktionieren könnte - theoretisch. Praktisch ist die Betriebsverfassung, sind die Betriebsräte eines der wichtigsten Betätigungsfelder von Gewerkschaften.

Das fängt schon damit an, daß eine im Betrieb vertretene Gewerkschaft - und dafür reicht ein organisierter Arbeitnehmer im Betrieb aus - die Wahl oder Bestellung eines Wahlvorstands und damit die Einrichtung eines Betriebsrats zwingend herbeiführen kann, wenn ein solcher in einem Betrieb noch nicht besteht (§ 17 II, III BetrVG, s. dazu Fall 19). Die Gewerkschaften machen Wahlvorschläge zur Wahl des Betriebsrats, stellen also Listen auf (§ 14 V BetrVG, sogar unter erleichterten Voraussetzungen, vgl. § 14 VIII BetrVG) und dürfen für ihre Wahlvorschläge im Betrieb werben.

Gewerkschaften können unter bestimmten Voraussetzungen auch Betriebsversammlungen erzwingen, ihre Beauftragten können beratend an Betriebsversammlungen teilnehmen, auch die Teilnahme an Betriebsratssitzungen ist ihnen möglich (§ 43 IV, 46, 31 BetrVG). Schließlich kann eine im Betrieb vertretene Gewerkschaft auch beim Arbeitsgericht auf Ausschluß eines Betriebsratsmitglieds oder Auflösung des ganzen Betriebsrats wegen grober Pflichtverletzungen, ebenso gegen den Arbeitgeber selbst klagen, wenn er gegen seine Verpflichtungen aus der Betriebsverfassung grob verstößt (§ 23 I, III BetrVG).

Um den vielfältig eingeräumten Rechten nach der Betriebsverfassung nachkommen und ihre Möglichkeiten wahrnehmen zu können, haben die Beauftragten der im Betrieb vertretenen Gewerkschaften auch ein Zugangsrecht zum Betrieb (§ 2 II BetrVG), so daß z.B. also auch betriebsfremde Berater durch den Betriebsrat in den Betrieb geholt werden können.

e) Gewerkschaftliche Vertrauensleute

Haben so die Gewerkschaften einerseits erhebliche Einflußmöglichkeiten auf die Betriebsverfassung, so ist die Tatsache natürlich doch nicht nach ihrem Geschmack, daß Betriebsverfassung von ihrer Konstruktion her nicht zwingend auf die Existenz von Gewerkschaften angelegt ist. Dieses Konstruktionsmerkmal paßt aber zu dem das Betriebsverfassungsgesetz tragenden Grundsatz der vertrauensvollen Zusammenarbeit zwischen Betriebsrat und Arbeitgeber: Diese will man zumindest nicht dem starken Maß an Polarität aussetzen, wie es auf verbandsmäßiger Ebene, bei Tarifverhandlungen und schließlich im Arbeitskampf zwischen den Seiten von Arbeitgebern und Arbeitnehmerschaft der Fall ist.

Die betriebsverfassungsrechtlichen Gegebenheiten suchen die Gewerkschaften indessen noch ein Stück zu relativieren, indem sie in den Betrieben (bei ausreichendem Organisationsgrad) eigene Vertrauensleute und Vertrauensleutekörper durch Wahl etablieren. Dadurch entstehen zusätzliche, den Betriebsräten ähnliche Einrichtungen, die allerdings nun einerseits vollständig in die gewerkschaftliche Organisation eingebunden sind, sich andererseits aber nicht auf die Grundlage des Betriebsverfassungsgesetzes berufen können. Deshalb sind die zum Schutz der Betriebsräte und ihrer Tätigkeit gesetzlich verankerten Regeln, ebenso wie zur Übernahme der Kosten dieser Tätigkeit durch den Arbeitgeber, nicht anwendbar.

f) Regelungsstreit und Rechtsstreit

Bei aller Betonung des Gedankens der Kooperation zwischen Arbeitgeber und Betriebsrat, auf den nun bereits mehrfach hingewiesen wurde, liegt es doch auf der Hand, daß in der betrieblichen Praxis bei der Mitwirkung des Betriebsrats an Entscheidungen im Betrieb eine Menge Konfliktpunkte zwischen Arbeitgeber und Betriebsrat entstehen können.

Diese Streitigkeiten kann man in zwei grundsätzliche Kategorien einteilen: Entweder es geht darum, daß der Betriebsrat bei einer bestimmten inhaltlichen Regelung mitzuentscheiden befugt ist, etwa der Verteilung der Arbeitszeit auf die einzelnen Wochentage, die Anordnung von Kurzarbeit oder Überstunden nach § 87 I Ziff. 2, 3 BetrVG. Beide Seiten, Arbeitgeber und Betriebsrat, streben vielleicht unterschiedliche inhaltliche Regelungen an. Das ist die Situation des Regelungsstreits.

Oder es verhält sich so, daß eine Seite, nehmen wir an, der Betriebsrat, ein bestimmtes Recht in Anspruch nimmt und nun strittig wird, ob die Voraussetzungen für dieses Recht vorliegen - etwa, wenn der Betriebsrat die Zustimmung zu einer Einstellung verweigert und der Arbeitgeber behauptet, es liege keiner der in §§ 99 II BetrVG abschließend aufgezählten Gründe für eine solche Verweigerung vor. Das ist die Situation des Rechtsstreits.

g) Einigungsstelle

Für Regelungsstreitigkeiten braucht es eine Stelle, die einerseits die Belange beider Seiten berücksichtigt, andererseits eine endgültige Entscheidung trifft. Da es dabei um eine Sachentscheidung und nicht um Rechtsfragen geht, braucht diese Stelle natürlich kein Gericht zu sein und ist es im Falle der Betriebsverfassung auch nicht.

Vielmehr entscheidet in den Fällen, in denen der Arbeitgeber nicht ohne den Betriebsrat eine Regelung treffen kann, eine Einigung aber nicht erreicht wird, die nach § 76 BetrVG gebildete Einigungsstelle. Sie besteht aus einer gleichen Anzahl von Beisitzern, die jeweils vom Arbeitgeber und vom Betriebsrat bestellt werden, sowie einem Vorsitzenden, auf den sich beide Seiten einigen müssen. Wenn sie auch das nicht schaffen, bestellt das Arbeitsgericht den Vorsitzenden.

Das Arbeitsgericht kommt also erst an dieser Stelle ins Spiel, es sei denn, die Einigungsstelle würde von dem ihr eingeräumten freien Ermessen bei der Entscheidung einen fehlerhaften Gebrauch machen, also beispielsweise Regelungen treffen, die durch das Betriebsverfassungsgesetz gar nicht mehr gedeckt sind. Ganz anders verhält es sich bei Rechtsstreitigkeiten. Sie gehören vor das Arbeitsgericht und landen im Fall des Streits auch gleich dort, vgl. etwa § 99 IV BetrVG. Die Arbeitsgerichte entscheiden im Beschlußverfahren nach § 2 a ArbGG.

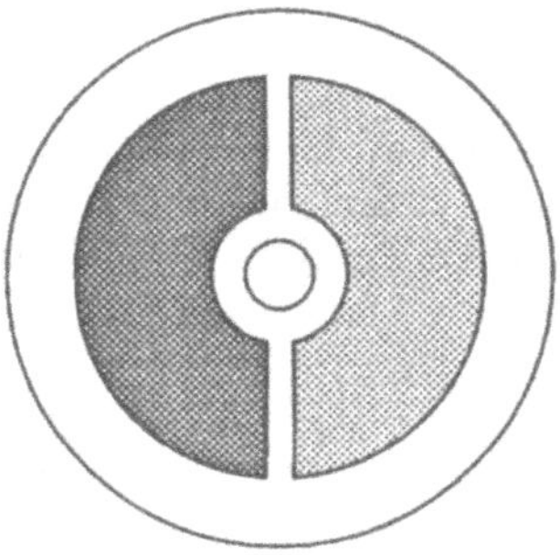

Abbildung 14: Arbeitgeber und Betriebsrat nach dem Betriebsverfassungsgesetz: Gegenpole wirken zusammen

2. Geltungsbereich

a) Betriebe privaten Rechts

Das Betriebsverfassungsgesetz gilt für Betriebe im Inland, sofern sie nicht weniger als fünf ständige wahlberechtigte Arbeitnehmer, also solche über 18 Jahren haben. (Unter diesen mindestens fünf wahlberechtigten Arbeitnehmern müssen drei auch für den Betriebsrat wählbar sein, also über sechs Monate dem Betrieb angehören (§§ 1, 7, 8 BetrVG). Von dieser ersten und grundsätzlichen Abgrenzung des Geltungsbereich gibt es aber mehrere, wichtige Ausnahmen:

Im Bereich des öffentlichen Dienstes, also aller Verwaltungen und Betriebe von Bund, Ländern und Gemeinden sowie anderen Trägern öffentlicher Verwaltung gilt das Betriebsverfassungsgesetz nicht (§ 130 BetrVG). In diesem Bereich gelten dafür die Personalvertretungsgesetze des Bundes und der Länder, die mit dem Personalrat ein sehr ähnliches Instrument geschaffen haben wie den Betriebsrat. Die Personalvertretung wird weiter unten (E.) noch kurz behandelt. Ob Betriebsverfassungs- oder Personalvertretungsrecht gilt, richtet sich einzig und allein nach der äußeren Rechtsform. Wandelt also beispielsweise eine Gemeinde ihr Verkehrsamt in eine GmbH um, die alle den Fremdenverkehr betreffenden Aufgaben übernimmt, so fällt der neue Betrieb (mit den gleichen Leuten, die notwendige Anzahl vorausgesetzt) jetzt unter das Betriebsverfassungsgesetz.

b) Sonderstellung der Kirchen und Tendenzbetriebe

Weiterhin klammert das Betriebsverfassungsgesetz in § 118 II Religionsgemeinschaften samt ihren karitativen und erzieherischen Einrichtungen und Organisationen von der Betriebsverfassung aus und zwar ohne Rücksicht auf ihre Rechtsform. Alle Betriebe also, die im geschützten Raum des kirchlichen Selbstbestimmungsrechts arbeiten, in denen und mit denen die Kirche die Aufgaben erfüllt, die sie sich gesetzt hat, scheiden aus der Mitbestimmung des Betriebsverfassungsgesetzes aus.

Bei den Kirchen kommt damit am klarsten zum Ausdruck, was, zumindest eingeschränkt, nach § 118 I BetrVG auch für sogenannte Tendenzbetriebe gilt: Auch ein ganzer Betrieb kann eine - durch das kirchliche Selbstbestimmungsrecht oder durch das allgemeine Recht der freien Meinungsäußerung - geschützte Richtung, also eine bestimmte, verfassungsrechtlich respektierte Tendenz haben. Was die Anwendung der Betriebsverfassung angeht, so sind diese Tendenzbetriebe in § 118 I BetrVG näher beschrieben. Typischerweise fallen die Verwaltungen von Parteien, von Gewerkschaften oder Arbeitgeberverbänden, ferner Betriebe von Presseunternehmen, aber auch von solchen mit künstlerischer oder erzieherischer Bestimmung darunter.

In all den aufgeführten Fällen geht es darum, daß eine bestimmte religiöse oder weltanschauliche Linie vor "Verwässerung" geschützt werden darf, wozu auch gehört, daß möglicherweise gegenläufige Mitbestimmungsrechte zurückgedrängt werden. Vollständig ist dies aber nur bei den Kirchen sowie ihren karitativen und erzieherischen Einrichtungen der Fall. Dort gibt es nach § 118 II BetrVG überhaupt keine Betriebsräte. Die Kirchen und mit ihnen verbundenen Einrichtungen haben allerdings an Stelle der Betriebsräte Mitarbeitervertretungen geschaffen, die nach den Mitarbeitervertretungsordnungen (evangelisch MVO, katholisch MAVO) Mitwirkungsbefugnisse bei Entscheidungen der Träger ausüben.

Bei den Tendenzunternehmen des § 118 I BetrVG können zwar wie in den anderen Betrieben Betriebsräte gebildet werden, jedoch dürfen sie keinen Einfluß nehmen, soweit sich dies mit der Eigenart des Unternehmens oder Betriebes nicht verträgt. Die Grenzlinie ist natürlich nicht immer einfach zu ziehen. Häufig wird es um die Mitbestimmungsmöglichkeiten im personellen Bereich gehen. Nach den genannten Regeln dürfte klar sein, daß der Betriebsrat die Einstellung eines Redakteurs nicht beeinflussen darf. Umgekehrt schließt der Tendenzschutz nicht aus, bei Kündigung des Redakteurs den Betriebsrat anzuhören.

c) Betrieb und Unternehmen, Gesamtbetriebsrat

Ein Betrieb ist eine Einheit, die durch einen bestimmten, betriebstechnischen Zweck zusammengehalten und abgegrenzt ist, beispielsweise durch den Bau von Flugzeugen. Ein Unternehmen wiederum ist durch den Unternehmenszweck gekennzeichnet, der nicht an bestimmte Betriebe gebunden ist, beispielsweise bei einem Unternehmen der Luft- und Raumfahrt. Theoretisch braucht es außer der eigenen Hauptverwaltung keine weiteren Betriebe zu unterhalten, sondern könnte alles, was es anbietet, von anderen Unternehmen beziehen, die es in ihren Betrieben herstellen. Oder ein bayerisches Motorradunternehmen kann z.B. ein neues Modell auf den Markt bringen, an dem außer dem Design nichts aus den eigenen Betrieben des Unternehmens stammt, sondern aus Betrieben anderer Unternehmen in Italien und Österreich.

Bei kleineren Unternehmen gehört häufig ein einziger Betrieb dazu. Größere Unternehmen bestehen meistens aus mehreren Betrieben bzw. mehrere Betriebe gehören zu einem Unternehmen. Dann gibt es innerhalb des Unternehmens auch mehrere Betriebsräte, weil die Betriebsverfassung an den Betrieb und nicht an das Unternehmen anknüpft. Jedoch ist ergänzend zu den Betriebsräten auch eine Einrichtung auf Unternehmensebene vorgesehen, nämlich der Gesamtbetriebsrat (§§ 47 ff. BetrVG).

Einerseits ist ein Gesamtbetriebsrat sogar zwingend vorgeschrieben, wenn in einem Unternehmen mehrere Betriebsräte bestehen (§ 47 I BetrVG). Andererseits ist der Gesamtbetriebsrat nicht etwa den einzelnen Betriebsräten "vorgesetzt". Vielmehr ist er nur zuständig für Angelegenheiten, die das Gesamtunternehmen oder mehrere Betriebe betreffen und die - das ist wichtig - nicht durch die einzelnen Betriebsräte geregelt werden können, wenn also eine Regelung durch den Gesamtbetriebsrat erforderlich ist (§ 50 I BetrVG). So kann ein plausibles Bedürfnis nach einem einheitlichen Ruhegehaltssystem, aber auch, je nach Art des Unternehmens, nach unternehmenseinheitlichen Lohngestaltungen bestehen oder einem unternehmensweiten Sozialplan.

Der Gesamtbetriebsrat wird durch Entsendung von Mitgliedern aus den einzelnen Betriebsräten gebildet, die in diesem Fall eine Doppelfunktion ausüben.

d) Konzernbetriebsrat

Im übrigen läßt sich das "Spiel" auch noch eine Stufe höher fortsetzen: Mehrere Unternehmen wiederum können zu einem Konzern gehören. Die Bildung eines Konzernbetriebsrats (§§ 54 ff. BetrVG) ist aber gesetzlich nicht vorgeschrieben, sondern kann durch eine qualifizierte Mehrheit der Gesamtbetriebsräte beschlossen werden. Sie entsenden in der Folge auch die Mitglieder. Der Konzernbetriebsrat befaßt sich lediglich mit Angelegenheiten, die zwingend nur im ganzen Konzern geregelt werden können.

Schwerpunkt der Mitbestimmungstätigkeit nach dem Betriebsverfassungsgesetz bleibt bei alledem der Betrieb.

e) Welche Arbeitnehmer nehmen an der Betriebsverfassung teil ?

Die Antwort lautet zunächst: alle Arbeiter und Angestellten, einschließlich der Auszubildenden (§ 5 I BetrVG). Hingewiesen sei allerdings schon an dieser Stelle auf den Umstand, daß zum Betriebsrat wahlberechtigte Arbeitnehmer nur solche ab 18 Jahren sind (§ 7 BetrVG). Für die jugendlichen Arbeitnehmer und Auszubildenden sieht das Gesetz hingegen eine besondere Vertretung vor (§§ 60 ff. BetrVG), von der weiter unten (C.) noch kurz die Rede sein wird.

Das Betriebsverfassungsgesetz sieht ferner bestimmte Personen erst gar nicht als Arbeitnehmer an (§ 5 II BetrVG) und schließt andere, die diese Eigenschaft haben, trotzdem von der Teilnahme an der Betriebsverfassung aus (§ 5 III BetrVG), nämlich die leitenden Angestellten.

Gar nicht erst als Arbeitnehmer im Sinne des Betriebsverfassungsgesetzes betrachtet werden die Mitglieder des Leitungsorgans, wenn der Betrieb von einer juristischen Person betrieben wird, also Vorstände oder GmbH-Geschäftsführer, in von einer Gesellschaft geführten Betrieben vertretungsbefugte oder geschäftsführende Gesellschafter, aber auch nahe Verwandte des Arbeitgebers. Ferner sollen nicht dazugehören die nicht aus Erwerbsgründen tätigen Ordensschwestern sowie Personen, die zur Therapie oder zu ihrer Besserung beschäftigt werden, beispielsweise in Behinderteneinrichtungen oder Vollzugsanstalten. Daß diese Ausgliederung der Eingliederung dient, ist allerdings nicht einzusehen. Hinter einer solchen Regelung werden eher Trägerinteressen zu suchen sein.

f) Abgrenzung der leitenden Angestellten

Am schwierigsten ist die Abgrenzung der leitenden Angestellten, die (als Arbeitnehmer) nach § 5 III BetrVG dennoch von der Teilnahme an der Betriebsverfassung ausgeschlossen sind. Ihre Definition durch Rechtsprechung und Gesetzgeber hat in der Vergangenheit gelegentlich an den Versuch erinnert, den berühmten Pudding an die Wand zu nageln und einstweilen die geltende, reichlich komplizierte Beschreibung im Gesetz gebracht.

Vom Hintergrund her ist zu berücksichtigen, daß die Gewerkschaften durch ihre Betriebsräte gerne auch im Fall der leitenden Angestellten mitbestimmen, während der Arbeitgeber sein Leitungspersonal möglichst mitbestimmungsfrei behandeln will. Geklärt werden muß der Status einzelner Arbeitnehmer jedenfalls anläßlich der Betriebsratswahl, wobei nicht selten Streit entsteht und das Arbeitsgericht die Zuordnung entweder zu den leitenden Angestellten oder den anderen Arbeitnehmern vornehmen muß.

Wer selbstständig Arbeitnehmer einstellen oder entlassen kann, wer Generalvollmacht oder Prokura hat, wer wesentliche Entscheidungen für den Betrieb weisungsfrei treffen darf, ist jedenfalls leitender Angestellter, hat den Betriebsrat nicht zu wählen und wird von diesem auch nicht vertreten. Die "Leitenden" haben jedoch ihre eigene Vertretung im Sprecherausschuß (s. unten D.).

3. Wie kommt überhaupt ein Betriebsrat zustande ?

a) Einleitung des Verfahrens, Wahlperiode

Trotz der möglicherweise irreführenden Formulierung in § 1 BetrVG ist die Wahl von Betriebsräten in Betrieben, die unter dieses Gesetz fallen, nicht vorgeschrieben. Existiert ein Betriebsrat aber einmal, so setzt er sich auch von Wahl zu Wahl fort, indem vor Ablauf seiner Amtszeit der Betriebsrat einen Wahlvorstand aus drei oder mehr wahlberechtigten Arbeitnehmern bestellt, der die anstehende Wahl durchführt. Unterläßt der Betriebsrat dies, so können drei wahlberechtigte Arbeitnehmer oder eine im Betrieb vertretene Gewerkschaft die Einsetzung eines Wahlvorstands durch das Arbeitsgericht herbeiführen (§ 16 BetrVG).

Ähnliches gilt nach § 17 BetrVG, wenn im Betrieb noch kein Betriebsrat besteht: Drei wahlberechtigte Arbeitnehmer oder eine (mit mindestens einem wahlberechtigten Mitglied) im Betrieb vertretene Gewerkschaft können zu einer Betriebsversammlung einladen, die den Wahlvorstand wählt. Kommt keine solche Versammlung zustande oder wählt sie keinen Wahlvorstand, kann wiederum das Arbeitsgericht eingeschaltet werden, das den Wahlvorstand bestellt.

Betriebsratswahlen finden alle vier Jahre statt. Außerhalb dieses Rhythmus durchgeführte Neu- oder Wiederwahlen (etwa bei zurückgetretenem Betriebsrat) werden durch Verkürzung, bei sehr kurzer bisheriger Amtszeit auch durch die Verlängerung der Wahlperiode wieder in die Vier-Jahres-Folge eingepaßt (nach § 13 BetrVG).

b) Größe, Gruppen, Wahlvorschläge

Gewählt wird eine nach der Größe des Betriebes gestaffelte Zahl von Betriebsräten, bei unter 20 wahlberechtigten Arbeitnehmern ist es ein einziger, bei 9.000 sind es 31 und für je angefangene weitere 3.000 Arbeitnehmer kommen zwei Betriebsratsmitglieder hinzu (§ 9 BetrVG). Diese Betriebsräte werden in geheimer Wahl von den Arbeitnehmern gewählt, wobei das Gesetz vorsieht, daß die Arbeiter und Angestellten als jeweils getrennte Gruppen ihre Vertreter wählen. Dann stehen die Sitze im Betriebsrat den beiden Gruppen nach ihrem Zahlenverhältnis im Betrieb zu (unter zusätzlicher Berücksichtigung eines Minderheitenschutzes, §§ 10, 14 BetrVG). Beide Gruppen können sich aber auch zu einer gemeinsamen Wahl entschließen.

Gewählt wird in jedem Fall aufgrund von Wahlvorschlägen, die entweder durch eine vorgeschriebene Mindestzahl von Gruppenangehörigen bzw. Arbeitnehmern im Fall der gemeinsamen Wahl unterzeichnet werden (§ 14 VI, VII BetrVG), sie können auch von im Betrieb vertretenen Gewerkschaften kommen und von zwei Beauftragten dieser Gewerkschaft unterzeichnet sein (§ 14 V, VIII BetrVG). Schließlich werden nach dem Verhältnis der auf die einzelnen Wahlvorschläge entfallenden Stimmen die Betriebsratssitze zugeteilt.

c) Schutz der Wahlhandlung, Anfechtung

Wahlhandlung selbst und auch die Vorbereitung durch die berufenen Personen, insbesondere den Wahlvorstand, dürfen ohne Lohnabzug innerhalb der Arbeitszeit durchgeführt werden, eine Behinderung dieser Handlung ist sogar bei Strafe, § 119 I Ziff. 1 BetrVG, verboten, ebensowenig darf durch Drohungen, aber auch nicht durch Gewährung von Vorteilen eingegriffen werden (§ 20 BetrVG). So ist eine Wahl anfechtbar, wenn der Arbeitgeber eine Liste finanziell unterstützt.

Eine solche Anfechtung, in § 19 BetrVG geregelt, droht generell, wenn wesentliche, nicht korrigierte Verfahrensverstöße stattgefunden haben, die das Wahlergebnis ändern oder beeinflußen konnten. Anfechtungsberechtigt sind einerseits wiederum mindestens drei Wahlberechtigte oder eine im Betrieb vertretene Gewerkschaft, andererseits ist es der Arbeitgeber.

4. Tätigwerden des Betriebsrats

a) Vorsitzender und Stellvertreter

Für den Betriebsrat, der je nach Größe des Betriebs aus einer ganzen Reihe von Personen bestehen kann, sind natürlich Regeln notwendig, die dieses Organ erst handlungsfähig machen. Dazu wählt er aus seiner Mitte einen Vorsitzenden und seinen Stellvertreter. Sie sollen, wenn beide Gruppen der Angestellten wie der Arbeiter im Betrieb vertreten sind, unterschiedliche Gruppenzugehörigkeit haben (§ 26 BetrVG).

Der Vorsitzende und bei Verhinderung sein Stellvertreter sind gesetzlich zur Entgegennahme von Erklärungen für den Betriebsrat berechtigt, sie können aber auch andere Mitglieder in bestimmten Bereichen, etwa im Anhörungsverfahren bei Kündigungen zur Entgegennahme von Erklärungen ermächtigen. Aufgabe des Vorsitzenden ist es, die Betriebsratssitzungen unter Festsetzung (und Mitteilung) der Tagesordnung einzuberufen. Er muß es tun, wenn ein Viertel der Betriebsratsmitglieder, eine bestimmte Zahl von Gruppenmitgliedern oder wenn der Arbeitgeber es beantragt.

b) Betriebsausschuß und andere Ausschüsse

Schon wenn der Betriebsrat neun oder mehr Mitglieder hat, wird zwischen der vollständigen Runde und dem Vorsitzenden noch ein weiteres Gremium eingeschaltet, nämlich der Betriebsausschuß (§ 27 BetrVG). Dieser erledigt die laufenden Geschäfte, die bei Betriebsräten mit weniger als neun Mitgliedern auch auf den Vorsitzenden oder andere Betriebsratsmitglieder übertragen werden können.

Unter den laufenden Geschäften ist allerdings immer nur die Abwicklung der Verwaltung oder auch der Sprechstunden, nicht aber die eigentliche Willensbildung im Rahmen der Mitwirkung nach dem Betriebsverfassungsgesetz, auch nicht in Routinefällen, zu verstehen. Allerdings kann auch diese Willensbildung in abgegrenzten Bereichen delegiert werden, und zwar sowohl an den Betriebsausschuß wie an andere Ausschüsse, deren Bildung dem Betriebsrat nach § 28 BetrVG möglich ist. Insgesamt gilt, daß desto arbeitsteiliger vorgegangen werden wird, je größer ein Betriebsrat und damit gleichzeitig die Größe des Betriebs und die Summe der anfallenden Tätigkeiten sind.

c) Teilnehmer an Sitzungen

Der Betriebsrat tagt und faßt seine Beschlüsse grundsätzlich unter sich, also nichtöffentlich. Der Arbeitgeber nimmt nur teil, wenn er ausdrücklich eingeladen worden ist oder die Sitzung auf sein Verlangen zustande gekommen ist (§§ 29 IV, 30 BetrVG).

Gewerkschaftsvertreter können auf Antrag eines Viertels der Mitglieder oder einer Mehrheit von Gruppenvertretern beratend zur Teilnahme hinzugezogen werden, umgekehrt Vertreter von Arbeitgebervereinigungen in den Fällen, in denen der Arbeitgeber auch selbst teilnahmebefugt ist (§§ 31, 29 IV BetrVG). Ebenso beratend kann die Schwerbehindertenvertretung an den Betriebsratssitzungen teilnehmen (§ 32 BetrVG). Schließlich kann auch die Jugend- und Auszubildendenvertretung einen Vertreter senden; bei besonders und überwiegend die jugendlichen Arbeitnehmer und Auszubildenden betreffenden Punkten hat die Jugend- und Auszubildendenvertretung sogar insgesamt ein Teilnahme- und Stimmrecht nach § 67 BetrVG.

5. Rechtsstellung der Betriebsratsmitglieder

a) Dauer und Art des Mandats, Benachteiligungsschutz

Die Amtszeit des gewählten Betriebsratsmitglieds dauert vier Jahre, es sei denn, das Mitglied wird vorher wegen grober Verletzung seiner Pflichten durch arbeitsgerichtlichen Beschluß aus dem Betriebsrat ausgeschlossen, der ganze Betriebsrat wird aufgelöst (§§ 21, 23 BetrVG) oder aber die Mitgliedschaft erlischt durch andere, in § 24 I BetrVG aufgeführte Tatbestände, wie etwa die Niederlegung des Betriebsratsamts oder die Beendigung des Arbeitsverhältnisses.

Eine Abwahl durch die Belegschaft ist nicht vorgesehen. Das einzelne Betriebsratsmitglied ist, zumindest rechtlich betrachtet, auch nur durch den gesetzlichen Aufgabenrahmen, nicht etwa durch Beschlüsse von Betriebsversammlungen gebunden.

Das Mandat ist ferner ehrenamtlich und unentgeltlich wahrzunehmen. Allerdings sichern entsprechende Vorschriften des Betriebsverfassungsgesetzes (§ 37 II - IV) daß nicht nur das bisherige Arbeitsentgelt während der Betriebsratstätigkeit erhalten bleibt, sondern unter Zugrundelegung einer "betriebsüblichen beruflichen Entwicklung" sich auch weiter steigern kann. Notwendige Tätigkeiten als Betriebsrat während der Freizeit müssen durch Arbeitsbefreiung (unter Entgeltfortzahlung) ausgeglichen werden.

Generell unterliegen Betriebsratsmitglieder einem Schutz gegen Benachteiligungen nicht nur in der beruflichen Entwicklung, sondern gegenüber jeder Benachteiligung und jeder Störung und Beeinträchtigung ihrer Tätigkeit gem. § 78 BetrVG. Dieser Schutz ist sogar strafrechtlich nach § 119 I Ziff. 2 und 3 BetrVG abgesichert. Genauso wenig darf nach diesen Vorschriften ein Betriebsratsmitglied allerdings wegen seiner Tätigkeit begünstigt, d.h. mit Vorteilen bedacht werden.

b) Freistellung für Betriebsratstätigkeit

Da die Tätigkeit des Betriebsrats - so wie auch die Entscheidung des Unternehmers, um die es im konkreten Fall der Mitbestimmung geht - zu den im Betriebsablauf wahrzunehmenden Funktionen gehört, wird sie, von der Arbeitszeit her betrachtet, wie Arbeit behandelt. Sie darf also in der Arbeitszeit erledigt werden (§ 37 II BetrVG), wenn eine Tätigkeit in der Freizeit erforderlich ist, gibt es entsprechenden Freizeitausgleich (§ 37 III BetrVG).

Es muß bei diesen Tätigkeiten aber um Aufgaben gehen, die dem Betriebsrat gesetzlich zugewiesen sind. Das ist sicher unproblematisch beim Abhalten von Sprechstunden oder der Teilnahme an Betriebsratssitzungen; ebenso noch gedeckt ist der (im Rahmen des § 2 BetrVG notwendige) Kontakt zu Gewerkschaftsstellen und -vertretern. Aber darf ein Betriebsrat der Arbeit fernbleiben, um einen interessanten Arbeitsrechtsprozeß als Zuhörer zu verfolgen? Diese Frage ist umstritten.

c) Freistellung für Schulung und Bildung

Ähnlich können manchmal Zweifel auftauchen, was den nächsten, gesetzlich geregelten Tatbestand der Befreiung von der Arbeit angeht: Für solche Schulungs- und Bildungsveranstaltungen, die für die Tätigkeit des Betriebsrats "erforderlich" sind (§ 37 VI BetrVG), müssen seine Mitglieder ebenfalls von der Arbeit freigestellt werden. Im Rahmen dieser Vorschrift ist also ein ganz konkreter Bezug der fraglichen Schulungsmaßnahme zur Tätigkeit des jeweiligen Betriebsratsmitglieds, aber auch ein entsprechender Bedarf in Bezug auf seinen bisherigen Kenntnisstand für die Freistellung notwendig.

Daraus ergeben sich natürlich recht unterschiedliche Konstellationen (und damit unterschiedliche Voraussetzungen für die Prüfung der rechtlichen Notwendigkeit), je nachdem, auf welche Art und wie speziell ein Betriebsratsmitglied im Einsatz ist, wie lange es schon dabei ist und infolgedessen sich auskennt, wie unbekannt und neu aber auch eine Materie, etwa ein Gesetz, sich darstellt.

Von diesem Freistellungsanspruch wiederum unterschieden werden muß der Anspruch des einzelnen Betriebsratsmitglieds auf einen (zusätzlichen), diesmal in seinem Gesamtvolumen aber abgegrenzten Bildungsurlaub nach § 37 VII

BetrVG: Dieser Anspruch umfaßt, auf die Wahlperiode bezogen, drei Wochen (bei neuen Mitgliedern vier Wochen), die für die Teilnahme an staatlich anerkannten, meist von den Gewerkschaften oder gewerkschaftsnahen Trägern durchgeführten Schulungs- und Bildungsmaßnahmen bestimmt sind.

Dabei wird die Beziehung zur ganz konkreten Betriebsratstätigkeit ein Stück weit gelockert. Allerdings muß natürlich ein solcher Bezug zur Arbeitswelt und den damit zusammenhängenden Fragen gegeben sein, daß, gewissermaßen für das Allgemeinwissen eines Betriebsrats, die Schulung sinnvoll ist. So können beispielsweise manche historischen oder verfassungsrechtlichen Fragen für die Wahrnehmung ganz spezieller Mitwirkungsrechte, etwa beim Akkord, überflüssig sein, aber ohne Zweifel zu einer für den Betriebsrat nützlichen Bildung gehören.

d) Vollständige Freistellung

Auch die am weitesten reichende Möglichkeit der Befreiung von der Arbeit ist, jedenfalls für eine bestimmte Zahl von Betriebsräten, im Gesetz vorgesehen, nämlich die vollständige Freistellung (§ 38 BetrVG). Die Zahl der ganz freizustellenden Mitglieder hängt von der Größe des Betriebes (mindestens 300 Arbeitnehmer) ab, bei 1.000 Arbeitnehmern sind zwei Betriebsräte freizustellen, sodann steigt die Zahl gestaffelt an, wobei zunächst für je 1.000 , später für je 2.000 Arbeitnehmer jeweils ein freigestelltes Betriebsratsmitglied hinzukommt.

Wer freigestellt wird, entscheidet der Betriebsrat selbst durch Wahl. Die Freistellung ist für manchen Betriebsrat eine durchaus begehrenswerte Position. Sie hat umgekehrt natürlich auch ihre Gefahren für den Betroffenen in Berufen, in denen es sehr darauf ankommt, ständig auf dem neuesten Stand der Fachkenntnisse zu sein, etwa bei manchen Ingenieuren.

e) Rücksicht auf den Arbeitgeber

Für alle beschriebenen Formen der Arbeitsbefreiung bis hin zur vollständigen Freistellung gilt, daß sie von Seiten des Betriebsrats nicht ohne jede Rücksicht auf die Belange des Arbeitgebers und des Unternehmens praktiziert werden dürfen. Das folgt schon aus dem Kooperationsgedanken, den das Betriebsverfassungsgesetz betont (§§ 2, 74 BetrVG).

Bei den jeweiligen Befreiungstatbeständen finden sich aber auch noch gesonderte, durch Gesetz oder Rechtsprechung geschaffene Spielregeln - beispielsweise darf sich ein Betriebsratsmitglied zur Wahrnehmung seiner Tätigkeit nicht einfach ohne einen Hinweis gegenüber dem Vorgesetzten vom Arbeitsplatz verabschieden oder hat der Arbeitgeber ein Recht auf Anhörung und auch auf Gegenwehr (§ 38 II 6 BetrVG), wenn ein Betriebsrat freigestellt wird, dessen Arbeitstätigkeit er als für den Betrieb unverzichtbar ansieht.

f) Besonderer Kündigungsschutz

Es liegt in der Natur der Sache, daß die Betriebsratstätigkeit von einem Arbeitgeber auch als lästig empfunden werden mag und er dazu neigt, seinen Ärger am jeweiligen Mitglied auszulassen. Abgesehen vom bereits besprochenen Behinderungs- und Benachteiligungsverbot des § 78 BetrVG ist es daher sinnvoll, Betriebsräte auch besonders dagegen zu schützen, daß der Arbeitgeber einfach ihrer Tätigkeit die Grundlage entzieht, indem er das Arbeitsverhältnis beendet.

Dem schiebt § 15 KSchG einen Riegel vor. Diese Vorschrift schließt die Kündigung gegenüber Betriebsräten, Jugend- und Auszubildendenvertretern, aber auch Mitgliedern von Wahlvorständen ganz aus, soweit es um eine ordentliche Kündigung geht. Das Verbot bezieht sich, um "Racheakte" auszuschließen, auch nicht nur auf die Amtszeit der betroffenen Personen, sondern gilt im Fall von Betriebsräten und Jugend- und Auszubildendenvertretern noch bis zu einem Jahr nach Beendigung der Amtszeit.

Was die durch § 15 KSchG nicht ausgeschlossene außerordentliche, fristlose Kündigung eines Mitglieds von Betriebsrat oder Jugend- und Auszubildendenvertretung angeht, muß man § 103 BetrVG beachten: Danach bedarf (im Gegensatz zu anderen außerordentlichen Kündigungen) eine solche Kündigung der Zustimmung des Betriebsrats. Diese Zustimmung kann zwar auf Antrag des Arbeitgebers durch das Arbeitsgericht ersetzt werden, wenn dieses die Kündigung als gerechtfertigt ansieht. Jedoch ist das Zustimmungserfordernis ohne Zweifel ein weiterer, wichtiger Schutzfaktor.

6. Betriebsversammlung

a) Aufgabe

Die Betriebsversammlung (§§ 42 ff. BetrVG), die aus allen Arbeitnehmern eines Betriebes besteht, ist das größte Organ der Betriebsverfassung, aber, rein rechtlich betrachtet, nicht das einflußreichste. Es dient der Willensbildung, natürlich insbesondere auch für die Mitglieder des Betriebsrats, kann deren Tätigkeit aber nicht etwa durch Beschlüsse zwingend binden.

Die Willensbildung bzw. die zu ihr nötige Information, die im Rahmen von Betriebsversammlungen stattfindet, ist von ihrer thematischen Zulässigkeit wiederum begrenzt auf Dinge, die die Entwicklung des Betriebs berühren, seien es tarifliche Fragen, neue Sozialgesetzgebungen oder anstehende Fusionspläne. Das Verbot, Parteipolitik zu machen, gilt auch für Betriebsversammlungen.

Um die notwendige Information zu gewährleisten, ist auch der Arbeitgeber zu regelmäßigen Berichten in der Betriebsversammlung verpflichtet, teilnahme- und redeberechtigt ist er immer. Er darf auch einen Vertreter des Arbeitgeberverbandes mitbringen, die Arbeitnehmer dürfen ihrerseits auch Gewerkschaftsvertreter teilnehmen lassen.

b) Häufigkeit

Der Betriebsrat hat die Pflicht, vierteljährlich einmal eine solche Versammlung einzuberufen und dort auch über seine Tätigkeit zu berichten. Er kann auch darüber hinaus Betriebsversammlungen einberufen und muß es sogar, wenn der Arbeitgeber oder mindestens ein Viertel der wahlberechtigten Arbeitnehmer dies wollen ; wenn zu lange keine stattgefunden hat, kann auch eine im Betrieb vertretene Gewerkschaft eine Betriebsversammlung erzwingen (§ 43 BetrVG).

Der Haken an zusätzlichen, d.h. über die vierteljährlichen Zusammenkünfte hinausreichenden Betriebsversammlungen liegt aber in der Frage der Kosten: Diese muß (in Gestalt fortgezahlten Lohns, aber auch Fahrtkosten) der Arbeitgeber nur für die turnusmäßigen oder aus besonderen Gründen zusätzlich notwendigen Versammlungen übernehmen, ferner für die erstmalige Betriebsversammlung zur Einleitung einer Betriebsratswahl und schließlich für die von ihm selbst gewünschten Versammlungen (§ 44 BetrVG). Nur diese Versammlungen dürfen auch in der Arbeitszeit stattfinden. Zusätzliche Betriebsversammlungen gehen also auf die Kappe der Arbeitnehmer, was Zeitaufwand oder Fahrtkosten angeht.

Damit sind wir überhaupt bei der Frage der Kosten, welche die Durchführung der Betriebsverfassung verursacht.

7. Wer trägt die Kosten ?

Die Betriebsverfassung kostet natürlich Geld. Das fängt schon bei der Wahl an, in Gestalt von Sachaufwand und verlorener Arbeitszeit. Für ihre laufende Arbeit brauchen die Betriebsräte Räume, Personal, Büroausstattung, ihre notwendigen Schulungen müssen bezahlt werden ; die Einigungsstelle kostet Geld usw.

In dem Rahmen - über den natürlich manchmal zwischen Arbeitgeber und Betriebsrat gestritten wird - den das Betriebsverfassungsgesetz für die Tätigkeit des Betriebsrats vorzeichnet, muß der Arbeitgeber all diese Kosten tragen, einschließlich der sich notwendigerweise ergebenden verlorenen Arbeitszeit. Das bezieht sich nicht nur auf die Arbeitszeit der Betriebsratsmitglieder, sondern auch der Arbeitnehmer, welche die Tätigkeit des Betriebsrats in Anspruch nehmen oder an Betriebsversammlungen teilnehmen (§§ 20 III, 40, 44, 76 a BetrVG).

Wer sollte diese Kosten auch sonst übernehmen ? Allerdings führt dies dazu, daß der Arbeitgeber beispielsweise auch Kosten aus einem gegen ihn angestrengten arbeitsgerichtlichen Verfahren übernehmen muß, die auf Seiten des Betriebsrats entstanden sind - der Betriebsrat prozessiert insoweit risikofrei.

Fall 21: "Mehr Geld - aber nicht für alle"

Seit 2 Jahren ist Leo Leer bei Dottergelbs Nudelfabrik als technischer Angestellter beschäftigt. Der Betrieb hat 380 Arbeitnehmer. Leo hat einen schriftlichen Anstellungsvertrag mit Dottergelb, in dem die einschlägigen Tarifverträge der Feinkost-, Nährmittel- und Teigwarenindustrie für anwendbar erklärt worden sind.

Leos Gehalt beträgt aktuell 3.500 DM brutto bei einer 38,5-Stunden-Woche. Im Gehalt inbegriffen ist eine nicht gesondert ausgewiesene, freiwillige übertarifliche Zulage, die von Dottergelb als jederzeit widerruflich und auf das Ergebnis zukünftiger Tarifabschlüsse voll anrechenbar bezeichnet worden ist. Ca. 80 % der Belegschaft - außer einfachen Tätigkeiten in den technischen Hilfsdiensten - erhalten bei Dottergelb eine übertarifliche Vergütung.

Nun steigen zum 1. März die geltenden Tarife der Feinkost-, Nährmittel- und Teigwarenindustrie ein Stück an. Für die Gehaltsgruppe von Leo Leer würde sich ergeben, daß seine Vergütung von 2.995 DM auf 3.077 DM brutto, also um 82 DM ansteigt. Allerdings rechnet Dottergelb die Erhöhung voll auf Leos übertarifliches Gehalt an, so daß er keine Mark mehr bekommt. Ebenso verfährt Dottergelb - mit unterschiedlichen Begründungen - auch bei weiteren 13 Arbeitnehmern. Alle anderen erhalten die Erhöhung effektiv weitergegeben und beziehen jetzt soviel Gehalt bzw. Lohn mehr, wie die Tariferhöhung in ihrem Fall ausmacht.

Für seine Gegenwehr gegen die Anrechnung ist Leo auf das Argument gekommen, daß der Betriebsrat bei der Durchführung der Anrechnung bzw. Nichtanrechnung der Tariferhöhung auf die übertariflichen Löhne nicht beteiligt wurde - was zutrifft.

Dottergelb kontert, es habe sich gegenüber Leo Leer um eine sachlich begründete, einzelfallbezogene Maßnahme gehandelt. Leo habe unzureichende Arbeitsergebnisse gebracht. Deshalb habe man ihm schon vor einem Jahr mitgeteilt, daß Dottergelb mit seinen Leistungen, insbesondere der gezeigten Eigeninitiative, nicht zufrieden sei.

Mittlerweile ist es Juni geworden. Leo besteht darauf, für die zurückliegenden Monate seit März genau wie die vielen Kolleginnen und Kollegen, bei denen nicht angerechnet wurde, ein erhöhtes Gehalt zu bekommen.

Steht es ihm zu ?

B. Felder und Formen der Mitwirkung

1. Grundsätzliche Orientierung

a) Die Klaviatur der Möglichkeiten

Die Einwirkungsmöglichkeiten des Betriebsrats auf den Gang der Ereignisse im Betrieb sind vom Gesetz sehr differenziert gestaltet. Sie reichen von der schwächsten Form, der bloßen Information durch den Arbeitgeber hinsichtlich einer geplanten oder getroffenen Maßnahme, über Anhörungs- und Beratungsrechte, Einspruchsrechte, die an ganz bestimmte Gründe gebunden sind, bis hin zur stärksten Form der Mitwirkung:

In ihrem Fall darf der Arbeitgeber eine Maßnahme nicht ohne das Einverständnis des Betriebsrats treffen. Einigen sich beide Seiten nicht, dann muß die Einigungsstelle (§ 76 BetrVG) eine Entscheidung treffen, die gerichtlich nur sehr eingeschränkt nachprüfbar ist. In diesen Fällen besteht also praktisch ein Einigungszwang, der Arbeitgeber kann nicht ohne den Betriebsrat handeln. Mehr noch: Der Betriebsrat kann dann seinerseits häufig eine Regelung erzwingen, wie es zum Beispiel in den §§ 91, 95 II BetrVG ausdrücklich vorgesehen ist, aber auch für den wichtigen Bereich der sozialen Angelegenheiten in § 87 I BetrVG gilt.

b) Gefälle der Mitwirkungsrechte, unternehmerische Entscheidungen

Wo starke Formen der Mitwirkung gegeben sind, wo umgekehrt dem Betriebsrat nur schwächere Rechte eingeräumt wurden, richtet sich nach den Gegenständen der Mitbestimmung, um die es geht. Man kann vom Sinn der Betriebsverfassung innerhalb unserer Wirtschafts- und Gesellschaftsordnung her nachvollziehen, daß der Betriebsrat beispielsweise bei der Einstellung oder Kündigung eines Arbeitnehmers eine stärkere Rolle spielt als bei der Entscheidung, ein neues Zweigwerk zu eröffnen. Letztere fällt in den Bereich der unternehmerischen Freiheit, die jedem Arbeitgeber als Unternehmer auch trotz der Betriebsverfassung verbleibt.

Am stärksten sind umgekehrt die Mitwirkungsrechte dort gestaltet, wo es um die innerbetrieblichen Abläufe und Regeln, angefangen von der Kantine über die Arbeitszeitregelung bis hin zu Betriebsbußen und Entlohnungsgrundsätzen geht. Die Mitwirkungsrechte schließen in diesem Bereich meist auch ein Initiativrecht des Betriebsrats ein, also die Möglichkeit, von sich aus - bis hin zur Entscheidung der Einigungsstelle, § 76 V BetrVG - eine Regelung für den Betrieb zu erreichen. Je nach Mitbestimmungsgegenstand müssen aber auch bei diesen Initiativrechten vorgängige unternehmerische Entscheidungen respektiert werden, beispielsweise bei der Frage, ob Kurzarbeit notwendig ist.

c) Felder der Mitbestimmung

Generell teilt man die Gegenstände der Mitwirkung des Betriebsrats in verschiedene Felder oder Hauptbereiche auf, nämlich die der sozialen (sozial in einem weiten, das Zusammenleben im Betrieb betreffenden Sinn verstanden), ferner der personellen sowie der wirtschaftlichen Angelegenheiten. Dabei nimmt die Intensität der Mitwirkungsrechte von Bereich zu Bereich in der Reihenfolge, wie sie genannt wurden, ab.

Gegenüber diesen drei Hauptfeldern tritt der vierte Mitbestimmungsbereich, den das Betriebsverfassungsgesetz nennt, etwas in den Hintergrund, nämlich die menschengerechte Gestaltung der Arbeitsplätze (§§ 90, 91 BetrVG). Darunter ist allerdings nicht (der mehr klassisch verstandene) Arbeitsschutz gemeint, den das Betriebsverfassungsgesetz zu den sozialen Angelegenheiten zählt (§ 89 BetrVG) und der durch Gesetze und Verordnungen, Unfallverhütungsvorschriften sowie vertragliche Arbeitgeberpflichten rechtlich abgesichert ist.

Gemessen an der Geschichte dieses Arbeitsschutzes ist die Diskussion über eine den Bedürfnissen des Menschen angepaßte Gestaltung der Arbeitsplätze noch recht jung. Sie wird aber wohl durch moderne Produktionsformen im Zeichen von "lean production" und "Kaizen" einen weiteren Schub erhalten.

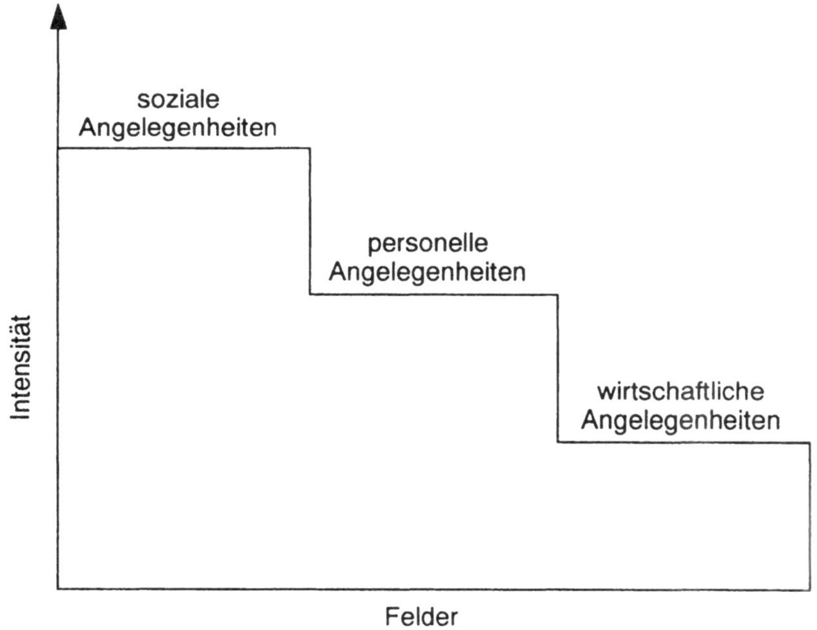

Abbildung 15: Intensität und Felder von Mitwirkungsrechten des Betriebsrats

2. Betriebsvereinbarung und Regelungsabrede

a) Wesen und Form der Betriebsvereinbarung

Ein besonders wichtiges Instrument, durch das die Mitwirkung des Betriebsrats in die Tat umgesetzt wird, ist die Betriebsvereinbarung (§ 77 BetrVG). Dabei handelt es sich um eine formalisierte - sie muß schriftlich erfolgen und von beiden Seiten unterschrieben werden - Vereinbarung zwischen Arbeitgeber und Betriebsrat, deren Inhalt aber in zwingender Weise auf die Arbeitsverhältnisse im Betrieb einwirkt (§ 77 IV BetrVG, s. dazu auch Fall 1). Durch die Betriebsvereinbarung wird also eine Norm geschaffen, die von ihrer Wirksamkeit her über dem Arbeitsvertrag, aber unter dem Tarifvertrag steht.

Betriebsvereinbarungen bieten sich zur Umsetzung der Mitbestimmung natürlich zunächst dort an, wo der Arbeitgeber ohne den Betriebsrat gar nicht handeln kann, also in Fällen zwingender Mitbestimmung, z.B. bei der Festlegung von Richtlinien über die personelle Auswahl bei betriebsbedingten Kündigungen. (Derartige "Punktesysteme", die die soziale Auswahl regeln, sind in den größeren Betrieben üblich.)

Außer in den Fällen zwingender Mitbestimmung können Betriebsvereinbarungen auf freiwilliger Grundlage geschlossen werden, wie sie auch in § 88 BetrVG ausdrücklich angesprochen sind. Durch eine Betriebsvereinbarung kann beispielsweise festgelegt werden, mit welchen abgestuften Konsequenzen auf Alkoholauffälligkeit von Mitarbeitern reagiert wird (sog. Konsequenzen-Modell).

b) Erweiterte Aufgaben durch Tarifvertrag

Die Frage, wie weit der Betriebsrat durch Betriebsvereinbarungen auch in Bereiche "hineinregieren" darf, in denen das Betriebsverfassungsgesetz kein Mitwirkungsrecht erkennen läßt, ist rechtlich teilweise umstritten. Besonders aktuell stellt sich diese Problematik dar angesichts einer zunehmenden Praxis, Arbeitszeit (und, damit zusammenhängend, Lohn) nur noch in einem bestimmten Rahmen im Tarifvertrag festzulegen und die Ausgestaltung im betrieblichen Einzelfall den Betriebspartnern zu überlassen.

An sich sieht § 77 III BetrVG als Grundsatz die Sperrwirkung des Tarifvertrages vor. Sie greift nach dem Gesetzeswortlaut nicht nur ein, wenn Dinge durch Tarifvertrag geregelt sind, sondern auch dann, wenn sie üblicherweise durch Tarifvertrag geregelt werden, wenn also zumindest in dieser Branche und diesem Tarifgebiet üblicherweise Tarifverträge zu Arbeitszeit und Lohn geschlossen werden.

Allerdings enthält die gleiche Vorschrift auch eine Öffnungsklausel, mit deren Hilfe Regelungskompetenzen an die Betriebspartner übertragen werden können. Solche "arbeitsteiligen" Lösungen können Mitwirkungsrechte des Betriebsrats über die im Betriebsverfassungsgesetz genannten hinaus erweitern. Sie werfen umgekehrt einige, allerdings überwindliche Rechtsprobleme bei der Durchführung unter nicht tarifgebundenen Arbeitgebern und Arbeitnehmern auf.

c) Regelungsabrede

Der Betriebsvereinbarung haftet durch ihren förmlichen Charakter eine gewisse Schwerfälligkeit an. Außerdem ist sie als Instrument durch gewisse Grenzen, die sich jedenfalls auf förmliche Betriebsvereinbarungen beziehen, in den §§ 77 III und 87 I BetrVG eingeschränkt.

Die betriebliche Praxis hat deswegen eine - durch das Betriebsverfassungsgesetz nicht ausgeschlossene - nichtförmliche Variante der Betriebsvereinbarung geschaffen, nämlich die Regelungsabrede oder Betriebsabsprache. Bei dieser einigen sich Arbeitgeber und Betriebsrat auf ein bestimmtes Vorgehen oder Verfahren, ohne sich an einen bestimmten Formenzwang zu binden und ohne das Ergebnis als Betriebsvereinbarung zu bezeichnen.

Zwischen Betriebsvereinbarung und Regelungsabrede besteht aber ein wesentlicher Unterschied, was die Wirkung angeht: Regelungsabreden binden zwar Arbeitgeber und Betriebsrat in ihrem Verhalten, sie wirken dagegen nicht unmittelbar und zwingend in den Arbeitsverhältnissen, wie es die Betriebsvereinbarung gem. § 77 IV BetrVG tut. Man kann also durch Regelungsabreden nicht unmittelbar Verpflichtungen in den einzelnen Arbeitsverhältnissen begründen.

Regelungsabreden sind vor allem dort sinnvoll, wo eine Betriebsvereinbarung vom Aufwand her nicht im Verhältnis steht zu dem, was geregelt werden soll - beispielsweise, wenn es um die einmalige Veränderung der Arbeitszeit aus einem äußeren Anlaß geht. Rechtlich bedenklich dagegen ist es, wenn in der Praxis Regelungsabreden verwendet werden, um den in §§ 77 III und 87 I BetrVG verankerten Vorrang tariflicher Regelungen, der sicher gegenüber Betriebsvereinbarungen gilt, unwirksam zu machen.

d) Günstigkeitsprinzip mit Einschränkungen

Auch für Betriebsvereinbarungen gilt schließlich im wesentlichen das Günstigkeitsprinzip. Bessere, jedenfalls individuell ausgehandelte arbeitsvertragliche Bedingungen - bei Formulararbeitsverträgen gibt es Einschränkungen ! - gehen also einer Betriebsvereinbarung vor ; umgekehrt kann dort, wo beide zulässig nebeneinander existieren, die günstigere Betriebsvereinbarung auch einen schlechteren Tarifvertrag verdrängen.

3. Soziale Angelegenheiten

a) Arbeitszeitregelungen

Was der Begriff der sozialen Angelegenheiten in diesem Zusammenhang meint, geht aus der Aufzählung in § 87 I BetrVG hervor - diese sehr wichtige Vorschrift steckt einen der Hauptschauplätze betrieblicher Mitbestimmung ab. In seinem Bereich geht es, wie § 87 II BetrVG verrät, auch ausnahmslos um zwingende Mitbestimmungsrechte, der Arbeitgeber kann also in Bezug auf die dort geregelten Materien nicht ohne die Zustimmung des Betriebsrats handeln.

Schon was die dem Arbeitnehmer meist wichtigsten, materiellen Arbeitsbedingungen wie Arbeitszeit und Lohn angeht, ergeben sich weitreichende Einflußmöglichkeiten des Betriebsrats: So hat er über die Verteilung der Wochenarbeitszeit auf die einzelnen Arbeitstage, Beginn und Ende der Arbeitszeit, Einführung von Gleitzeit oder Schichtarbeit mitzubestimmen - diese Rechte aus § 87 I Ziff. 2 BetrVG finden sich in jüngster Zeit durch manche Tarifverträge noch auf die Festlegung der Dauer der Wochenarbeitszeit innerhalb eines vorgegebenen Rahmens erweitert. Ohnehin mitbestimmungspflichtig sind ferner Überstunden und Kurzarbeit sowie die Festlegung des Urlaubsplans im Betrieb. (S. dazu i.ü. auch 2. Abschn. II. B. 2, 4).

b) Lohngestaltung

Aber auch die Löhne gestaltet der Arbeitgeber nicht allein, gebunden etwa nur an Tarifvertrag und Arbeitsvertrag. Im Bereich des Leistungslohns entscheidet der Betriebsrat bei der Festlegung der für den Akkord ausschlaggebenden Rechenwerte mit.

Darüber hinaus bedeutsam ist aber sein Mitwirkungsrecht bei allen Lohngestaltungen des Arbeitgebers, die dieser nach allgemeinen Grundsätzen praktizieren möchte - auch, wenn es um übertarifliche, freiwillige Lohnbestandteile geht ! Mitbestimmungsfrei von vornherein ist also nur eine Lohngestaltung, die ganz individuell auf den einzelnen Arbeitnehmer und seine vertraglich geschuldeten Leistungen zugeschnitten ist.

Sobald aber eine theoretische Kategorien- bzw. praktische Gruppenbildung erkennbar wird, dergestalt, daß jeder Arbeitnehmer, der bestimmte Merkmale erfüllt, auch einen bestimmten Lohn erhält, ist ein Fall für das Mitbestimmungsrecht aus § 87 I Ziff. 10 BetrVG gegeben - es sei denn, der Arbeitgeber ginge so vor, daß alle bestehenden Entlohnungsgrundsätze unangetastet blieben.

Dies hat beispielsweise zur Folge, daß der Arbeitgeber auch übertarifliche Lohnbestandteile aus eigener Macht nur abbauen kann, wenn er es so tut, daß allgemeine Entlohnungsgrundsätze nicht berührt werden. Er wird meist also in

Richtung der "Rasenmähermethode" verfahren, d.h. eine Vielzahl von übertariflichen Zulagen gleichzeitig anteilig kürzen müssen (s. dazu i.ü. auch Fall 21).

c) Ordnung und Einrichtungen im Betrieb, Betriebsbußen

Ferner fällt unter den Begriff der sozialen Angelegenheiten - hier paßt der Begriff auch am besten - alles, was mit dem Verhalten der Arbeitnehmer im Betrieb, mit der Ordnung ihres Zusammenlebens, den diesem Zusammenleben im Betrieb dienenden Einrichtungen, Kantinen usw. zusammenhängt.

Dazu gehört das häufig diskutierte Rauchverbot oder die Aufstellung von Getränkeautomaten genauso, wie etwa ein Katalog von Betriebsbußen, der wie ein kleines "Strafgesetzbuch" auf das Leben des Arbeitnehmers im Betrieb einwirken kann. Neben der arbeitsvertraglichen Abmahnung sind derartige Betriebsbußen in größeren Betrieben durchaus übliche Reaktionsformen auf Verstöße der Arbeitnehmer gegen arbeitsvertragliche Pflichten geworden. Sie unterliegen aber - neben der wirksamen Bremse durch das Mitbestimmungsrecht des Betriebsrats - weiteren rechtlichen Grenzen, die unangemessene Reaktionen, etwa übertriebene Geldbußen verhindern. Das geltende Kündigungsschutzrecht kann durch eine solche Betriebsbußenordnung ohnehin nicht außer Kraft gesetzt werden.

4. Personelle Angelegenheiten

a) Personalfragebogen, Beurteilungsgrundsätze

Will der Arbeitgeber einen Personalfragebogen verwenden, so kann er diesen nicht ohne die Mitwirkung des Betriebsrates gestalten (§ 94 BetrVG). Solche Personalfragebögen sind nicht nur von Bedeutung, wenn es um die Auswahl neu einzustellender Arbeitskräfte geht. Sie kommen beispielsweise auch dann zum Einsatz, wenn der Arbeitgeber die notwendigen Daten für ein Personalinformationssystem braucht, d.h. wenn er als Grundlage des optimalen Personaleinsatzes relevante Daten über die Arbeitnehmer, was Ausbildung, Alter, Geschlecht usw. angeht, mit einer EDV-Anlage speichern will.

Im Bereich der Personalverwaltung gibt es ferner ein Bedürfnis nach meist regelmäßiger Beurteilung von Arbeitnehmerinnen und Arbeitnehmern, um ihre Einsatzmöglichkeiten oder ihren beruflichen Aufstieg im Betrieb planen zu können. Wird dabei nach bestimmten Kriterien, Skalen usw. beurteilt, was im Sinne der Nachvollziehbarkeit des Vorgangs durchaus richtig sein dürfte, so unterliegen derartige Beurteilungsmaßstäbe ebenfalls dem Mitbestimmungsrecht des Betriebsrats nach § 94 BetrVG.

b) Auswahlrichtlinien, Punktesysteme

In der Praxis erhebliche Bedeutung haben des weiteren Auswahlrichtlinien, nach denen der Arbeitgeber bei Einstellungen, Versetzungen oder Beförderungen, vor allem aber auch bei Kündigungen vorgeht. Diese haben in der Regel die Form von Punktesystemen, d.h. bestimmte Eigenschaften und Daten des Arbeitnehmers werden in Punkte umgerechnet. Wer die höchste Punktzahl hat, kommt, wenn es um den wichtigen Fall der betriebsbedingten Entlassung einer bestimmten Anzahl von Arbeitnehmern geht, als letzter dran.

Da bei solchen Auswahlrichtlinien ein zwingendes Mitbestimmungsrecht des Betriebsrats nach § 95 BetrVG besteht, werden sie in der Regel als Betriebsvereinbarungen geschlossen. Insbesondere bei Auswahlrichtlinien für Kündigungen sind die Parteien der Betriebsvereinbarung in der Gestaltung des Inhalts allerdings nicht frei, sondern müssen sich an die von der Rechtsprechung entwickelten Grundsätze zur sozialen Auswahl bei betriebsbedingten Kündigungen halten, innerhalb derer ihnen allerdings ein beträchtlicher Ermessensspielraum verbleibt. In größeren Betrieben (über 1.000 Arbeitnehmer) kann der Betriebsrat die Aufstellung von Auswahlrichtlinien nach § 95 II BetrVG erzwingen.

c) Einstellung, Versetzung

Einstellungen und Versetzungen gehören (zusammen mit Ein- oder Umgruppierungen) zu den personellen Einzelmaßnahmen, die in § 99 BetrVG behandelt sind. Diese Vorschrift hat sich selbst allerdings, was die Betriebsgröße angeht, eine "Sondergrenze" gegeben: Sie wird nur in Betrieben mit in der Regel mehr als 20 erwachsenen Arbeitnehmern angewendet.

In Betrieben ab dieser Größe muß der Arbeitgeber für die Einstellung oder Versetzung - s. zur Versetzung auch im 1. Abschn. II. A. 2 c - eines Arbeitnehmers bzw. einer Arbeitnehmerin zuvor die Zustimmung des Betriebsrats einholen. Dieser wiederum kann sie allerdings nur aus einer Reihe bestimmter, in § 99 II BetrVG aufgezählter Gründe verweigern. Im Rahmen dieser Verweigerungsgründe kann der Betriebsrat z.B. geltend machen, daß die geplante Maßnahme gegen ein Gesetz - etwa § 611 a BGB zur Gleichbehandlung von Männern und Frauen - oder einen Tarifvertrag, eine Betriebsvereinbarung verstößt oder entgegen § 93 BetrVG nicht im Betrieb ausgeschrieben wurde.

Im übrigen kann der Betriebsrat nur den betroffenen Arbeitnehmer selbst wie auch die Arbeitnehmer im Betrieb vor sachlich nicht gerechtfertigten Nachteilen schützen. Diese könnten drohen, wenn der Arbeitgeber eine Position offenkundig nur deshalb doppelt besetzt, um die Kündigung eines unliebsamen Belegschaftsmitglieds vorzubereiten. Dagegen reicht es als "Nachteil", auf den sich der Betriebsrat berufen kann, nicht aus, wenn ein Belegschaftsmitglied gegenüber einem auswärtigen Bewerber beim Auswahlverfahren den kürzeren zog. Sonst könnte der Betriebsrat praktisch immer widersprechen, wenn sich ein Belegschaftsmitglied erfolglos um eine neue Position im Betrieb beworben hat, weil ein externer Bewerber für geeigneter befunden wurde.

Hat der Betriebsrat seine Zustimmung zu einer solchen personellen Einzelmaßnahme (in rechtlich zulässiger Weise) verweigert, so kann er wirksam, und sei es durch ein vom Gericht auferlegtes Zwangsgeld, verhindern, daß der Arbeitgeber die Maßnahme durchführt (§ 101 BetrVG).

d) Vorläufige Maßnahmen des Arbeitgebers

Nun kann der Fall eintreten, daß der Arbeitgeber, etwa, weil er die Gelegenheit hat, einen seltenen Spezialisten von hoher Qualifikation einzustellen, ohne Zustimmung des Betriebsrats handeln will. Sei es, daß die Sache aufgrund anderer Arbeitsplatzangebote für den Bewerber sehr schnell gehen muß, sei es auch, daß der Betriebsrat die Zustimmung bereits verweigert hat, aber ein Streit um die Berechtigung der Verweigerung ansteht und der Arbeitgeber davon ausgeht, den Spezialisten dringend zu brauchen.

In diesen Fällen kann der Arbeitgeber nach § 100 BetrVG vorläufig handeln - allerdings mit erheblichem Risiko. Verweigert nämlich der Betriebsrat seine Zustimmung bzw. wird ihm schließlich die berechtigte Verweigerung gerichtlich attestiert, so muß der Arbeitgeber die Maßnahme rückgängig machen. Dies kann natürlich mit erheblichen Kosten verbunden sein, da er gegenüber dem nunmehr benachteiligten Arbeitnehmer als Vertragspartner an die normalen arbeitsrechtlichen Spielregeln gebunden ist.

Egal, wie der Arbeitgeber diesen Arbeitsvertrag nun wieder aus der Welt bringt, beschäftigen darf er den Arbeitnehmer, für dessen Einstellung die Zustimmung rechtmäßig und endgültig verweigert wurde, jedenfalls nicht.

e) Anhörung bei Kündigungen

Kann der Betriebsrat also beispielsweise eine Einstellung oder Versetzung zumindest in den Fällen, in denen ihm ein gesetzlich anerkanntes Zustimmungsverweigerungsrecht zusteht, blockieren, so ist dies bei einer Kündigung nicht der Fall. Hier steht ihm aber ein Anhörungsrecht nach § 102 BetrVG zu. Auch aus dem Anhörungsrecht, insbesondere seiner Unterlassung, ergeben sich arbeitsrechtlich relevante Folgen.

Zunächst bezieht sich das Anhörungsrecht auf alle Kündigungen, seien sie in ordentlicher, befristeter oder außerordentlicher, fristloser Form ausgesprochen. Wurde vor der geplanten Kündigung der Betriebsrat nicht angehört, so ist sie in jedem Fall unwirksam. Der Arbeitgeber muß den Betriebsrat also über die geplante Kündigung informieren und ihm im Falle der ordentlichen Kündigung eine Woche, im Fall der außerordentlichen drei Tage Zeit zur Reaktion geben. Eine Ausnahme von der Anhörungspflicht besteht im Falle leitender Angestellter:

Der Arbeitgeber muß den Betriebsrat über eine beabsichtigte Kündigung (ebenso wie über die Einstellung) lediglich informieren (§ 105 BetrVG).

f) Widerspruch gegen ordentliche Kündigung, Weiterbeschäftigungsanspruch

Bei einer ordentlichen Kündigung hat der Betriebsrat die Möglichkeit, aus einer Reihe besonderer, in § 102 III BetrVG einzeln aufgeführter Gründe der Kündigung zu widersprechen - allerdings gerade nicht mit der Folge, daß dann der Arbeitgeber die Kündigung nicht aussprechen darf.

Ein solcher Widerspruch hat rechtlich vielmehr zunächst die (harmlosere) Folge, daß die Stellungnahme des Betriebsrats dem Arbeitnehmer zusammen mit der Kündigung zugeleitet werden muß, mithin bei den Akten liegt und im Kündigungsrechtsstreit durchaus eine gewisse Überzeugungswirkung zu Gunsten des Arbeitnehmers entfalten kann. Dies umso mehr, als auf diesem Weg betriebsinterne Daten und Fakten das Arbeitsgericht erreichen können, die es sonst nicht erreicht hätten, weil der Betriebsrat normalerweise mehr weiß als der einzelne Arbeitnehmer.

Zum anderen entfaltet der Widerspruch die (wichtigere) Wirkung, daß der Weiterbeschäftigungsanspruch des betroffenen Arbeitnehmers, wenn es zu einem Rechtsstreit über die Kündigung kommt, bis zu dessen rechtskräftigem Abschluß in der Regel nach § 102 V BetrVG gesichert ist. Dies ist viel wert, wenn man bedenkt, daß ein Kündigungsrechtsstreit sonst schnell ein Streit "um Kaisers Bart" sein kann, wenn der Arbeitnehmer den Arbeitsplatz und den Lohn faktisch schon nicht mehr hat und sich ohnehin so schnell wie möglich eine andere Beschäftigung suchen muß. (Ohne den Widerspruch des Betriebsrats besteht nur ein sehr eingeschränkter Anspruch des Arbeitnehmers auf Weiterbeschäftigung (s. dazu oben im 2. Abschn. III. B. 3 b).

Die in § 102 III BetrVG aufgeführten Gründe, aus denen der Betriebsrat einer Kündigung widersprechen kann, erfassen beispielsweise (praktisch durchaus häufig) eine falsch vorgenommene Sozialauswahl oder, passend zu den Vorschriften des Kündigungsschutzgesetzes, die mißachtete Möglichkeit anderweitiger Beschäftigung des Arbeitnehmers im Betrieb oder Unternehmen.

Äußert sich der Betriebsrat innerhalb der ihm eingeräumten Wochenfrist gar nicht, so gilt seine Zustimmung als erteilt.

g) Bedenken gegen außerordentliche Kündigung

Im Gegensatz zur ordentlichen Kündigung mit dem Widerspruchsrecht (und der Folge des Weiterbeschäftigungsanspruchs) kann der Betriebsrat gegenüber einer außerordentlichen Kündigung lediglich Bedenken äußern, hat also ein schwächeres Recht.

Als Ausnahme ist allerdings der Fall der Kündigung eines Arbeitnehmers zu nennen, der Funktionen im Rahmen der Betriebsverfassung wahrnimmt, also ein Betriebsratsmandat hat oder auch als Wahlbewerber in Erscheinung getreten ist. In diesen Fällen bedarf die außerordentliche Kündigung - die ordentliche ist ohnehin durch § 15 KSchG ausgeschlossen - der Zustimmung des Betriebsrats, ohne die (bzw. die Ersetzung durch das Arbeitsgericht) sie nicht wirksam ausgesprochen werden kann (§ 103 BetrVG).

5. Wirtschaftliche Angelegenheiten, insbesondere: Sozialplan

a) Wirtschaftsausschuß

In wirtschaftlichen Angelegenheiten sind die Mitbestimmungsrechte des Betriebsrats - aus der Sicht der geltenden Rechtsordnung konsequent - am schwächsten, weil man in diesem Mitbestimmungsfeld den unternehmerischen Entscheidungen immer näher rückt, die eigentlich nicht Gegenstand, sondern Voraussetzung arbeitsrechtlicher Konstruktionen sind. Auf sie bezieht sich auch das Mitbestimmungsrecht des Betriebsrats nicht, sondern nur auf ihre Konsequenzen positiver Art, etwa Einstellungen oder die Gestaltung betrieblicher Abläufe, und negativer Art, z.B. Betriebsstillegungen und damit einhergehende betriebsbedingte Kündigungen.

Vor diesem Hintergrund wird die betriebliche Vertretung der Belegschaft im Bereich wirtschaftlicher Entscheidungen zunächst nur in Gestalt des Wirtschaftsausschusses in Betrieben mit mehr als 100 Arbeitnehmern tätig (§§ 106 ff. BetrVG). Seine Mitglieder werden vom Betriebsrat, bzw., falls ein solcher besteht, vom Gesamtbetriebsrat bestimmt.

Die rechtlichen Pflichten des Arbeitgebers gegenüber dem Wirtschaftsausschuß konzentrieren (und beschränken) sich darauf, daß er diesen über wesentliche wirtschaftliche Vorgänge rechtzeitig unterrichtet und die Folgen für die Personalplanung des Betriebs darlegt, außerdem muß er bzw. sein Vertreter an den regelmäßigen Sitzungen des Ausschusses teilnehmen. Dieser gibt die aus den Informationen und Beratungen gewonnenen Erkenntnisse an den Betriebsrat weiter.

b) Betriebsänderungen

Für den Arbeitgeber einschneidendere rechtliche Konturen nimmt das Geschehen allerdings an, wenn Betriebsänderungen nach § 111 BetrVG anstehen, also etwa Stillegungen, Verlegungen des Betriebs oder wesentlicher Teile davon, Zusammenschlüsse mit anderen Betrieben sowie weitere Änderungen tiefgreifender Natur, wie die Änderung des Betriebszwecks.

Zu den Betriebsänderungen gehört auch der Fall, daß ein Unternehmen vollständig auf "Inselfertigung" umgestellt wird, also weg von der Fließbandfertigung zu der Produktion in kleinen Gruppen. Sie wird in der Regel eine wesentlich andere Zusammensetzung und Zahl der Beschäftigten, auch eine völlig andere Betriebsorganisation zur Folge haben.

In der Praxis geht es allerdings am häufigsten um die betriebsbedingte Entlassung von Arbeitnehmern, für die § 112 a BetrVG bestimmte Maßgrößen bringt, die erreicht werden müssen, wenn es sich um eine Betriebsänderung mit der zwingenden Folge eines Sozialplans handeln soll.

c) Sozialplan, Interessenausgleich

Der Sozialplan, eine Betriebsvereinbarung besonderer Art, ist dazu da, die wirtschaftlichen Nachteile für die Arbeitnehmer aus einer Betriebsänderung auszugleichen oder zu mildern. Zugrundeliegen oder vorangehen soll ihm ein "Interessenausgleich" zwischen Arbeitgeber und Betriebsrat, der die wirtschaftliche Entscheidung als solche, also ihre Tragweite und Art der Durchführung betrifft. Es geht also beim Interessenausgleich noch um die Frage, inwieweit und auf welche Art "in den sauren Apfel gebissen" werden muß, also (noch) nicht um Ausgleich oder Milderung der Folgen.

Der Sozialplan ist letztlich erzwingbar, der Interessenausgleich dagegen nicht. Zwar muß der Arbeitgeber, schon um schädliche Folgen für sich selbst nach § 113 BetrVG zu vermeiden, auch über den Interessenausgleich mit dem Betriebsrat beraten und verhandeln, bis hin zum erfolgreichen oder erfolglosen Einigungsversuch vor der Einigungsstelle. Dieses in § 112 BetrVG festgelegte Verfahren gilt im übrigen zunächst in gleicher Weise für Interessenausgleich und Sozialplan.

Kommt aber vor der Einigungsstelle eine Einigung zwischen Arbeitgeber und Betriebsrat nicht zustande, so bleibt der Interessenausgleich auf der Strecke, über den Sozialplan dagegen muß jetzt die Einigungsstelle selbst entscheiden. In diesem Verfahren nach § 112 IV u. V BetrVG ist sie an einige besondere rechtliche Regeln gebunden, was die Gestaltung der Sozialplanleistungen betrifft. Ganz generell sind dies Leistungen zum Ausgleich oder zur Milderung der durch Betriebsänderungen eintretenden Nachteile, insbesondere Abfindungen für den Verlust des Arbeitsplatzes, Fahrtkosten zu einem anderen Betrieb des Unternehmens, Umzugskosten oder Kosten für Umschulungen und Fortbildungen.

C. Jugend- und Auszubildendenvertretungen

Für jugendliche Arbeitnehmer unter 18 Jahren sowie für alle Auszubildenden, soweit sie unter 25 Jahren sind, gibt es eine besondere Vertretung im Betrieb, wenn dieser Personengruppe mindestens 5 Arbeitnehmer angehören (§§ 60 ff.

BetrVG). Die Jugend- und Auszubildendenvertretung wird von den Betroffenen selbst gewählt, sie ist größenmäßig je nach Größe des Betriebs gestaffelt und sieht überhaupt wie ein kleiner Betriebsrat aus.

Jedoch ist zu beachten, daß sie nicht als eine organisatorisch ganz eigenständige Vertretung in Jugend- und Auszubildendenangelegenheiten angesehen werden kann, sondern nach der Konstruktion des Betriebsverfassungsgesetzes ihre Aufgaben über den Betriebsrat verfolgt, der insoweit das zentrale Mitbestimmungsorgan bleibt.

Die Jugend- und Auszubildendenvertretung nimmt sich, auch durch Sprechstunden, der Angelegenheiten an, die besonders die Interessen der Jugendlichen und Auszubildenden betreffen, wobei es nicht zuletzt um Fragen der Ausbildung gehen wird. Im Bereich dieser Angelegenheiten hat die Jugend- und Auszubildendenvertretung einige beachtliche Möglichkeiten, die Interessen des betroffenen Belegschaftsteils zur Geltung zu bringen:
Sie kann derartige, jugendbezogenen Angelegenheiten auf die Tagesordnung des Betriebsrats bringen, selbst an der Sitzung teilnehmen und unter Umständen auch mitstimmen (§ 67 BetrVG). Sie kann nachteilige Beschlüsse des Betriebsrats zumindest für die Frist einer Woche zur Verständigung und Korrektur aussetzen lassen (§ 66 BetrVG). Der Betriebsrat muß, damit die Jugend- und Auszubildendenvertretung ihre Aufgaben wahrnehmen kann, mit ihr entsprechend zusammenarbeiten, d.h. sie beteiligen und informieren, Unterlagen zur Verfügung stellen. Zu Informations- und Meinungsbildungszwecken können sich die Jugendlichen und Auszubildenden auch in eigenen Versammlungen treffen (§§ 70 II, 71 BetrVG).

D. Sprecherausschuß

1. Betriebsverfassungsgesetz gilt nicht für "Leitende"

Von der Mitwirkung in der Betriebsverfassung, wie sie das Betriebsverfassungsgesetz regelt, sind die leitenden Angestellten ausgeschlossen - dies legt § 5 III BetrVG fest, wo auch die Führungsfunktionen sich näher beschrieben finden, welche für leitende Angestellte kennzeichnend sind.

In der Tat sind leitende Angestellte ein Stück weit "Wanderer zwischen zwei Welten" (s. Abb. 4), weil sie einerseits genau wie ein Unternehmer, der auch Eigentümer ist, Sorge tragen müssen für die Entwicklung des Unternehmens bzw. Betriebes. Andererseits sind sie trotzdem abhängige Arbeitnehmer und dieser Seite durch eine gewisse Schutzbedürftigkeit verbunden, ja, sie können auf rechten "Schleudersitzen" beschäftigt sein. Allerdings ist nicht zu übersehen, daß ihr erhöhtes Arbeitsplatzrisiko auch durch eine im Verhältnis zu anderen Angestellten deutlich erhöhte Entlohnung ausgeglichen wird.

Mag es auch wenig sinnvoll sein, die "Leitenden" mit der Belegschaft zusammen in einen "Betriebsverfassungs-Topf" zu stecken, so ist auf der anderen Seite auch nicht einzusehen, daß sie für sich als Gruppe nicht auch eine bestimmte Vertretung ihrer Interessen als Arbeitnehmer im Betrieb haben sollen. Allerdings wird diese Interessenvertretung, etwa was die bereits angeschnittene Frage der Schutzbedürftigkeit, aber auch die Rücksichtnahme auf das notwendige Vertrauensverhältnis zwischen Arbeitgeber und leitenden Angestellten angeht, deutlich anders geregelt sein müssen als die im Rahmen der normalen Betriebsverfassung.

2. Besondere Vertretung nach dem Sprecherausschußgesetz

Das Sprecherausschußgesetz (SprAuG) für die leitenden Angestellten trägt den geschilderten Umständen Rechnung. Danach ist der Sprecherausschuß für die leitenden Angestellten (mindestens 10 im Betrieb müssen es sein) zunächst durchaus ähnlich wie ein Betriebsrat konstruiert.

Was die Aufgaben des Sprecherausschusses angeht, wird im Gesetz zwar seine Aufgabe deutlich, die Belange der leitenden Angestellten gegenüber dem Arbeitgeber zur Geltung zu bringen. Jedoch ist der Katalog der Mitwirkungsrechte, die ihm dafür zur Verfügung stehen, dem für den Betriebsrat geschaffenen nicht vergleichbar. Es wird eben deutlich, daß die leitenden Angestellten doch mit dem Arbeitgeber eher "in einem Boot sitzen" als die übrige Belegschaft, daß ferner in diesem Bereich Leistungsgesichtspunkte den Sozialschutz von der Natur der Tätigkeit her überwiegen müssen.

So hat der Sprecherausschuß nahezu nur ein "handfestes" Recht: Seine Anhörung bei der Kündigung eines leitenden Angestellten ist ebenso notwendig wie die des Betriebsrats bei jeder anderen Kündigung, ohne Anhörung ist die Kündigung unwirksam (§ 31 II SprAuG). Aber Einstellungen und personelle Veränderungen außer der Kündigung braucht der Arbeitgeber, sofern sie sich auf leitende Angestellte beziehen, dem Sprecherausschuß lediglich mitzuteilen.

Zusammenfassend betrachtet, gibt es einige Unterrichtungs- und Beratungspflichten des Arbeitgebers gegenüber dem Sprecherausschuß, dagegen entfallen zwingende Formen der Mitbestimmung. "Betriebsvereinbarungen" zwischen Arbeitgeber und Sprecherausschuß gibt es auch nicht, ansatzweise damit vergleichbar wären Richtlinien und Vereinbarungen nach § 28 SprAuG, die aber nicht ohne weiteres die unmittelbare und zwingende Wirkung einer Betriebsvereinbarung für die betroffenen Arbeitsverhältnisse haben.

E. Personalvertretungen

§ 130 BetrVG nimmt den gesamten öffentlichen Dienst von der Anwendung des Betriebsverfassungsgesetzes aus, also alle Verwaltungen und Betriebe des

Bundes, der Länder, der Gemeinden und sonstigen Körperschaften, Anstalten und Stiftungen des öffentlichen Rechts. Die entstandene Lücke wird geschlossen durch die Personalvertretungsgesetze des Bundes und der Länder.

Danach treten in Betrieben und Verwaltungen der öffentlichen Hand Personalräte an die Stelle der Betriebsräte. Ob das Bundespersonalvertretungsgesetz (BPersVG) gilt oder die Personalvertretungsgesetze der Länder, hängt davon ab, ob die jeweilige Verwaltung oder der Verwaltungsträger dem Bund oder einem Land zugeordnet ist. Quantitativ betrachtet werden wir mehr von den Ländern mit ihren Dienststellen und Verwaltungsträgern sowie den ebenfalls Landesrecht unterstehenden Landkreisen, Städten und Gemeinden verwaltet.

Man fährt (erfreulicherweise) ganz gut mit der Faustregel, daß Rechtsstellung und Tätigkeit der Personalräte im wesentlichen gleich geregelt ist wie die der Betriebsräte. Es gibt aber einige Unterschiede und Besonderheiten.

So sehen die Personalvertretungsgesetze keine Möglichkeit des Arbeitgebers vor, Arbeitnehmer auch ohne Zustimmung des Personalrats (vorläufig) einzustellen, wie sie für private Betriebe in § 100 BetrVG besteht. Weiterhin hat die "Dienstvereinbarung" als Gegenstück zur Betriebsvereinbarung in der Praxis weit weniger Bedeutung.

Was Aufbau und Zustandekommen der Personalvertretung angeht, so ist zu berücksichtigen, daß die Personalvertretungsgesetze nicht nur zwei Gruppen von Arbeitnehmern wie das Betriebsverfassungsgesetz, nämlich Arbeiter und Angestellte kennen, sondern drei, nämlich zusätzlich die der Beamten. Ferner mußte der hierarchischen Struktur der Verwaltung - ein Behördenzug erstreckt sich meist über mehrere Ebenen - durch sogenannte Stufenvertretungen Rechnung getragen werden.

F. Mitbestimmung im Unternehmen

1. Reichweite: gesellschaftspolitisch umstritten

Das Betriebsverfassungsgesetz regelt, wie die Arbeitnehmerseite über betriebliche Abläufe und eine Reihe den Betrieb betreffender Entscheidungen mitbestimmen darf. Im weiteren stellt sich die Frage, ob und in welchem Umfang die Arbeitnehmerseite auch auf der Ebene des Unternehmens mitwirken, also in unternehmensbezogene Entscheidungen eingreifen kann. (Das ist durchaus etwas anderes, als wenn betriebliche Fragen mit Hilfe des Gesamtbetriebsrats für die Betriebe eines Unternehmens einheitlich behandelt werden.)

Auf dieser Ebene beginnen wir allerdings den Gedanken des "Arbeitnehmerschutzes durch Zusammenschluß", wie er zu einem guten Teil Betriebsverfassung und auch Tarifvertragswesen trägt, zu verlassen. Es geht stattdessen um die mehr gesellschaftspolitisch zu entscheidende Frage, inwieweit die Arbeitgeberseite zumindest in großen Betrieben an der Unternehmerrolle beteiligt werden soll.

Es überrascht nicht, daß diese Frage in der Vergangenheit zwischen Gewerkschafts- und Arbeitgeberseite ebenso wie zwischen den politischen Parteien, aber auch den Experten auf den Gebieten des Arbeits- und Gesellschaftsrechts äußerst umstritten war. Mit der Behandlung der einschlägigen Rechtsregeln und Probleme entfernen wir uns jedoch schon ein Stück von den alltäglichen Fragen des praktischen Arbeitsrechts, denen diese Darstellung vorrangig gilt. Deshalb sollen die geltenden Vorschriften für die Mitbestimmung im Unternehmen hier auch nur ganz kurz in den Blick genommen werden.

2. Geschichte

Ihre Konstruktion ist nicht ohne einen Blick in die Geschichte zu verstehen. Ausgangspunkt der heute geltenden, teilweise recht komplizierten Regeln für die Mitbestimmung im Unternehmen war die sogenannte Montanmitbestimmung von 1951, die für Betriebe des Bergbaus sowie der kohle- und stahlerzeugenden Industrie mit mehr als 1.000 Mitarbeitern geschaffen wurde.

Diese Montanmitbestimmung fand sich in den darauffolgenden Jahren mehrfach in ihrem Geltungsbereich geändert, weil entweder Konzerne durch ihre Rechtskonstruktion ihr zu entrinnen drohten oder aber Unternehmen aufgrund des Rückgangs der Montanindustrie und der Verlagerung auf andere Tätigkeitsfelder aus diesem Mitbestimmungsmodell herausfielen. Um das zu verhindern, trat zum Montanmitbestimmungsgesetz das Mitbestimmungs-Ergänzungsgesetz hinzu. In einem weiteren Schritt wurden 1976 die nicht der Montanindustrie zuzurechnenden großen Unternehmen mit mehr als 2.000 Beschäftigten einem eigenen Mitbestimmungsgesetz unterstellt.

3. Aktuelle Regelungen

Mit einigen Unterschieden im einzelnen, die zwar klein aussehen, in der Praxis aber durchaus erhebliche Auswirkungen haben können, legen die unter 2. genannten drei Gesetze die folgenden, wesentlichen Merkmale in den betroffenen Unternehmen fest:

Der Aufsichtsrat von Aktiengesellschaften und entsprechend großen Gesellschaften mit beschränkter Haftung wird paritätisch, d.h. gleichgewichtig mit Vertretern der Arbeitnehmer- und der Anteilseignerseite besetzt. Bei den Vertretern der Arbeitnehmerseite können in einem zahlenmäßig begrenzten Umfang auch betriebsfremde, von den Gewerkschaften entsandte Vertreter sein. Aufgrund des zunächst ausgeglichenen Zahlenverhältnisses zwischen beiden Seiten braucht es besondere Spielregeln für Pattsituationen bei Abstimmungen im Aufsichtsrat.

Diese werden im Bereich der Montanmitbestimmung durch ein (möglichst) neutrales weiteres Mitglied im Aufsichtsrat aufgelöst, im Bereich des Mitbestimmungsgesetzes hat der Aufsichtsratsvorsitzende, der zumindest im Normalfall infolge des gesetzlich vorgesehenen Wahlverfahrens von der Seite der Anteilseigner gestellt wird, eine zweite Stimme.

Ferner sehen die Mitbestimmungsmodelle vor, daß im eigentlichen Entscheidungs-, also nicht im Aufsichtsorgan der mitbestimmten Unternehmen ein besonderes Vorstandsressort für den "Arbeitsdirektor" geschaffen werden muß. In dessen Bereich sind die für das Personalwesen relevanten Vorstandsaufgaben zusammengefaßt, die dadurch eine gezielte Aufwertung bzw. Gleichwertung gegenüber anderen Vorstandsressorts erfahren sollen.

Auch in das Betriebsverfassungsgesetz wurde 1952 eine unternehmensbezogene Mitbestimmungsregelung aufgenommen. Danach muß in der Regel in Aktiengesellschaften und Gesellschaften mit beschränkter Haftung mit mehr als 500 Arbeitnehmern der Aufsichtsrat zu einem Drittel aus Arbeitnehmervertretern bestehen bzw. ein so besetzter Aufsichtsrat geschaffen werden. Man spricht in diesem Fall von "Drittelparität".

Für alle genannten Mitbestimmungsmodelle gilt allerdings, daß sie auf Kirchen und ihre karitativen und erzieherischen Einrichtungen nicht anzuwenden sind, ebensowenig auf die bereits mehrfach erwähnten (zuletzt oben unter A. 2. b) Tendenzunternehmen.

Lösungshinweise zu den Fällen 19, 20 und 21:

Fall 19 ("Das Geheimnis der Gewerkschaft") :

> *Egon Mahn muß nach §§ 2 II, 17 II BetrVG die Beauftragten der Gewerkschaft in den Betrieb lassen, weil die Gewerkschaft im Betrieb vertreten ist. Diese dürfen die Einladung zu einer Betriebsversammlung aushängen, in der ein Wahlvorstand für eine (erstmalige) Betriebsratswahl bei Egon Mahn gewählt werden soll.*
>
> *Eine Gewerkschaft ist im Betrieb vertreten, wenn ein Arbeitnehmer im Betrieb ihr angehört. Das darf allerdings kein leitender Angestellter sein, sondern es muß sich um ein vom (zu wählenden) Betriebsrat vertretenes, wahlberechtigtes Belegschaftsmitglied handeln.*

Der Name des Mitglieds hat keine rechtliche Bedeutung, "irgendein" Mitglied genügt. Die Gewerkschaft kann deshalb grundsätzlich den Beweis für Ihr Vertretensein führen, ohne einen Namen zu nennen.

Im vorliegenden Fall wurde ein zulässiger Beweis geführt über eine Urkunde (des Notars), aus der Indizien (Hilfstatsachen) für das bestehende Arbeitsverhältnis eines Mitglieds im Betrieb von Egon Mahn hervorgehen. Dieser Beweis durfte vom Gericht auch so gewürdigt werden, daß am Vorhandensein eines Gewerkschaftsmitglieds als Arbeitnehmer im Betrieb von Mahn keine ernsthaften Zweifel bestehen konnten. (Absolute Sicherheit gibt es am Ende einer Beweisführung vor Gericht oft nicht. Dann muß es genügen, nach einer von den Gerichten entwickelten Formel, wenn ein "so hoher Grad von Wahrscheinlichkeit besteht, daß er Zweifeln Schweigen gebietet, ohne sie völlig auszuschließen".)

Eine Rolle bei der Beweiswürdigung in diesem Fall spielte, daß Egon Mahn den möglichen Gegenbeweis, alle Mitarbeiter des Betriebs im Hinblick auf ihre Gewerkschaftszugehörigkeit vernehmen zu lassen, nicht angetreten hatte. Es wurden seinerseits keine für die Ladung dieser Arbeitnehmer als Zeugen tauglichen Listen zur Verfügung gestellt, weil Mahn sich auf die beanstandete mittelbare Beweisführung der Gewerkschaft erst gar nicht einlassen wollte.

Das Gericht begnügte sich mit dieser mittelbaren Form aber nicht zuletzt deshalb, weil es in der Tat davon ausging, daß dem Gewerkschaftsmitglied Nachteile aus der Preisgabe seines Namens entstehen könnten: Dies schloß das Gericht insbesondere aus Egon Mahns "Personalkonzept". Es enthält nämlich schon ziemlich deutliche Hinweise, daß Arbeitnehmer bzw. Arbeitnehmerinnen, die sich für Betriebsrat und Gewerkschaft einsetzen, bei Mahn mißliebige Personen sind.

Fall 20 ("Ruhe bewahren - die erste Arbeitnehmerpflicht ?") :

Willi Moos bekommt den Lohn für die Zeit, in der er an der fraglichen Betriebsversammlung teilgenommen hat, nicht bezahlt.

Willi bekäme sein Geld nach § 44 I 2 BetrVG nur, wenn es sich bei der Versammlung um eine nach § 43 I 4 BetrVG "aus besonderen Gründen" durchgeführte, weitere Betriebsversammlung gehandelt hätte.

Diese besonderen Gründe liegen jedoch nicht vor (bzw. wurden zumindest von der höchsten Instanz, dem BAG für nicht gegeben erachtet - die Vorinstanzen hatten anders entschieden).

Der Zwang zu Reorganisation und Personalabbau bei der Spärlich AG ist zwar ein außergewöhnliches Vorkommnis, mit erheblicher Bedeutung für die Belegschaft, an sich also zur Lieferung "besonderer Gründe" geeignet. Die Dringlichkeit ihrer Behandlung in einer Betriebsversammlung hängt aber nicht nur von der Thematik als solcher ab, sondern auch davon, wie weit Überlegungen und Planungen des Arbeitgebers fortgeschritten sind.

Bisher stand bei Spärlich nur ein grobes Ziel fest, eine konkrete Diskussionsgrundlage war (noch) nicht gegeben. Die nächste, regelmäßig anstehende Betriebsversammlung - in unserem Fall wäre sie in ca. 1 Monat fällig gewesen - hätte für die Behandlung der anstehenden Umorganisation einerseits zeitlich noch ausgereicht, andererseits wären konkrete Informationen dann eher gegeben gewesen.

Auch aus der Meldung nach § 8 AFG bzw. Anzeige nach § 17 KSchG an das Arbeitsamt wegen möglicherweise bevorstehender Entlassungen wurde Spärlich vom Gericht kein "Strick gedreht". Auch diese Meldung sei noch völlig unspezifiziert gewesen.

Nur Betriebsversammlungen, die die entsprechenden Voraussetzungen nach §§ 43, 44 BetrVG erfüllen, lösen eine Vergütungspflicht des Arbeitgebers aus. Das Risiko einer Fehleinschätzung (auch durch den einladenden Betriebsrat) trägt der Arbeitnehmer, also Willi Moos. Ein schuldloser Rechtsirrtum schließt zwar Maßnahmen gegen ihn wegen einer Verletzung arbeitsvertraglicher Pflichten aus - insoweit kann auch Spärlich es sich sparen, mit "vorbehaltenen" weiteren Maßnahmen zu winken. Aber der Lohnanspruch ist trotzdem für die fragliche Zeit weg, auch wenn Willi Moos sich schuldlos irrte.

Fall 21 ("Mehr Geld - aber nicht für alle) :

Leo Leer geht nicht leer aus, sondern erhält die tarifliche Erhöhung vom 1. März an genau so ausbezahlt, wie der Großteil der übrigen Belegschaft, bei der Dottergelb eine Anrechnung der Erhöhung auf die übertariflichen Entgelte nicht vorgenommen hat.

Grund ist in der Tat der, daß Dottergelb ohne vorherige Beteiligung des Betriebsrats eine solche Anrechnung nicht vornehmen durfte, er also das Mitbestimmungsrecht aus § 87 I Ziff. 10 BetrVG nicht beachtet hat. Danach sind Aufstellung und Änderungen von Entlohnungsgrundsätzen mitbestimmungspflichtig, was auch die Verteilungsgrundsätze für übertarifliche Zulagen erfaßt. (Die Vorschrift soll den Arbeitnehmer hinsichtlich des gesamten Entgelts vor einer einseitig an den Interessen des Arbeitgebers orientierten sowie vor einer willkürlichen Lohngestal-

tung schützen. Gleichzeitig sollen die Angemessenheit und Durchsichtigkeit des innerbetrieblichen Lohngefüges gesichert und die innerbetriebliche Lohngerechtigkeit gewahrt werden).

Die Anrechnung der Tariflohnerhöhung nur bei einem Teil der Belegschaft, nämlich bei Leo und 13 weiteren Mitarbeitern bzw. Mitarbeiterinnen berührte in diesem Fall die Verteilungsgrundsätze im Betrieb, war also mitbestimmungspflichtig. Wichtige Voraussetzung für das Mitbestimmungsrecht ist dabei die folgende: Es muß um allgemeine (kollektive, generelle) Regelungen oder Verhaltensweisen gehen, also um einen kollektiven Tatbestand. Es darf sich umgekehrt nicht nur um einen Fall individueller Lohngestaltung handeln. Darunter wäre ein Vorgehen mit Rücksicht lediglich auf die Umstände des einzelnen Arbeitnehmers zu verstehen, bei dem sich irgend ein innerer Zusammenhang zu ähnlichen Regeln für andere Arbeitnehmer nicht ergibt.

Auf eine solche, individuelle Regelung, die nicht mitbestimmungspflichtig wäre, beruft sich Dottergelb in unserem Fall - allerdings zu Unrecht. Ein Leistungsvergleich, wie er ihn bei Leo logischerweise vornehmen mußte, hat nämlich immer einen kollektiven Bezug. Man kann seine Leistung nicht als minderwertig einstufen, ohne eine Vorstellung von einer "Normalleistung" im Betrieb zu haben oder mit anderen Arbeitnehmern zu vergleichen.

Für einen kollektiven Bezug beim Vorgehen von Dottergelb spricht im übrigen auch schon der Umstand, daß 80 % der Belegschaft übertariflich bezahlt werden - das spricht natürlich dafür, daß die übertariflichen Zulagen nach generellen Gesichtspunkten vergeben werden und nicht auf jeden einzelnen Fall bezogen. Werden sie dann aber bei einem kleinen Teil der Belegschaft nicht in vollem Umfang (infolge Anrechnung) weitergewährt, mit anderen Worten von den Regeln Ausnahmen gemacht, so ist ein kollektiver Tatbestand gegeben.

Bemerkenswert ist schließlich, daß, zumindest bei diesem Mitbestimmungsrecht, seine Mißachtung auch zur Unwirksamkeit der vom Arbeitgeber getroffenen Maßnahme führt. Weil die Anrechnung aber unwirksam war, steht auch Leo Leer die höhere Vergütung zu.

II. TARIFVERTRAGSRECHT

A. Der Tarifvertrag und seine Parteien

1. Was ist ein Tarifvertrag ?

a) Vorteil eines Vertragssystems überhaupt

Verträge im allgemeinen haben als Mittel zur Gestaltung von Rechtsverhältnissen den großen Vorteil, daß der Wille der Betroffenen, die sie abschließen, im Ergebnis besser zum Ausdruck kommt als in irgendeiner "von oben", d.h. von staatlichen Organen kommenden Regelung. Unser Rechtssystem ist deshalb dadurch gekennzeichnet, daß die Menschen, soweit es geht, ihre Verhältnisse selbst durch Verträge gestalten.

Bei uns kann also jeder selbst entscheiden, was er beispielsweise mit seinen Ersparnissen machen will, ob er eine Reise unternimmt, ein Motorrad kauft oder das Geld irgendwo anlegt. Er schließt selbst die entsprechenden Verträge und bekommt nicht etwa Auto, Urlaub, Wohnung und Arbeitsplatz, gegebenenfalls nach Wartezeiten, zugeteilt, wie es in verschiedenen sozialistischen Staaten der Fall war.

b) Schwächen eines Vertragssystems und Ausgleichsmöglichkeiten

Die Gestaltung der Rechtsverhältnisse durch Verträge hat aber als Konstruktion auch durchaus eine schwache Seite: Verträge können nur dann zu wirklich akzeptablen Ergebnissen führen, wenn auf beiden Seiten eine in etwa gleiche, jedenfalls nicht all zu unterschiedliche "Marktmacht" vorhanden ist. Ansonsten kann auch der Vertrag ganz schnell zu einem bloßen Mittel werden, mit dem eine Seite die andere wirtschaftlich und existenziell an die Wand drängt.

Wenn diese Gefahr droht, gibt es zwei Möglichkeiten. Entweder der Gesetzgeber schreitet ein, beispielsweise indem er den Vermieter einer Wohnung, der die Miete erhöhen möchte, an enge Spielregeln bindet. Dieser kann also die Macht, die ihm das knappe Gut Wohnraum vermittelt, nicht schrankenlos ausnutzen. Der Weg, eine Art ungesunder Schlagseite im Vertragssystem durch gesetzliche Schutzvorschriften zu Gunsten der schwächeren Seite auszugleichen, ist gerade auch im Arbeitsrecht in einer großen Zahl von Arbeitnehmerschutzbestimmungen beschritten worden.

Es gibt aber auch einen anderen Weg, um ein bestehendes Machtgefälle in einem Vertragsverhältnis auszugleichen, wie dieses im Fall des Arbeitsvertrags häufig gegeben sein wird. (Einerseits der Arbeitnehmer, der nur seine Arbeitskraft hat, andererseits der Arbeitgeber, der über den Arbeitsplatz verfügt). Dieser Weg führt über Zusammenschlüsse von Arbeitnehmern, im Gefolge allerdings auch solchen von Arbeitgebern mit der Möglichkeit, nun auf einer kollektiven, neuen Ebene Verträge auszuhandeln. Damit kann man sich wiederum die Vorteile des Vertrags als eines flexiblen, den Willen der Parteien wie auch die besonderen Umstände des Einzelfalls berücksichtigenden Instruments im Bereich der Regelung der Arbeitsverhältnisse erhalten.

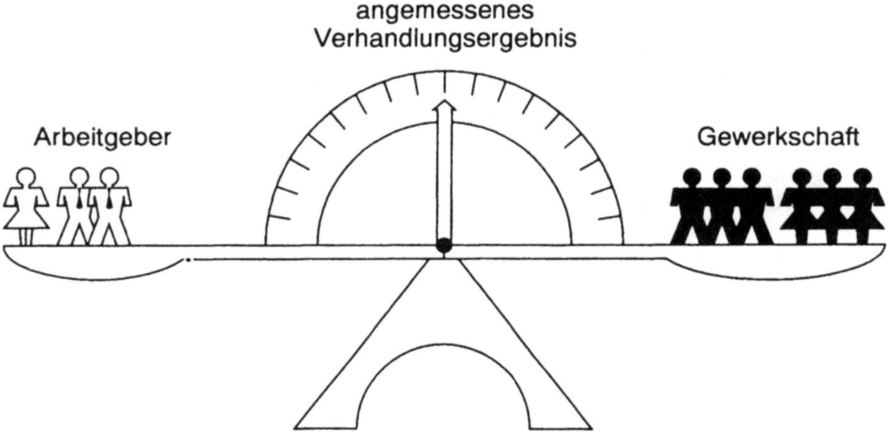

Abbildung 16: Das Prinzip des Gleichgewichts in Verhandlungen (Parität)

c) Tarifvertrag als Kollektivvereinbarung

Eine Art, in der zumindest die Arbeitnehmer in zusammengefaßter Form als Belegschaft, vertreten durch den Betriebsrat, einen solchen Vertrag auf kollektiver Ebene schließen, haben wir schon in Gestalt der Betriebsvereinbarung kennengelernt. Noch deutlicher - im übrigen auch auf einer weiter nach oben verlagerten Ebene - ist aber das Tarifvertragssystem darauf ausgerichtet, Vereinbarungen kollektiver Art zu treffen. Die dabei auf Arbeitnehmerseite handelnden Gewerkschaften sind überbetrieblich organisiert, auch die Arbeitgeberseite kann jetzt, im Gegensatz zur Betriebsverfassung, vereint in Organisationen handeln.

Die abgeschlossenen Tarifverträge regeln in ihrem normativen Teil (siehe dazu unten B. 1) die Arbeitsverhältnisse der Beschäftigten und weitere Gegebenheiten in den Betrieben, soweit sie für diese Arbeitsverhältnisse - unmittelbar oder durch Bezugnahme - gelten. Der Tarifvertrag korrigiert in diesen Fällen die im einzelnen Arbeitsvertrag getroffenen Vereinbarungen, ohne daß also etwa die Parteien des Arbeitsvertrags sich dazu erneut zusammensetzen müssten. Insbesondere, wenn unmittelbare Tarifbindung besteht und ein entsprechender Tarifvertrag für den Arbeitnehmer und seinen Arbeitgeber abgeschlossen wird, verwandeln sich Teile des Arbeitsvertrags in bloßes beschriebenes Papier.

Solche tariflichen Vereinbarungen richten sich typischerweise auf die Höhe der Löhne und die Dauer der Arbeitszeit, aber im weiteren beispielsweise auch auf Urlaub, auf arbeitsfreie Tage beim Tod eines nahen Angehörigen oder bei notwendiger Pflege eines kranken Kindes, ferner auf Schutz vor Folgen von Rationalisierungsmaßnahmen usw.

d) Rollenverteilung zwischen Gesetzgeber und Gerichten, Bedeutung der Verfassung

Der Gesetzgeber hat einige wesentliche Punkte des Tarifvertragsrechts in einem besonderen Gesetz, dem Tarifvertragsgesetz (TVG) geregelt. Im übrigen hat er sich, was die Regelung der Rechtsverhältnisse von Gewerkschaften und Arbeitgeberverbänden und ihren Aktionen angeht, einer auffälligen und ungewohnten Zurückhaltung befleißigt.

Das hat zum einen die Folge gehabt, daß in vielen Bereichen des kollektiven Arbeitsrechts die Gerichte als "Ersatzgesetzgeber" in Erscheinung getreten sind und selbst wesentliche Regeln geschaffen haben. Zum anderen besteht, weil die gesetzliche Ebene im Stufenbau des Arbeitsrechts (s. dazu Abb. 1) teilweise fehlt, entsprechend häufig die Notwendigkeit oder auch nur die Neigung, zur Beantwortung der entsprechenden Rechtsfragen gleich weiter oben bei der Verfassung anzusetzen.

Das Recht, Gewerkschaften und Arbeitgeberverbände zu bilden und mit ihrer Hilfe Einfluß auf die Arbeitsbedingungen zu nehmen, ist in Art. 9 III GG gewährleistet. Darüber, was sich den (notwendigerweise) ziemlich abstrakten Formulierungen dieser Vorschrift im Einzelfall entnehmen läßt, kann aber oft gestritten werden.

2. Vertragspartei auf Arbeitnehmerseite

a) Gewerkschaften, Industrieverbandsprinzip

Auf der Arbeitnehmerseite des Tarifvertrags steht als Partei eine Gewerkschaft. Eine Gewerkschaft ist ein Zusammenschluß von Arbeitnehmern. Grundsätzlich könnte es sich dabei um einen Zusammenschluß von Arbeitnehmern der gleichen Berufsgruppe handeln, zum Beispiel Kraftfahrer, Hausmeister oder Ingenieure. Typisch im Gegensatz dazu ist aber für unsere Gewerkschaften in der Bundesrepublik, daß sie nach dem sogenannten Industrieverbandsprinzip organisiert sind:

Sie fassen Arbeitnehmer und Arbeitnehmerinnen zusammen, die in Betrieben eines bestimmten Industriezweigs beschäftigt sind. Beispielsweise ist in Betrieben der metallverarbeitenden Industrie die Industriegewerkschaft Metall zuständig. Sie erfaßt somit in diesen Betrieben sowohl Kraftfahrer wie Hausmeister und Ingenieure. Umgekehrt können sich für Angehörige gleicher Berufsgruppen sehr unterschiedliche tarifliche Verhältnisse ergeben, je nach dem, welchem Industriezweig ihr Arbeitnehmerbetrieb angehört.

Eine gewisse Sonderrolle spielt allerdings die Deutsche Angestellten-Gewerkschaft (DAG), die sich, wie schon ihr Name sagt, anders abgrenzt und dadurch im Angestelltenbereich in Konkurrenz zu einer Reihe anderer Gewerkschaften tritt, die nach dem Industrieverbandsprinzip organisiert sind.

b) Grundgesetzliche Koalitionsfreiheit

Gewerkschaften (und Arbeitgeberverbände) werden auch als arbeitsrechtliche Koalitionen bezeichnet. Mit diesen Koalitionen befaßt sich Art. 9 III GG. In dieser Vorschrift ist gleich eine Reihe von einzelnen Rechten verpackt, zumindest wurden sie ihr von der Rechtsprechung so entnommen.

Geschützt ist dort sowohl das Recht des einzelnen Arbeitnehmers, ungehindert einer Koalition, d.h. Gewerkschaft beizutreten, aber auch das Recht, ihr ebenso ungehindert fernzubleiben (individuelle Koalitionsfreiheit im positiven wie im negativen Sinne).

Die Koalitionsfreiheit bezieht sich im weiteren auch auf den Zusammenschluß als ganzes, es gibt also ein verfassungsmäßig garantiertes Recht der Gewerkschaft als solcher, daß sie sich frei bilden und bestehen darf. Weil ihr das bloße Bestehen aber noch wenig nützt, gehört auch eine sogenannte Betätigungsgarantie zum grundgesetzlichen Schutz. Im Kernbereich ihrer Aufgaben stehen den Gewerkschaften (wie Arbeitgeberverbänden) also Rechte auf der höchsten innerstaatlichen Ebene, nämlich der Verfassung, zur Seite.

c) Koalitionseigenschaft, Tariffähigkeit

Zum Kernbereich der Tätigkeit einer Gewerkschaft gehört es insbesondere, Tarifverträge abzuschließen. Allerdings muß eine Gewerkschaft, um als arbeitsrechtliche Koalition im Sinne des Art. 9 III GG und als tariffähige Vertragspartei zu gelten, einige Voraussetzungen mitbringen.

Sie muß frei gebildet und vom Staat oder Parteien unabhängig sein. Ferner muß sie gegnerfrei bzw. gegnerunabhängig sein, d.h. es dürfen nicht beide Seiten, Arbeitnehmer wie Arbeitgeber, in derselben Organisation repräsentiert sein. Das ist, am Rande vermerkt, freilich nicht immer so richtig der Fall, wenn beispielsweise Gewerkschaftsvertreter im Aufsichtsrat mitbestimmter Unternehmen sitzen oder aber die Gewerkschaft selbst einen Betrieb führt, also auch Arbeitgeber ist. Nichtsdestoweniger baut unser Tarifvertragssystem auf einer sauberen "Rollentrennung" auf.

Ferner muß die Gewerkschaft, um Tarifverträge abschließen zu dürfen, "sozial mächtig" sein - es sei an die Voraussetzung ausreichender "Marktmacht" erinnert, die notwendig ist, um beiden Seiten dienliche Verträge zu schließen. Die Gewerkschaft muß also gleichsam in der Lage sein, am Verhandlungstisch auf die andere Seite Eindruck zu machen, nicht zuletzt im Hinblick auf einen sich möglicherweise an die Verhandlungen anschließenden Arbeitskampf.

Für diese Voraussetzung ist natürlich eine gewisse Größe und Organisationsform notwendig, die es erlaubt, der Arbeitgeberseite Paroli zu bieten. Diese wird nur als gegeben angesehen, wenn die Gewerkschaft überbetrieblich organisiert ist, also nicht nur eine auf einen einzigen Betrieb zugeschnitte Organisation bildet - sonst wäre im übrigen auch die Unterscheidung von der Betriebsverfassung schwierig.

Zur Tariffähigkeit einer Gewerkschaft gehört schließlich auch, daß sie tarifwillig ist, also überhaupt Tarifverträge schließen will. Dieser Wille wird aber schon im natürlichen Interesse einer Gewerkschaft gegeben sein.

d) Nicht tariffähig: Beamtenvereinigungen

Es gibt den Fall, daß Vereinigungen eine ganze Reihe der für die Tariffähigkeit vorausgesetzten, eben aufgezählten Merkmale erfüllen und doch nicht tariffähig sind: Es sind dies die Vereinigungen der Beamten (Beamtenbünde). Die Rechtsverhältnisse der Beamten werden nicht durch Tarifverträge geregelt. Zumindest nach den für die Tariffähigkeit entwickelten Kriterien sind diese Vereinigungen auch nicht geeignet, den notwendigen Druck auf die Gegenseite auszuüben, was mit dem fehlenden Streikrecht der Beamten zusammenhängt.

e) Innere Struktur der Gewerkschaften

Im übrigen sind die Gewerkschaften von ihrer Rechtsnatur her Vereine (privaten Rechts), die allerdings intern eine demokratische Struktur haben müssen, um in den Schutz des Grundgesetzes mit seiner Koalitionsfreiheit zu kommen und tariffähig werden zu können. Sind sie tariffähig, so nehmen sie teil an der Vertragsfreiheit auf Verbandsebene, die man im Gegensatz zur Vertragsfreiheit auf der individuellen Ebene (Privatautonomie) auch als Tarifautonomie bezeichnet.

3. Vertragspartei auf Arbeitgeberseite

a) Verbandstarifvertrag und Firmentarifvertrag

Auf der Arbeitgeberseite eines Tarifvertrags kann sowohl ein einzelner Arbeitgeber als auch ein Arbeitgeberverband stehen. Dies erklärt sich daraus, daß auch dem einzelnen Arbeitgeber die Kraft zugetraut wird - sofern er sie sich selbst zutraut - einer Gewerkschaft ein ebenbürtiger Verhandlungspartner zu sein.

Schließt er allein einen solchen Vertrag, dann spricht man vom Firmentarifvertrag, im Gegensatz zu einem Verbandstarifvertrag, bei dem auf beiden Seiten des Verhandlungstisches Verbände, also eine Gewerkschaft und ein Arbeitgeberverband sitzen. Einen Firmentarifvertrag vereinbart zum Beispiel das Volkswagenwerk, bezeichnenderweise ein sehr großer Arbeitgeber. Firmentarife sind jedoch die Ausnahme, meist werden Verbandstarifverträge abgeschlossen.

b) Koalitionseigenschaft, Tariffähigkeit

Für die Tarifautonomie auf Arbeitgeberseite, wenn dort ein Verband tätig wird, gilt im übrigen nichts anderes als das eben unter 2. im Zusammenhang mit der Gewerkschaft zum arbeitsrechtlichen Koalitionsbegriff, zum Grundrechtsschutz und zu den Voraussetzungen für eine tariffähige Koalition Gesagte. Man muß also weitgehend nur "Gewerkschaft" durch "Arbeitgeberverband" ersetzen. Lediglich das Kriterium der "sozialen Mächtigkeit" hat bei einem Arbeitgeberverband keine eigenständige Bedeutung, da man ja sogar den einzelnen Arbeitgeber als Vertragspartner zuläßt ; umso mehr ist dann auch der Verband natürlich mächtig genug zum Verhandeln.

Im übrigen gibt es auf der Arbeitgeberseite noch die Besonderheit, daß (in der Praxis nicht unwichtige) Vereinigungen Tarifverträge schließen dürfen, obwohl sie keine Koalitionen sind, nämlich die Handwerksinnungen (§ 54 III Ziff. 1 HO). Die Innungen sind Körperschaften öffentlichen Rechts und in ihrer Bildung von den Handwerkskammern abhängig, die ihrerseits ebenfalls berufsständische Körperschaften mit öffentlich-rechtlichen Aufgaben und Zwangsmitgliedschaft darstellen. Von Koalitionsfreiheit kann dabei eigentlich nicht die Rede sein.

c) Organisationsformen auf Arbeitgeberseite

Im übrigen sind die Arbeitgeberverbände genauso wie die Gewerkschaften nach dem Industrieverbandsprinzip organisiert, also etwa als Verband der Metallindustrie, Verband der Druckindustrie usw. Zu diesen Verbänden schließen sich die Arbeitgeber eben in dieser Funktion als Arbeitgeber zusammen, die natürlich nur einen Teil, wenn auch einen wichtigen, der Unternehmerfunktion insgesamt bildet.

Deshalb gibt es daneben auch Vereinigungen, in denen sich die Unternehmer zusammenschließen zur Vertretung ihrer wirtschaftspolitischen Interessen, die insofern also nicht auf die Wahrnehmung der Tarifautonomie durch den Abschluß von Tarifverträgen ausgerichtet sind, wie etwa den Bundesverband der deutschen Industrie (BDI).

Fall 22: "Wertvolle Ladung"

Rudi Zapf arbeitet bei einer Brauerei in Stuttgart. Die Brauerei hat einen Fuhrpark mit ca. 70 Lkw. Davon haben 50 Lkw ein zulässiges Gesamtgewicht von über 12 to, die dicksten "Brummer" darunter sind 4 Lastzüge mit 40 to. Einen davon fährt Rudi. Er war ursprünglich Zimmermann, arbeitet seit 15.3.1961 allerdings schon bei der Brauerei. Seit 1962 als Fahrer, ab 1985 als "Depotfahrer".

Rudi Zapf fährt einen Mercedes-Lastzug Typ 2233 mit einem 2-achsigen Anhänger, Länge 18 m, Breite mit Außenspiegeln 2,40 m, Höhe 3,60 m. Er beliefert mit dem Lastzug Depots der Brauerei, die in den Ortschaften der Umgebung mit Flaschen- und Faßbier aufzufüllen sind, transportiert dabei das Leergut zurück und beliefert auch gelegentlich Großkunden direkt. Rudi hat keinen Beifahrer und muß manchmal rückwärts an die Abladerampen heranfahren und rangieren.

In seinem Arbeitsverhältnis gilt kraft beiderseitiger Tarifbindung der bundeseinheitliche Rahmentarifvertrag für Arbeitnehmer in der deutschen Brauwirtschaft (BRTV-Brauereien) vom 19.2.1981 und der Entgelttarifvertrag für die Arbeitnehmer der Brauereien in Baden-Württemberg vom 6.12.1988 (ETV).

Rudi Zapf erhält Lohn gemäß der tariflichen Bewertungsgruppe IV des BRTV-Brauereien. Darüber hinaus bekommt er je Arbeitstag eine Fahrerzulage von 3,00 DM sowie eine Solofahrerzulage von weiteren 3,00 DM. Rudi will aber Lohn nach der nächsthöheren Bewertungsgruppe V. Er hat deshalb den monatlichen Differenzbetrag zwischen IV und V in Höhe von 156,00 DM brutto jetzt einmal für vier Monate (vom 1.10.1989 bis 31.1.1990) eingefordert. Rudi macht geltend, er führe "schwierigere Tätigkeiten" im Sinne der Bewertungsgruppe V des BRTV-Brauereien aus. Er brauche nämlich im Vergleich zu Fahrern kleinerer Fahrzeuge mehr Können und Umsicht, habe auch keinen Beifahrer und müsse gelegentlich rangieren.

Die Brauerei steht dagegen auf dem Standpunkt, daß Rudi Zapf keine "schwierigeren Tätigkeiten" ausführt. Nach ihrer Meinung kommt es nicht allein auf die Fahrzeuggröße an, "Bestellfahrer" (mit kleineren Fahrzeugen) arbeiten nach ihrer Einschätzung sogar anspruchsvoller.

Der fragliche BRTV-Brauereien enthält für die jeweiligen Vergütungsgruppen zunächst vorweg bestimmte Gruppenmerkmale, also kennzeichnende Merkmale der jeweiligen tariflichen Bewertungsgruppe, sodann einzelne Beispiele dafür. Die Angaben für die Bewertungsgruppen IV und V lauten:

"Bewertungsgruppe IV"
Ausführen von Tätigkeiten nach Anweisung, die Kenntnisse und Fertigkeiten voraussetzen, die üblicherweise durch eine abgeschlossene Berufsausbildung erworben werden oder Ausführung von Tätigkeiten von Arbeitnehmern, die ohne Berufsausbildung auf andere Weise entsprechende Kenntnisse und Fähigkeiten erworben haben und in dieser Tätigkeit gleichwertige Leistungen erbringen, oder Ausführen von Tätigkeiten, die durch übertragene Verantwortung und erhöhte Belastung gleichwertig sind.

Tätigkeitsbeispiele:
Fahren eines Gabelstaplers,
Gespannfahrer,
Kraftfahrer,
Kraftfahrer, die überwiegend auf feste Bestellung nach Menge und Sorte ausliefern (Bestellfahrer),
Beifahrer in Ausübung der Inkassovollmacht,
Kraftfahrer, die überwiegend nicht auf feste Bestellung ausliefern, sondern den Verkauf nach Menge und Sorte durch eigene Bemühungen beeinflussen können (Verkaufsfahrer).

"Bewertungsgruppe V"
Gruppenmerkmale: Ausführen von schwierigeren Tätigkeiten. Schwierigere Tätigkeiten liegen vor, wenn neben der abgeschlossenen Berufsausbildung und einer entsprechenden Berufserfahrung nach der Berufsausbildung Tätigkeiten ausgeführt werden, die eine größere Verantwortung als nach Bewertungsgruppe IV erfordern.

Tätigkeitsbeispiele:
Darunter fallen Tätigkeiten der Bewertungsgruppe IV, soweit sie die Gruppenmerkmale der Bewertungsgruppe V erfüllen.

Wie stehen Rudis Chancen, in die Bewertungsgruppe V zu kommen und 156,00 DM monatlich mehr zu erhalten ?

B. Der Inhalt des Tarifvertrags

1. Der "normative" Teil

a) Was heißt "normativ" ?

Wenn zwischen zwei Parteien ein Vertrag geschlossen wird, dann regelt dieser normalerweise die Verhältnisse eben zwischen diesen beiden Parteien - was sie gegenüber einander tun und lassen müssen oder dürfen. Das gilt für den Tarifvertrag, der insofern ein Sonderfall ist, nur in zweiter Linie, nämlich was den sogenannten schuldrechtlichen Teil angeht, von dem weiter unten die Rede sein wird.

Der Tarifvertrag regelt in erster Linie die Verhältnisse anderer Rechtsträger als der Vertragsparteien: Er gestaltet nämlich die Rechte von Arbeitgebern und Arbeitnehmern in den zwischen ihnen bestehenden Arbeitsverhältnissen. Vorausgesetzt ist allerdings die Geltung des Tarifvertrags. Sie hängt von einigen Bedingungen ab, die noch im einzelnen zu besprechen sein werden.

Jedenfalls wirkt der Tarifvertrag auch auf andere als auf seine Parteien selbst ein, insoweit eher einem Gesetz als einem Vertrag vergleichbar. Daher die Bezeichnung der Wirkung als "normativ". Tarifverträge haben auch durchaus den Sinn, in einer Vielzahl von Arbeitsverhältnissen, die sie erfassen, einheitliche Mindestbedingungen für die Beschäftigung zu schaffen, also diese zumindest in einer Richtung zu normieren.

Der normative Teil des Tarifvertrags kann eine Vielzahl von inhaltlichen Festlegungen enthalten, was die Durchführung (einschließlich der Beendigung), aber auch die Begründung von Arbeitsverhältnissen angeht. Man spricht insbesondere von Inhalts- und Abschlußnormen. Hinzu kommen sogenannte Betriebs- und betriebsverfassungsrechtliche Normen sowie Normen über gemeinsame Einrichtungen. Diese Kategorien werden im folgenden noch kurz erläutert.

b) Inhalts- und Abschlußnormen

Inhaltsnormen sind natürlich vor allem solche, die die Höhe des Lohns oder die Dauer der geschuldeten Arbeitszeit betreffen. Über diese Punkte wird in regelmäßigen, vergleichsweise kurzen Perioden von ein oder zwei Jahren jeweils neu verhandelt und der alte Tarifvertrag durch einen neuen ersetzt.

Andere Tarifverträge erfassen Umstände des Arbeitsverhältnisses, die in der Regel eine längere "Lebensdauer" des entsprechenden Vertrags nahe legen, etwa Regelungen zur Urlaubsdauer oder zu arbeitsfreien Tagen bei bestimmten persönlichen Anlässen wie Hochzeit oder Umzug, zu Ruhepausen bei Fließbandarbeit, Verfahrensregelungen bei der Einführung neuer Techniken oder Schutz vor "Wegrationalisierung" des Arbeitsplatzes. Bei Tarifverträgen, die eher die längerfristigen Umstände des Leistungsaustauschs als die jeweils schnell anzupassenden Leistungen (insbesondere Lohn und Arbeitszeit) betreffen, spricht man auch von Manteltarifverträgen.

An Abschlußnormen sind besonders zu erwähnen die in Tarifverträgen häufig vorkommenden Schriftformgebote für das einzelne Arbeitsverhältnis. Ein so normiertes Schriftformerfordernis muß aber in seiner jeweiligen, tarifvertraglichen Formulierung auf seine Bedeutung hin ausgelegt werden. Im Zweifel hat fehlende Schriftform nicht zur Folge, daß das Arbeitsverhältnis nicht gültig zustande gekommen ist. Dies wäre insbesondere für den Arbeitnehmer eine harte Folge, die zu dem Sinn eines Tarifvertrags, der ihn an sich schützen soll, nicht paßt.

Wenn also die Fassung des Tarifvertrags nicht ausdrücklich und eindeutig klar macht, daß ohne Einhaltung der Schriftform kein Arbeitsverhältnis zustande kommt, sind solche Schriftformgebote nur als Beweiserleichterung für späteren möglichen Streit darüber gedacht, was eigentlich vereinbart ist. Fehlt dann die Schriftform, ist das Arbeitsverhältnis trotzdem zustande gekommen, nur ist die Gefahr späterer Beweisschwierigkeiten größer (siehe dazu auch oben 2. Abschn. I. A. 1 b).

c) Betriebsnormen

Manche Dinge kann man, zumindest bei vernünftiger Betrachtung, schon von ihrer Natur her nur für alle Arbeitnehmer und Arbeitnehmerinnen eines Betriebes einheitlich regeln. So z.B. die Einrichtung von Betriebskantinen oder Maßnahmen des Arbeitsschutzes, etwa die Verwendung bestimmter Bildschirme an Bildschirmarbeitsplätzen. In diesen Bereich gehören ferner Regelungen, die die Ordnung des Betriebs betreffen, wie Rauchverbot oder Überwachungsmaßnahmen gegen Diebstähle. Die aufgeführten Regelungsgegenstände sind oft auch durch Betriebsvereinbarungen erfaßt, so daß ein Handlungsbedarf für die Tarifpartner nicht besteht. Im Konkurrenzfall muß allerdings die Betriebsvereinbarung der tariflichen Regelung weichen (§ 87 I BetrVG).

Die Kategorie dieser "Betriebsnormen" ist schon deshalb getrennt zu betrachten, weil nach § 3 II TVG für ihre Geltung die einseitige Tarifgebundenheit des Arbeitgebers ausreicht.

Man wird unter den Betriebsnormen auch neue, durch das Bedürfnis auf Arbeitgeberseite nach Flexibilisierung der Arbeitszeit geschaffene Vereinbarungen einordnen müssen, wie beispielsweise die Festlegung, daß (nur) ein bestimmter Prozentsatz der Belegschaft eine längere Arbeitszeit als die tariflich grundsätzlich vereinbarte haben darf.

d) Betriebsverfassungsrechtliche Normen

Das durch das Betriebsverfassungsgesetz festgelegte Gefüge von Rechten und Pflichten der Betriebspartner kann durch Tarifverträge, wenn auch in bestimmten Grenzen, verändert werden. In der Regel geht es darum, zusätzliche Mitwirkungsrechte des Betriebsrats durch Tarifvertrag einzuführen. Nicht zulässig ist eine Einschränkung der Rechte des Betriebsrats durch Tarifvertrag.

Umstritten ist, wie weit die tarifvertraglichen Modifikationsmöglichkeiten im einzelnen reichen. Das klarste Ergebnis hätte man, wenn man tarifvertragliche Regelungen betriebsverfassungsrechtlicher Art auf die Fälle beschränken würde, in denen das Betriebsverfassungsgesetz solche ergänzenden Regelungen ausdrücklich zuläßt (u.a. §§ 3, 38 I 3, 72 IV BetrVG). Die Rechtsprechung schließt aber tarifvertragliche Erweiterungen in anderen Fällen nicht grundsätzlich aus, etwa bei der Mitwirkung an personellen Einzelmaßnahmen oder der Festlegung der Arbeitszeit.

e) Gemeinsame Einrichtungen der Tarifvertragsparteien

Gemeint sind insbesondere Altersversorgungskassen, eingeschlossen Vorruhestandsregelungen. Auch wenn diese als Einrichtungen der Tarifvertragsparteien ins Leben gerufen werden, so regeln sie letztlich doch, was Leistungsansprüche und Einzahlungsverpflichtungen angeht, Rechte und Pflichten der Arbeitnehmer und Arbeitgeber selbst, gehören also in den normativen Teil des Tarifvertrags.

2. Der "schuldrechtliche" Teil

a) Was heißt "schuldrechtlich" ?

Was bei einem üblichen Vertrag die Hauptsache ist, wird bei letzterem als schuldrechtlicher Teil bezeichnet: der Teil nämlich, der Rechte und Pflichten der Tarifvertragsparteien gegenüber einander selbst beinhaltet. Es geht also nicht um das, was sich dem Tarifvertrag zufolge Arbeitgeber und Arbeitnehmer im einzelnen Arbeitsverhältnis schulden sollen, sondern was die Parteien des Tarifvertrags selbst, also Gewerkschaft auf der einen, Arbeitgeberverband bzw. Einzelarbeitgeber auf der anderen Seite einander schuldig sind.

Die beiden wichtigsten Pflichten sind die Durchführungs- und die Friedenspflicht. Diese beiden Pflichten ergeben sich aus dem Wesen des Tarifvertrags, auch ohne daß sie im einzelnen ausgesprochen und niedergeschrieben werden müssen.

b) Durchführungspflicht

Normalerweise braucht man bei einem Vertrag die Durchführungspflicht ohnehin nicht zu erwähren, weil es selbstverständlich ist, daß abgeschlossene Verträge auch durchgeführt werden müssen. Beim Tarifvertrag versprechen sich die tarifschließenden Verbände gegenseitig aber genau genommen, daß sie für ein bestimmtes Verhalten ihrer Verbandsmitglieder (nicht nur für ihr eigenes) einstehen. Deshalb ist auch die Annahme einer Durchführungspflicht aus dem Tarifvertrag sinnvoll:

Die Tarifparteien müssen das in ihren Kräften stehende tun, damit ihre Mitglieder den Tarifvertrag auch tatsächlich umsetzen und einhalten. Das beginnt mit der Information über den Vertragsinhalt, schließt aber auch innerverbandliche Sanktionsmaßnahmen ein, wenn ein Mitglied den Tarifvertrag oder Teile davon einfach ignorieren will.

c) Friedenspflicht

Die wohl wichtigste schuldrechtliche Pflicht der tarifschließenden Vertragsteile ist die Friedenspflicht. Sie folgt in ihrer schwächeren Form als relative Friedenspflicht schon aus dem Tarifvertrag als solchem und besagt, daß, solange der Tarifvertrag läuft, d.h. nicht durch Fristablauf oder Kündigung beendet ist, und soweit er bestimmte tarifliche Materien regelt, in Bezug auf diese Regelungsgegenstände keine Kampfmaßnahmen (Streik und Aussperrung) stattfinden dürfen.

Die Tarifparteien können darüber hinaus (ausdrücklich) eine absolute Friedenspflicht vereinbaren, daß während der Laufzeit eines Tarifvertrags überhaupt kein Kampfhandlungen stattfinden dürfen. Damit ist auch dem bei der relativen Friedenspflicht nicht selten auftretenden Streit die Grundlage entzogen, was der Tarifvertrag nun geregelt hat und was er nicht geregelt hat, worum also noch gestritten werden darf. Denn wenn ein Tarifvertrag zu einer bestimmten Leistung nichts sagt, kann das unter Umständen genauso gut heißen, daß diese Leistung nicht gewährt werden soll, wie daß dieser Punkt noch offen ist. Aus diesen Lesarten ergeben sich aber völlig unterschiedliche Auswirkungen auf die (relative) Friedenspflicht.

3. Umstrittene Klauseln in Tarifverträgen

a) "Aufsaugung" oder "Aufstockung" ?

Was eine Gewerkschaft an Lohn oder Arbeitszeit für ihre Mitglieder aushandelt, sagt oft - durchaus zum Leidwesen der Gewerkschaft - noch nicht viel darüber aus, was diese Arbeitnehmer wirklich verdienen oder wie lange sie wirklich arbeiten. Dies liegt, insbesondere, wenn man die Verdienste betrachtet, daran, daß die Arbeitgeber, je nach Branche und auch Region, in Form zusätzlicher, übertariflicher Leistungen deutlich höhere Einkommen bezahlen als die tariflich vereinbarten.

Das Bestreben der Gewerkschaft vor diesem Hintergrund ist nachvollziehbar, sicherzustellen, daß die Arbeitnehmer vom Ergebnis der jeweiligen Lohnverhandlungsrunden auch etwas merken. Das ist indessen nicht garantiert, weil der Arbeitgeber die Lohnerhöhung einfach auf übertarifliche Bestandteile anrechnen könnte. Man spricht von "Aufsaugung". Die Gewerkschaft will dagegen, daß sich durch den Tarifabschluß auch das sogenannte Effektiveinkommen nach oben verschiebt ("Aufstockung").

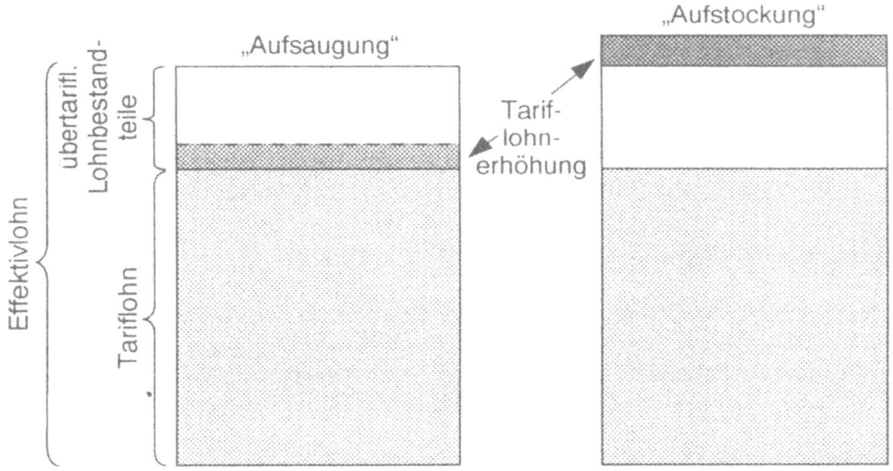

Abbildung 17: Wie wirkt sich eine Tariflohnerhöhung auf den Effektivlohn aus ?

b) Effektivklauseln

Eine regelmäßige Aufstockung auch der Effektivlöhne haben die Gewerkschaften durch Klauseln in Tarifverträgen zu gewährleisten versucht, die in ihrer Tragweite unterschiedlich waren, aber eben dieses eine Ziel verfolgten: Die ausgehandelte Lohnerhöhung sollte nicht einfach auf übertarifliche Zulagen angerechnet werden dürfen.

Die Rechtsprechung hat solche Klauseln aber nicht akzeptiert, d.h. nicht als gültig betrachtet. Da sie keine Wirkung entfalten, muß man bei der Frage, ob nun tatsächlich jede Tariferhöhung vom Arbeitgeber einfach auf die (höher liegenden) tatsächlichen Verdienste angerechnet werden darf, genauer hinschauen.

Bei freiwilligen, übertariflichen Zulagen, die aufgrund bestimmter, besonderer Leistungen oder besonderer Erschwernisse gewährt werden, an denen auch eine Tariflohnerhöhung nichts ändert, darf nicht einfach eine Anrechnung vorgenommen werden. Dagegen darf bei anderen Zulagen, die dem Arbeitnehmer lediglich einen höheren Lohn verschaffen sollen als den tariflichen, eine Anrechnung stattfinden. Vor dem Entstehen einer betrieblichen Übung kann sich in solchen Fällen der Arbeitgeber durch Kennzeichnung der Zulage als freiwillig und widerruflich schützen.

Von daher wird der Arbeitgeber in den meisten Fällen genügend Spielraum haben, um zumindest eine oder auch mehrere periodische Tariflohnerhöhungen letztlich im Effektivlohn verschwinden zu lassen, ohne daß sich etwas an der Gesamthöhe ändert. Eine andere Frage ist allerdings die, ob es ihm gelingt, bei der gewollten Anrechnung mit den Mitwirkungsrechten des Betriebsrats klarzukommen, die in Bezug auf die Lohngestaltung weit reichen (s. dazu Fall 21). Sie verlangen dem nach Anrechnung strebenden Arbeitgeber einiges an rechts- und rechentechnischer Kunst ab, wenn er doch zu seinem Ergebnis kommen will.

c) Nicht beliebt bei Gewerkschaften: "Trittbrettfahrer"

Ein weiteres, wiederum nachvollziehbares Anliegen der Gewerkschaft besteht darin, daß sie mit ihrem Kampf um bessere Arbeitsbedingungen natürlich in erster Linie ihre Mitglieder begünstigen will, der Arbeitgeber seinerseits naturgemäß wenig Interesse hat, die Gewerkschaftsmitglieder besser zu stellen als nichtorganisierte Arbeitnehmer.

Letztere werden von der Gewerkschaft gelegentlich abwertend als "Trittbrettfahrer" bezeichnet, wenn sie an den Leistungen teilnehmen, die ohne eine vorhandene Gewerkschaft zumindest möglicherweise nicht in dem Umfang angeboten werden würden, gleichzeitig aber den Gewerkschaftsbeitrag sparen wollen. Diese Problemlage signalisiert durchaus ein gewisses Gerechtigkeitsproblem. Auch ist vielleicht nicht gerade eine Überlebensfrage für die Gewerkschaft berührt, wohl aber stellt sich, rein rechnerisch betrachtet, der Gewerkschaftseintritt für einen Arbeitnehmer als nicht besonders attraktiv dar. (Etwas anderes gilt natürlich, wenn häufig Arbeitskämpfe vorkommen und damit Bedingungen gegeben sind, unter denen die Mitgliedschaft im Hinblick auf das von der Gewerkschaft bezahlte Streikgeld sich rechnet.)

d) Differenzierungsklauseln

Ob das eben beschriebene, nachvollziehbare Problem der Gewerkschaften aber als Grundlage taugt, um nun einen Druck auf jeden Arbeitnehmer, und zwar in Form unterschiedlicher Leistungen des Arbeitgebers an Organisierte und

Nichtorganisierte, zu rechtfertigen, ist mehr als zweifelhaft. Was soll der Arbeitnehmer davon halten, der aus Überzeugung keiner Gewerkschaft beitreten möchte ?

Die ihm zustehende sogenannte negative Koalitionsfreiheit, also die Freiheit, auch der Gewerkschaft fern zu bleiben, dient in der Tat der Rechtsprechung als Begründung, um "Differenzierungsklauseln" der von der Gewerkschaft gewünschten Art in Tarifverträgen für unwirksam zu erklären.

Unzulässig sind also Klauseln, die bestimmte Leistungen des Arbeitgebers nur für Gewerkschaftsmitglieder vorschreiben oder bei Zulagen den Arbeitgeber verpflichten, gestaffelt zu verfahren und Gewerkschaftsmitgliedern mehr zu geben als nichtorganisierten Arbeitnehmern. Für die Gewerkschaftsmitglieder bleibt bei diesem Ergebnis allerdings die Belastung, daß sie von ihrem Einkommen den Gewerkschaftsbeitrag abziehen müssen, also etwas weniger verdienen als nichtorganisierte Arbeitnehmer.

e) Organisationsklauseln

Weniger zum Nachdenken Anlaß gibt allerdings der Umstand, daß auch sogenannte "Organisationsklauseln" unwirksam sind. Darunter sind Regelungen in Tarifverträgen zu verstehen, daß der Arbeitgeber Arbeitsverhältnisse nur mit Gewerkschaftsmitgliedern, genauer gesagt, Mitgliedern der tarifschließenden Gewerkschaft eingehen darf.

Für diese wird ein hoher Organisationsgrad in einem Betrieb zwar attraktiv sein, insbesondere als Bedingung für einen erfolgreichen Arbeitskampf. Ist aus Gewerkschaftssicht auch dieses "Machtstreben" nachvollziehbar, so wäre doch der Preis, es zu ermöglichen, viel zu hoch, wenn man dafür derartige Eingriffe in die Handlungsfreiheit von Arbeitgebern und Arbeitnehmern hinnähme - und das durch Tarifvertrag, der letztlich ihre Interessen schützen will.

f) Öffnungsklauseln

Der Begriff der tariflichen Öffnungsklausel ist im Sprachgebrauch des Arbeitsrechts nicht ganz eindeutig, er umfaßt wenigstens zwei Möglichkeiten.

Zum einen kann ein Tarifvertrag durch § 4 III TVG "geöffnet" werden. In dieser Vorschrift ist - neben dem weiter unten (C. 2) behandelten Günstigkeitsprinzip - festgelegt, daß der Tarifvertrag seine eigene Sperrwirkung zumindest teilweise selbst beseitigen kann. Gemeint ist die Sperrwirkung, die schlechteren arbeitsvertraglichen Vereinbarungen (oder auch Betriebsvereinbarungen) entgegensteht.

Ein Tarifvertrag könnte also beinhalten, daß in den Betrieben unter bestimmten Voraussetzungen niedrigere Löhne oder höhere Arbeitszeiten als die tariflich festgelegten vereinbart werden dürfen. Diese Möglichkeit hat zwar in der Vergangenheit praktisch wenig Bedeutung gehabt. Jedoch sind im Zuge der deutschen Wiedervereinigung zumindest übergangsweise auch entsprechende tarifliche Regelungen geschaffen worden, die wirtschaftlich schlecht gestellten Betrieben ein Abweichen nach unten erlauben.

Von erheblicher Bedeutung sind des weiteren (vor allem im Zeichen einer Flexibilisierung der Arbeitszeiten) Tariföffnungsklauseln, wie § 77 III BetrVG sie vorsieht. Danach können Tarifverträge durch Betriebsvereinbarungen ergänzt werden, wenn der Tarifvertrag dies zuläßt. Die teilweise umstrittene Frage, ob dadurch Mitbestimmungsrechte des Betriebsrats auch auf die Dauer der Arbeitszeit (und nicht nur auf die in § 87 I Ziff. 2 u. 3 BetrVG angesprochene Lage) erweitert werden dürfen, ist jedenfalls von den Gerichten positiv entschieden worden. Dadurch ist einerseits der Weg frei zu Arbeitszeitmodellen, die den Bedürfnissen des jeweiligen Betriebs angepaßt sind. Andererseits büßen Tarifverträge durch dieses Vorgehen natürlich ein Stück ihrer Normierungswirkung ein.

Fall 23: "Der lange Arm des Tarifvertrags"

Anna Schwarz ist Witwe des am 11.5.1990 verstorbenen Klaus Schwarz. Dieser war von 1964 bis zu seinem Tod im metallverarbeitenden Betrieb von Satt als kaufmännischer Angestellter beschäftigt. Klaus Schwarz war Mitglied der IG Metall, Satt gehörte seinerseits bis zu seinem Austritt zum 31.12.1988 dem Landesverband mechanischer Metallhandwerke Baden-Württemberg an.

Mit diesem Verband hatte die IG Metall 1986 einen Manteltarifvertrag abgeschlossen, unter den auch Satt und Klaus Schwarz mit ihrem Arbeitsverhältnis fielen.

Der Manteltarifvertrag sah u.a. einen Unterstützungsanspruch für unterhaltsberechtigte Angehörige beim Tod des Arbeitnehmers vor. Die Unterstützungszahlung machte nach 10-jähriger Betriebszugehörigkeit drei Monatsgehälter aus. Zum 31.12.1988 kündigte die IG Metall die Bestimmungen zur Arbeitszeit in diesem Manteltarifvertrag. Eine solche Möglichkeit der Teilkündigung war vorgesehen. Am 2.2.1989 kam ein neuer Manteltarifvertrag zustande, der neben neuen Bestimmungen u.a. zu Arbeitszeit und Entgeltfortzahlung im Krankheitsfall hinsichtlich der restlichen Festsetzungen mit dem alten Manteltarifvertrag übereinstimmte. Er enthielt also wiederum die gleiche Regelung zur Unterstützung der Angehörigen im Todesfall eines Arbeitnehmers.

Anna Schwarz will nach dem Tod ihres Mannes 16.942,50 DM von Satt. Sie beruft sich auf den Manteltarifvertrag von 1986 und macht geltend, daß ihr, auf das Gehalt von Klaus Schwarz bezogen, eine Zahlung von drei Monatsgehältern zustehe. Satt ist der Meinung, er sei an den Manteltarifvertrag von 1986 nicht mehr gebunden, weil er aus dem Arbeitgeberverband ausgetreten sei und weil es mittlerweile einen neuen Manteltarif gebe, der ihn jedenfalls nicht mehr binden könne.

Wer hat Recht ?

C. Tarifvertrag und Arbeitsverhältnis

1. Wann und wie gilt der Tarifvertrag im einzelnen Arbeitsverhältnis ?

a) Schriftform

Die erste und einfachste Voraussetzung der Wirksamkeit eines Tarifvertrags regelt § 1 II TVG. Danach bedürfen Tarifverträge der Schriftform. Dieses Gebot ist zwingend, ohne seine Beachtung kommt kein Tarifvertrag zustande.

b) Unmittelbare und zwingende Geltung

Am stärksten wirkt der Tarifvertrag auf das einzelne Arbeitsverhältnis ein, wenn er nach § 4 I TVG unmittelbar und zwingend gilt. Er gilt dann nämlich wie ein Gesetz, d.h. es ist egal, was im einzelnen Arbeitsverhältnis vereinbart ist oder wird - es setzt sich ohne Rücksicht darauf die Regelung im Tarifvertrag durch. Dies trifft uneingeschränkt jedenfalls insoweit zu, als im einzelnen Arbeitsvertrag keine schlechteren Arbeitsbedingungen als im Tarifvertrag wirksam vereinbart werden können. Vom Günstigkeitsprinzip, welches bessere arbeitsvertragliche Regelungen zuläßt, wird (unter 2.) noch die Rede sein.

Für diese stärkste, unmittelbare und zwingende Wirkung des Tarifvertrags ist jedoch Voraussetzung, daß Tarifbindung im Sinne von § 3 I und II TVG besteht. Dies ist grundsätzlich dann der Fall, wenn beide Parteien des Arbeitsverhältnisses, also Arbeitnehmer und Arbeitgeber, jeweils Mitglied in dem Verband sind, der den Tarifvertrag abgeschlossen hat. Beide müssen also - abgesehen vom Einzelarbeitgeber im Fall des Firmentarifs, der natürlich genau so gebunden ist - im tarifschließenden Verband organisiert sein.

Eine Ausnahme vom Erfordernis beiderseitiger Tarifbindung besteht nur für Betriebsnormen und betriebsverfassungsrechtliche Normen, bei denen die einseitige Tarifbindung auf Arbeitgeberseite ausreicht (§ 3 II TVG). Dies erklärt sich daraus, daß derartige Vereinbarungen im Tarifvertrag (s. dazu oben B. 1. c und d) ihrer Natur nach vernünftig sowieso nur auf alle Arbeitnehmer angewandt werden können. Deshalb wäre es sinnlos, auf Arbeitnehmerseite nach Tarifgebundenheit zu differenzieren.

Diese Tarifgebundenheit bleibt bestehen, solange der Tarifvertrag läuft, also nicht durch Fristablauf oder Kündigung einer der tarifschließenden Parteien beendet ist (§ 3 III TVG). Damit wird insbesondere der Möglichkeit ein Riegel vorgeschoben, daß sich ein Arbeitgeber auf einfache Weise von einem geltenden Tarifvertrag befreit, indem er aus seinem Arbeitgeberverband austritt. Dieser Austritt beseitigt lediglich die Bindung des Arbeitgebers nach § 4 I TVG an künftig abgeschlossene Tarifverträge, abgesehen von der sogleich zu behandelnden Nachwirkung.

c) Nachwirkung des Tarifvertrags

Ist ein Tarifvertrag abgelaufen oder wirksam gekündigt, dann gilt er nach § 4 V TVG trotzdem weiter, solange er nicht durch eine andere Abmachung (Tarifvertrag, arbeitsvertragliche Vereinbarung, Betriebsvereinbarung) ersetzt wird. Diese Vorschrift soll vor allem den Übergang zum nächsten Tarifvertrag erleichtern, der in der Regel, aber eben nicht immer nahtlos folgt. (Nicht selten bringt der neue Tarifvertrag allerdings auch für die Zeit zwischen Ablauf des alten und dem neuen Abschluß rückwirkend Verbesserungen.)

Der Begriff des "Ablaufs" in § 4 V TVG erfaßt im übrigen auch den Fall, daß nach dem Austritt des Arbeitgebers aus dem Verband und dem Auslaufen der noch geltenden Tarifverträge für ihn die Tarifbindung nach § 4 I, § 3 III TVG wegfällt (s. Fall 23). Auch dann wird der Tarifvertrag also nicht völlig wirkungslos, sondern es tritt Nachwirkung ein.

Die in § 4 V TVG geregelte Nachwirkung tariflicher Normen ist in ihrer Art aber nicht dasselbe wie die unmittelbare und zwingende Wirkung des geltenden Tarifvertrags: Tariflich wirksam Vereinbartes kann, wie bereits gesagt, nicht durch eine andere (schlechtere) Abmachung ersetzt werden. Nachwirkende Regelungen können es sehr wohl.

Zwar braucht es zu einer arbeitsvertraglichen "Abmachung" zwischen Arbeitgeber und Arbeitnehmer grundsätzlich das Einverständnis beider Seiten. Wir haben aber bereits bei der Behandlung der Kündigung den praktisch häufigen Fall kennengelernt, daß die neue "Einigung" auf dem Weg einer Änderungskündigung (2. Abschn. VII. C.) kommt: Der Arbeitgeber kündigt das Arbeitsverhältnis und bietet gleichzeitig ein neues zu geänderten Bedingungen an. Auf diesem Weg kann er auch tariflich nachwirkende Vereinbarungen beseitigen (im Gegensatz zu denen eines nach § 4 I TVG geltenden Tarifvertrags).

d) Bezugnahme auf den Tarifvertrag im Arbeitsvertrag

Ein in der Praxis häufiges Vorgehen sieht so aus, daß im Arbeitsvertrag, der zwischen Arbeitgeber und Arbeitnehmer zustande kommt, auf einen bestimmten Tarifvertrag Bezug genommen und dieser ganz oder teilweise zum Vertragsinhalt erklärt wird, oft auch in der Form, daß auf diesem Weg der (wechselnde) Inhalt des jeweils geltenden Tarifvertrags in den Arbeitsvertrag einbezogen wird. Auf den ersten Blick ergibt sich dann eine täuschende Ähnlichkeit mit der unmittelbaren, im vorangegangenen besprochenen Tarifgeltung.

Rechtstechnisch betrachtet geht aber etwas anderes vor. Die so in den Arbeitsvertrag einbezogenen tariflichen Regeln bleiben immer nur auf arbeitsvertraglicher Ebene ausgehandelter Vereinbarungsinhalt. Sie sind also wie auch die anderen Bestimmungen des Arbeitsvertrags jederzeit abänderbar. Wenn der Arbeitnehmer dem Verlangen des Arbeitgebers nach einer Änderung des Vertrag nachgibt, die schlechtere Bedingungen mit sich bringt als der Tarifvertrag, so steht dem rechtlich nichts entgegen. Auch gegen Änderungskündigungen besteht kein Schutz, die ein Tarifvertrag mit seinen zwingenden Mindestbedingungen gerade verhindert.

c) Persönliche, branchenmäßige, räumliche Geltung; Lohnführerschaft

War bisher von der Form bzw. dem rechtstechnischen Weg die Rede, wie tarifliche Regeln im einzelnen Arbeitsverhältnis Geltung entfalten, so bleibt zu ergänzen, daß der Arbeitnehmer auch inhaltlich vom Geltungsbereich des Tarifvertrags erfaßt sein muß.

So gibt es Verträge, die nur für Auszubildende gelten oder auch nur für Angestellte, gewerbliche Arbeitnehmer, Arbeitnehmer eines gewissen Lebensalters usw.

Hintergrund des Tarifgeschehens ist ferner die Einteilung in Industriezweige und in Regionen. Beispielsweise kann für die metallverarbeitende Industrie in Nordwürttemberg-Nordbaden verhandelt werden. Man knüpft also nicht an erlernte Berufe an und macht z.B. Tarifverträge für alle Ingenieure, gleich in welchem Industriezweig beschäftigt, sondern schließt für die metallverarbeitende Industrie ab und damit für all die, die in dieser Branche arbeiten (Industrieverbandsprinzip, siehe dazu oben A. 2 a). Der sodann für einen Tarifbezirk ausgehandelte Vertrag gilt räumlich auch nicht im benachbarten Tarifbezirk, für diesen muß vielmehr separat abgeschlossen werden.

Allerdings ist nicht zu übersehen, daß bestimmte Industriezweige und auch bestimmte Tarifbezirke Signalwirkung für andere Branchen und Regionen haben. Man spricht von Lohnführerschaft. Es wird also faktisch nicht in allen Branchen und Bezirken mit der gleichen Intensität und am Ende unterschiedlichen Ergebnissen verhandelt. Vielmehr hat gerade die "Lohnrunde" in der metallverarbeitenden Industrie auch auf die Verhandlungen in anderen Industrien erhebliche Auswirkungen; innerhalb dieser Runde selbst wird sehr häufig das erste, in einem wichtigen Bezirk erreichte Verhandlungsergebnis mehr oder weniger unverändert auf die anderen übertragen.

2. Günstigkeitsprinzip

§ 4 III TVG erlaubt vom Tarifvertrag abweichende Abmachungen, zum Beispiel im Arbeitsvertrag oder in einer Betriebsvereinbarung, sofern sie den Arbeitnehmer besser stellen. Diese Regelung leuchtet ein, weil Tarifverträge da sind, um den Arbeitnehmern einen gewissen Standard zu garantieren und nicht dazu, sie vor besserem zu bewahren.

Oft ist es aber gar nicht so leicht, objektiv zu bestimmen, welche Regelung die bessere ist. So zum Beispiel, wenn der Arbeitnehmer durch eine vom Tarifvertrag abweichende Abmachung Wechselschichten und Arbeit an Wochenenden in Kauf nimmt, dafür aber mehr Geld verdient. Das Beispiel zeigt ferner, daß die tariflichen Regelungen nicht einfach auseinandergerissen werden können, sondern in bestimmten Komplexen zusammen gehören. Sonst könnte der Arbeitnehmer einfach die Arbeitszeit aus dem bisherigen Tarifvertrag und den Lohn aus der zusätzlichen Vereinbarung wählen. Man muß also im Rahmen der Günstigkeitsfrage einzelne Komplexe "am Stück" vergleichen, wobei häufig nicht einfach zu sagen ist, was alles an einem Stück hängt.

Einem schlechteren Tarifvertrag hält im übrigen auch eine vorher schon getroffene, günstigere abweichende Abmachung stand. Gefährlich wird es allerdings für den Arbeitnehmer, wenn er bisher nur einen einheitlichen Formulararbeitsvertrag hat, in dem der Arbeitgeber eine Verschlechterung durch nachfolgende Tarifverträge vielleicht noch ausdrücklich als Möglichkeit einbezogen hat. Generell läßt sich sagen, daß eine Vereinbarung umso mehr vom Günstigkeitsprinzip profitiert, je individueller sie für das einzelne Arbeitsverhältnis getroffen ist. Je allgemeiner und automatischer sie sich umgekehrt dagegen auf die ganze Belegschaft bezieht, also "kollektiven" Charakter hat, desto leichter kann sie durch einen schlechteren Tarifvertrag abgelöst werden.

D. Kirchen: der "dritte Weg"

1. Selbstbestimmungsrecht

Die Kirchen genießen in der Bundesrepublik Deutschland ein verfassungsrechtlich abgesichertes, weitreichendes Selbstbestimmungsrecht. Dieses wirkt sich in verschiedenen Bereichen - bereits dargestellt am Beispiel des Kündigungsrechts (2. Abschn. VII. A. 9) und der Betriebsverfassung (oben I. A. 2 b) - auf das Arbeitsrecht aus.

Im Bereich der katholischen und evangelischen Kirchen besteht einerseits eine positive Haltung dazu, daß auch die Verhältnisse der kirchlichen Mitarbeiterinnen und Mitarbeiter zumindest im Sinne von Mindestbedingungen vereinheitlicht sein sollten. Andererseits wird das bestehende System der Tarifautonomie nicht akzeptiert, das wohl auch in Gestalt des mit diesem System verbundenen Arbeitskampfs den Kirchen innerverbandlich Vorstellungen aufnötigt, die vom Selbstbild her nicht die ihren sind.

2. Eigene Lösung

Die Kirchen, voran die evangelische, sind daher auf einen "dritten Weg" ausgewichen. Er besteht darin, daß Kommissionen, die von Vertretern der Arbeitnehmer- wie der Arbeitgeberseite besetzt sind, Arbeitsvertragsrichtlinien für den kirchlichen Bereich selbst, aber auch nahestehende Organisationen wie Caritas und Diakonie geschaffen haben.

Diese Richtlinien (AVR) sehen im Prinzip nicht anders aus als Tarifverträge, nehmen aber jedenfalls nach der Ansicht der Rechtsprechung an keiner Wirkung teil, die der unmittelbaren und zwingenden Wirkung von Tarifnormen im Sinne des § 4 I TVG vergleichbar wäre. Sie bieten deswegen, jedenfalls rechtlich betrachtet, auch nicht den gleichen Schutz wie tariflich geltende Bestimmungen, sondern sind von ihrer Wirksamkeit her auf der einfachen arbeitsvertraglichen Ebene einzuordnen.

Neben diesem "dritten Weg" haben aber zumindest einige evangelische Landeskirchen auch normale Tarifverträge abgeschlossen, eine Praxis, für die es in beiden Kirchen auch Befürworter gibt. Ferner wird, besonders in der Kirche nahestehenden karitativen Organisationen, häufig der BAT im Weg der Bezugnahme in das Arbeitsverhältnis eingeführt. Auf diese Art ergibt sich aber, wie generell bei der bloßen Bezugnahme auf einen Tarifvertrag, keine zwingende, also unabdingbare Mindestgarantie.

Lösungshinweise zu den Fällen 22 und 23:

Fall 22 ("Wertvolle Ladung") :

Wie stufen wir Rudi Zapf tariflich richtig ein ? Zunächst ist ein Grundsatz wichtig: Für die zutreffende Eingruppierung eines Arbeitnehmers ist die von ihm zeitlich überwiegend auszuübende Tätigkeit maßgebend. Darauf, wie der Arbeitgeber ihn eingruppieren möchte bzw. eingruppiert hat, kommt es dagegen nicht an.

Werden ferner in einem Tarifvertrag neben allgemeinen Tätigkeitsmerkmalen für eine Bewertungsgruppe auch Beispiele aufgezählt, so sind die Erfordernisse der entsprechenden Vergütungsmerkmale erfüllt, wenn eine unter die Beispiele fallende Tätigkeit ausgeübt wird.

Bei richtiger Auslegung des Tarifvertrags ergibt sich des weiteren, daß Rudi trotz der fehlenden einschlägigen Berufsausbildung aufgrund vergleichbarer Qualifikation grundsätzlich auch in die höhere Gruppe V kommen könnte. Rudi Zapf übt aber keine "schwierigeren Tätigkeiten" aus, wie sie der BRTV-Brauereien für seine Bewertungsgruppe V fordert.

"Schwierigere Tätigkeiten" sind ein unbestimmter Rechtsbegriff, der ausgelegt werden muß. Im Prinzip werden Tarifverträge wie Gesetze ausgelegt. Bei einem Begriff, der so unbestimmt ist wie die "schwierigeren Tätigkeiten" müssen die Arbeitsgerichte im Streitfall natürlich einiges an Auslegungsarbeit leisten. Bei sehr unbestimmten Rechtsbegriffen lassen sich nicht selten auch unterschiedliche Ergebnisse ähnlich überzeugend begründen.

Im Fall von Rudi Zapf und seiner Brauerei kann man aber recht eindeutig sagen, daß die Fahrzeuggröße nicht von entscheidender Bedeutung dafür ist, ob ein Fahrer "schwierigere Tätigkeiten" ausübt, wie sie der geltende Tarifvertrag anspricht. Der BRTV-Brauereien zählt nämlich bei der Bewertungsgruppe IV, in der Rudi Zapf eingestuft ist, eine Reihe von "Fahrervarianten" auf, wobei die Aufzählung zwei Punkte deutlich macht:

Zum einen wird in keiner Weise auf die Fahrzeuggröße Bezug genommen. Zum anderen werden Tätigkeiten aufgezählt, die auf ihre Art durchaus spezielle Anforderungen stellen und "verantwortliches" Handeln nötig machen. Auch diese Anforderungen machen klar, daß die Fahrzeuggröße ganz einfach nicht das "Maß der Dinge" ist: So muß ein "Bestellfahrer", mehr noch ein "Verkaufsfahrer" beispielsweise durchaus mehr denken als ein Depotfahrer wie Rudi, muß mit den Kunden umgehen können usw. Beim "Beifahrer mit Inkassovollmacht" ist es wieder eine andere, besondere Anforderung.

Kurz gesagt: Weder aus dem Wortlaut, noch aus dem Gesamtzusammenhang der tariflichen Regelungen noch aus ihrem Sinn und Zweck läßt sich entnehmen, daß die bloße Fahrzeuggröße zum Sprung in die nächste Bewertungsgruppe des Tarifvertrags verhelfen soll. Ähnliches gilt von weiteren Details, wie dem fehlenden Beifahrer oder dem Zwang, gelegentlich zu rangieren. Es ist bestimmt genau so schwer für einen Verkaufsfahrer, sein Gefährt mitten im Stadtverkehr abzustellen, ab- und aufzuladen, wie die Tätigkeit von Rudi Zapf, der die brauereieigenen Depots anfährt, wo er durchaus mehr Hilfe erwarten kann. Daß er keinen Beifahrer hat, der evtl. zu Schaden kommen könnte, reduziert sogar seine Verantwortung - mindestens so, wie das größere Fahrzeug sie erhöhen mag.

Fall 23 ("Der lange Arm des Tarifvertrags") :

Anna Schwarz hat Recht und bekommt ihr Geld. Die Regelung im Manteltarifvertrag von 1986, die eine Unterstützungszahlung an die unterhaltsberechtigten Angehörigen vorsieht, ist auch im Fall des Todes von Klaus Schwarz noch anzuwenden. Dies, obwohl Satt zum Ende des Jahres 1988 aus dem Arbeitgeberverband ausgetreten ist und mittlerweile auch ein neuer Manteltarifvertrag existiert.

Das hängt mit der Nachwirkung eines Tarifvertrags nach § 4 V TVG zusammen. Aber gehen wir zuvor noch einen Schritt zurück: Die unmittelbare und zwingende (§ 4 I TVG) Bindung von Satt an den Tarifvertrag dauerte jedenfalls, solange der Tarifvertrag lief (§ 3 III TVG), ungeachtet seines Verbandsaustritts. Diese Art von unmittelbarer Bindung endet also erst mit Verbandsaustritt plus Auslaufen des geltenden Tarifvertrags. Beide Kriterien sind hier zum Ende des Jahres 1988 gegeben. Damit hat der Tarifvertrag aber keineswegs jede Bedeutung verloren.

Vielmehr tritt bei seinem "Auslaufen" Nachwirkung ein (§ 4 V TVG). Nicht unmittelbar dem Gesetz zu entnehmen ist zwar, ob "Auslaufen" auch den Fall erfaßt, daß die Tarifbindung infolge Verbandsaustritts für den Arbeitgeber mit dem Ablauf des Tarifvertrags ganz endet. Genau das hat aber die Rechtsprechung so entschieden.

Nachwirkung bedeutet, daß die Regelung des Tarifvertrags fortgilt, bis sie durch eine andere "Abmachung" ersetzt wird. Im Fall von Satt (und Klaus Schwarz) gibt es aber keine neue Abmachung irgendwelcher Art, die für ihr Arbeitsverhältnis gelten würde. Also ist die Tarifnorm aus dem Manteltarifvertrag von 1986 auch noch im Fall des Todes von Klaus Schwarz 1990 anzuwenden.

Man könnte - als Alternative zum beschriebenen Lösungsweg - sogar die Auffassung vertreten, daß hinsichtlich dieser Regelung der Unterstützungszahlung der Manteltarifvertrag von 1986 noch gar nicht durch einen neuen ersetzt worden ist - schließlich gab es nur eine Teilkündigung aufgrund der Arbeitszeitregelung und die Pflicht zur Unterstützungszahlung wurde identisch mit der alten Regelung in den neuen Manteltarifvertrag aufgenommen.

Argumentiert man so, dann wäre Satt, ohne daß man auf die Nachwirkung nach § 4 V TVG überhaupt zurückgreifen muß, sogar noch unmittelbar und zwingend an den Manteltarifvertrag von 1986 gebunden, weil er gem. § 3 III TVG noch gar nicht "geendet" hat. Für die Rechtsklarheit ist es aber besser, von einem neuen Tarifvertrag auch dann auszugehen, wenn Regelungen aus einem vorangegangenen Tarifvertrag in gleicher Form in den neu abgeschlossenen Vertrag aufgenommen werden.

Für das Ergebnis ist es im übrigen egal, welche Konstruktion einem besser gefällt: Satt muß Anna Schwarz in jedem Fall die Unterstützungszahlung zukommen lassen.

III. ARBEITSKAMPFRECHT

A. Der "erlaubte Zweikampf" - warum es ihn gibt

1. Gezähmte Gewalt

a) Arbeitskampf und Gewaltmonopol

Der Arbeitskampf ist die Fortsetzung des Tarifvertragsgeschehens mit gegenseitigen Zwangsmitteln. Damit ist zum einen gesagt, daß bestimmte Pressionen, erlaubte Zweikämpfe zwischen Arbeitnehmer- und Arbeitgeberseite möglich sind, zum anderen aber, daß diese sich auf den Abschluß von Tarifverträgen richten müssen.

In einem Rechtsstaat, der das Monopol für sich beansprucht, Gewalt auszuüben, der also Gewaltanwendung zwischen Privatleuten und privaten Organisationen grundsätzlich ausschließt, mag man den Arbeitskampf als eine erstaunliche Sache empfinden. Denn er stellt immerhin eine Art Zone der Gewalt dar, zwar nicht unmittelbar im physischen, aber doch in einem weiteren Sinne.

Im Arbeitskampf gehen - rechtlich zulässig - die Parteien aufeinander los in der Weise, daß sie durch Androhung oder Zufügung erheblicher Übel versuchen, den anderen zur Erfüllung der eigenen Wünsche zu zwingen. Dabei kann ganz erheblicher, insbesondere finanzieller Schaden entstehen, zunächst natürlich auf den beiden Seiten der Kämpfenden. Aber auch die umstehenden Zuschauer bekommen in Gestalt volkswirtschaftlicher Schäden, geringerer Steuereinnahmen usw. durchaus ihr Teil ab.

b) Der Streik als klassisches Kampfmittel

Dennoch ist dieses Geschehen zulässig. Insbesondere Streiks der Arbeitnehmerseite sind ein in der Geschichte der freien Marktwirtschaften anerkanntes, notwendiges und wirksames Mittel gewesen, um notwendige Verbesserungen der sozialen Lage der Arbeitnehmer herbeizuführen. Ebensowenig würde sich heute eine Gewerkschaft das Recht absprechen lassen, zu streiken, auch wenn es aktuell sicher nicht mehr darum geht, die Arbeitnehmerseite vor absoluter Verelendung zu bewahren.

Das Problem, das der Arbeitskampf heute (notfalls) löst, liegt mehr darin, daß kein Mensch genau sagen kann, wieviel die Arbeit in einer bestimmten Volkswirtschaft und einem bestimmten Zeitraum eigentlich wert ist, wieviel man also "gerechterweise" den Arbeitnehmern bezahlen muß. Zu viele Faktoren und Informationen, die vielleicht auch nicht freiwillig geliefert oder gern ein bißchen verschleiert würden, subjektive Annahmen und strittige Perspektiven würden bei einer solchen Festsetzung eine Rolle spielen. So liegt der Schluß nahe, es in letzter Konsequenz einfach den Arbeitskampf an den Tag bringen zu lassen, was die Arbeitnehmerseite an Ergebnissen tatsächlich erreichen bzw. die Arbeitgeberseite umgekehrt tragen kann.

c) Dramaturgie und Drohung

Dabei mag im Fall des einzelnen Arbeitskampfs durchaus fraglich sein, ob beide Seiten viel damit bewegen oder ob sie nicht doch schon am Verhandlungstisch einfach die goldene Mitte zwischen ihren unterschiedlichen Vorstellungen hätten wählen können. Mitunter hat man den Eindruck, daß Arbeitskämpfe auch zu einer Art Dramaturgie des Tarifgeschehens gehören - ohne Rücksicht auf Ergebnisse und ohne Rücksicht auf Verluste. Dies drängt sich beispielsweise dann auf, wenn eine Gewerkschaft, wie es gelegentlich scheint, vor allem deswegen streiken muß, weil die gewerkschaftliche Basis ihrer Spitze sonst das Ergebnis nicht "abkauft", bzw. weil die Verhandlungsführer in den Augen der Mitglieder als zu weich dastünden.

Aber man darf über diesen Eindrücken nicht vergessen, daß auch alle im Verhandlungsweg gefundenen Tarifergebnisse zumindest unter der latenten Drohung des möglichen Arbeitskampfs zustande kommen. Diese Drohung spielt also auch bei friedlich erscheinenden Einigungsprozessen durchaus eine Rolle. Ihre Ergebnisse sähen mit einer gewissen Wahrscheinlichkeit anders aus, wenn der Arbeitskampf verboten wäre.

d) Grundgesetzlich und höchstrichterlich gewährleistet

Der Arbeitskampf ist aber erlaubt, die Rechtsordnung gibt diesem Geschehen ihren Segen, sogar bis hinauf zur verfassungsrechtlichen Ebene des Art. 9 III GG. Allerdings ist begreiflicherweise kein "Catch-as-catch-can" zwischen Gewerkschaften und ihren Kontrahenten, Arbeitgeberverbänden oder einzelnen Arbeitgebern, zulässig. Vielmehr ist der "erlaubte Zweikampf" an bestimmte Spielregeln gebunden. Diese Spielregeln sind bis heute in keinem Gesetz festgeschrieben, sondern werden im wesentlichen vom Bundesarbeitsgericht gestaltet und fortgeschrieben. Dieser Zustand trägt nicht unbedingt zur Rechtssicherheit bei.

2. Bindung des Arbeitskampfs an das Tarifvertragssystem

a) Tarifautonomie sichern

Eine Grenzziehung für zulässige Arbeitskämpfe ergibt sich insbesondere daraus, daß unsere Rechtsordnung sie in einen unauflöslichen Zusammenhang mit dem Tarifvertragssystem stellt. Nur unter diesem Aspekt, daß Tarifabschlüsse herbeigeführt werden, die Funktionsfähigkeit der Tarifvertragsfreiheit also letztlich gesichert wird, ist auch die Arbeitskampffreiheit in die verfassungsrechtliche Gewährleistung des Art. 9 III GG einbezogen.

b) Politischer Streik, Sympathiearbeitskämpfe

Aus dieser Bindung an das Tarifvertragssystem ergeben sich bereits wesentliche Konsequenzen. So gehört beispielsweise ein Streik, der sich gegen die Regierung richtet, also ein politischer Streik, nicht zu den arbeitsrechtlich erlaubten Arbeitskämpfen. Solche dürfen von Arbeitnehmerseite eben nur gegen die Arbeitgeberseite gerichtet werden, die mit ihnen Tarife schließen kann.

Der Staat kann dies nur insoweit sein, als er auch Arbeitgeber der Angestellten und Arbeiter im öffentlichen Dienst ist. (Beamte haben kein Arbeitsverhältnis und kein Streikrecht). Städtische Verkehrsbetriebe oder Müllabfuhr können deshalb natürlich auch streiken, ohne daß dies ein politischer Streik wäre in dem Sinne, daß vom Staat oder der Gemeinde eine bestimmte Handlung, ein Gesetz, eine Verordnung oder spezielle, politische Maßnahme erzwungen werden soll. Ein derartiger, politisch nötigender Druck würde hingegen als unvereinbar mit den Spielregeln der Demokratie betrachtet.

Aufgrund des gleichen Kriteriums, daß Arbeitskämpfe auf einen möglicherweise zwischen den kämpfenden Seiten zu schließenden Tarifvertrag bezogen sein müssen, scheiden auch Sympathiearbeitskämpfe aus dem Kreis der zulässigen Kampfmaßnahmen aus. In ihrem Fall streiken Arbeitnehmer nicht für ihren eigenen Tarif, sondern legen beispielsweise die Arbeit nieder, um den Arbeitskampf im Nachbarbezirk oder eine andere Gewerkschaft im eigenen Tarifbezirk, in der also Arbeitnehmer eines anderen Industriezweigs organisiert sind, zu unterstützen.

c) Arbeitskampf und Arbeitsverhältnis, Betriebsverfassung

Liegt aber eine Kampfmaßnahme nicht innerhalb der Grenzen des erlaubten Arbeitskampfs, so sind ihre Konsequenzen völlig anders zu beurteilen, als das umgekehrt der Fall wäre. Ein politischer Streik beispielsweise ist aus der Sicht des Arbeitgebers als des Vertragspartners eine schlicht vertragswidrige, zeitweilige Nichterfüllung. Die Konsequenzen können über eine Abmahnung bis hin zur Kündigung reichen.

Dagegen kann die Teilnahme an einem rechtmäßigen Streik kein Kündigungsgrund sein, weil sie rechtlich nicht als Vertragsverletzung anzusehen ist. Insofern überdeckt die arbeitskampfrechtliche, also kollektiv-arbeitsrechtliche Beurteilung des Vorgangs die einzelarbeitsvertraglichen Spielregeln - ähnlich, wie wir dies bereits im Fall des Tarifvertrags oder auch der Betriebsvereinbarung kennengelernt haben.

Letztere darf im übrigen, im Gegensatz zum Tarifvertrag, auch nicht zum Gegenstand eines Arbeitskampfes gemacht werden. Dies folgt nicht nur aus der eben gewonnenen Abgrenzung, sondern entspricht auch der auf der Ebene der Betriebsverfassung positiv verankerten Friedenspflicht (§ 74 II BetrVG).

Fall 24: "Wattex läßt die Muskeln spielen"

Die Wattex GmbH stellt Schulterpolster her. Im Hauptbetrieb sind ca. 250 Arbeitnehmer und Arbeitnehmerinnen beschäftigt, größtenteils arbeiten Frauen bei Wattex. Das Unternehmen gehört keinem Arbeitgeberverband an.

Marina Stich arbeitet im Hauptbetrieb der Wattex GmbH als Arbeiterin mit einem Stundenlohn von 11,90 DM brutto (1989). Sie ist Mitglied der Gewerkschaft Textil-Bekleidung. Insgesamt gibt es 79 Gewerkschaftsmitglieder im Betrieb.

Die Gewerkschaft Textil-Bekleidung bemüht sich gegenwärtig um den Abschluß von Firmentarifverträgen in den von ihrer Zuständigkeit erfaßten Betrieben im südbayerischen Raum, um für die betroffenen Belegschaften eine tarifliche Absicherung ihrer Arbeitsbedingungen zu erreichen. Im wesentlichen geht es der Gewerkschaft um die Übernahme der in der südbayerischen Textilindustrie vereinbarten Tarifverträge (Manteltarifverträge, Lohn- und Gehaltstarifverträge, Urlaubsabkommen, Tarifverträge über Jahressonderzahlungen, über vermögenswirksame Leistungen, zur Sicherung älterer Arbeitnehmer). Entsprechende Regelungen sollen als Firmentarife vereinbart werden, wenn die Arbeitgeber nicht dem Verband angehören.

Zweimal wurde ergebnislos zwischen der Bezirksleitung Südbayern der Gewerkschaft Textil-Bekleidung einerseits, der Geschäftsleitung der Wattex GmbH andererseits über die Einführung tariflicher Regelungen verhandelt. Anschließend rief die Gewerkschaft die Arbeitnehmerinnen und Arbeitnehmer des Hauptbetriebes von Wattex zu einem halbstündigen Streik auf: Vor Beginn der Arbeit am Donnerstag um 7 Uhr verteilten ihre Leute Flugblätter vor dem Werkstor mit der Aufforderung, die Arbeit eine halbe Stunde später als regulär aufzunehmen. 100 Arbeitnehmerinnen und Arbeitnehmer beteiligten sich, darunter alle Mitglieder der Industriegewerkschaft Textil-Bekleidung im Betrieb.

Gegen 7.10 Uhr ließ die Wattex-Geschäftsleitung den streikenden Belegschaftsmitgliedern mitteilen, daß sie für den restlichen Tag und für den folgenden ausgesperrt seien. Die Arbeitszeit hätte am Donnerstag noch 8,5 Stunden und am Freitag 4,75 Stunden betragen.

Am Montag darauf nahmen alle Arbeitnehmerinnen und Arbeitnehmer des Hauptbetriebs die Arbeit wieder wie gewöhnlich auf. Marina Stich, die ebenfalls gestreikt hatte und ausgesperrt worden war, verlangt aber jetzt von Wattex das Arbeitsentgelt für 13,25 Arbeitsstunden, die infolge der Aussperrung für sie ausgefallen waren. Nach ihrer Auffassung stehen ihr deshalb 157,85 DM brutto an Lohn zu, weil die Aussperrung nicht rechtmäßig gewesen sei.

Seitens der Wattex GmbH ist man freilich der Auffassung, es habe sich um eine rechtmäßige Abwehraussperrung gehandelt, so daß es keine Lohnzahlungspflicht für die fragliche Zeit gebe. Die Dauer der Aussperrung sei erforderlich gewesen, um die notwendige Entschlossenheit von Wattex zu demonstrieren, gerade weil eine große Gewerkschaft wie die Gewerkschaft Textil-Bekleidung kleinere Unternehmen ohne weiteres bis zur Betriebsaufgabe bestreiken könne. Deshalb sei gleich am Anfang des Arbeitskampfs ein deutlich spürbares Signal gesetzt worden.

Mehr als alle Signale interessiert Marina, was mit ihrem Geld ist. Bekommt sie den Lohn für die 13,25 ausgefallenen Arbeitsstunden ?

Fall 25: "Ein ganz besonderes Lob"

Ein Arbeitskampf in der Papier, Pappe und Kunststoff verarbeitenden Industrie ist zu Ende. Auch in der Pohle AG, die Papierprodukte herstellt, wird wieder gearbeitet. Während des Arbeitskampfs war auch der Betrieb der Pohle AG zwei Tage lang bestreikt worden. Am Streik war Fred Forsch, beschäftigt an einer Papiermaschine, beteiligt.

Der Arbeitskampf hatte mit dem Abschluß eines neuen Lohnrahmen-Tarifvertrags für die gewerblichen Arbeitnehmer in der Papier, Pappe und Kunststoff verarbeitenden Industrie geendet. Gleichzeitig wurde ein Maßregelungsverbot mit folgendem Wortlaut vereinbart: "Jede Maßregelung von Beschäftigten aus Anlaß oder im Zusammenhang mit der abgeschlossenen Tarifbewegung unterbleibt oder wird rückgängig gemacht, falls sie erfolgt ist." Als wieder einige Tage bei Pohle gearbeitet worden ist, erhalten 23 Arbeiter in der Produktion den folgenden Brief der Geschäftsleitung:

"Betr.: Anerkennung besonderer Leistung

Sehr geehrter Herr ...
Sie haben in anerkennenswerter Weise unter erschwerten Bedingungen eine besondere Leistung erbracht. Wir möchten unserer Anerkennung mit dem beigefügten 50-DM-Schein Ausdruck verleihen."

Fred Forsch beschwert sich bei der Lohnabteilung, daß diese Zahlung nicht in Ordnung gehe, weil sie offenbar nur aus dem Grund erfolgt sei, daß die Arbeiter, die den 50-DM-Schein erhalten haben, nicht am Streik beteiligt gewesen seien. Das sei unzulässig und deshalb wolle er die Prämie auch.

Von Seiten der Pohle AG erhält er die Antwort, daß die betreffenden Arbeitnehmer unter erschwerten Bedingungen eine besondere Leistung erbracht hätten. Schichten, die normalerweise mit 20 Mitarbeitern besetzt seien, hätten beispielsweise nur mit 10 Belegschaftsmitgliedern abgewickelt werden müssen. Die Kesselwärter, ein Staplerfahrer und andere Mitarbeiter hätten auch Arbeiten verrichtet, zu denen sie durch ihren Arbeitsvertrag gar nicht verpflichtet gewesen seien. Andere hätten mit ungeübten Kollegen die Papiermaschine "fahren" und dabei besonders achtgeben müssen. Schließlich sei auch zu berücksichtigen, daß die jetzt durch die Prämie begünstigten Arbeitnehmer während des Streiks erhöhten psychischen Belastungen ausgesetzt gewesen seien in Form von Kritik der streikenden Arbeitnehmer, von Streikposten, dem Durchgang durch Streikgassen usw.

Kann Fred Forsch ebenfalls mit einem 50-DM-Schein rechnen, obwohl er am Streik teilgenommen hat ?

B. Die Mittel im Arbeitskampf und ihre Grenzen

1. Streik

a) Gewerkschaft als Träger, tarifliches Ziel

Ein nach arbeitskampfrechtlichen Grundsätzen zulässiger Streik muß zunächst von einer Gewerkschaft geführt werden, die auch imstande ist, Tarifverträge abzuschließen, also tariffähig ist. Nicht von einer Gewerkschaft getragene Streiks, sogenannte wilde Streiks, sind deshalb rechtswidrig. Allerdings kann eine Gewerkschaft einen ohne ihr Zutun von Belegschaftsmitgliedern begonnenen, also wilden Streik, auch zu ihrem eigenen machen, so daß er ab der Übernahme rechtmäßig wird.

Ferner muß der gewerkschaftlich getragene Streik ein Kampfziel haben, das durch den Abschluß eines Tarifvertrags zu erreichen ist. Es kann um Lohn gehen oder Urlaubsgeld, um Arbeitszeiten, Pausenregelungen am Fließband, Abfederung der personellen Folgen technischer Rationalisierung oder auch um Beschäftigungsgarantien in der Weise, daß der Arbeitgeber in einem bestimmten Zeitraum auf betriebsbedingte Kündigungen verzichtet.

Für all diese Beispielsfälle gilt, daß das Ergebnis der Auseinandersetzung in einen Tarifvertrag gegossen werden kann. "Kann" sei deshalb betont, weil der Streik vielleicht tatsächlich sein Ziel verfehlt, nicht nur, was den Inhalt der Vereinbarung, sondern auch, was den Abschluß eines Tarifvertrags überhaupt angeht. Das ändert aber nichts an seiner Rechtmäßigkeit.

b) Friedenspflicht, Übermaßverbot

Gestreikt werden darf nicht, solange Friedenspflicht herrscht. Diese folgt aus dem Tarifvertrag und schließt Kampfmaßnahmen jedenfalls aus, soweit und solange getroffene tarifliche Vereinbarungen noch gelten. Besondere Vereinbarungen, insbesondere auch Schlichtungsabkommen können diese Friedenspflicht noch verlängern (s. zur Friedenspflicht auch oben II. B. 2 c).

Schwieriger in den Griff zu bekommen ist das Kriterium, daß ein Streik (wie jedes Arbeitskampfmittel) im Einzelfall erforderlich und verhältnismäßig sein muß, also einem Übermaßverbot unterliegt. In diesem Erfordernis kommt deutlich zum Ausdruck, daß die Rechtsordnung das doch reichlich destruktive Geschehen Arbeitskampf nur in angemessenen Grenzen stattfinden lassen möchte.

Erforderlich heißt, daß Verhandlungen keinen Erfolg mehr versprechen und die Gewerkschaft nur noch zu ihrem Kampfmittel greifen kann. Natürlich muß man dabei die Einschätzung der Lage ein erhebliches Stück weit ihr selbst überlassen. Umgekehrt darf es aber auch nicht so sein, daß ein unvoreingenommener Betrachter ohne weiteres zu dem Schluß kommt, es bestehe noch ein offensichtlicher Verhandlungsspielraum.

Ob die Gewerkschaft ihren Streik dann als "Warnstreik" bezeichnet oder nicht, stellt sich nach neuerer Rechtsprechung als unbeachtliche Namensfrage dar. Im Sprachgebrauch der Tarifauseinandersetzung ist es üblich, kurze Streiks zum Hinweis auf die Kampfbereitschaft als "Warnstreiks", länger angelegte dagegen als "Erzwingungsstreiks" zu bezeichnen. Beide Formen unterliegen aber grundsätzlich den gleichen rechtlichen Spielregeln.

Die Verhältnismäßigkeit eines Streiks wäre dann nicht gegeben, wenn Streik und Kampfziel erkennbar völlig außer Verhältnis stünden - ein eher theoretischer Fall, weil für die Gewerkschaft Streiken teuer ist infolge des Streikgelds als Lohnersatz, das sie zumindest an ihre Mitglieder zu bezahlen verpflichtet ist. Problematischer ist die Situation, wenn durch kleine Streiks ganz erhebliche Folgen für die Produktion erreicht werden können, wie es heute möglich ist.

Keine Bedeutung für die Rechtmäßigkeit eines Streiks hat es, ob die Gewerkschaft vorher das Scheitern der Verhandlungen förmlich erklärt oder ob sie eine Urabstimmung bei ihren Mitgliedern durchgeführt hat. Erstere Pflicht ist allerdings (als dann wirksame Bindung) in vielen Tarifverträgen verankert, eine Urabstimmung wird zwar nicht durch das Arbeitskampfrecht vorgeschrieben, aber häufig durch Gewerkschaftssatzungen.

c) Andere Kampfmöglichkeiten

Die vorliegende Darstellung konzentriert sich auf den Streik als das bis heute typische Kampfmittel der Arbeitnehmerseite. Allerdings ist die Bedeutung eines Kampfmittels durchaus auch von der wirtschaftlichen und technischen Umgebung abhängig. So hat zwar einerseits der Abbau der Lagerhaltung ("Just-in-time-System") den Streik in manchen Bereichen zu einer besonders scharfen Waffe gemacht, weil selbst kürzere und begrenzte Streiks sich sehr nachhaltig auf das Produktionsgeschehen auswirken können. Andererseits gibt es Bereiche der Wirtschaft, in denen die Abhängigkeit von Rohstoffen oder Zulieferteilen gering, der Prozeß der technischen Rationalisierung aber weit vorangeschritten ist. Entspechend schwerer sind solche Betriebe bzw. Unternehmen durch einen klassischen Streik zu beeindrucken.

Es ist deshalb nicht erstaunlich, wenn beispielsweise bei der IG Medien, zuständig insbesondere im Fall der Herstellung von Zeitungen, über neue Kampfmittel nachgedacht wird. Deshalb werden sich die Gerichte künftig auch stärker mit neuen "Erfindungen" beschäftigen müssen. Inwieweit kann es z.B. zulässig sein, als Kampfmaßnahme die Produktion gezielt zu stören ?

Feststehen dürfte gegenwärtig, daß Betriebsbesetzungen durch das Arbeitskampfrecht nicht gedeckt und somit unzulässig sind.

Zur Massenänderungskündigung als alternatives Kampfmittel zum Streik s. weiter unten 3.

d) Arbeitsverhältnis "auf Eis gelegt" : kein Lohn

Der rechtmäßige Streik legt die vertragliche Pflicht der streikenden Arbeitnehmer, zu arbeiten, gewissermaßen auf Eis, er suspendiert sie. Nach Beendigung des Arbeitskampfs werden die Arbeitsverhältnisse grundsätzlich also wieder "aufgetaut" und in ihren vorigen Zustand gebracht.

Der Arbeitgeber schuldet allerdings streikenden Arbeitnehmern auch keinen Lohn - ohne Arbeit kein Lohn. Gewerkschaftsmitgliedern steht dafür das in deren Satzung verankerte Streikgeld zu, das zumindest einen erheblichen Teil des Einkommensausfalls abdeckt. Der Streik kann aber auch die Arbeitsverhältnisse nicht streikender Arbeitnehmer beeinflussen. Dies ist dann der Fall, wenn der Arbeitgeber die betroffenen Arbeitnehmer aufgrund des Streiks tatsächlich oder jedenfalls wirtschaftlich vernünftig nicht mehr beschäftigen kann, wenn durch den Streik Zulieferteile fehlen oder aber Arbeitsergebnisse wirtschaftlich nicht mehr vernünftig verwertbar sind.

Spätestens dann wird der Arbeitgeber von der Pflicht zur Beschäftigung und Lohnzahlung frei, weil man diese Folgen von Arbeitskämpfen nicht zu den von ihm rechtlich zu tragenden Risiken rechnet (s. zu Betriebs- und Arbeitskampfrisiko auch oben 2. Abschn. III. C. 1 c, d). Wird im Betrieb des Arbeitgebers selbst gestreikt (ist der Betrieb also nicht nur von einem Streik in einem anderen Betrieb betroffen), so wird erst gar keine Pflicht des Arbeitgebers angenommen, den nichtstreikenden Teil der Belegschaft weiter zu beschäftigen. Oft wird er es natürlich trotzdem tun, um die Streikfolgen einzudämmen und der Gewerkschaft Paroli zu bieten.

e) Arbeitgeberkündigung aufgrund des Streiks ?

Die Teilnahme an einem rechtmäßigen Streik stellt keine Verletzung des Arbeitsvertrags dar und kann deshalb weder als Grund für eine außerordentliche noch für eine ordentliche Kündigung des Arbeitgebers herhalten. Damit ist aber umgekehrt nicht gesagt, daß während eines Arbeitskampfs keine Kündigungen durch den Arbeitgeber ausgesprochen werden dürfen.

Insbesondere kann es dazu kommen, daß - sei es aufgrund einer arbeitskampfunabhängigen wirtschaftlichen Entwicklung, aufgrund längerfristiger Unternehmensplanungen oder aber auch aufgrund der Streikfolgen selbst - die Tätigkeit eines Betriebs auf Dauer verändert, eingeschränkt oder der Betrieb gar stillgelegt wird. In solchen Fällen ist die ordentliche Kündigung durch den Arbeitgeber keine Kampfmaßnahme, sondern, wenn überhaupt, eine Folge der wirtschaftlichen und betrieblichen Auswirkungen des Arbeitskampfs.

Ausgesprochene Kündigungen müssen allerdings in diesen Fällen die Spielregeln und Begrenzungen des Kündigungsschutzgesetzes voll einhalten, einschließlich der Regeln über die soziale Auswahl. Insofern sind sie für den Arbeitgeber auch in der Situation des Arbeitskampfs nur eine bedingt interessante Möglichkeit der Personalplanung und als "verdecktes" Arbeitskampfmittel nicht besonders attraktiv.

Stellt sich heraus, daß der Arbeitgeber gar keine endgültige Beendigung des Arbeitsverhältnisses anstrebte oder in Wirklichkeit wie vorher weiter die Betriebstätigkeit fortzusetzen beabsichtigt, so entpuppt sich die Kündigung als Kampfmaßnahme, die nach Abschluß des Arbeitskampfes wieder rückgängig gemacht werden muß. Der Arbeitnehmer hat dann einen Wiedereinstellungsanspruch.

Abgesehen vom Recht der ordentlichen Kündigung gesteht die Rechtsprechung dem Arbeitgeber in extremen Fällen, eben dem der Betriebsstillegung aufgrund des Arbeitskampfs, auch ein Lösungsrecht vom Arbeitsverhältnis zu, das in der Wirkung einer außerordentlichen Kündigung gleichkommt. Diese Fälle gehören aber mehr ins Reich der Theorie, da die gewerkschaftliche Streiktaktik, einmal ganz abgesehen vom Arbeitsrecht, wohl kaum darauf angelegt sein kann, daß Arbeitsplätze endgültig wegfallen.

f) Maßregelungsverbot

Wenn ein Arbeitnehmer ihm zustehende Rechte ausübt, und dazu gehört auch das Streikrecht, dann darf er nicht aus diesem Grund in irgendeiner Weise durch den Arbeitgeber benachteiligt werden. Das steht schon in § 612 a BGB. Ein spezielleres und weiterreichendes Maßregelungsverbot vereinbaren die Tarifparteien häufig, wenn der Arbeitskampf zu Ende ist. Nicht nur werden regelmäßig benachteiligende Maßnahmen gegenüber den Streikenden, etwa im Hinblick auf Versetzungen, aber auch auf Lohnzahlung ausgeschlossen. Verzichtet wird auch auf Schadensersatzforderungen oder Strafanzeigen aufgrund des vorangegangenen Geschehens. Damit ist der Wille zum Frieden dokumentiert, was auch sinnvoll ist, zumal die "Vergangenheitsbewältigung" nicht selten weitere Auseinandersetzungen brächte, welche Maßnahme nun rechtswidrig war, d.h. zum Schadensersatz verpflichtete und welche nicht.

Ein Maßregelungsverbot schließt aber auch aus, daß der Arbeitgeber nachträglich die Belegschaftsmitglieder, die nicht am Streik teilgenommen haben, dafür durch Geld oder auf andere Weise belohnt. Darin läge nämlich zwangsläufig eine Schlechterstellung - und damit eine Maßregelung - der Streikteilnehmer.

g) Folgen von rechtswidrigen Streiks

Genügt ein Streik nicht den für seine Rechtmäßigkeit aufgestellten Kriterien, so ist die Teilnahme daran zunächst einmal eine Verletzung des Arbeitsvertrags - mit all den Folgen, die an eine solche Verletzung geknüpft werden können. Allerdings wird auch dann nicht alles so heiß gegessen, wie es gekocht wird, denn eine außerordentliche Kündigung ist nur möglich, wenn der einzelne streikende Arbeitnehmer zumindest erkennen konnte, daß er an einem rechtswidrigen Streik teilnimmt.

Verhaltsbedingte, ordentliche Kündigungen müssen sozial gerechtfertigt sein, was bei der Kündigung eines langjährigen Arbeitsverhältnisses aufgrund eines kurzen, "wilden" Streiks sicher nicht der Fall wäre. Abmahnungen sind natürlich möglich, ebenfalls kommen, zumindest rein theoretisch, auch Schadensersatzansprüche aufgrund der Vertragsverletzung in Betracht.

Vom Arbeitsvertrag unabhängig, ist ein rechtswidriger Streik aber auch ein zum Ersatz des Schadens verpflichtender Eingriff nach § 823 I BGB. Das ist wichtig, weil auf dieser Grundlage der Arbeitgeber auch Ersatz des Schadens von den Initiatoren und Trägern eines rechtswidrigen Streiks verlangen kann, soweit mit diesen kein Vertragsverhältnis besteht. So kommt er beispielsweise bei einer von einer Gewerkschaft getragenen, aber als Sympathiestreik rechtswidrigen Arbeitskampfmaßnahme an die dahinterstehende Gewerkschaft heran - für ihn der finanziell interessante Schuldner als der einzelne Arbeitnehmer.

Nicht selten wehrt sich der Arbeitgeber gegen den rechtswidrigen Streik, indem er eine gerichtliche einstweilige Verfügung erwirkt, die mit spürbaren Ordnungsgeldern für jeden Fall der Zuwiderhandlung die Initiatoren von der Fortführung des Streiks abhält. Auch die Aussperrung als Antwort auf einen rechtswidrigen Streik kommt in Betracht, s. dazu sogleich unter 2.

2. Aussperrung

a) Einzel- und Verbandsaussperrung, tarifliches Ziel

Für die Aussperrung als arbeitskampfrechtliches Gegenstück zum Streik auf Arbeitgeberseite gilt genau so wie für diesen, daß sie von einer tariffähigen Partei durchgeführt werden muß. Allerdings kann dies, wie beim Firmentarifvertrag, auch der einzelne Arbeitgeber, nicht nur der Arbeitgeberverband mit einer Verbandsaussperrung sein. Ferner muß auch die Aussperrung auf ein tariflich regelbares Ziel angelegt sein und muß selbstverständlich der Bindung an die tarifliche Friedenspflicht, ebenso wie der Streik, Rechnung tragen.

b) Grundsätzliche Zulässigkeit, Verhältnismäßigkeit

Ungeachtet dieser Parallelen ist die Aussperrung aber ein rechtlich umstritteneres Instrument als der Streik. Die hessische Landesverfassung enthält sogar ein - angesichts stärkeren Bundesrechts allerdings unbeachtliches - Verbot der Aussperrung. Die Rechtsprechung auch auf Bundesebene sah es lange Zeit zumindest als fraglich an, ob die Aussperrung gleich wie der Streik verfassungsrechtlich durch Art. 9 III GG höchsten rechtlichen Schutz genießt.

Die Aussperrung wird aber von der Rechtsprechung und weithin auch von der juristischen Literatur für grundsätzlich zulässig erklärt. Wann sie im Einzelfall rechtmäßig ist, insbesondere dem durch die Kriterien der Erforderlichkeit und Verhältnismäßigkeit charakterisierten Übermaßverbot genügt, ist bis heute in etlichen Punkten unklar. So stellt es sich z.B. als eine offene Frage dar, wie die Arbeitsgerichtsbarkeit - die ja in arbeitskampfrechtlichen Fragen weitgehend unbehelligt von gesetzgeberischen Entscheidungen arbeitet - aktuell eine sogenannte Angriffsaussperrung beurteilen würde. Gemeint ist der Fall, daß die Arbeitgeberseite ihrerseits die "Feindseligkeiten" mit einer Aussperrung eröffnet.

Die Fortentwicklung der Rechtsprechung in den letzten Jahren läuft darauf hinaus, den Arbeitgeber im Arbeitskampf auf eine Verteidigerrolle zu beschränken - und auch diese Verteidigerrolle, was den Einsatz der Aussperrung angeht, noch weiter im Zeichen der Verhältnismäßigkeit zu reglementieren. Als Faustformel kann man danach festhalten, daß die Arbeitgeber die Aussperrung als Antwort auf einen Streik einsetzen dürfen, soweit dies nötig ist, um sich nicht durch das gewerkschaftliche Vorgehen einseitig an die Wand drücken zu lassen.

c) Schwierige Balance

Die Gefahr für die Arbeitgeber, an die Wand gedrückt zu werden, entsteht wiederum dann, wenn die Gewerkschaften durch Streiks in einzelnen ausgewählten Betrieben einerseits den Wahlkampf für die eigene Seite kostengünstig führen, andererseits durch die Auswahl der Betriebe die wirtschaftlichen Folgen und die Folgen auf den Zusammenhalt des Arbeitgeberverbandes, sozusagen den "Flurschaden" auf Arbeitgeberseite, möglichst groß gestalten.

Eine solche Taktik fällt der Gewerkschaft in einer Wirtschaft wie der unseren mit starker Arbeitsteilung zwischen den Betrieben und möglichst reduzierter Lagerhaltung oft nicht besonders schwer. Eine schwierige arbeitskampfrechtliche Beurteilung ist in der Folge fällig, wann die Arbeitgeberseite dieses Vorgehen der Gewerkschaftsseite erfolgreich "neutralisiert" hat - wann sie also genügend Arbeitnehmer im umkämpften Tarifgebiet lange genug ausgesperrt hat. Gefährlich im Sinne der bisherigen Rechtsprechung wird es, wenn die Arbeitgeber mehr als die Hälfte der vom (künftigen) Tarifvertrag erfassten Arbeitnehmer aussperren oder wenn sie die Zahl der vom Arbeitskampf betroffenen Arbeitnehmer durch die Aussperrung mehr als verdoppeln.

d) Aussperrung bei rechtswidrigem Streik

Dafür wird umgekehrt als zulässig angesehen, daß der Arbeitgeber auch auf einen rechtswidrigen Streik mit Aussperrung reagieren darf, wenn dies als angemessene Antwort erscheint. Das ist nicht unbedenklich, weil auf diese Weise ein nichts Böses ahnender Arbeitnehmer sich durch ein rechtswidriges Verhalten seiner Kollegen womöglich aus dem Betrieb ausgesperrt sieht.

e) Rechtliche Wirkung

Werden Arbeitnehmer rechtmäßig ausgesperrt, so erhalten sie auch keinen Lohn, auch hier also: ohne Arbeit kein Lohn. Im übrigen aber friert, gleich wie beim Bild zum Streik, auch die Aussperrung die Pflichten des Arbeitgebers aus dem Arbeitsverhältnis nur ein, sie leben also nach dem "Auftauen" des Arbeitsverhältnisses durch Beendigung des Arbeitskampfes wieder auf. (Diese Betrachtungsweise löste eine frühere Beurteilung ab, derzufolge der Arbeitgeber mit der Aussperrung gegenüber dem Streik "eins daraufsetzen" konnte und dieser eine die Arbeitsverhältnisse zumindest vorübergehend lösende Wirkung zuerkannt wurde).

f) Folgen rechtswidriger Aussperrung

Wird ausgesperrt, ohne daß die Rechtmäßigkeitsvoraussetzungen gegeben sind, so ist dies ein vertragswidriges Verhalten gegenüber dem Arbeitnehmer, das, wenn ein Verschulden des Arbeitgebers vorliegt, zu Schadensersatzansprüchen führen kann. Dieses Verschulden wird sich allerdings nicht immer leicht nachweisen lassen. Das hängt gerade mit der sich immer wieder ändernden, teilweise nicht sehr klaren Rechtsprechung zum zulässigen Umfang einer Aussperrung zusammen. Dadurch wird zwar das objektive Risiko des Arbeitgebers größer, unrechtmäßig auszusperren. Gleichzeitig kann man aber schwerer sein Argument widerlegen, er sei subjektiv davon ausgegangen, rechtmäßig auszusperren.

Wichtiger ist, daß bei einer unrechtmäßigen Aussperrung der Lohnanspruch der betroffenen Arbeitnehmer aufgrund Annahmeverzugs des Arbeitgebers (§ 615 BGB) erhalten bleibt. Für den Annahmeverzug kommt es nicht auf ein Verschulden des Arbeitgebers an, sondern nur darauf, daß er keinen Rechtsgrund hatte, die Arbeitsleistung nicht anzunehmen.

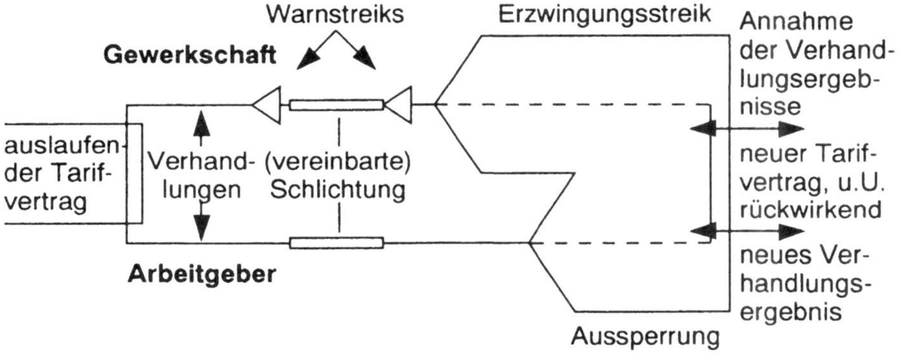

Abbildung 18: Typische Entwicklung eines Arbeitskampfs mit Streik und Aussperrung

g) Andere Kampfmöglichkeiten

Wie der Streik auf Arbeitnehmerseite, so ist die Aussperrung das typische Kampfmittel der Arbeitgeberseite. Das schließt nicht aus, daß auch andere Vorgehensweisen in die arbeitskampfrechtliche Diskussion geraten. So ist beispielsweise die Frage umstritten (und noch nicht höchstrichterlich entschieden), ob es zulässig ist, daß der Arbeitgeber während des Arbeitskampfs den Arbeitnehmern

Geld verspricht, die sich nicht am Streik beteiligen. Sicher ist nur, daß eine solche "Streikbruchprämie" nach Beendigung des Arbeitskampfs gegen ein tariflich vereinbartes Maßregelungsverbot verstößt (s. dazu auch oben 1 f und Fall 25).

Gegenüber rechtswidrigen Arbeitskampfmaßnahmen kann sich der Arbeitgeber auch mit "Kampfkündigungen" wehren, die allerdings rechtlich keine wesentlichen Besonderheiten aufweisen (mit Ausnahme dessen, daß im Arbeitskampf die Mitwirkungsrechte des Betriebsrats weitestgehend ruhen). Die Problematik der Massenänderungskündigung dagegen verdient im folgenden eine genauere Behandlung.

3. Massenänderungskündigungen

a) Umgehung des Arbeitskampfrechts ?

Zwar ist die Kündigung zunächst eine auf den einzelnen Arbeitsvertrag gerichtete (einseitige) Erklärung, also nach dem Recht des einzelnen Arbeitsvertrags und den für diesen geltenden weiteren Vorschriften, insbesondere des Kündigungsschutzes zu beurteilen. Wird jedoch von Kündigungen in der Weise Gebrauch gemacht, daß eine Vielzahl von Arbeitnehmern sich abspricht, gleichzeitig zu kündigen, um bessere Vertragsbedingungen zu erreichen, oder kündigt umgekehrt der Arbeitgeber einer Vielzahl von Arbeitnehmern, um in einem möglichst einheitlichen Vorgang ihre Verträge zu ändern, so sieht die Sache anders aus.

Bei solchen Änderungskündigungen stellt sich nämlich auch die Frage, wie sie arbeitskampfrechtlich zu beurteilen sind, und zwar ganz einfach deshalb, weil Massenänderungskündigungen zumindest vom Ergebnis her genau das gleiche erreichen können wie Arbeitskampfmittel. Sie stellen eine durchaus ähnliche Form der Druckausübung dar, vergleichbar auch in dem Punkt, daß die Bereitschaft besteht, das Arbeitsverhältnis fortzusetzen, nur eben zu anderen Bedingungen.

b) Vorgehen der Arbeitgeberseite

Betrachtet man zunächst die Massenänderungskündigung auf Arbeitgeberseite, so wird sie einerseits von ihrer Intention her auf die Verringerung der Arbeitgeberleistungen gerichtet sein, andererseits ist klar, daß sie diese rechtlich nicht unter das tarifliche Niveau drücken kann. Insoweit bleibt, wo Tarife (unmittelbar und zwingend) gelten, der Fall, daß durch eine Massenänderungskündigung des Arbeitgebers übertarifliche Lohnbestandteile abgebaut werden sollen.

Bedenkt man, daß Arbeitskampf und Tarifvertragssystem durch das Arbeitskampfrecht in einen unmittelbaren rechtlichen Zusammenhang gebracht werden, so liegt der Schluß nahe: Massenänderungskündigungen dieser Art werden vom Arbeitskampfrecht nicht erfaßt, weil es sich um eine Auseinandersetzung im übertariflichen Bereich handelt, es liegt also kein Kampf um den Tarif vor.

Daß es, rein rechtlich betrachtet, nicht um einen Tarif geht, wird zwar zunächst scheinbar noch deutlicher, wenn keine Tarifbindung besteht und der Arbeitgeber, ohne durch eine untere, tariflich vorgegebene Schranke gehindert zu sein, die Löhne mit einer Massenänderungskündigung nach unten bewegen will. Im Grunde schafft er sich aber dabei durch einen (verdeckten) Arbeitskampf eine Art von "Haustarif" mit Hilfe eines einheitlichen Vorgehens gegenüber der ganzen Belegschaft. Aufgrund einer vergleichbaren Argumentation unterstellt, wie wir gleich sehen werden, die Rechtsprechung die Massenänderungskündigung von Arbeitnehmerseite dem Arbeitskampfrecht und läßt sie nicht zu. Die Massenänderungskündigung der Arbeitgeber dagegen bleibt, trotz der skizzierten, zumindest teilweise bestehenden Bedenken arbeitskampfrechtlich "ungeschoren".

Ein gewisser Trost für die Arbeitnehmerseite liegt freilich darin, daß natürlich auch Massenänderungskündigungen sämtlichen Einschränkungen des Kündigungsschutzes unterliegen, also ein für die Arbeitgeberseite sehr aufwendiges Verfahren darstellen.

c) Vorgehen der Arbeitnehmerseite

Auf Arbeitnehmerseite richtet sich eine Massenänderungskündigung - faktisch nur denkbar, wenn der Arbeitgeber seine Arbeitnehmer dringend braucht - auf eine Verbesserung der Arbeitsbedingungen. Zumindest dort, wo ein Tarif gilt, wird die organisierte Massenänderungskündigung eine Art neuen, höheren Tarif hervorbringen, der zum bestehenden in Konkurrenz tritt.

Im Gegensatz zur eben beschriebenen Behandlung der Massenänderungskündigung auf Arbeitgeberseite sieht deshalb zumindest die Rechtsprechung diesen faktisch neuen Tarif, von den Arbeitnehmern durch Änderungskündigung erzwungen, als arbeitskampfrechtlich relevante Tatsache an. Es wird dabei angenommen, daß der Arbeitgeber durch die tarifliche Friedenspflicht davor geschützt ist, von den Arbeitnehmern in organisierter Weise zu einer praktisch allgemein wirkenden Erhöhung des Leistungsniveaus in seinem Betrieb genötigt zu werden.

Deswegen behandeln die Gerichte die verabredete Massenänderungskündigung der Arbeitnehmer wie einen wilden, also rechtswidrigen Streik (und damit als Verletzung des Arbeitsvertrags). In der Tat könnte natürlich ein solches Vorgehen schon insoweit nicht von einer Gewerkschaft getragen sein, als sie selbst an die Friedenspflicht gebunden ist.

Überzeugen kann diese arbeitskampfrechtliche Behandlung der Massenänderungskündigung auf Arbeitnehmerseite jedenfalls dann nicht, wenn für die Arbeitsverhältnisse kein Tarif (unmittelbar und zwingend) gilt. Ob darüber hinaus insgesamt die Asymmetrie in der Beurteilung der Massenänderungskündigung auf Arbeitgeber- und Arbeitnehmerseite einleuchtet, darf sehr bezweifelt werden.

4. Schlichtung

a) Keine Zwangsschlichtung

Betrachten wir noch einmal das Betriebsverfassungsrecht, so fällt ins Auge, daß Arbeitgeber und Betriebsrat, wenn sie in einer Angelegenheit mit zwingender Mitbestimmung unterschiedlicher Meinung sind, sich spätestens im Verfahren vor der Einigungsstelle (§ 76 BetrVG) entweder selbst einigen müssen, oder deren Beschluß ersetzt notfalls die Einigung. Das Arbeitskampfrecht kennt eine solche, gesetzlich erzwungene Einigung, auch als Zwangsschlichtung bezeichnet, nicht. Vielmehr tritt eben das "Ausfechten" der unterschiedlichen Standpunkte an die Stelle einer vorgeschriebenen Zwangseinigung.

b) Schlichtungsabkommen

Eine andere Sache ist die, daß in etlichen Industriezweigen die Tarifpartner freiwillige Schlichtungsabkommen miteinander geschlossen haben. Das sind tarifvertragliche Abreden, denenzufolge die Parteien sich entweder grundsätzlich noch zwischen dem Scheitern der Verhandlungen und dem Beginn des Arbeitskampfs einem Schlichtungsverfahren unterziehen oder aber zumindest jede Seite berechtigt ist, die Einleitung eines solchen Verfahrens zu verlangen.

Die Stelle, die schlichten soll, wird durch den Vertrag frei geschaffen. Ziel ist es, eine möglichst neutrale Instanz zu erhalten. Das kann geschehen, in dem man einer gleichen Anzahl von Mitgliedern, die beide Seiten stellen, einen Vorsitzenden zugesellt, auf den sich beide Seiten einigen müssen. Es kann auch jede Seite einen Schlichter benennen und diese können einen Spruch nur gemeinsam vorlegen. Beliebte Schlichter sind aus dem Amt geschiedene Politiker oder Gerichtspräsidenten, die das Vertrauen der Arbeitgeber- und Arbeitnehmerseite genießen.

Der Schlichterspruch allerdings bindet rechtlich niemanden, er kann lediglich von den Tarifkommissionen beider Seiten als Ergebnis angenommen werden. Abgesehen aber von der Tatsache, daß ein Einigungsversuch zur Abwendung eines Arbeitskampfs im Sinne aller Beteiligten immer eine sinnvolle Sache sein wird, hat der Schlichterspruch doch auch beachtliche Wirkung, wenn er nicht angenommen wird. Die kampfbereiten Parteien haben ihre Mitglieder jetzt vielleicht überzeugt, daß sie intensiv und relativ erfolgreich verhandelt haben, was sich auf die Mobilisierung bzw. die Aufnahme neuer Verhandlungen auswirken kann. Andererseits wird eine Partei, die allein den Schlichterspruch ablehnt, vielleicht psychologisch unter Druck geraten, was ihr Durchhaltevermögen beeinflußt.

5. Die Neutralität der Bundesanstalt für Arbeit

a) Zusammenhang von Arbeitskampf und Sozialversicherung

Eine mit dem Arbeitskampfrecht in sehr engem Zusammenhang stehende Frage ist die, inwieweit die Arbeitsämter (als Untergliederungen der Bundesanstalt für Arbeit) während eines Arbeitskampfs Leistungen erbringen dürfen, genauer, wer diese beanspruchen darf.

Nach § 101 AFG kann ein Arbeitnehmer, der "vorübergehend nicht in einem Beschäftigungsverhältnis steht", Arbeitslosengeld erhalten. Diese formelle Voraussetzung läßt sich für Arbeitnehmer, die arbeitskampfbedingt zeitweilig nicht beschäftigt werden, ziemlich leicht herstellen. Zur Folge hätte dies allerdings, daß das Arbeitskampfgeschehen in breitem Umfang auf dem Rücken der Sozialversicherung ausgetragen werden könnte, was wohl kaum deren Sinn und Zweck ist. Weder Gewerkschaften noch Arbeitgeber bzw. Arbeitgeberverbände bräuchten sich große Sorgen um die Auswirkungen ihrer Kampfmittel, insbesondere auf am Arbeitskampf nicht unmittelbar beteiligte Arbeitnehmer zu machen, wenn alle durch den Arbeitskampf vorübergehend Beschäftigungslosen Arbeitslosengeld erhielten.

b) Schranke des § 116 AFG

Die Austragung des Arbeitskampfs zu Lasten der Sozialversicherung will § 116 AFG verhindern. Er regelt das Ruhen der Zahlung von Arbeitslosengeld an Arbeitnehmer für die Dauer des Arbeitskampfs, wenn sie durch diesen arbeitslos geworden sind. Dabei ist der Fall noch ziemlich einfach zu beurteilen, daß der Betreffende durch die Beteiligung an dem Arbeitskampf selbst, also als Streikender oder Ausgesperrter, seine Beschäftigung verloren hat.

Viel schwieriger sieht es aus, wenn der Arbeitgeber in Folge eines Streiks, an dem weder er noch seine Belegschaft beteiligt ist, Arbeitnehmer nicht mehr beschäftigen kann, weil entweder dies technisch unmöglich ist (beispielsweise Fehlen von Ersatzteilen) oder aber wirtschaftlich sinnlos (keine Verwendung für die Erzeugnisse). Dies sind eben die Fälle, in denen der Arbeitgeber trotz des grundsätzlich bei ihm liegenden Betriebsrisikos von seiner Lohnzahlungs- bzw. Beschäftigungspflicht frei wird.

Die einfachste Lösung wäre jetzt zwar die Schadensbegrenzung mit Hilfe der Arbeitslosenversicherung, aus Gewerkschaftssicht die "Fremdfinanzierung" der Streikfolgen. Genau diesen Weg versperrt aber § 116 III AFG zumindest dann, wenn die betroffenen Arbeitnehmer, auch als am Arbeitskampf selbst nicht Beteiligte, doch unmittelbar oder mittelbar an dessen Ergebnis teilhaben. Unmittelbar tun sie es, wenn sie selbst unter den Geltungsbereich des umkämpften Tarifvertrags fallen.

c) Die Schwierigkeit der "mittelbaren" Teilhabe

Was "mittelbare" Teilhabe anbelangt, so ist das Problem zu lösen, daß die Tarifparteien bei Auslaufen der Tarifverträge zwar in etlichen Tarifbezirken gleichzeitig verhandeln, auch um in etwa gleiche Forderungen, jedoch meist nur in einem Bezirk die Sache im Wege des Arbeitskampfes notfalls ausgetragen wird. Am Ende wird das erkämpfte Ergebnis dann in allen Bezirken übernommen.

Die Arbeitnehmer in den anderen Bezirken nehmen am Kampfergebnis zwar mittelbar teil, wobei diese Vermittlung aber nicht rechtlich, sondern lediglich faktisch durch die Arbeitskampftaktik, insbesondere auf Gewerkschaftsseite begründet ist. Daß eine gesetzliche Regelung für solche Fälle zu einem Streitpunkt im politischen Raum werden muß, in dem Gewerkschaften und Arbeitgeberverbände ebenfalls über erheblichen Einfluß verfügen, ist klar.

Die gegenwärtige Regelung in § 116 III AFG sieht vor, daß die vom Arbeitskampf betroffenen Arbeitnehmer auch dann kein Arbeitslosengeld erhalten, wenn bei Verhandlungen in ihrem eigenen Bezirk Forderungen erhoben werden, die den Forderungen im umkämpften Gebiet (ohne ganz genaue Übereinstimmung) gleichen und wenn das erkämpfte Ergebnis "aller Voraussicht nach" auch auf ihr eigenes Tarifgebiet mit Wirkung für ihre Arbeitsverhältnisse übertragen wird.

Lösungshinweise zu den Fällen 24 und 25:

Fall 24 ("Wattex läßt die Muskeln spielen") :

Marina Stich bekommt ihren Lohn für die durch die Aussperrung ausgefallenen Arbeitsstunden. Rechtsgrundlage ist der Annahmeverzug des Arbeitgebers (§ 615 BGB), weil die Aussperrung unrechtmäßig war, die Wattex GmbH Marina also hätte arbeiten lassen müssen. Zwar ist die Aussperrung im Rahmen des Gebots der Verhältnismäßigkeit ein zulässiges Arbeitskampfmittel der Arbeitgeberseite. Für den Arbeitgeberverband, der eine arbeitsrechtliche Koalition darstellt, findet sie sich sogar durch Art. 9 III GG verfassungsrechtlich geschützt.

Diese Herleitung aus Art. 9 III GG wird zwar bei einem "Aussenseiter-Arbeitgeber" zumindest unmittelbar kaum möglich sein, der mit der Aussperrung gegen den Abschluß eines Firmentarifvertrags kämpft. Aber weil Art. 9 III GG ein Verhandlungs- und Kampfgleichgewicht ("Parität") für das ganze Tarifvertragssystem und den damit zusammenhängenden Arbeitskampf anstrebt, darf grundsätzlich auch der Einzelarbeitgeber aussperren. (Sein Recht wird also abgeleitet aus den Regeln der Tarifautonomie, die ihrerseits durch Art. 9 III GG geschützt ist.) Die

Arbeitgeberseite kann auch kurze Streiks, die von der Gewerkschaft als "Warnstreiks" bezeichnet werden, mit einer Aussperrung beantworten. Diese ist also nicht etwa nur gegenüber unbefristeten "Erzwingungsstreiks" zulässig.

Eine Aussperrung gegen einen Kurzstreik - wie gegen jeden Streik - muß sich aber im Rahmen der Verhältnismäßigkeit halten. Maßstab ist, daß die Aussperrung das Verhandlungsgleichgewicht wieder herstellen soll. Im Fall der Wattex GmbH brachte der halbstündige Streik keine erhebliche Schädigung, die Aktion und der Druck, der von ihr ausging, waren mehr symbolischer Art. Es war also keinesfalls nötig, gleich 26-mal so lange auszusperren, wie zuvor gestreikt wurde. Um die notwendige Entschlossenheit zu demonstrieren, hätte es auch gereicht, nur einige Stunden bis Mittag auszusperren. Daß die Geschäftsleitung von Wattex weit darüber hinaus ging, war für die Herstellung des Gleichgewichts am Verhandlungstisch überflüssig. Aus diesem Grund stellt sich ihre Kampfmaßnahme als rechtswidrig dar.

Fall 25 ("Ein ganz besonderes Lob") :

Fred Forsch steht die Prämie von 50,00 DM ebenfalls zu. Die Zusage von freiwilligen Leistungen an einen Teil der Belegschaft nach Beendigung des Arbeitskampfs verstößt gegen ein tarifvertraglich vereinbartes Maßregelungsverbot, wenn die Differenzierung zwischen Empfängern und Nichtempfängern nicht durch einen sachlichen Grund gerechtfertigt ist.

Als sachlicher Grund kommen nur besondere Belastungen in Frage, die im Fall von Zahlungen an Arbeitnehmer, die während eines Streiks weitergearbeitet haben, erheblich über das normale Maß hinausgehen müssen, das mit jeder Streikarbeit verbunden ist. Andernfalls käme eben doch eine nachträgliche "Streikbruchprämie" heraus, die gleichzeitig eine Diskriminierung der Streikteilnehmer bedeutet. Eine nachträgliche Vergütung für die Nichtteilnahme am Streik wird also durch ein Maßregelungsverbot verhindert, zulässig ist nur eine Leistungsprämie, die den eben beschriebenen Kriterien genügt.

Im Fall der Pohle AG sind diese Kriterien aber nicht erfüllt, die Begründungen der Firma für die Zahlung reichen nicht aus. Daß Schichten während des Streiks mit weniger Arbeitnehmern besetzt sind, ist mehr oder weniger normal und sagt allein noch nicht viel darüber aus, wie groß die Belastungen für die verbliebenen Arbeitnehmer waren - oft wird nur ein Notbetrieb und nicht etwa der bisherige Produktionsumfang aufrecht erhalten. Ebenso wenig bringt es eine (ausreichende) besondere Belastung mit sich, wenn während des Streiks mit ungeübten

Kollegen zusammengearbeitet werden muß. Das ist einerseits bei Streikarbeit häufig der Fall, kann jedem Arbeitnehmer aber auch sonst einmal passieren, ohne daß gleich eine höhere Bezahlung angezeigt ist.

Wer allerdings während des Arbeitskampfs eine andere Arbeit tut, als er nach seinem Arbeitsvertrag leisten müßte, der kann damit rechnen, eine besondere Belastung attestiert zu bekommen, weil eine solche Übernahme nichtgeschuldeter Tätigkeiten auch im Streikfall eine besondere "Leistungsbereitschaft" beweist. Dagegen ist es wiederum unbeachtlich, weil es zu jedem Arbeitskampf gehört, daß die Belegschaftsmitglieder, die weiter arbeiten, der Kritik der Streikenden ausgesetzt sind, von Streikposten angesprochen werden oder durch Streikgassen gehen müssen.

Zusammenfassend kommen besondere Belastungen, die eine Leistungsprämie für nicht am Streik beteiligte Arbeitnehmer der Pohle AG begründen können, nur im Fall der Empfänger in Betracht, die andere als die vertraglich geschuldeten Leistungen übernommen haben. War aber somit nur ein Teil derer, die die Prämie erhalten haben, besonderen Belastungen ausgesetzt, so verstößt das Vorgehen der Pohle AG insgesamt gegen das tarifliche Maßregelungsverbot, verbunden mit dem arbeitsrechtlichen Gleichbehandlungsgrundsatz. (Es müssen also sämtliche Begünstigten auch besonderen Belastungen ausgesetzt gewesen sein).

Die Beseitigung dieses Verstoßes gegen das Maßregelungsverbot und den arbeitsrechtlichen Gleichbehandlungsgrundsatz ist nur in der Weise möglich, daß die Pohle AG nun den übrigen Arbeitnehmern, auch denen, die am Streik teilgenommen haben, die gleiche Prämie bezahlt. Ansonsten blieben solche Verstöße nämlich folgenlos. Fred Forsch bekommt somit seine 50,00 DM.

VERZEICHNIS DER DEN FÄLLEN ZUGRUNDELIEGENDEN GERICHTSENTSCHEIDUNGEN

Fall 1: "Was gilt jetzt eigentlich ?"
- BAG AP Nr. 1 zu § 611 BGB Arbeitszeit
Fall 2: "Am besten zurück an den Kochtopf ?"
a) - BVerfG AR-Blattei (ES) 800 Nr. 91
b) - BAG AR-Blattei (ES) 800 Nr. 93
Fall 3: "Ein unscharfes Bild"
- BAG AR-Blattei (ES) 110 Nr. 33
Fall 4: "Sport ist gesund"
- BAG AP Nr. 65 zu § 616 BGB
Fall 5: "Entscheidung ohne Akten"
- LAG Hamm AR-Blattei (ES) 160.4 Nr. 34
Fall 6: "Schweigen ist (nicht immer) Gold"
- BAG AP Nr. 26 zu § 123 BGB
Fall 7: "Doppelt genäht hält besser"
- BAG AP Nr. 82 zu § 99 BetrVG 1972
Fall 8: "Wenn einer aus der Schule plaudert"
- BAG AP Nr. 4 zu § 611 BGB Schweigepflicht
Fall 9: "Der Alptraum des Baupoliers"
- BAG SAE 90, 93
Fall 10: "Vom Röntgenstrahl getroffen"
a) - BVerfG AP Nr. 24 zu § 611 BGB Persönlichkeitsrecht
b) - BAG AP Nr. 14 zu § 611 BGB Persönlichkeitsrecht
Fall 11: "Ohne Lohn keine Arbeit"
- BAG AP Nr. 3 zu § 273 BGB
Fall 12: "Urlaub in der Freizeit ?"
- BAG AR-Blattei (ES) 1640 Nr. 348
Fall 13: "Trotz guter Hoffnung schlechte Laune"
- BAG (GS) AP Nr. 5 zu § 9 MuSchG
Fall 14: "Was ist ein Azubi wert ?"
- BAG AR-Blattei (ES) 400 Nr. 74
Fall 15: "Gaudeamus igitur ..."
- BAG AP Nr. 136 zu § 620 BGB Befristeter Arbeitsvertrag,
BVerfG AP Nr. 136 a zu § 620 BGB Befristeter Arbeitsvertrag
Fall 16: "Keine andere Wahl ?"
- BAG AP Nr. 17 zu § 1 KSchG 1969 Soziale Auswahl
Fall 17: "Wenn das Gewissen anklopft"
- BAG AP Nr. 18 zu § 9 KSchG 1969,
zuvor BAG AP Nr. 27 zu § 611 BGB Direktionsrecht
Fall 18: "Die verspätete Rückkehr"
- BAG AR-Blattei (ES) 1010.9 Nr. 78

Fall 19: "Das Geheimnis der Gewerkschaft"
- BAG SAE 93, 302
Fall 20: "Ruhe bewahren - die erste Arbeitnehmerpflicht ?"
- BAG AR-Blattei (ES) 530.11 Nr. 26
Fall 21: "Mehr Geld - aber nicht für alle"
- BAG SAE 93, 346
Fall 22: "Wertvolle Ladung"
- BAG AP Nr. 3 zu § 1 TVG Tarifverträge: Brauereien
Fall 23: "Der lange Arm des Tarifvertrags"
- BAG EzA § 4 TVG Nachwirkung Nr. 14
Fall 24: "Wattex läßt die Muskeln spielen"
- BAG AP Nr. 124 zu Art. 9 GG Arbeitskampf
Fall 25: "Ein ganz besonderes Lob"
- BAG SAE 93, 48

VERZEICHNIS DER ABBILDUNGEN

STICHWORTVERZEICHNIS

www.ingramcontent.com/pod-product-compliance
Lightning Source LLC
LaVergne TN
LVHW081331011026
849161LV00013BB/2899
* 9 7 8 3 4 8 6 2 2 6 9 6 6 *